Elisabeth Wetsch

Einstieg in CSS

Galileo Press

Liebe Leserin, lieber Leser,

Sie möchten Webseiten mit CSS erstellen? Mit Sicherheit ein lohnenswerter Entschluss, denn mit CSS kann man nicht nur schöne, sondern auch benutzer- und wartungsfreundliche Webseiten entwickeln. Nun eilt CSS allerdings auch der Ruf voraus, nicht ganz einfach zu sein – mit diesem Buch werden Sie sich aber schon bald sicher auf dem neuen Terrain bewegen, versprochen!

Elisabeth Wetsch ist eine erfahrene Webentwicklerin und CSS-Trainerin und kennt die typischen Probleme daher aus Ihrer eigenen alltäglichen Praxis. Freundlich und humorvoll erklärt sie Ihnen die Konzepte und Eigenschaften von CSS und demonstriert ihre Anwendung anhand einer Vielzahl von Layoutbeispielen. Natürlich gibt sie Ihnen auch Tipps, wie Sie bestimmte Probleme lösen oder gleich ganz vermeiden können. Am Ende werden Sie überrascht sein, wie schnell Sie Ihr erstes funktionales und ansprechendes Layout entwickelt haben.

Dieses Buch wurde mit großer Sorgfalt geschrieben, begutachtet, lektoriert und produziert. Sollte dennoch etwas nicht so funktionieren, wie Sie es erwarten, dann scheuen Sie sich nicht, sich mit mir in Verbindung zu setzen. Ihre freundlichen Anregungen und Fragen sind jederzeit willkommen.

Nun bleibt mir noch, Ihnen viel Spaß beim Lesen und beim Gestalten Ihrer Webseiten zu wünschen!

Stephan Mattescheck
Lektorat Galileo Computing
stephan.mattescheck@galileo-press.de

www.galileocomputing.de
Galileo Press • Rheinwerkallee 4 • 53227 Bonn

Auf einen Blick

Teil I **CSS kennenlernen:**
Einstieg in XHTML und CSS 15

- Grundlegende Begriffe
- Nützliche Tools
- Grundlagen von XHTML

Teil II **CSS verstehen:**
Eine Webseite mit XHTML und CSS erstellen 61

- Grundlagen von CSS
- Navigationen und Bilder
- Tabellen und Formulare

Teil III **CSS anwenden:**
Seitenvorlagen für jeden Bedarf 213

- Seitenvorlagen für jeden Bedarf
- Code optimieren und validieren
- Browserkompatibilität und Hacks

Teil IV **CSS nachschlagen:**
Kurzreferenz und praktische Tipps 375

- CSS-Referenz
- Checklisten und Tools
- CSS-Frameworks

Der Name Galileo Press geht auf den italienischen Mathematiker und Philosophen Galileo Galilei (1564–1642) zurück. Er gilt als Gründungsfigur der neuzeitlichen Wissenschaft und wurde berühmt als Verfechter des modernen, heliozentrischen Weltbilds. Legendär ist sein Ausspruch *Eppur si muove* (Und sie bewegt sich doch). Das Emblem von Galileo Press ist der Jupiter, umkreist von den vier Galileischen Monden. Galilei entdeckte die nach ihm benannten Monde 1610.

Lektorat Stephan Mattescheck
Korrektorat Barbar a Decker
Fachgutachten Fr ank Bongers
Herstellung Katrin Müller
Einbandgestaltung Barbara Thoben, Köln
Satz SatzPr o, Krefeld
Druck Bercker Graphischer Betrieb, Kevelaer

Dieses Buch wurde gesetzt aus der Linotype Syntax (9,25 pt/13 pt) in Adobe InDesign CS4.
Gedruckt wurde es auf chlorfrei gebleichtem Offsetpapier.

Gerne stehen wir Ihnen mit Rat und Tat zur Seite:
stephan.mattescheck@galileo-press.de
bei Fragen und Anmerkungen zum Inhalt des Buches

service@galileo-press.de
für versandkostenfreie Bestellungen und Reklamationen

britta.behrens@galileo-press.de
für Rezensions- und Schulungsexemplare

Bibliografische Information der Deutschen Nationalbibliothek
Die Deutsche Nationalbibliothek verzeichnet diese Publikation in der Deutschen Nationalbibliografie; detaillierte bibliografische Daten sind im Internet über *http://dnb.d-nb.de* abrufbar.

ISBN 978-3-8362-1466-7

2., aktualisierte Auflage 2010, 1. Nachdruck 2011

Inhalt

Vorwort 13

Teil I CSS kennenlernen: Einstieg in XHTML und CSS

1 Auf die Plätze 17

1.1 Wozu CSS lernen? 18
1.2 Wem nützt dieses Buch? 19
1.3 Wie funktioniert dieses Buch? 19

2 Was Sie wissen sollten 23

2.1 Was sind Webstandards? 24
2.2 Was ist das W3C? 25
2.3 Was ist eine Webseite? 25
2.4 Was ist HTML? 26
2.5 Was ist XHTML? 27
2.6 Was ist CSS? 28
2.7 Was bedeutet Browserkompatibilität? 29
2.8 Was versteht man unter Usability? 30
2.9 Wie sorgt man für Accessibility? 30
2.10 Wozu tabellenfreies Design? 31

3 Was Sie können sollten 33

3.1 HTML-Grundlagen 34
3.2 Upload von Dateien – FTP 35
3.3 Grundkenntnisse in Englisch 35

4 Was Sie verwenden sollten 37

4.1 Editoren 38
4.2 Browser-Erweiterungen 39
4.3 Foren 40

5 Was Sie verstehen sollten 41

5.1 Der Aufbau einer XHTML-Datei 42

5.2 Die wichtigsten Regeln für XHTML 46
5.3 HTML-Elemente 47
5.4 Schreibweisen in (X)HTML 48
5.5 Der Aufbau einer CSS-Datei 49
5.6 Die wichtigsten Regeln für CSS 49
5.7 CSS-Selektoren 50
5.8 Schreibweisen in CSS 51
5.9 Verkürzte Schreibweise von Eigenschaften 52
5.10 XHTML und CSS miteinander verbinden 56

Teil II CSS verstehen: Eine Webseite mit XHTML und CSS erstellen

6 Der erste Entwurf 63

6.1 Die XHTML-Datei – Struktur und Inhalt der Webseite 64
6.2 Die CSS-Datei – Formen und Farben der Webseite 70
6.3 Browsercheck – ganz schnell 73
6.4 Lorem ipsum – provisorischer Inhalt 75

7 Die drei Säulen von CSS: 1. Die Selektoren 77

7.1 Der Universal-Selektor 78
7.2 Typ-Selektoren (Element-Typ-Selektoren, auch HTML-Selektoren) 79
7.3 ID-Selektoren 80
7.4 Klassen-Selektoren 81
7.5 Pseudoklassen 84
7.6 Pseudoelemente 86
7.7 Attribut-Selektoren 87
7.8 Kombinatoren 87
7.9 Gruppieren von Deklarationen 88
7.10 Gruppieren von Selektoren 89
7.11 Klassennamen und ID-Namen 90
7.12 Spanitis, Divitis, Klassitis – gefürchtete Seuchen 90

8 Die drei Säulen von CSS: 2. Das Boxmodell 93

8.1 Block-Element versus Inline-Element 95

8.2 Das IE 5-Boxmodell 97
8.3 display – Element-Anzeige ändern 101

9 Die drei Säulen von CSS: 3. Positionierung 103
9.1 position: static; 104
9.2 Normal Flow 105
9.3 top, right, bottom, left 106
9.4 position: relative; 106
9.5 position: absolute; 108
9.6 position: fixed; 109
9.7 z-index 109
9.8 float und clear 110
9.9 clear 112

10 Die Grundeinstellungen 113
10.1 Browser-Stylesheets ganz einfach anpassen 114
10.2 Scrollbalken erzwingen 114
10.3 Bereiche einteilen und floaten 116
10.4 Seite zentrieren in drei Schritten 117

11 Die Navigation 121
11.1 Navigation horizontal 122
11.2 Menü vertikal 126
11.3 font – Schriften benutzerfreundlich voreinstellen 130
11.4 background – Farben und Bilder als Hintergrund 134

12 Mehr Design mit CSS 141

13 Bilder einsetzen und gestalten 147

14 Inhalte strukturieren und formatieren 153
14.1 font, text, paragraph – Schriften und Text 154
14.2 anchor – Links im Text gestalten 156
14.3 h1 bis h6 – noch mehr Design für Überschriften 159
14.4 strong, em – fett und betont 164
14.5 span – das Inline-Pendant zu div 165

14.6 ol und li – nummerierte Listen 166
14.7 blockquote, cite – Textkästchen mit Quelle 169
14.8 definition, sample – Zitat, Definition, Beispiel 172
14.9 dl – noch mehr Listen 172
14.10 horizontal rule – horizontale Linie 174

15 Tabellen für Zahlen und Daten 177

16 Formulare formschön gestalten 185

17 CSS und Medien: Ein Stylesheet für den Druck 193

17.1 Verknüpfung von Media-Stylesheets 195
17.2 Stylesheets für Medientypen 197
17.3 Checkliste für Druck-Stylesheets 197

18 Kaskade, Spezifität und Vererbung – die lieben Verwandten 203

18.1 Kaskade – wer kommt zuerst? 204
18.2 Spezifität – wer gewinnt? 207
18.3 Vererbung – und wer erbt was? 210

Teil III CSS anwenden: Seitenvorlagen für jeden Bedarf

19 Grundsätzliche Überlegungen 215

19.1 Usability – seien Sie freundlich zu Ihren Besuchern! 216
19.2 Schriften unter der Lupe? 218
19.3 Fix oder Flex? 218
19.4 Design – die Kunst liegt im Weglassen! 219

20 Eine Basisvorlage für alle Fälle 223

20.1 Der Basis-HTML-Code häppchenweise 225
20.2 Der Basis-CSS-Code häppchenweise 227
20.3 Variante mit flexibler Breite 232

21 Vorlage #1: Eine Spalte 235

21.1 Variante mit fixer Breite 236

21.2 Designvorschläge ... 239
21.3 Variante mit flexibler Breite ... 243
21.4 Anwendungsbeispiele für einspaltige Layouts ... 243

22 Navigieren mit Tabs ... 247
22.1 Einfache Tab-Leiste mit Rollover-Effekt ... 248
22.2 Einfache Tab-Leiste mit Verlauf und Rollover ... 251
22.3 Tab-Leiste mit Pfeil für Rollover ... 256
22.4 Anwendungsbeispiele für Tab-Navigation ... 259

23 Vorlage #2: Zwei Spalten ... 261
23.1 Menü rechts ... 263
23.2 Menü links ... 265
23.3 Ein einfacher Style-Switcher ... 266
23.4 Variante mit Navigation ... 268
23.5 Variante Menüpunkte ... 269
23.6 Variante mit Hintergrundbildern ... 270
23.7 Anwendungsbeispiele für ein 2-Spalten-Layout ... 271

24 Vorlage #3: Drei Spalten mit Textboxen ... 273
24.1 Varianten für Textboxen ... 278
24.2 Variante mit drei Spalten, alle fluid ... 283
24.3 Variante mit schmalen Spalten rechts ... 285
24.4 Anwendungsbeispiele für 3-Spalten-Layouts ... 286

25 Vorlage #4: Vier Spalten ... 289
25.1 Variante mit drei Spalten rechts fix, Textspalte links fluid ... 291
25.2 Anwendungsbeispiele für 4-Spalten-Layouts ... 293

26 Vorlage #5: Drei Spalten mit Galerie ... 295

27 Vorlage #6: Frames oben und links ... 301
27.1 Varianten für das Design ... 309

28 Vorlage #7: Formular in Spalten 313

28.1 Modul 1: Namen und Adresse – Radio-Buttons und Textfelder 315

28.2 Modul 2: Gemischte Daten – Radio-Buttons und Checkboxen 322

28.3 Modul 3: Nachrichtenfeld und Senden – Textarea und Submit-Button 324

29 Elemente zentrieren 327

29.1 Elemente horizontal zentrieren 328

29.2 Elemente vertikal zentrieren 330

30 CSS-Code optimieren 333

30.1 Vor der Erstellung von Stylesheets 334

30.2 Nach dem Anlegen Ihres Projektes 342

30.3 Tools zur Optimierung von CSS-Code 344

31 CSS-Code validieren und Fehlersuche 347

31.1 W3C-Validatoren 348

31.2 Firefox-Erweiterung Web Developer 353

31.3 Web Development Bookmarklets 354

32 Browserkompatibilität testen 357

33 Was tun gegen Browserbugs? 363

33.1 Hacks, Workarounds, Filter – die Begriffe 364

33.2 Das Problem mit Hacks und dergleichen 365

33.3 Grundsätzliche Überlegungen 366

33.4 Vorgehen bei einem vermeintlichen Bug 366

33.5 Conditional Comments 367

33.6 Der Star-Selektor-Hack 372

Teil IV CSS nachschlagen: Kurzreferenz und praktische Tipps

34 CSS-Eigenschaften A–Z ... 377

35 CSS: Maßeinheiten und Werte ... 401

35.1 Schlüsselbegriffe ... 402
35.2 Längenangaben ... 402
35.3 Farben ... 407

36 Nützliche Checklisten ... 409

36.1 Checkliste für die Webproduktion ... 410
36.2 Checkliste der »beliebtesten« Fehler in (X)HTML ... 412
36.3 Checkliste der »beliebtesten« Fehler in CSS ... 413

37 Meine liebsten Tools ... 415

38 CSS-Frameworks und YAML ... 421

38.1 Was sind CSS-Frameworks? ... 422
38.2 Was ist YAML? ... 423
38.3 Andere CSS-Frameworks ... 423
38.4 Vor- und Nachteile von CSS-Frameworks ... 427
38.5 Die wichtigsten »Pros und Contras« ... 427
38.6 CSS-Frameworks – ganz persönlich betrachtet ... 428

Inhalt der DVD-ROM ... 431

Index ... 435

Video-Lektionen auf DVD

1 Texte und Schriften mit CSS gestalten .... [12:52 Min.]

1.1 Schriftarten festlegen .... [05:19 Min.]
1.2 Schriftgrößen bestimmen .... [07:33 Min.]

2 Seitenelemente mit CSS positionieren .... [22:26 Min.]

2.1 Statische Positionierung .... [03:41 Min.]
2.2 Relative Positionierung .... [02:23 Min.]
2.3 Absolute Positionierung .... [02:37 Min.]
2.4 Fixe Positionierung am Browser-Fenster .... [02:05 Min.]
2.5 Verschachtelte Positionierung .... [03:50 Min.]
2.6 Floats – Schwebende Elemente .... [07:50 Min.]

3 Browserkompatibilität .... [31:26 Min.]

3.1 Darstellungsunterschiede identifizieren .... [10:29 Min.]
3.2 Eine Browserweiche erstellen .... [08:43 Min.]
3.3 CSS-Hacks .... [06:27 Min.]
3.4 Der Box Model Bug .... [05:47 Min.]

Vorwort

In einem Vorwort sollte ich wohl erzählen, wie das alles gekommen ist, seit wann ich mich für das Internet im Allgemeinen und für CSS im Besonderen begeistere – aber das würde wahrlich den Rahmen dieses Buches sprengen.

Nur so viel in aller Kürze: Weihnachten 1986 erhielt ich meinen ersten eigenen PC als Geschenk – ein turboschnittiger (jedenfalls für damalige Begriffe) 3C Portable. 1995 gestaltete ich dann meinen ersten Internetauftritt für die *Technische Universität Wien* (die legendäre »Briefmarkensammlung«).

Spätestens da bin ich dem Internet verfallen. Mit Begeisterung nutzte ich sofort Tabellen zum Layouten, später hatten es mir Frames angetan und ich gehörte zu jenen, die Bedenken dazu gar nicht hören wollten.

Als dann hier und da von *Cascading Style Sheets* zu lesen und zu lernen war, hielt sich meine Begeisterung in Grenzen. Auf Tabellen und Frames zu verzichten, erschien mir eine kühne Vorstellung, und in der Tat waren die ersten Versuchsballons so aufgeblasen (im Code), dass ich meine Zweifel hatte, ob diese Technik eine Zukunft haben würde.

Aber wie so oft im Leben wird aus Skepsis Sympathie, sobald man Fremde(s) näher kennenlernt. Hier kam mir meine krankhafte Neugierde zu Hilfe. Je mehr ich lernte, desto logischer erschien mir die Verwendung von CSS und desto übersichtlicher wurden meine Cascading Stylesheets.

Meine Begeisterung für XHTML und CSS gebe ich gerne weiter, und ich freue mich darüber, dass ich in den letzten Jahren (nicht nur) am WIFI der Wirtschaftskammer Wien ein paar hundert Trainees mit dem CSS-Virus anstecken durfte.

Ihnen gilt auch ein großes Dankeschön an dieser Stelle. Ich freue mich, dass sie mich immer wieder neue Aspekte zu Web und Benutzerfreundlichkeit lehren und mich durch immer neue Fragestellungen herausfordern.

Apropos Dankeschön – mein Dank gilt nicht zuletzt meinem (durch nichts zu erschütternden) Lektor Stephan Mattescheck, der sich die ganze Zeit wohltuend (aber immer präsent) im Hintergrund gehalten hat. Frank Bongers danke ich für hilfreiche Korrekturen und Anregungen.

Den geliebten Menschen an meiner Seite danke ich für ihre Nachsicht aufgrund der Tatsache, dass ich ihnen weniger Zeit als sonst gewidmet habe.

Ach ja – und nicht zu vergessen Kater Stiefel, der aber gar nicht unglücklich war, habe ich doch noch mehr Zeit als sonst vor der Blechkiste – und somit in seiner Nähe – verbracht. Dein Buch kommt als Nächstes dran – versprochen!

Ihnen, die Sie dieses Buch gekauft haben, wünsche ich viel Spaß beim Lesen und Lernen und viele erfolgreiche Webprojekte. Ich freue mich darauf, Sie vielleicht im Forum *http://cssboxmania.com/forum/* kennenzulernen!

Elisabeth Wetsch
Wien

TEIL I

CSS kennenlernen: Einstieg in XHTML und CSS

Kapitel 1

Auf die Plätze …

Sie haben sich also entschlossen, XHTML und CSS zu lernen …

Sie werden lernen,

- warum es dieses Buch gibt,
- wie Ihnen dieses Buch nützt und
- wie dieses Buch funktioniert.

1 Auf die Plätze ...

»Sobald man in einer Sache Meister geworden ist, soll man in einer neuen Schüler werden.« – Dieser Leitspruch Gerhart Hauptmanns ist mein zweitliebstes Lebensmotto.

1.1 Wozu CSS lernen?

CSS hilft Ihnen dabei, Inhalt und Aussehen von Webseiten strikt zu trennen.

Sie haben also HTML gelernt – ob Sie darin Meister geworden sind, ist dabei weniger wichtig als die Begeisterung für die Sache. Und nun melden Sie sich zum nächsten Wettbewerb an: in der Kombination XHTML und CSS. Ich würde mich freuen, Sie als Trainerin begleiten zu dürfen.

Fragen Sie hundert Webentwickler, und Sie werden hundert Antworten bekommen, warum es sich lohnt, CSS zu lernen. Einig sind sich jedoch alle darin, dass die Kombination aus XHTML und CSS unsere Arbeit, die Erstellung und Gestaltung von Internetauftritten, erheblich erleichtert. CSS bietet jedem etwas:

- Als **Benutzer** einer globalen Datenautobahn sollten wir alle ein Interesse daran haben, dass wir geringere Datenmengen durchs Web »jagen«.
- Als **Surfer** freuen wir uns darüber, dass Seiten bis zu 50 Prozent schneller geladen werden.
- Als **Ersteller und Gestalter** von Webseiten möchten wir mit unserer Arbeit möglichst viele Benutzer erreichen, ohne dass jemand technisch benachteiligt wird.
- Als **Administratoren** von Internetauftritten wollen wir bei der Fehlersuche oder bei Änderungen an unseren Seiten mit möglichst wenig Aufwand auskommen.
- Als **Auftragnehmer** müssen wir praktisch und effizient arbeiten, wobei uns CSS unterstützt.

Und das sind nur die wichtigsten Vorteile, die CSS bereithält. Dieses Buch soll Ihnen helfen, einen Zugang zu Stylesheets zu finden, der Ihnen entgegenkommt und das Lernen leicht macht. Darüber hinaus finden Sie in diesem Buch eine Reihe von wiederverwendbaren Layouts, die Sie in der Praxis als Seitenvorlagen immer wieder einsetzen können.

1.2 Wem nützt dieses Buch?

Einstieg in CSS richtet sich an Menschen, die den Nutzen und die Schönheit von CSS erkannt haben und diese einfache Sprache lernen möchten, um benutzerfreundliche und weitgehend barrierefreie Webseiten zu gestalten. Insbesondere werden folgende Personenkreise von diesem Buch profitieren:

- **HTML-Anfänger**, die vom Start weg sauberen Code schreiben wollen,
- **Grafiker**, die ihre Angebotspalette um die Erstellung von Webseiten erweitern möchten,
- **Webdesigner**, die Seiten bisher mithilfe von Layouttabellen gestaltet haben,
- **WordPress-Fans** und **Blogger**, die Templates selbst erstellen bzw. modifizieren wollen,
- **Benutzer eines CMS** (Content-Management-System), die lieber ein eigenes Design gestalten möchten.

1.3 Wie funktioniert dieses Buch?

Da in diesem Buch viel über Benutzerfreundlichkeit geschrieben wird, muss es diesen Anspruch natürlich auch selbst erfüllen.

Aufbau des Buches

Das vorliegende Buch besteht aus vier Teilen:

- **Teil I: CSS kennenlernen**
  Wissenswertes zu XHTML und CSS
- **Teil II: CSS verstehen**
  Eine Webseite mit XHTML und CSS erstellen
- **Teil III: CSS anwenden**
  Seitenvorlagen für jeden Bedarf
- **Teil IV: CSS nachschlagen**
  Kurzreferenz und praktische Tipps

Im ersten Teil des Buches werden die Voraussetzungen für die Arbeit mit XHTML und CSS geklärt. Sie erhalten Tipps zu nützlichen Programmen und lernen die wichtigsten Grundlagen kennen.

Der zweite Teil von *Einstieg in CSS* stellt die wichtigsten HTML-Elemente und deren Gestaltung mithilfe von CSS vor. Im Verlauf der Übungen entsteht eine Webseite, die mit Inhalten gefüllt und mit Styles versehen wird.

Aufbau der Übungen

Der Aufbau der Übungen orientiert sich meist an folgendem Ablauf:

- Zielsetzung (Screenshot und kurze Beschreibung)
- HTML-Code (Listing und Beschreibung)
- CSS-Code (Listing und Beschreibung)
- Browsercheck

Im dritten Teil lernen Sie noch mehr Details zu CSS anhand vielfältig einsetzbarer Layoutvorlagen für verschiedene Anforderungen.

Aufbau der Seitenlayouts

Eine Infobox

am Rand der Seiten gibt zusätzliche Hinweise zu den Texten, verweist auf externe Quellen oder beinhaltet nützliche Tipps zum Thema.

Unterschiedliche Vorlagen für unterschiedliche Anforderungen sollen nicht nur einen Eindruck von den vielfältigen Gestaltungsmöglichkeiten vermitteln, sondern auch als Grundlage für weitere kreative Ideen Ihrerseits dienen. Der Aufbau der Beschreibungen der Seitenlayouts ist ähnlich wie der der Übungen im zweiten Teil.

Im vierten Teil finden Sie jene Details, die zwar für die Übungen und Layoutvorlagen nicht unmittelbar benötigt werden, aber für das Verständnis von CSS wichtig sind. Tatsächlich benötigen Sie in der Praxis ja immer nur einen kleinen Teil der Möglichkeiten von CSS. Diese sind in den ersten drei Teilen ausführlich erklärt. Alle anderen Details können Sie getrost bei Bedarf nachschlagen und dann lesen.

HTML- und CSS-Code

Zu den Übungen werden – sofern notwendig – jeweils der HTML- und der CSS-Code abgebildet und erklärt.

```
<p> Code wird so dargestellt.</p>
```

Randspalten

In den Randspalten finden Sie Anmerkungen zu den Texten sowie Hinweise, Warnungen und nützliche Tipps.

Englische Begriffe

Da die Sprachen HTML und CSS aus dem Englischen stammen, ist es sinnvoll, einige der Begriffe auch im Original zu kennen. Diese sind dann jeweils kursiv in Klammern (*Brackets*) gesetzt.

Kapitel 2

Was Sie wissen sollten

Wer hat sich das alles ausgedacht?

Sie werden lernen,

- wie Webseiten funktionieren,
- wie XHTML und CSS entstanden sind und
- was die wichtigsten Begriffe für Webentwickler sind.

2 Was Sie wissen sollten

Als ich an einem Freitagnachmittag im Jahr 1995 eine unscheinbare Diskette mit einem Internetzugang erhielt (ich hatte bereits ein »müdes« Modem), tat sich zwei aufregende Tage und Nächte später um drei Uhr morgens eine Welt der Wunder vor mir auf.

2.1 Was sind Webstandards?

Webstandards

definieren Sprachregeln für Entwickler und Browserhersteller, damit Webseiten auf unterschiedlichen Ausgabemedien möglichst ähnlich aussehen.
Neben den Standards für HTML, XHTML und CSS finden Sie auf dem Portal des W3C Informationen zu einer Vielzahl weiterer Standards wie DOM, SML, XML.

Stellen Sie sich vor, jeder Besucher Ihrer Website arbeitete unter einem anderen Betriebssystem, mit einer anderen Softwarekombination, surfte mit einem anderen Browser, jeder PC spräche eine andere Sprache und jede Applikation würde anders funktionieren – jeder Browser würde dann die einzelnen Webseiten anders darstellen.

Undenkbar? – Nein. Eben daher muss es sogenannte Webstandards geben. Diese definieren für Computerproduzenten, Softwareentwickler, Browserhersteller und Webentwickler Standards und Regeln, an die sich alle Beteiligten halten sollten (Betonung auf »sollten«).

Nur dann können wir, die Gestalter und Erzeuger von Webseiten, uns darauf verlassen, dass unsere Werke auch überall weitgehend ähnlich aussehen und funktionieren.

Leider halten sich nicht alle Beteiligten an diese Standards, und so bereiten uns vor allem »kapriziöse« Browser mitunter Kopfzerbrechen. Das ist auch der Grund dafür, warum ich einige Seiten mehr schreiben musste. In Kapitel 33 finden Sie die wichtigsten Browserbugs und Tipps, wie Sie diese Bugs vermeiden.

In diesem Buch dreht sich alles um zwei dieser Webstandards: XHTML und CSS.

2.2 Was ist das W3C?

Dasjenige Gremium, das sich genau um dieses Anliegen kümmert und eben jene Webstandards entwickelt, definiert und empfiehlt, ist das World Wide Web Consortium, kurz W3C. Das W3C wurde 1994 von Tim Berners-Lee gegründet, der als der »Erfinder« des World Wide Web in seiner heutigen Form gilt.

Das W3C betreibt unter anderem die Standardisierung von HTML, XML, CSS sowie RSS und hat die Forderung nach barrierefreiem Webdesign weltweit bekannt gemacht und international weitgehend durchgesetzt. Darüber hinaus stellt das W3C sogenannte Validatoren zur Verfügung, mit denen Sie die Gültigkeit Ihrer Webdokumente prüfen können (siehe Abschnitt 31.1). Sie finden diese unter: *http://w3c.org/*

Das W3C

entwickelt Webstandards wie XHTML und CSS und stellt Regeln für Barrierefreiheit und Benutzerfreundlichkeit auf.

2.3 Was ist eine Webseite?

Dumme Frage, werden Sie denken. Nun, selbst wenn man schon jahrelang Webseiten erstellt hat, schadet es nicht, sich manchmal die Struktur solch einer Seite bildhaft vor Augen zu führen.

Eine Webseite ist – wie Sie natürlich wissen – eine Sammlung von Inhalten wie Texten, Bildern, Animationen, Videos, Audio-Dateien und anderen Objekten, die veröffentlicht und üblicherweise in einem Browser betrachtet werden. Sie können sich so eine Webseite als ein Konstrukt mit drei Schichten bzw. Ebenen vorstellen:

- Die **HTML-Datei** bildet die Strukturebene als unterste Schicht, in der die vorher genannten Inhalte mittels HTML eingebettet bzw. referenziert werden.
- Eine **CSS-Datei** (CSS-Anweisungen) liegt als Präsentationsebene darüber. In ihr wird definiert, wie die Strukturebene aussehen soll.
- Eine oder mehrere **Skript-Dateien** (z.B. JavaScript) können als »Verhaltensebene« (ein etwas unbeholfener Ausdruck, »Action-Ebene« wäre mir lieber) über den beiden anderen Schichten liegen. Die Skript-Dateien sorgen für spezielle und oftmals interaktive Funktionen.

Eine Webseite

ist idealerweise ein Konstrukt aus zwei bis drei Ebenen:
Struktur (HTML), Präsentation (CSS) und Verhalten (Skripte).

Während zwar die HTML-Ebene theoretisch ohne CSS und JavaScript auskommt, gilt dies umgekehrt nicht für die beiden anderen Schichten. HTML bildet also üblicherweise den Kern einer herkömmlichen Webseite.

2.4 Was ist HTML?

Einer der vom W3C entwickelten Webstandards ist die Sprache **HTML** (**H**yper**T**ext **M**arkup **L**anguage), mit der Webseiten erstellt werden. Browser »verstehen« HTML, können diese Sprache daher interpretieren und darstellen. Browser beziehen ihren Namen übrigens vom englischen Wort *to browse* (blättern).

HTML ist eine sogenannte *Auszeichnungssprache* (*markup language*). Dies bedeutet, dass verschiedene Textstellen oder Objekte mit sogenannten *Tags* markiert (meist umschlossen) werden, um ihnen Eigenschaften (Attribute und/oder Parameter) zuzuweisen und um die *Struktur* und *Semantik* von Inhalten festzulegen.

HTML-Tags

können Sie sich als Fähnchen oder Etiketten vorstellen, die üblicherweise den Anfang und das Ende eines HTML-Elements markieren.

Andere Sprachen

HTML kann nicht nur verschiedene Medien (Bilder, Video, Audio) beinhalten, sondern versteht sich auch prächtig mit Skriptsprachen wie JavaScript, PHP, Perl usw. Diese können direkt im HTML-Code eingebettet sein.

HTML-Versionen

Die erste offizielle Empfehlung des W3C war die Version HTML 3.2 und wurde Anfang 1997 veröffentlicht. Die letzte offizielle HTML-Version (HTML 4.01) wurde Ende 1999 vom W3C veröffentlicht.

2004 wurden erste Überlegungen zu einer HTML-Version 5 angestellt, und Anfang 2008 wurde der erste Entwurf (*working draft*) vorgestellt, eine Version, die elementare Änderungen vorsieht, weshalb auch eine längere Entwicklungszeit geplant ist. Mit ersten Empfehlungen wird laut Einschätzung von Experten um das Jahr 2012 gerechnet.

Die umfassendste deutschsprachige Referenz zu HTML finden Sie unter der folgenden Internetadresse:

http://de.selfhtml.org/navigation/html.htm

2.5 Was ist XHTML?

Die Grenzen von HTML zeigten sich spätestens dann, als immer öfter der Bedarf entstand, Inhalte aus anderen Medien im Web zu übernehmen beziehungsweise umgekehrt Webinhalte auch für andere Medien zugänglich zu machen.

Content-Management-Systeme, die Inhalte in Datenbanken ablegen und organisieren, fanden jene Inhalte von Angaben durchsetzt, die das Aussehen definierten. Darüber hinaus war abzusehen, dass die Zukunft vielfältige Ausgabeoptionen bringen würde wie zum Beispiel mobile Geräte. Es lag also auf der Hand, einerseits eine Annäherung an die strikte Strukturierungssprache XML zu suchen und dabei andererseits auch gleich Anweisungen zum Design strikt von Struktur und Inhalt zu trennen.

> **CMS**
>
> Ein Content-Management-System (CMS) verwaltet Inhalte (Content) wie Texte, Bilder, Dokumente, Dateien, Video- und Audiodateien sowie andere Daten in einer Datenbank. Gesteuert werden solche Systeme durch komplexe Skripte.

Und so begann das W3C im Jahr 2000 als Weiterentwicklung von HTML, die Markierungssprache XHTML (E**x**tensible **H**yper**T**ext **M**arkup **L**anguage) zu entwickeln.

XHTML ist also der Nachfolger von HTML. Wer bisher mit HTML gearbeitet hat, braucht den Umstieg auf XHTML nicht zu fürchten. Es gilt lediglich, ein paar wenige neue Regeln zu lernen, ein paar veraltete HTML-Tags zu vergessen und den Code ein bisschen weniger salopp zu schreiben – was Sie sich ohnehin angewöhnen sollten. Denn über kurz oder lang werden Sie als Erzeuger von Websites sehr wahrscheinlich auch mit Skriptsprachen wie beispielsweise PHP oder JavaScript arbeiten. Und da ja schon CSS äußerst empfindlich auf Tippfehler reagiert, erspart Ihnen Genauigkeit beim Schreiben des Codes viele Kopfschmerzen.

Wer gleich mit XHTML eingestiegen ist oder es jetzt lernen möchte, hat ebenfalls keine hohen Hürden vor sich. XHTML ist eine klare, einfache und logische Sprache, bei der man meist erkennt oder nachvollziehen kann, woher die Ausdrücke stammen – und was sie meinen.

Versionen

XHTML 1.0 wurde Anfang 2000 vom W3C als Empfehlung herausgegeben. Die derzeit aktuelle Version XHTML 1.0 wurde Mitte 2001 veröffentlicht. XHTML 2.0 befindet sich derzeit noch in der Entwicklung (*working draft*) und wird wohl eine »andere« Sprache sein, die von XHTML zwar inspiriert, aber mit XHTML 1 nicht kompatibel ist.

2.6 Was ist CSS?

Die fünf Fs: Formen, Flächen, Fonts, Fotos, Farben

Jene Säulen, auf denen das Design jedes Internetauftritts ruht, werden mit CSS definiert. Wobei mit Fotos natürlich auch Grafiken, Illustrationen und Ähnliches gemeint sind.

Genauso als »klar, einfach und logisch« könnte man die Sprache für CSS (Cascading Stylesheets) loben, welche das *Aussehen* von Seiten beschreibt, die in einer sogenannten *Markup Language* geschrieben sind.

Wenn also XHTML die eine Seite der Medaille ist, nämlich die von Struktur und Inhalt, dann ist CSS die andere, nämlich die der Gestaltung. Unter Cascading Stylesheets versteht man – üblicherweise ausgelagerte – Stilanweisungen für ein (X)HTML-Dokument. Abhängigkeiten und Relationen einzelner Stilanweisungen (*Rules*) bedingen das sogenannte Kaskadieren, das in Kapitel 18 näher erklärt wird.

Mich hat die Bezeichnung CSS (was wörtlich ja »kaskadierendes Stil-Blatt« bedeutet) immer sehr irritiert, da diese auch benutzt wird, wenn in einer HTML-Datei (ein paar Stilanweisungen im Kopf (*Head*) notiert sind (Document Style). Ich habe daraus Folgendes gelernt:

Als Cascading Stylesheet bezeichnet man also die Summe aller Style-Regeln, gleichgültig ob diese nun in externen Dateien festgelegt oder direkt in der HTML-Datei definiert sind.

Die Vorteile von CSS

Hier nun die Vorteile von CSS auf einen Blick:

- **Zentrale Steuerung des Designs**
  Alle Vorgaben zum Aussehen von Seiten liegen zentral in einer oder wenigen Dateien. Zwar ist es auch erlaubt, Style-Anweisungen in den Kopfbereich eines HTML-Dokuments und sogar als »Inline-Style« direkt in ein HTML-Element zu schreiben, im Idealfall ist die CSS-Datei aber von der HTML-Datei getrennt.
- **Ein Stylesheet – viele Seiten**
  Änderungen an einem oder wenigen Stylesheet(s) sind ökonomischer als Änderungen an vielen HTML-Seiten.
- **Einmal geladen, vielfach verwendet**
  Da ein Stylesheet in den Speicher des Browsers geladen wird und beim Aufruf von Seiten, die das gleiche Stylesheet verwenden, nicht nochmals geladen werden muss, ergeben sich große Einsparungen beim Datentransfer. Das freut die Betreiber von Seiten genauso wie die Besucher, denn einerseits wird so eventuell kostenpflichtiger Datenverkehr vermieden, ande-

rerseits werden Seiten schneller geladen – bis zu 50 Prozent und mehr.

- **Gleicher Inhalt, viele Designs**
  Das anschaulichste Beispiel für die Vorteile von CSS ist das bekannte Projekt *CSS Zengarden*. Hierbei geht es darum, dieselbe HTML-Seite mit immer wieder neuen Stylesheets völlig anders zu gestalten. Aber sehen Sie am besten selbst: *http://csszengarden.com/*
- **Gleicher Inhalt, viele Einsatzmöglichkeiten**
  Durch die Trennung von Inhalt und Aussehen ist es möglich, den Inhalt durch Verknüpfung mit entsprechenden Stylesheets auch für andere Zwecke zu verwenden. Also beispielsweise für den Druck, mobile Ausgabegeräte oder Newsfeeds.
- **Gleicher Inhalt, viele Medien**
  Schlussendlich kommen Sie als Ersteller von Webseiten mit der Verwendung von XHTML und CSS der Forderung nach Barriereefreiheit einen großen Schritt näher. Denn diese Techniken erlauben es, für unterschiedlichste Ausgabeoptionen unterschiedliche Stylesheets zu definieren. So kann zum Beispiel ein Stylesheet für Braille-Drucker eine Seite genau für diese Ausgabemöglichkeit optimieren.

CSS-Versionen

Bei CSS-Versionen spricht man von *Levels*. Der derzeit aktuell weitgehend unterstützte Level ist CSS 2.1. CSS 3 wird derzeit noch entwickelt. Während CSS 3 lange schon herbeigesehnte Eigenschaften verspricht, wird es wohl noch einige Jahre dauern, bis genügend Browser der jüngeren Generation im Einsatz sind, die CSS 3 »verstehen«.

Unterschiedliche Browser unterstützen unterschiedliche CSS-Levels, aber oft auch Eigenschaften aus verschiedenen CSS-Levels. Womit wir beim Thema Browserkompatibilität angelangt sind.

2.7 Was bedeutet Browserkompatibilität?

Browserkompatibilität wäre das erwünschte Ergebnis, hielten sich alle Browserhersteller an die vom W3C vorgegebenen Standards. Dann nämlich sollten Webseiten in allen Browsern eine weitgehend übereinstimmende Darstellung erzielen.

Internet Explorer 6

Die meisten Sorgen bezüglich Kompatibilität bereiten uns Webentwicklern der Internet Explorer 6, der immerhin noch von rund 50 % aller User verwendet wird.

Doch die vollständige Browserkompatibilität wird wohl ein Wunschtraum bleiben (siehe Kapitel 32). Einerseits unterstützen unterschiedliche Browser unterschiedliche CSS-Versionen, andererseits erlauben sich Browser auch darin noch einigen Interpretationsspielraum.

Aus diesen Gründen findet man im Web viele Seiten mit unzähligen Versuchen, mithilfe mehr oder weniger sinnvoller Browserhacks diese gewünschte Kompatibilität zu erzwingen. Sie müssen sich einfach mit der Tatsache abfinden, dass Sie von absoluter Browserkompatibilität weiter nur träumen dürfen und Sie Ihre Seiten in der Praxis für zahllose Browser und Browserversionen unter verschiedensten Betriebssystemen gestalten müssen.

Darüber hinaus sollten Sie sich auch einfach mit dem Gedanken anfreunden, dass Webseiten auf unterschiedlichen Browsern ja nicht um jeden Preis und zwingend gleich aussehen müssen.

2.8 Was versteht man unter Usability?

Unter *Usability* versteht man *Benutzerfreundlichkeit*. Die User von Webseiten belohnen Benutzerfreundlichkeit durch längeren Aufenthalt und häufigere Besuche.

Auch zum Thema Usability hat das W3C Standards aufgestellt, die Sie beachten sollten. CSS spielt hierbei eine bedeutende Rolle. CSS erlaubt es beispielsweise, Schriften an die Browsereinstellungen der Anwender anzupassen, Navigationsleisten und Menüs mit Text anstatt mit Grafiken ansprechend zu gestalten und vieles mehr, was Webseiten für Benutzer »freundlicher«, also einfacher und logischer in der Handhabung, macht.

2.9 Wie sorgt man für Accessibility?

Vermeidbare Barrieren im Web können den Zugang zu Informationen erheblich einschränken!

Untrennbar mit Usability ist das Thema *Accessibility* verbunden. Während mangelnde Benutzerfreundlichkeit für einen Anwender zwar lästig ist, kann mangelnde Barrierefreiheit Menschen mit Behinderungen das Leben – jedenfalls aber das Surfen im Web – sogar erschweren. Die gute Nachricht aber ist: Usability und Accessibility verstehen sich prächtig und ergänzen einander perfekt.

Accessibility (eigentlich Zugänglichkeit) wird mit *Barrierefreiheit* übersetzt und meint, dass Webseiten für Menschen mit Behinderung und für Benutzer, deren Ausrüstung von der üblichen abweicht oder vielleicht nicht dem letzten technischen Stand entspricht, gleichermaßen zugänglich sein müssen. Wenn man bedenkt, dass das Web zum Beispiel für Menschen mit eingeschränkter Mobilität ein wichtiges »Tor nach draußen« sein kann, dann muss Barrierefreiheit ein ganz besonderes Anliegen sein.

Accessibility hat insbesondere zwei Gruppen von Anwendern im Blickpunkt:

- Menschen mit Sehschwächen oder blinde Menschen
- Menschen mit motorischen Einschränkungen

Für beide Gruppen sind ganz bestimmte Kriterien zu beachten. Allgemein könnte man sagen:

- Für Menschen mit einer Sehschwäche sind die Darstellung von Schriften, Farben und Kontrasten sowie die Technik der Navigation besonders wichtig.
- Für Menschen mit einer motorischen Schwäche ist zu bedenken, dass das »Treffen« von winzigen Buttons (oder anderen mikroskopisch kleinen Elementen) auf einer Webseite oft ein Geduldsspiel oder gar ein unüberwindliches Hindernis darstellt.

Soweit es der Rahmen dieses Buches zulässt, werde ich solche Kriterien anmerken. Dies betrifft insbesondere die Handhabung von Schriften.

2.10 Wozu tabellenfreies Design?

Als Tabellen in HTML »erfunden« waren und ich diese sofort für meine Layouts missbrauchte, kam ich mir sehr verwegen vor. Das Ergebnis konnte sich (für damalige Verhältnisse) sehen lassen und sorgte für einige internationale Aufmerksamkeit:
http://eliZZZa.net/tu/

Natürlich war ich weder die Erste noch die Einzige, die auf diese Idee kam, und in den folgenden Jahren waren unsichtbare Layouttabellen aus dem Webdesign nicht mehr wegzudenken.

Jene, die also wie ich Tabellen seit ihrem ersten Aufkommen für das Layout verwendet haben, werden sich noch daran erinnern, dass sie bei der Vorstellung von CSS zuerst einmal ein wenig verunsichert waren. Die Grundlage unserer Arbeit sollte plötzlich »von gestern« sein?

Wer wusste denn, ob diese unberechenbaren `div`-Elemente genau dort bleiben würden, wo man sie platzierte? Nach ein paar mühsamen Versuchen, bei denen ich alles viel komplizierter machte als nötig, begann die neue Sprache, mir zu gefallen. Und je komplexer die Projekte wurden, desto überraschter war ich, dass meine Stylesheets genauso einfach blieben, und wie aufgeräumt plötzlich mein HTML-Code erschien.

div statt table

Die Raumaufteilung bzw. das Layouten eines modernen XHTML-Dokuments geschieht heute mithilfe des HTML-Elements `div`, das für das englische Wort *division* (Aufteilung, Unterteilung) steht.

Kurz gesagt: Tabellen werden heute nicht mehr für das Layout eingesetzt, sondern nur noch zu ihrem ursprünglichen Zweck, nämlich zur tabellarischen Darstellung von Zahlen und Daten.

Dies hat vor allem im Sinne der Barrierefreiheit große Bedeutung, da Technologien, die den Bildschirm zeilenweise auslesen, mit Tabellen (und übrigens auch mit Frames) mitunter Probleme haben.

Kapitel 3

Was Sie können sollten

Die benötigte Ausrüstung für XHTML und CSS ist spartanisch.

Sie werden lernen,

- welche Voraussetzungen Sie erfüllen sollten und
- was Ihnen bei der Erstellung von Webseiten in XHTML und CSS hilft.

3 Was Sie können sollten

Meine Schülerinnen und Schüler bringen die unterschiedlichsten Voraussetzungen mit – oftmals sogar keine Kenntnisse in HTML. Dennoch fällt es den meisten leicht, XHTML und CSS schnell zu lernen. Am schwersten haben es eigentlich jene, die des Tippens nicht mächtig sind.

3.1 HTML-Grundlagen

Der Code hinter einer einfachen Webseite sollte Ihnen nicht spanisch vorkommen. Alles andere lernen Sie mithilfe dieses Buches. In der linken Innenseite des Buches finden Sie einen Überblick über die wichtigsten HTML-Elemente und die zulässigen Attribute. Im Internet finden Sie zudem unzählige Quellen, die beim Erlernen von HTML nützlich sind.

CSSBOXMANIA – HTML-Workshop

Auf der Website zu diesem Buch habe ich eine Einführung zu HTML zusammengestellt. Auch dieser kleine Workshop bedient sich einer Reihe von Übungen, um Ihnen (X)HTML möglichst kompakt zu vermitteln.
http://cssboxmania.com/html/

SELFHTML

Fast eine Legende, über die man kaum Worte verlieren muss, und zweifelsohne das beste deutschsprachige Nachschlagewerk zu den Themen (X)HTML und CSS, für Anfänger allerdings nur bedingt geeignet, ist das Internet-Tutorial SELFHTML von Stefan Münz.
http://de.selfhtml.org/

CSS4you

Auch hier finden Einsteiger eine umfassende Übersicht über CSS, Eigenschaften, Selektoren, Browserkompatibilität – die Information ist auch für Anfänger gut geeignet.
http://www.css4you.de/

3.2 Upload von Dateien – FTP

Sie sollten wissen, wie man Dateien vom eigenen PC auf einen Webserver transferiert. Am besten geschieht dies mittels File Transfer Protocol (FTP). Sie können dafür die eingebaute FTP-Funktionalität in HTML-Editoren (wie z. B. *Adobe Dreamweaver*) oder aber einen alleinstehenden FTP-Client verwenden.

Das Programm *FileZilla* ist solch ein FTP-Client und kann kostenlos aus dem Internet heruntergeladen werden:
http://filezilla-project.org/download.php?type=client

3.3 Grundkenntnisse in Englisch

Grundkenntnisse in Englisch sind zwar keine zwingende Voraussetzung zum Schreiben von (X)HTML und CSS, sie erleichtern die Sache aber ungemein. Sowohl HTML als auch CSS basieren auf der englischen Sprache. Auch viele interessante Ressourcen und Anleitungen zum Thema HTML und CSS sind nur auf Englisch verfügbar. Darüber hinaus finden Sie Hilfe bei technischen Fragen in den größten (d. h. meistfrequentierten) Internetforen. Diese sind naturgemäß im englischen Sprachraum zu finden.

Das Web spricht Englisch

Daran besteht kein Zweifel. Wissen und Hilfe erhalten Sie daher auf dem schnellsten Weg, wenn Sie sich in Englisch verständigen können.

Wer Englisch auf unterhaltsame Weise lernen möchte oder manchmal Bedarf für eine schnelle Übersetzung hat, dem kann ich *PONScast* ans Herz legen. Rechts oben auf der Internetseite finden Sie den Online-Translator; und auch die Online-Lektionen sind amüsant zu lesen: *http://www.ponscast.de/*

Gerne und oft verwende ich auch das im Internet angebotene Übersetzungsprogramm *LEO*, das zudem einen Vokabeltrainer betreibt: *http://dict.leo.org/*

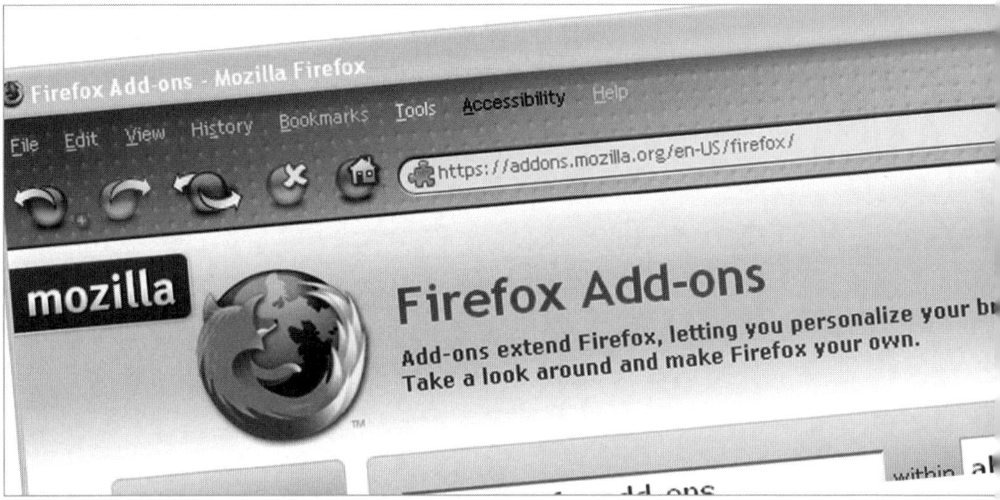

Kapitel 4

Was Sie verwenden sollten

Große und kleine Helferlein für die Arbeit mit XHTML und CSS

Sie werden lernen,

- welche Werkzeuge Ihnen die Arbeit erleichtern,
- wie Sie Ihren Code analysieren können und
- wo Sie sonst noch Hilfe finden.

4 Was Sie verwenden sollten

Ich habe lange gebraucht zu lernen, dass es (nicht nur) für technische Fragen im Web von vielen Seiten kostenlos und prompt Hilfe gibt. Sei es in unzähligen Anleitungen oder in Foren, in denen es von hilfsbereiten Menschen nur so wimmelt.

4.1 Editoren

HTML-Editor Amaya

Amaya ist der vom W3C entwickelte, kostenlose XHTML- und CSS-Editor, der Sie beim Schreiben Ihres Codes mit einer Fülle von Funktionen unterstützt. Sie können die deutschsprachige Version unter folgender URL herunterladen:
http://www.wssexpert.de/amaya/User/BinDist.html

Amaya ist nicht nur ein Editor, sondern gleichzeitig ein Browser, und erlaubt die Änderung von Webseiten, die im Browser aufgerufen werden. Sofern Sie über eine entsprechende Zugriffsberechtigung verfügen, können Sie Dokumente direkt am Server modifizieren.

HTML-Editor HTMLKit

Ein solider HTML- und CSS-Editor ist auch *HTMLKit*, der in zahlreichen Sprachen zur Verfügung steht. Erinnert in manchen Funktionen und Eigenschaften an *Adobe Dreamweaver* und kann Projekte verwalten.
http://htmlkit.com/

HTML-Editor TopStyle

Eine rasante Entwicklung nimmt der gegen moderate Kosten downloadbare Editor TopStyle, der ebenfall die Verwaltung von Projekten erlaubt. Derzeit nur auf Englisch.
http://www.topstyle4.com/

4.2 Browser-Erweiterungen

Browser-Erweiterungen helfen bei der Validierung von Seiten, bei der Fehlersuche während der Entwicklung und bei Fragen zur Optimierung von HTML- und CSS-Code. Wie Sie solche Werkzeuge einsetzen, erfahren Sie in Kapitel 31. Alle nachfolgend angeführten Erweiterungen und Tools stehen kostenlos zur Verfügung.

Firefox-Erweiterung Web Developer

Die Firefox-Erweiterung *Web Developer* ist ein unverzichtbarer »Erste-Hilfe-Koffer« bei der Entwicklung von Webseiten. Er steht als kleine Leiste über dem Browserfenster zur Verfügung. Download der deutschsprachigen Version:
http://www.erweiterungen.de/detail/Web_Developer/

Firefox-Erweiterung FireBug

Die Firefox-Erweiterung *FireBug* beinhaltet viele der Funktionen von *Web Developer* und noch mehr. Ob Sie lieber mit dem einen oder dem anderen Tool arbeiten, ist Geschmackssache. *FireBug* ist eher für Fortgeschrittene geeignet.

Ein großer Unterschied zwischen diesen beiden Erweiterungen besteht darin, dass *FireBug* ziemlich viel Speicher benötigt und Firefox damit deutlich verlangsamt. Allerdings kann man die Erweiterung beispielsweise nur für lokale Seiten oder bestimmte Webadressen aktivieren. Download der deutschsprachigen Version:
http://www.chip.de/downloads/Firebug-1.05_26579619.html

Firefox Accessibility Extension

Die kostenlose Erweiterung *Firefox Accessibility Extension* ist speziell auf die Anforderungen der Barrierefreiheit ausgerichtet. Download der englischsprachigen Version:
https://addons.mozilla.org/en-US/firefox/addon/5809

IE Developer Toolbar

Die *IE Developer Toolbar* ist zwar nicht so raffiniert wie *FireBug*, leistet aber dennoch unverzichtbare Dienste beim Testen und

Entwickeln mit und für den Internet Explorer. Download der englischsprachigen Version:
http://www.microsoft.com/downloads/details.aspx?familyid=e59c3964-672d-4511-bb3e-2d5e1db91038&displaylang=en

Web Accessiblity Toolbar für Internet Explorer

Mit der *Web Accessibility Toolbar für IE* gibt es natürlich auch für den Internet Explorer ein praktisches Werkzeug, um Kriterien der Barrierefreiheit zu kontrollieren. Download der deutschsprachigen Version:
http://www.paciellogroup.com/resources/WAT/WAT20-de.exe

Web Accessibility Toolbar für Opera

Da Barrierefreiheit ein wichtiges Anliegen für jeden Webentwickler sein muss, darf eine entsprechende Browser-Toolbar für Opera nicht fehlen. Download der englischsprachigen Version:
http://www.paciellogroup.com/resources/wat-about.html

Safari Tidy für Mac Safari

Keine Browser-Erweiterung, sondern ein Plugin ist *Safari Tidy für Mac*. Es kann zwar mit der Funktionalität der genannten Tools nicht mithalten, erlaubt aber dennoch eine vielfältige Fehlersuche im Code. Download der englischsprachigen Version:
http://www.zappatic.net/safaritidy/

4.3 Foren

Forenregeln

Versehen Sie Ihre Anfrage mit einem »sprechenden« Titel, der den Kern Ihres Problems ausdrückt. Versuchen Sie Ihr Problem genau zu beschreiben. Seien Sie höflich, und bedanken Sie sich für Hilfe (das ist nicht selbstverständlich).

Wie schon erwähnt, sollten Sie lernen, Hilfe im Web zu suchen und anzunehmen. Wenn Sie später selbst über Erfahrung und Wissen verfügen, können Sie diese ja zurückgeben.

Webentwickler helfen in der Regel gerne, sind allerdings nicht immer geduldig mit Anfängerfragen. Meist sind sie aber gewillt, sich Code anzusehen und Lösungsvorschläge weiterzugeben. Suchen Sie einfach ein Forum, das freundlich mit Einsteigern umgeht und sich mit Fragen rund um Ihren Wissensstand beschäftigt.

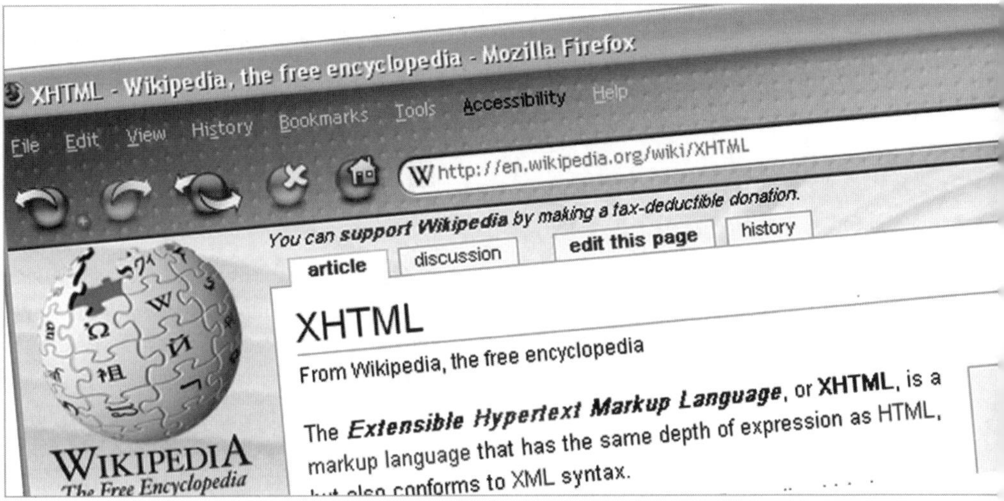

Kapitel 5

Was Sie verstehen sollten

Einfache Regeln – mächtige Funktionen

Sie werden lernen,

- wie die wichtigsten Regeln für XHTML und CSS sowie
- korrekte Schreibweisen hierfür lauten und
- wie Sie XHTML und CSS miteinander verbinden.

5 Was Sie verstehen sollten

Viel hat sich am Aufbau einer HTML-Datei nicht geändert, seit ich meine ersten Webseiten vor mehr als zwölf Jahren erstellt habe. CSS hat allerdings die Übersichtlichkeit des Codes erheblich verbessert, da nunmehr Designanweisungen ausgelagert werden.

5.1 Der Aufbau einer XHTML-Datei

Eine XHTML-Datei unterscheidet sich nur wenig von einer HTML-Datei. Beide sind Textdateien mit der Endung `.html` bzw `.htm`. Beide Dateitypen weisen die folgende Grundstruktur auf:

```
<html>
    <head>
        <title>Seitentitel</title>
    </head>
    <body>
    Inhalte
    </body>
</html>
```

Das ist das Grundgerüst einer herkömmlichen HTML-Seite. Eine *valide*, also im Sinne der Webstandards gültige XHTML-Seite, wird allerdings noch um zwei Elemente ergänzt, sodass eine korrekte Dokumentstruktur für XHTML wie folgt aussieht:

```
<!DOCTYPE html PUBLIC "-//W3C//DTD XHTML 1.0 Strict//EN"
"http://www.w3.org/TR/xhtml1/DTD/xhtml1-strict.dtd">
<html xmlns="http://www.w3.org/1999/xhtml">
    <head>
    <meta http-equiv="Content-Type" content="text/html;
    charset=iso-8859-1" />
    <title>Seitentitel</title>
    </head>
    <body>
```

```
    Inhalte
    </body>
</html>
```

DTD – die Document Type Definition als Vorspann

Dieser Vorspann informiert den Browser, nach welchen Standards das Dokument geschrieben ist. Keine Sorge, Sie müssen sich diese Formel nicht merken, die gängigen HTML-Editoren fügen eine passende DTD automatisch ein. Sie können diese aber auch einfach in Ihr HTML-Dokument hineinkopieren. Eine Liste der gültigen DTDs finden Sie beim W3C:
http://www.w3.org/QA/2002/04/valid-dtd-list.html

DTD – Strict versus Transitional

Verwenden Sie nach Möglichkeit eine DTD in der Auslegungsvariante *Strict*. Dies hilft Ihnen, die Inhalte von der Präsentation wirklich streng (englisch: *strict*) zu trennen, denn in dieser Variante sind einige HTML-Elemente und -Attribute nicht mehr erlaubt.

Ist es nicht bequemer, die DTD-Variante *Transitional* zu verwenden? Nein! Die in der DTD-Variante *Strict* nicht mehr empfohlenen HTML-Elemente und -Attribute werden über kurz oder lang ohnehin aus den Webstandards eliminiert werden. Sie können diese also genauso gut gleich von Ihrer HTML-Liste streichen.

Transitional

Die DTD-Variante Transitional sollten Sie wirklich nur dann einsetzen, wenn es gute Gründe dafür gibt. Zum Beispiel für ältere Projekte, wo es zu aufwendig wäre, alle mittlerweile verpönten HTML-Elemente und -Attribute zu entfernen.

Das html-Element

Gleich nach der DTD erscheint die Information (für den Browser), dass nun der HTML-Code folgt. Wenn Sie das Ende des Codes betrachten, bemerken Sie, dass das `html`-Element das letzte Element auf der Seite ist, das geschlossen wird. Somit umhüllt das `html`-Element alle anderen Elemente, ist also deren »Vorfahre«. Das `html`-Element wird daher auch als Wurzelelement (Root-Element) bezeichnet.

Das head-Element

Der `head`-Bereich ist für Anwender auf der Seite nicht sichtbar. Erst der Blick in den Quellcode enthüllt die Inhalte des Dokumentkopfs. Nur das `title`-Tag, das innerhalb des `head`-Elements sitzt, ist von außen sichtbar, nämlich in der Titelleiste des Browsers.

Das `head`-Tag enthält wichtige Informationen für Medien, die auf die Seite zugreifen, in unserem Fall meistens Webbrowser. Im `head`-Tag enthaltene weitere Tags können den verwendeten Zeichensatz festlegen (siehe nächster Punkt), Verknüpfungen zu benötigten Dateien definieren, Suchbegriffe auflisten und vieles mehr.

Abbildung 5.1 ▸
Browser-Titelleiste und Tab mit Seitentitel im IE

Eine weitere wichtige Information für den Browser ist die Angabe, welcher Zeichensatz verwendet wird:

```
<meta http-equiv="Content-Type" content="text/html;
charset=iso-8859-1" />
```

Das Meta-Tag charset

Dieses Tag wird vor dem `title`-Element platziert, damit etwaige Sonderzeichen im Titel der Seite bereits korrekt dargestellt werden. Die Angabe des zu verwendenden Zeichensatzes weist den Browser an, Sonderzeichen korrekt darzustellen. Derzeit empfiehlt es sich noch, den westeuropäischen Zeichensatz ISO-8859-1 zu verwenden, der eine korrekte Darstellung der in unserem Sprachraum verwendeten Umlaute und Sonderzeichen gewährleistet.

ISO versus UTF

In letzter Zeit stolpere ich immer öfter über Seiten, deren Umlaute und Sonderzeichen als *Sonderbar*-Zeichen angezeigt werden. Wenn ich dann den Quellcode solch einer Seite betrachte, dann finde ich als `charset` (von *character set*) UTF-8 definiert. Das ist in den meisten Fällen vorauseilender »Innovationsgehorsam«.

Zwar wird man in Zukunft wohl auf das flexiblere UTF-8 (UTF = Unicode Transformation Format) umsteigen, das mehr Zeichen in einem Zeichensatz erlaubt. Solange viele Editoren dieses Format allerdings noch nicht korrekt abspeichern und viele Webserver es noch nicht korrekt interpretieren, sollten Sie weiterhin den westeuropäischen Zeichensatz, wie hier angegeben, vorziehen.

Das title-Tag

Das `title`-Tag sollte immer und unbedingt ausgefüllt werden. Es ist der erste Platz, wo Sie Ihr »Branding« deponieren können, das heißt, hier präsentieren Sie erstmals Ihren (Firmen-)Namen, Ihren Slogan sowie die wichtigsten Suchbegriffe.

Das `title`-Tag erfüllt gleich mehrere wichtige Funktionen für Ihren Internetauftritt und Ihre Seiten.

- **Auffindbarkeit in Suchmaschinen**
  Das `title`-Tag ist der erste Platz, um Ihre wichtigsten Suchbegriffe zu notieren. Suchmaschinen gewichten Suchbegriffe im Titel einer Seite vorrangig.
- **Titel des Suchresultats in Suchmaschinen**
  Der Seitentitel bildet den Titel der Liste von Suchergebnissen, wenn diese in Suchmaschinen gefunden wird.
- **Titel von Lesezeichen und Bookmarklets**
  Der Seitentitel wird zum Namen eines Lesezeichens oder Bookmarklets, wenn Besucher Ihre Seite zu den Favoriten hinzufügen oder in der Symbolleiste ablegen.
- **Orientierung für Ihre Besucher**
  Der Titel Ihrer Seite erscheint als Titel ganz oben im Browserfenster und sollte den Inhalt der jeweiligen Seite benennen.

Bookmarklets

Bookmarklets sind winzige Skripte, die man unter anderem als schnelle Links zu einer Website auf die Lesezeichenleiste des Browsers ziehen kann. Das Wort setzt sich zusammen aus bookmark und applet.

Das body-Element

Das `body`-Tag schließlich umhüllt alles, was Besucher auf der Seite sehen können. Hier werden Inhalte organisiert, strukturiert und präsentiert.

5.2 Die wichtigsten Regeln für XHTML

Genau genommen ist XHTML also nichts anderes als HTML, allerdings ein wenig strenger ausgelegt und mit einigen kleinen Einschränkungen versehen.

DTD – Document Type Definition

Ein XHTML-Dokument muss mit einer sogenannten *Document Type Definition (DTD)* beginnen. Diese muss nach einem der Standards *Strict*, *Transitional* oder *Frameset* gültig sein. Alle erlaubten DTDs finden Sie aufgelistet unter:
http://www.w3.org/QA/2002/04/valid-dtd-list.html

Wohlgeformtheit

Ein gültiges XHTML-Dokument muss *wohlgeformt* sein. Dies bedeutet, dass die nachfolgend genannten Regeln strikt anzuwenden sind, und dass ein solches Dokument nach der DTD mindestens aus den Elementen `html`, `head`, `title` und `body` bestehen muss.

Korrekt verschachteln

Tags müssen korrekt verschachtelt (*nested*) sein. Eine Verschachtelung darf sich mit einer anderen nicht überschneiden.

```
<p><strong><em>Diese Verschachtelung</strong></em> ist
also falsch. </p>
<p>Während <strong><em>diese</em></strong> korrekt ist.
</p>
```

Tags schließen

Alle Tags müssen korrekt geschlossen werden – auch dann, wenn kein Ende-Tag vorgesehen ist.

```
<hr size="1" /><!-- korrekt geschlossen -->
<p align="right">Auch das ist korrekt</p>
<br /><!-- korrekt -->
<br><!-- das ist nicht korrekt -->
```

Kleinschreibung

Tags und Attribute müssen immer in Kleinbuchstaben geschrieben werden. Eine Zeit lang war es geradezu Mode, HTML-Tags und Attribute in Versalien (Großbuchstaben) zu notieren. Das ist nunmehr ausdrücklich falsch.

```
<BODY ID="start"><!-- Das ist ungültig. -->
<body id="start"><!-- So ist es richtig. -->
```

Anführungszeichen

Werte (*Values*) werden immer in Anführungszeichen notiert. Während in HTML Ziffern/Zahlen als Werte korrekterweise ohne Anführungszeichen notiert werden, ist auch das in XHTML ausdrücklich ungültig.

Bitte beachten Sie, dass img zu jenen HTML-Elementen gehört, die kein eigenes Ende-Tag besitzen und daher »in sich« geschlossen sind.

```
<img src="bild.jpg" width=100 /><!-- falsch -->
<img src="bild.jpg" width="100" /><!-- korrekt -->
```

Attributverkürzung

Eine Attributverkürzung ist in XHTML nicht erlaubt.

```
<td nowrap>falsch</td>
<td nowrap="nowrap">richtig</td>
```

id anstatt name

In XHTML ist nur `id` als Identifizierer (*Identifier*) zulässig (ausgenommen Input-Elemente in Formularen); in HTML 4 war auch `name` für manche Elemente erlaubt.

5.3 HTML-Elemente

HTML-Tags werden von spitzen Klammern < > umschlossen, so wie hier eine Überschrift `h1` erster Ordnung:

```
<h1>Ein h1 ist ein sogenanntes heading-Element.</h1>
```

Das erste Tag, in diesem Fall `<h1>`, bezeichnet man als Anfangs-Tag, das zweite (am Ende des Satzes) als Ende-Tag – es wird mit einem Schrägstrich (*slash*) / geschrieben, also hier `</h1>`.

HTML-Elemente und leere HTML-Elemente

Falls Texte, Bilder oder andere Objekte von solchen Tags eingeschlossen sind, spricht man von einem HTML-Element. Zusätzlich gibt es auch leere HTML-Elemente. Hier ein Beispiel:

```
<br />
```

Dies ist ein `br`-Element (*break*), das keinen Inhalt besitzt (also auch nichts umschließt), sondern nur für eine neue Zeile sorgt (Zeilenumbruch).

Eigenschaften/Parameter

Im Englischen spricht man von *attributes* oder *properties*, wenn man HTML-Elemente mit Parametern versieht. Mit dem Einsatz von CSS kann auf die meisten HTML-Attribute verzichtet werden.

```
<body bgcolor="#FF0000"><p>Hintergrundfarben werden
nunmehr via CSS definiert und haben im HTML-Code nichts
mehr verloren.</p>
<a href="datei.htm">Linktext</a>
```

Das Attribut `href` ist hier hingegen unerlässlich, um den relativen Pfad zur verknüpften Datei anzugeben.

5.4 Schreibweisen in (X)HTML

Zusätzlich zu den Anmerkungen in Abschnitt 5.2 sind folgende Syntaxregeln zu beachten:

- **Werte** werden in HTML ohne Maßeinheit (ausgenommen Prozent), jedoch immer in Anführungszeichen notiert.
- **Kommentare** in HTML `<!--` werden so geschrieben `-->`.
- **Leerzeilen** und **Leerzeichen** dürfen ebenso wie Tabulatorsprünge eingesetzt werden, um den Code übersichtlicher zu halten.

Beachten Sie bitte, dass man Kommentare im Quellcode lesen kann!

5.5 Der Aufbau einer CSS-Datei

Auch eine CSS-Datei ist zunächst lediglich eine Textdatei mit der Endung *.css* und folgt bestimmten Regeln. Ein Stylesheet könnte zum Beispiel so aussehen:

```
/* Stylesheet für alle Medien */
body {background-color: #FFFFFF; color: #333333;}
h1 {color: #FF0000;}
```

Dieses Beispiel soll nur demonstrieren, wie einfach eine CSS-Datei aussehen kann. Es definiert für das gesamte Dokument (`body`) eine Hintergrundfarbe Weiß, eine Schriftfarbe (eigentlich Vordergrundfarbe) Anthrazit und Rot als Schriftfarbe für sämtliche Überschriften erster Ordnung.

Erlaubte Inhalte

In einer CSS-Datei sind nur CSS-Anweisungen und CSS-Kommentare erlaubt.

5.6 Die wichtigsten Regeln für CSS

CSS-Regel (CSS rule, rule set)

Das zuvor gezeigte Beispiel besteht aus einem CSS-Kommentar und zwei CSS-Regeln (auch Anweisungen genannt). Fett markiert ist jeweils der Selektor.

Sie finden in diesem Abschnitt meist auch die englischen Bezeichnungen aufgeführt, da viele CSS-Anleitungen im Web auf Englisch zur Verfügung stehen und man daher die Begriffe auch im Original kennen sollte.

Selektor (selector)

Mit dem Selektor wählen (selektieren) Sie, welches HTML-Element Sie mit bestimmten Eigenschaften versehen wollen. Im vorigen Beispiel wurden das `body`-Element und ein `h1`-Element, also eine Überschrift erster Ordnung, ausgewählt.

Deklaration (declaration) und Deklarationsblock (declaration block)

Nach dem Selektor folgt in geschwungen Klammern eine Deklaration, die sich wiederum aus einer Eigenschaft (*attribute*) und einem Wert (*value*) zusammensetzt. Es dürfen hier auch mehrere

Deklarationen angeführt sein, man spricht dann von einem Deklarationsblock, der beliebig viele Deklarationen enthalten kann.

Reihenfolge in CSS

Die Reihenfolge, in der Sie Anweisungen notieren, ist – mit Ausnahme der Pseudoklassen – beliebig. Es empfiehlt sich aber, CSS-Regeln einerseits ein wenig nach Selektoren zu gruppieren, und andererseits in etwa ihrem Auftreten im HTML-Dokument und einer gewissen Hierarchie zu folgen.

Eigenschaft und Wert (attribute und value)

Mit der Deklaration aus Eigenschaft und Wert wird festgelegt, wie ein HTML-Element aussehen soll. Bitte beachten Sie, dass Werte in CSS immer mit Maßeinheiten angegeben werden müssen – im Gegensatz zu Werten in HTML. Eine CSS-Regel besteht also aus:

```
selektor {eigenschaft: wert;}
```

Oder korrekt (auf Englisch) aus:

```
selector {attribute: value;}
```

```
selektor {eigenschaft: wert;}
h1       {background:  #FF0000;}
```

Abbildung 5.2 ▸ Schema für eine CSS-Regel

Semikolon (Strichpunkt)

Eine Deklaration wird immer durch ein Semikolon ; (Strichpunkt) von der nächsten Deklaration getrennt. Obwohl dies bei der letzten Deklaration in einem Block von Deklarationen nicht notwendig wäre, empfehle ich es dringend. Oft werden Sie Anweisungs-Sets ergänzen, und dann kann es passieren, dass Sie nach der letzten Zeile noch eine Anweisung hinzufügen. Falls dann in der vorletzten Zeile der Anweisung das Semikolon fehlt, kann dies zum Versagen des Stylesheets führen.

5.7 CSS-Selektoren

CSS-Selektoren wählen Elemente der (X)HTML-Seite nach verschiedenen Kriterien aus, um diese mit Styles zu versehen. Welche Arten von Selektoren zur Verfügung stehen und wie Sie diese kombinieren können, erfahren Sie in Kapitel 7.

5.8 Schreibweisen in CSS

Beim Erstellen von CSS-Code gibt es ganz individuelle Schreibstile. Vieles ist erlaubt, um den Code übersichtlich zu gestalten.

Klassisch versus einzeilig

Für den Anfang sollten Sie sich an die klassische Schreibweise halten, bei der jede Deklaration in eine eigene Zeile geschrieben wird, denn diese ist für Einsteiger übersichtlicher.

```
body {
    background: white;
    margin: 20px;
    color: #333333;
}
```

Später, wenn Sie sich schon ein wenig sicherer im Umgang mit Selektoren und Deklarationen fühlen, werden Sie vermutlich so wie auch ich Platz sparen wollen und Anweisungen einzeilig schreiben.

```
body {background: white; margin: 20px; color: #333333;}
```

Sie dürfen beide Schreibweisen gemeinsam verwenden. Es bietet sich an, die klassische Variante dort zu verwenden, wo mehr als drei Deklarationen anfallen, und einzeilig zu schreiben, falls weniger als drei Deklarationen vorgesehen sind.

Meine eigenen Stylesheets schreibe ich meist einzeilig. Im Unterricht dagegen mische ich beide Schreibweisen, so wie auch in diesem Buch.

Leerzeichen

Sowohl nach dem Selektor als auch nach dem Doppelpunkt, der einer Eigenschaft folgt, sollten Sie für bessere Lesbarkeit immer ein Leerzeichen setzen. Dasselbe gilt für das Semikolon vor einer weiteren Deklaration.

```
div#test {background: red; width: 100px; height: 50px;}
```

Ich finde tatsächlich immer wieder Stylesheets, die ohne Leerzeichen geschrieben sind:

```
div#test{background:red;width:100px;height:50px;}
```

Sie können sich vorstellen, dass es recht mühsam ist, mit solchen Stylesheets zu arbeiten.

Leerzeilen und Tabulatorsprünge

Am besten gewöhnen Sie sich gleich von Beginn an eine »ordentliche« Schreibweise an. Im Fall der angeführten Leerzeichen gilt es zwar nicht als Fehler, wenn Sie sich diese ersparen. Aber versuchen Sie einmal, solch ein Stylesheet zu lesen oder darin nach Fehlern zu suchen.

Leerzeilen und Tabulatorsprünge sind ebenfalls in CSS erlaubt und werden oft verwendet, um die Übersichtlichkeit eines Stylesheets zu verbessern.

Kommentare

Im Gegensatz zu HTML-Kommentaren werden CSS-Kommentare wie folgt geschrieben:

```
/* Dies ist ein CSS Kommentar */
<!-- ACHTUNG! Ein HTML-Kommentar wird SO notiert -->
```

Sie sollten sich sowohl in XHTML als auch in CSS angewöhnen, Code zu kommentieren. Diese Tugend erspart Ihnen langfristig unnötige Arbeitsstunden und Ärger. Versprochen!

5.9 Verkürzte Schreibweise von Eigenschaften

Wie Sie der Tabelle der Eigenschaften entnehmen können, sind für einige Eigenschaften verkürzte Schreibweisen erlaubt. Die gebräuchlichsten sind jene für `background` und `border` sowie `margin` und `padding`. Die *Shorthand Property* für `font` verwende ich persönlich selten, weil ich sie für unübersichtlich halte, wenn man später das Stylesheet liest.

Schlanker Code

Grundsätzlich sollte man die Möglichkeit der verkürzten Schreibweise nützen, denn sie erspart Zeilen und hilft Ihnen damit, »schlankeren« Code zu schreiben.

Für die nachfolgenden Eigenschaften ist eine verkürzte Schreibweise vorgesehen. Die wichtigsten werden anschließend im Detail erklärt:

- `background`
- `border`
- `cue`
- `font`
- `list-style`
- `margin`
- `outline`
- `padding`
- `pause`

background – verkürzte Schreibweise

Mit der Eigenschaft `background` werden nicht nur die Hintergrundfarbe und ein Hintergrundbild festgelegt, sondern auch die Platzierung und das Verhalten von Hintergrundgrafiken.

Schema:

```
selektor {background: background-color background-image
background-repeat background-attachment background-
position;}
```

Es muss mindestens `background-color` oder `background-image` angegeben werden:

```
div#test {background: #FF0000 url(images/test.gif)
repeat-x scroll right top;}
```

Dies ist eine verkürzte Schreibweise für:

```
div#test {
    background-color: #FF0000;
    background-image: url(images/test.gif);
    background-repeat: repeat-x;
    background-attachment: scroll;
    background-position: right top;
}
```

Bitte beachten Sie, dass im Fall der `background`-Eigenschaften bei nicht aufgeführten Werten die Standardwerte zum Einsatz kommen. Diese Tatsache wird gerne übersehen und führt dann zu falschen Schlüssen:

```
div#test {
    background-color: #FF0000;
    background: url(images/test.gif);
}
```

Zu sehen ist als Hintergrund die Bild-Datei, nicht aber rote Farbe. Die zweite Deklaration definiert `background` als *Shorthand Property* für alle Hintergrundeigenschaften und impliziert als `background-color` den Standardwert `transparent`. Dieser überschreibt die erste Deklaration `background-color`.

Noch eine Besonderheit (die ich übrigens persönlich besonders lästig finde): Bei der Eigenschaft `background-position` kön-

background-color vs. color

Eigentlich müsste die Vordergrundfarbe »foreground-color« heißen, was auch die Tücke vermeiden würde, dass man versucht ist, für die Schriftfarbe »font-color« zu schreiben. Stattdessen verwendet man in beiden Fällen schlicht `color`.

nen zwei Werte angegeben werden. Dabei gilt der erste Wert für die horizontale und der zweite für die vertikale Position.

Bei der verkürzten Schreibweise von Werten bei `padding`, `margin` und `border` verhält es sich genau umgekehrt: Der erste Wert steht für die vertikale, der zweite Wert für die horizontale Ausrichtung. Darüber stolpere ich bei `background` heute noch bisweilen.

border – verkürzte Schreibweise

Auch die Eigenschaft für den Rahmen eines Elements sollte verkürzt geschrieben werden.

Schema:

Sie können interessante Effekte erzielen, wenn Sie unterschiedliche Farb- oder Style-Werte für die vier Seiten eines Rahmens definieren.

```
selektor {border-width border-style border-color;}
```

Es muss mindestens eine Angabe `border-width` gemacht werden:

```
div#test {border: 1px solid #FF0000;}
```

Dies ist eine verkürzte Schreibweise von:

```
div#test {
    border-width: 1px;
    border-style: solid;
    border-color: #FF0000;
}
```

font – verkürzte Schreibweise

Wie schon erwähnt, ist mir diese Schreibweise nicht ganz sympathisch – vielleicht ist das aber auch nur eine Frage der Gewohnheit.

Schema:

```
selektor {font-style font-variant font-weight font-size/
line-height font-family;}
```

Nur die Werte `font-size` und `font-family` sind zwingend anzugeben. Die Werte für `font-style`, `font-variant` und `font-weight` müssen **vor** `font-size` notiert werden:

```
div#test {italic small-caps bold 1.2em/1.8em Verdana,
sans-serif;}
```

Dies ist eine verkürzte Schreibweise für:

```
div#test {
    font-style: italic;
    font-variant: small-caps;
    font-weight: bold;
    font-size: 1.2em;
    line-height: 1.8em;
    font-family: Verdana, sans-serif;
}
```

Weil ich immer wieder darüber stolpere, hier noch einmal: Die Schriftfarbe wird nicht als »font-color« notiert, sondern als `color`!

Obwohl ich zugeben muss, dass die verkürzte Schreibweise hier fünf Zeilen erspart, werde ich mich damit wohl dennoch nie anfreunden. Anweisungen für Schriften versuche ich möglichst sparsam einzusetzen, also kommt eine so ausführliche Anweisung wohl nur einmal, nämlich bei der Basisschrift, zum Tragen. Danach werden meist ohnehin nur einzelne Eigenschaften angepasst.

Verkürzte Schreibweisen für »padding«, »margin« und »border«

Die meisten Elemente einer HTML-Seite gleichen einer Box, weswegen man auch von »Boxmodell« spricht. So eine Box kann neben anderen Eigenschaften an allen vier Seiten Werte für `margin`, `padding` und `border` annehmen.

Die verkürzten Schreibweisen von Werten im Boxmodell (für `margin`, `padding`, `border`) werden in Kapitel 8 detailliert erklärt. Hier eine kurze Zusammenfassung:

Vier Werte:

```
div#testbox {padding: 10px 15px 0px 20px;}
```

Die Werte gelten für `top`, `right`, `bottom`, `left`.

Drei Werte:

```
div#testbox {margin: 10px 20px 5px;}
```

Die Werte gelten für `top`, `right`, `bottom`. Der fehlende Wert für `left` ist gleich dem gegenüberliegenden Wert für `right`.

Zwei Werte:

```
div#testbox {border: 10px 5px;}
```

Die Werte gelten für `top/bottom` und `right/left`.

Um sich die Reihenfolge top, right, bottom, left zu merken, denken Sie an 12 Uhr und gehen im Uhrzeigersinn vor.

Ein Wert:

```
div#testbox {border-color: #FF0000;}
```

Der Wert gilt für alle vier Seiten.

Weitere verkürzte Schreibweisen von Eigenschaften

Weitere verkürzte Schreibweisen sind unter anderem für `list-style` und `outline` vorgesehen.

Verkürzte Schreibweise von Farben

Farben werden – üblicherweise – im sogenannten Hexadezimal-Code geschrieben, womit eine sechsstellige Zeichenreihe gemeint ist, deren erstes Paar den Wert für **R**ed angibt, das zweite Paar definiert den Wert für **G**reen, das dritte für **B**lue.

CSS erlaubt eine verkürzte dreistellige Schreibweise, sofern jedes Paar aus gleichen Werten besteht, also z.B. `FF-99-00`:

```
h1 {color: #F90;} /* verkürzte Schreibweise der Farbe
#FF9900 */
```

Ich persönlich rate von der verkürzten Notierung von Hexadezimal-Code ab, da dieser dann im CSS-Code schwerer zu finden ist, wenn man sich auf Fehlersuche begibt. Abgesehen davon, dass diese Verkürzung nur dann zutrifft, wenn die Wertepaare sozusagen Zwillinge sind, empfehle ich grundsätzlich, in der Schreibweise möglichst konsistent und konsequent zu bleiben.

5.10 XHTML und CSS miteinander verbinden

Haben Sie nun eine (X)HTML-Datei (oder mehrere) und ein Stylesheet (oder mehrere) vorbereitet, so müssen diese noch miteinander verknüpft werden. Grundsätzlich gibt es vier Möglichkeiten, um CSS-Anweisungen mit (X)HTML zu verbinden:

- **externes Stylesheet** mittels `link`-Element
- **@import-Regel** im `style`-Element oder im Stylesheet
- **internes Stylesheet** mittels `style`-Element
- **Inline-Style** mittels `style`-Attribut

Externes Stylesheet und link-Element

Die bevorzugte Methode ist die Verlinkung mit externen Stylesheets, denn nur diese Variante erfüllt die Forderung, Design-Parameter »von außen« ändern zu können, ohne in die Inhaltsseiten einzugreifen. Dieses Vorgehen erweist sich besonders bei Content-Management-Systemen als hilfreich, wo die Seitenvorlagen (meist PHP-Dateien) oft mit Skript-Anweisungen anderer Sprachen durchsetzt – und für Einsteiger dadurch oft sehr unübersichtlich sind.

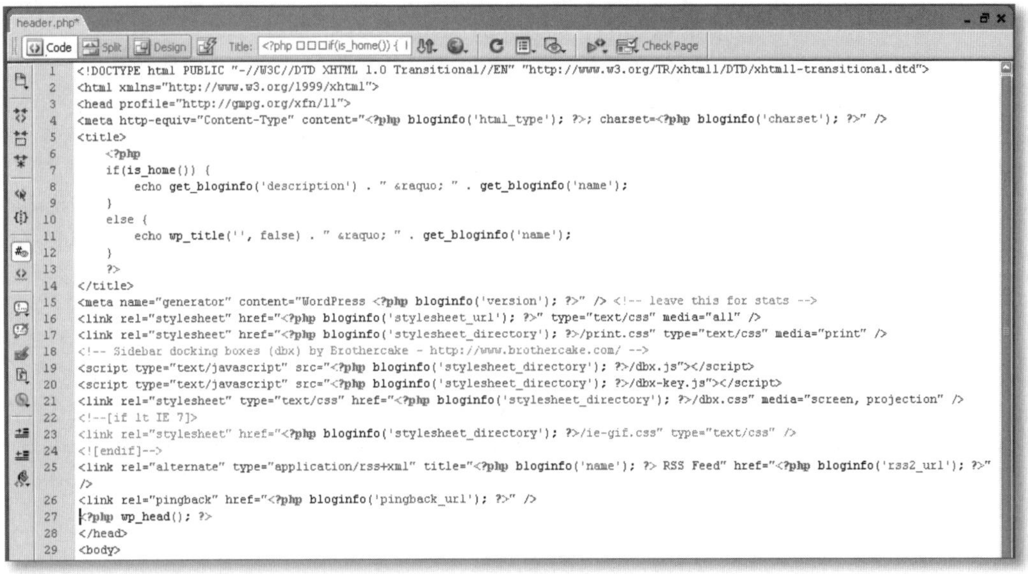

▼ **Abbildung 5.3**
Seitenvorlage für WordPress, Dokumentenkopf mit PHP-Anweisungen

Das `link`-Tag muss im `head`-Element eines XHTML-Dokuments platziert sein und wird wie folgt notiert:

```
<link rel="stylesheet" href="styles.css" type="text/css"
media="all" />
```

Bitte beachten Sie, dass `link` zu jenen Tags gehört, die kein eigenes Ende-Tag haben, sondern »in sich« geschlossen sind.

Und so könnte man das Tag lesen:
Verknüpfung zu einem Stylesheet mit relativem Pfad zur Datei styles.css vom Typ Text/CSS für alle Medien.

Mit diesem Tag informieren Sie den Browser, wo das Stylesheet liegt, das angewendet werden soll, und dass dieses für alle Medien gilt. In Kapitel 17 werden Sie lernen, wie Sie ein Stylesheet speziell für den Druck gestalten.

Internes Stylesheet und style-Element

CSS-Anweisungen dürfen auch im head-Bereich einer HTML-Seite platziert sein und werden dann wie folgt notiert:

```
<style type="text/css">
    h1 {color: red;}
</style>
```

So weit die Theorie. In der Praxis gibt es kaum Argumente dafür, eine CSS-Anweisung direkt in die HTML-Datei zu schreiben. So kann das style-Element verwendet werden, um externe Stylesheets mittels @import einzufügen.

```
<style type="text/css">
    @import url(styles.css);
</style>
```

Auch hier gilt es aber zu überlegen, ob es nicht sinnvoller ist, die @import-Regel besser in der CSS-Datei anzuwenden, wie im nächsten Punkt angeführt.

@import-Regel

Bitte beachten Sie, dass die @import-Anweisung in einem Stylesheet immer und ausnahmslos am Anfang der Datei stehen muss, da eine @import-Anweisung, die einer CSS-Regel folgt, ignoriert wird.

Wie bereits angeführt, können mit der @import-Regel CSS-Anweisungen in eine HTML-Seite eingefügt werden. Genauso darf die @import-Regel in einer CSS-Datei andere Stylesheets importieren.

Inline-Style und style-Attribut

Keine Entschuldigung gibt es dafür, HTML-Elemente direkt mit einem style-Attribut zu versehen, denn dies widerspricht allem, was wir an Vorteilen von CSS so schätzen.

```
<h1 style="color: red;">Das ist gr&auml;sslicher
Style!</h1>
```

Mehrere CSS-Quellen

Es ist nicht nur zulässig, sondern auch durchaus üblich, mehr als ein Stylesheet einzubinden. Viele CSS-Designer verwenden diese Vorgehensweise, um zur besseren Übersichtlichkeit sehr umfangreiche CSS-Dateien in mehrere kleinere zu unterteilen.

Besonders im Fall der Verwendung mehrerer CSS-Quellen ist es wichtig, die Regeln des Kaskadierens zu verstehen. Diese bestimmen, in welcher Reihenfolge CSS-Anweisungen durchgeführt werden und welche Anweisung sich letztlich durchsetzt. Die Themen Kaskade, Spezifizität und Vererbung werden in Kapitel 18 im Detail erläutert.

TEIL II

CSS verstehen: Eine Webseite mit XHTML und CSS erstellen

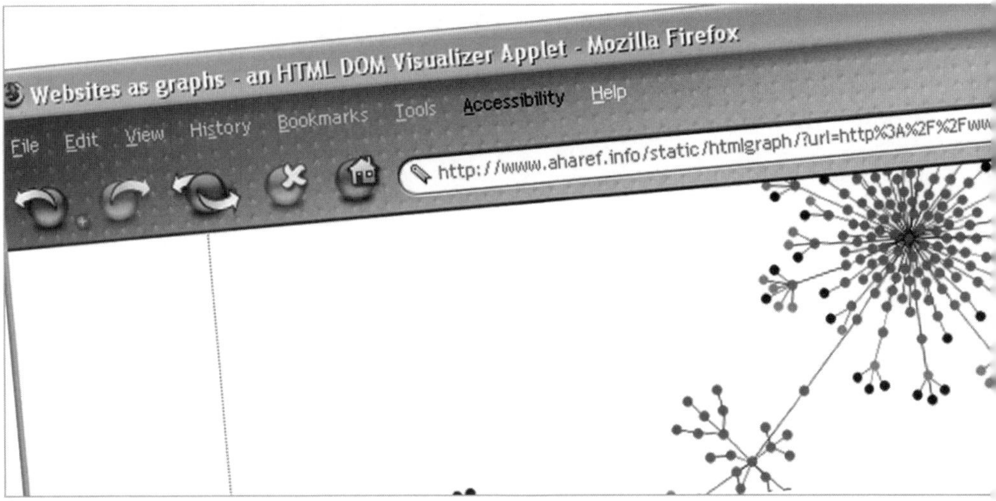

Kapitel 6

Der erste Entwurf

Aller Anfang ist – mit XHTML und CSS – ganz einfach.

Sie werden lernen, wie Sie

- eine XHTML-Datei anlegen,
- Inhalte strukturieren,
- eine CSS-Datei anlegen und
- beide Dateien miteinander verknüpfen.

6 Der erste Entwurf

Bevor Sie mit dem Anlegen von Seiten und Strukturen beginnen, müssen Sie sich über die Inhalte im Klaren sein. Ohne Vorstellung über die Themen und deren Gewichtung wird Ihnen sonst kaum eine sinnvolle Navigation gelingen.

Eine Webseite, die zeitgemäßen Webstandards entsprechen soll, setzt sich also (im Idealfall) aus mindestens zwei Dateien zusammen, nämlich einer XHTML-Datei und einer CSS-Datei, dem sogenannten Stylesheet. Beide werden (bevorzugt) durch einen Link in der XHTML-Datei miteinander verbunden. Die XHTML-Datei ist dabei für das Grundgerüst und für die Inhalte der Seite zuständig.

6.1 Die XHTML-Datei – Struktur und Inhalt der Webseite

Die meisten HTML-Editoren liefern beim Anlegen einer neuen (X)HTML-Datei bereits die korrekten Vorgaben mit.

```
<?xml version="1.0" encoding="iso-8859-1"?>
<!DOCTYPE html PUBLIC "-//W3C//DTD XHTML 1.0 Strict//EN"
      "http://www.w3.org/TR/xhtml1/DTD/xhtml1-strict.dtd">
<html xmlns="http://www.w3.org/1999/xhtml">

<head>
  <meta http-equiv="content-type" content="text/html; charset=iso-8859-1" />
  <title>CSS BoxMania * Übung 01a</title>
  <link rel="stylesheet" href="styles.css" type="text/css" media="all" />
</head>

<body>
Inhalte
</body>
</html>
```

Abbildung 6.1 ▸
Dokumentenkopf von Dreamweaver angelegt

Erstellen Sie einen Ordner für die nun folgenden Übungen und nennen Sie diesen *uebungen*. Legen Sie in diesem Ordner eine Textdatei mit Namen *uebung01a.htm* an und schreiben Sie den nachfolgenden Code oder öffnen Sie die entsprechende Datei auf der DVD-ROM.

Der HTML-Code

```
<!DOCTYPE html PUBLIC "-//W3C//DTD XHTML 1.0 Strict//EN"
"http://www.w3.org/TR/xhtml1/DTD/xhtml1-strict.dtd">
<html xmlns="http://www.w3.org/1999/xhtml">
```

DTD und html-Element

Wie bereits vorher beschrieben, enthält die DTD als Vorspann unseres XHTML-Dokuments Informationen zur verwendeten XHTML-Version sowie eine Referenz zur entsprechenden Seite des W3C.

Das `html`-Element wird auch als Wurzel- oder Stammelement bezeichnet und ist gleichzeitig auch Eltern-Element des `body`-Elements.

```
<head>
<meta http-equiv="Content-Type" content="text/html;
charset=iso-8859-1" />
<title>CSS BoxMania * &Uuml;bung 01a * CSS f&uuml;r
Einsteiger * Galileo Design</title>
<meta name="description" content="CSS für Einsteiger im
Galileo Design Verlag von Elisabeth Wetsch" />
<meta name="keywords" content="css, xhtml, webstandards,
html, web design, eliZZZa" />
<link href="uebung01a.css" rel="stylesheet"
type="text/css" />
</head>
```

Umlaute und Sonderzeichen

Da unsere Seite ja in aller Welt korrekt dargestellt werden soll, müssen Umlaute und Sonderzeichen unserer Sprache international verständlich codiert werden. Dies geschieht entweder durch einen Ziffern- oder einen Zeichencode. Letzterer ist die im Web übliche Methode und steht für viele Sonderzeichen zur Verfügung.

In unserem `title`-Tag kommt ein Umlaut vor. Da diese Zeile nach außen hin angezeigt wird, nämlich ganz oben im Browserfenster, muss dieser Umlaut codiert dargestellt werden. Solch ein

Code für Sonderzeichen beginnt immer mit einem Ampersand (also `&`) und endet mit einem Semikolon. Hier einige Beispiele:

- ä => `ä`
- ß => `ß`
- € => `€`

Sie müssen sich üblicherweise nicht um die Schreibweise der Sonderzeichen kümmern, da dies Ihr HTML-Editor für Sie erledigt. Eine Tabelle dieser sogenannten *Entities* finden Sie beispielsweise auf der Internetseite von SELFHTML:
http://de.selfhtml.org/html/referenz/zeichen.htm

meta description

Seitwert

ist einer jener Services, die Websites nach verschiedenen Kriterien bewerten, darunter das Vorhandensein von Meta-Tags.
http://seitwert.de/

Die Meta-Tags für `keywords` und `description` haben gegenüber Suchmaschinen deutlich an Bedeutung verloren. Alle großen Suchmaschinen indizieren Text in Webseiten teilweise oder vollständig, um selbst Suchbegriffe herauszufiltern. Dennoch bewerten viele Validatoren noch das Vorhandensein dieser Tags. Es schadet also nicht, sie zu verwenden.

Sie können in ihnen eine kurze Beschreibung (maximal 256 Zeichen) Ihrer Seite unterbringen, die von manchen Suchmaschinen dann im Suchresultat angezeigt wird.

meta keywords

Auch die relevanten Stichworte für Ihre Website werden von manchen (kleineren) Suchmaschinen und Webverzeichnissen zur Kategorisierung Ihrer Seiten verwendet. Die großen Suchmaschinen indizieren Ihre Seiten allerdings ohnehin nach eigenem Ermessen.

link

Das erste Stylesheet für die folgenden Übungen wird hier verknüpft.

body

Das `body`-Element ist ein sogenanntes Kind-Element (*Child*) des `html`-Elements und seinerseits wiederum Vorfahre aller im `body` liegenden Elemente. Sie sehen schon, dass in der großen HTML-Familie alle stets irgendwie miteinander verwandt sind.

Der body ist das, was Besucher unserer Seiten sehen sollen. Er kann Texte, Links, Bilder, Video- und Audio-Dateien, Animationen und anderes enthalten.

Sichtfeld und Rollbalken (Viewport und Scrollbar)

Nehmen die Inhalte mehr Platz ein, als in ein Browserfenster passt, so entstehen an der Seite sogenannte Rollbalken oder Scrollbalken, damit auch die hinter dem Fenster verborgenen Inhalte ins Sichtfeld (*Viewport* nennt man das im Englischen) ge(sc)rollt werden können.

Die Inhalte im body

```
<div id="wrapper">

<div id="header">header</div><!-- #header -->
<div id="nav">nav</div><!-- #nav -->

<div id="wrapcontent">
<div id="menu">menu</div><!-- #menu -->
<div id="maintext">maintext</div><!-- #maintext -->
</div><!-- #wrapcontent -->

<div id="footer">footer</div><!-- #footer -->

</div><!-- #wrapper -->
```

id – der Identifizierungsname

Wir versehen jedes div-Element gleich mit einem unverwechselbaren Namen, einer id (für *Identifier*), damit wir es aus unserem Stylesheet heraus ansprechen können.

Ein id-Name darf pro Seite nur einmal verwendet werden!

Wir setzen id lediglich für Elemente bzw. für logische Bereiche ein, die auf einer Seite nicht wiederholt werden. Grundsätzlich kann jedes Element mit einer id versehen werden. Das ist aber keinesfalls sinnvoll, wie Sie im Laufe der Übungen noch erkennen werden.

Auf ein div mit id wird in CSS so verwiesen: div#idname

#idname referenziert ein HTML-Element mit einer bestimmten id. Das Voranstellen des Elementnamens ist zwar nicht vorgeschrieben, dennoch kann ich es nur empfehlen. Es dient der Übersichtlichkeit, denn eine id darf ja praktisch allen Elementen zugewiesen werden. div#idname ist also gegenüber #idname zu bevorzugen.

Das Ende-Tag so eines div-Elements sollten Sie immer mit einem Kommentar versehen, der Ihnen bei Kontrolle bzw. Fehlersuche gleich anzeigt, *welches* div-Element hier geschlossen wird.

```
<div id="wrapper">
  <p>Inhalte</p>
</div><!-- #wrapper -->
```

div#wrapper

Ein div mit der ID wrapper (von *to wrap*, umhüllen, einwickeln), das Sie um die Inhalte »wickeln«, erleichtert Ihnen die Manipulation des ganzen Inhaltsbereichs. Sie können damit Ihr gesamtes Layout sozusagen mit einem Klick verschieben, breiter machen und mit bestimmten Eigenschaften versehen, die für alle darinliegenden Elemente gelten.

Übrigens könnte dieser Container div auch einen beliebigen anderen Namen bekommen. Es hat sich allerdings unter den CSS-Designern eingebürgert, ihn wrapper zu nennen, weil dieser Name verdeutlicht, wofür man das Element einsetzt.

Ich verwende übrigens bei den erklärenden Texten gleich die Schreibweise, die auch jener in CSS entspricht, also div#wrapper.

div#header

Die oberste Reihe ist für einen *Header* vorgesehen, daher benennen wir das div-Element auch dementsprechend. Hier kann später ein Hintergrundbild, ein Logo oder Ähnliches platziert werden.

div#nav

Eine gut durchdachte Navigation erleichtert die Orientierung und dient so der Benutzerfreundlichkeit.

Eine Navigationsleiste wird die Besucher unserer Seite durch die Hauptthemen leiten und anzeigen, wo sich der Besucher aktuell aufhält.

div-Elemente verschachteln

Sie sehen in unserem Beispiel, dass `div`-Elemente beliebig verschachtelt (*nested*) werden dürfen. Bereits in `div#wrapper` werden Elemente verschachtelt, nämlich `div#header`, `div#nav`, `div#wrapcontent` und `div#footer`. In `div#wrapcontent` werden wiederum die Bereiche `div#maintext` und `div#menu` verschachtelt.

Dass wir in einige der `div`-Elemente jeweils ein Wort setzen, hat den einzigen Zweck, dass wir diese Container für unsere ersten Versuche sichtbar machen. Ist ein `div`-Element völlig leer und hat es auch noch keine CSS-Anweisungen bezüglich Breite und Höhe erhalten, so ist es auch nicht sichtbar.

Korrekt verschachteln

Zur Erinnerung: Gültiges XHTML verlangt, dass Elemente korrekt verschachtelt werden. Es dürfen keine Überschneidungen beim Verschachteln entstehen!

div#wrapcontent

Und weil es Spaß macht, wrappen wir weiter: Überall dort, wo mehrere Elemente sozusagen in einem Paket bewegt werden oder wo (wie in unserer ersten Webseite) zwei Bereiche nebeneinander stehen sollen, ist so ein Wrapper nützlich. Das Element `div#wrapcontent` umhüllt die Bereiche `div#maintext` und `div#menu` und hält sie zusammen.

div#menu

Ein Container `div#menu` wird, wie der Name schon andeutet, unser Menü beinhalten und für Rechtshänder ergonomisch optimal an der rechten Seite platziert werden. In diesem Fall erschiene es wohl logisch, zuerst das Element `div#maintext` zu schreiben, da es links liegen wird, und erst dann das `div#menu`. Da das `div#menu` aber rechts gefloatet werden soll, muss es zuerst seinen Platz einnehmen und somit auch zuerst geschrieben werden.

div#maintext

Dieses Element ist als Container für die eigentlichen Texte (Inhalte) vorgesehen.

div#footer

Ende-Kommentare

Damit Sie bei einer späteren Fehlersuche auf einen Blick sehen, welches Ende-`div` welches Anfangs-`div` schließt, notiere ich dies immer als Kommentar beim Ende-`div`. Es genügt dabei, den Namen des Elements anzuführen, ich ergänze diesen noch um das Zeichen für `id` oder `class`, also um Raute oder Punkt.
Dies ist besonders wichtig, wenn Sie mit Redaktionssystemen arbeiten, da dort die Anfangs- und Ende-Tags von Elementen sehr weit auseinanderrücken können.

Schließlich und endlich noch ein Container `div#footer`, für den wir sicher auch praktische Nutzungsmöglichkeiten finden werden, zum Beispiel einen Copyright-Vermerk.

Und so sieht es aus

Wenn Sie diese XHTML-Seite in einem Browser betrachten, werden Sie enttäuscht sein – es gibt fast noch nichts zu sehen. Nur die paar Worte, die wir in unsere Container platziert haben, stehen ein wenig verloren auf der Seite herum. Ein `div` ohne Inhalt und ohne Anweisungen für Dimensionen, also Breite und Höhe, ist schlicht unsichtbar.

Sie werden im nächsten Schritt ein Stylesheet mit ganz einfachen Anweisungen erstellen, sodass Sie Ihre ersten Versuche mit XHTML und CSS testen können.

6.2 Die CSS-Datei – Formen und Farben der Webseite

Eine durchaus übliche Vorgehensweise ist, zuerst eine Grobstruktur der CSS-Datei anzulegen und diese nach und nach mit detaillierten Anweisungen zu füllen.

Erstellen Sie bitte eine Textdatei und speichern Sie diese unter dem Namen *uebung01a.css* ab. Dieses Stylesheet wird das Aussehen unserer Webseite festlegen und Sie einige Übungen lang begleiten. Schreiben Sie die nachfolgenden Zeilen ab oder kopieren Sie die Datei von der DVD oder von der Website *http://cssboxmania.com/*.

Die Kommentare lassen Sie bitte weg. Diese sollen Ihnen lediglich an Ort und Stelle den Code erläutern.

Der CSS-Code

```
/* CSS BoxMania */

html {}
body {}

* {}
```

```
h1, h2, h3, h4, h5, h6 {}
/* Sie beginnen das erste Stylesheet mit Platzhaltern für
Anweisungen für die Elemente html und body und für den
Universal-Selektor. Danach gruppieren Sie die Überschrif-
ten. */

a {}
a:link {}
a:visited {}
a:hover {}
a:active {}
/* Mit den Pseudoklassen werden die Linkeigenschaften
definiert. */

div#wrapper {}
div#header {background: #F8F8F8;}
div#nav {background: #DEDEDE;}

div#wrapcontent {background: #CCCCCC;}
div#maintext {background: #E8E8E8;}
div#menu {background: #F5F5F5;}

div#footer {background: #999999;}

/* Danach sind die wichtigsten Bereiche mit div-Elementen
festgelegt. Damit Sie deren Umrisse bereits sehen können,
sind Hintergrundfarben definiert. */
```

Bitte beachten Sie die Reihenfolge der Pseudoklassen – diese ist zwingend.

Nur damit Sie sich gleich daran erinnern, dass Kommentare in CSS anders aussehen als in HTML, beginnt das Stylesheet mit einem Kommentar.

Beim Anlegen eines Stylesheets verwende ich großteils Selektoren mit leeren Deklarationen, um die Struktur des Stylesheets zu entwerfen und Selektoren festzuhalten, die ich nicht vergessen möchte.

Leere Deklaration

Verwendet man im Stylesheet Selektoren mit leeren Deklarationen als Platzhalter, so beachten Sie bitte, dass in diesem Fall unbedingt ein Paar geschwungener Klammern gesetzt werden muss!

ID-Selektoren und die Eigenschaft »background«

Die Eigenschaft `background` wird in Abschnitt 11.4 ausführlich behandelt. Im Augenblick wird sie nur benötigt, um `div`-Elemente sichtbar zu machen. Als Farbwerte wird Hexadezimal-Code verwendet, der sich vom RGB-Farbmodell ableitet und aus einer Kombination des Raute-Zeichens # und sechs Ziffern besteht.

Nur so viel an dieser Stelle: `background` verleiht einem Element (hier sind es `div`-Elemente) einen Hintergrund. Das kann Farbe aber auch ein Bild sein.

Und so sieht es aus:

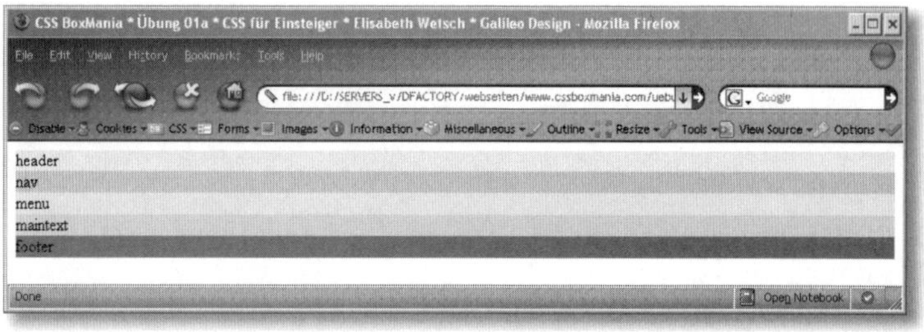

Abbildung 6.2 ▸
Übung 01a (FF)

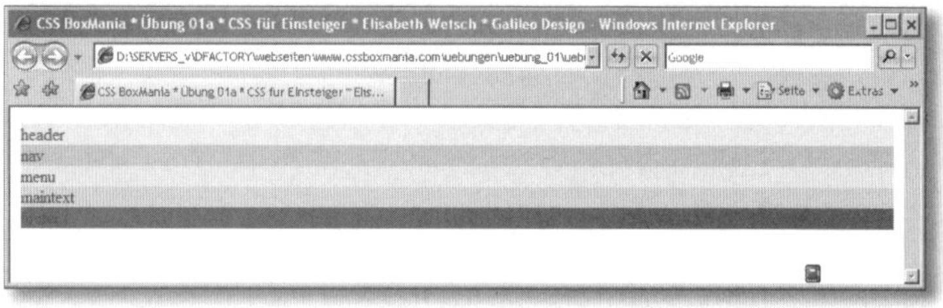

Abbildung 6.3 ▸
Übung 01a (IE)

Die Screenshots in diesem Buch basieren auf Firefox 3.x und dem Internet Explorer 7.x, da dies die zur Zeit am weitesten verbreiteten Browser sind.

Schriftfarbe

Natürlich fällt Ihnen auf, dass die Schrift im Bereich `div#footer` viel zu dunkel ist. Sie schaffen Abhilfe, indem Sie die Anweisung für `div#footer` wie folgt ergänzen:

```
div#footer {background: #999999; color: #FFFFFF;}
```

Stolperfalle »color«

Hinweis

Die Eigenschaft für die Schriftfarbe bzw. die Vordergrundfarbe heißt `color` und ist das Gegenstück zu `background-color`.

Eine der Stolperfallen in CSS ist der Eigenschaftsname für die Schriftfarbe. Während es `font-family`, `font-size`, `font-style`, `font-weight` usw. heißt, ist die Schriftfarbe einfach nur `color` benannt. Und so passiert es immer wieder, dass man `font-color` schreibt, was ja logisch wäre. Es ist aber falsch, da `color` zwar hauptsächlich für die Schriftfarbe eingesetzt wird, aber eigentlich die Vordergrundfarbe meint.

6.3 Browsercheck – ganz schnell

Es erscheint zwar ein wenig verfrüht, nach gerade einmal drei Anweisungen schon das Aussehen der Seite in verschiedenen Browsern zu testen, aber sehen Sie einfach selbst, worauf ich hinaus will: Im Schnelltest rufe ich die neue Seite einfach in Firefox (derzeit Version 3.x) und im Internet Explorer (derzeit Version 8.x) auf und muss leider feststellen, dass die Abstände zu den Rändern in beiden Browsern unterschiedlich ausfallen.

Ein Drama? Wie man's nimmt. Tatsache ist, dass man mit solchen Ungenauigkeiten nicht präzise designen kann. Bei raffinierteren Designs kommt es ja oft auf jedes einzelne Pixel an.

Sie erkennen an dieser Stelle, dass es offensichtlich in jedem Browser unterschiedliche Anweisungen gibt, wie viel Abstand zum Rand des Browserfensters gehalten werden soll.

Internet Explorer 8

Obwohl der IE 8 seit März 2009 verfügbar ist, zeigen internationale Zugriffsstatistiken, dass er erst zu 5 bis 10% im Einsatz ist. (Quelle: *webhits.de*, Web-Barometer, September 2009)
Zum Testen sollten Sie daher derzeit noch bevorzugt die Version 7 verwenden.

Browser-Stylesheets

Es gibt also Browser-Stylesheets, die zuallererst (also noch vor den von Ihnen erstellten Stylesheets) geladen werden und für jeden Browser ein wenig anders aussehen. Sie beinhalten eine lange Liste von Stilanweisungen und -vorgaben. Meist stören uns dabei vor allem unterschiedliche Angaben zu Außenabständen (`margin`), Innenabständen (`padding`) und Rahmen (`border`). Wir wollen diese selbst definieren, und zwar pixelpräzise in allen Browsern.

Der Universal-Selektor im Einsatz

Um diese Anforderung zu lösen, bedienen Sie sich des Universal-Selektors und setzen `margin`, `padding` und `border` für alle Elemente auf Null. Die Eigenschaften werden somit zurückgesetzt:

```
* {margin: 0px; padding: 0px; border: 0px;}
```

Somit haben Sie für alle Elemente (dafür steht ja der Universal-Selektor) Außen-, Innenabstände und Rahmen auf Null gesetzt und können danach bei Bedarf für einzelne Elemente individuelle Werte setzen.

Beim Wert Null müssten Sie zwar keine Maßeinheit schreiben, ich empfehle dies aber ausdrücklich. Oft ändert man später den Wert einer Eigenschaft und vergisst dann dabei, eine Maßangabe zu notieren.

Browser- oder CSS-Reset

Das generelle Zurücksetzen einiger Eigenschaften nennt man auch Browser-Reset, da damit ja Eigenschaften des Browser-Stylesheets außer Kraft gesetzt werden. Wie einfach oder umfangreich so ein Browser-Reset ausfällt, dazu gibt es viele Philosophien bzw. Strategien.

Das Ergebnis sieht nun in beiden (und allen gängigen) Browsern gleich aus, der Wert für den Rand beträgt überall tatsächlich null.

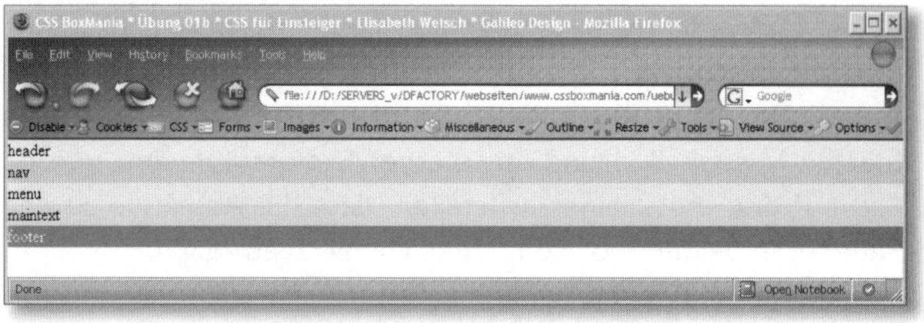

Abbildung 6.4 ▶
Übung 01b (FF)

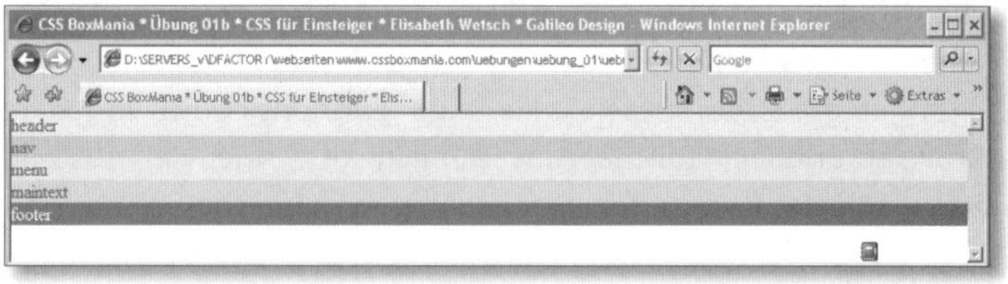

Abbildung 6.5 ▶
Übung 01b (IE)

Noch ein Unterschied!

Was sieht das geschulte Auge des Pixelzählers mit Schrecken? Da findet sich doch noch ein Unterschied in den beiden meistverwendeten Browsern. Sehen Sie einmal in die rechte obere Ecke des Fensters: eine Lücke voller Tücke – wie Wilhelm Busch feixen würde.

Wenn Sie in der obigen Abbildung den rechten Rand unter die Lupe nehmen, entdecken Sie eine kleine Lücke. Betrachten Sie unsere erste Seite live in den Browsern Firefox und Internet Explorer, so fällt auf, dass Firefox keinen Scrollbalken anzeigt, wenn der Inhalt der Seite kleiner ist als das Browserfenster. Der Internet Explorer erzeugt hingegen in jedem Fall einen Scrollbalken, gleichgültig wie kurz die Seite ist.

Ist das wichtig? Nun, das ist zwar nicht »lebensbedrohlich«, wenn aber zum Beispiel die Startseite in Firefox (und anderen Browsern außer IE) kürzer und eine Folgeseite länger als das Browserfenster (d.h. ein Scrollbalken erscheint im zweiten Fall) ist, dann »hüpft« unser Layout seitlich beim Wechsel von der ersten Seite zur nächsten um etwa zehn Pixel. Pixelzähler wie mich stört das tatsächlich.

Sie werden in Kapitel 10, »Die Grundeinstellungen«, lernen, wie Sie auch diese Ungenauigkeit noch beseitigen können.

6.4 Lorem ipsum – provisorischer Inhalt

Damit Sie sich die einzelnen Bereiche besser vorstellen können, füllen Sie nun ein wenig provisorischen Inhalt ein. Grafiker unter Ihnen kennen das auch als Blindtext. Der wohl bekannteste Blindtext der Welt beginnt mit *Lorem ipsum* ... Auf der Website *http://lipsum.org/* können Sie den Blindtext herunterladen.

Füllen Sie den Container `div#maintext` im XHTML-Code mit einem Absatz Blindtext wie folgt (ich habe hier einen Teil des Textes durch ... ersetzt):

```
<div id="maintext"><p>Lorem ipsum dolor sit amet,
consectetuer adipiscing elit. ..... Nullam facilisis
condimentum ligula. Curabitur ultricies.</p></div>
```

Texte sollten eigentlich immer in Absätzen (*paragraph*) stehen, d. h. innerhalb eines p-Elements, sofern sie nicht in entsprechenden anderen HTML-Elementen untergebracht sind. Sie werden im Laufe der Übungen lernen, wie auch Absätze für eine bessere Lesefreundlichkeit eingesetzt werden können.

Und so sieht es aus:

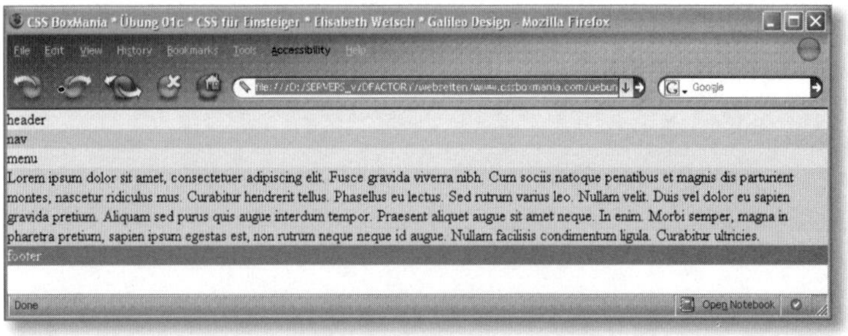

◂ **Abbildung 6.6**
Übung 01c (FF)

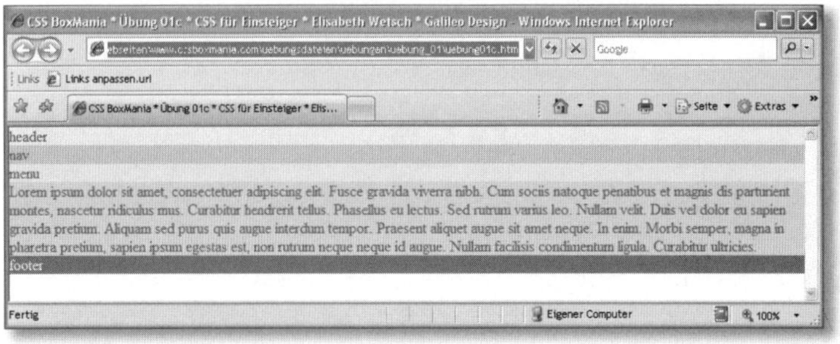

◂ **Abbildung 6.7**
Übung 01c (IE); die Schriftfarbe unterscheidet sich von der Darstellung in FF.

Browsercheck

Die Tatsache, dass die Farben und die Darstellung der Schrift in den beiden Browsern voneinander abweichen, soll uns an dieser Stelle nicht irritieren. Bis zu einem gewissen Grad werden Sie darauf später noch Einfluss nehmen können.

Und obwohl es nun so aussieht, als wären Sie von einem halbwegs brauchbaren Layout noch meilenweit entfernt, sind es dank CSS doch nur ein paar kleine Schritte, bis Ihre Webseite vertraute Formen annimmt.

Kapitel 7

Die drei Säulen von CSS: 1. Die Selektoren

Mit dieser Anleitung treffen Sie die richtige Wahl.

Sie werden lernen,

- welche Arten von Selektoren es gibt,
- wie Sie die richtigen Selektoren wählen,
- wie Sie Selektoren gruppieren und kombinieren und
- wie Sie Selektoren optimal benennen.

7 Die drei Säulen von CSS: 1. Die Selektoren

Meine ersten Stylesheets fielen ziemlich umfangreich – um nicht zu sagen langatmig – aus. Zu wenig wusste ich noch von der Möglichkeit, Selektoren und Deklarationen zu gruppieren.

Das Prinzip von CSS ist einfach – es (be)ruht auf drei Säulen:

- Selektoren
- Boxmodell
- Positionierung

Der Selektor selektiert (wählt) ein Element, das es zu formatieren gilt. Das Boxmodell bestimmt die Maße und Abstände der Elemente. Die Positionierung schließlich entscheidet über die Anordnung der Elemente im Verhältnis zu den anderen Objekten.

Mit Selektoren wählen Sie also jene HTML-Elemente nach Element-Name, ID, Klassenname und Attribut, welche mit den angegebenen Eigenschaften versehen werden sollen.

Beispiele:

```
h1 {color: red;} /* nach Element-Name */
#hgrot {background: red;} /* nach ID */
.rotunter {border-bottom: 1px solid red;} /* nach
Klassenname */
input[type="submit"] {color: green;} /* nach Attribut */
```

7.1 Der Universal-Selektor

Der Universal-Selektor gilt oft auch implizit (wird also nicht angeführt).
Der Klassenselektor `.test` bedeutet eigentlich `*.test` und meint, dass alle Elemente mit der Klasse `.test` ausgewählt werden.

Der Universal-Selektor, er wird als Asterisk * notiert, bedeutet: *Für alle Elemente gilt:* Platziert man den Universal-Selektor an den Anfang des Stylesheets, so nutzt man die Tatsache aus, dass Stylesheets nach ihrer Reihenfolge durchgeführt werden. Somit lassen sich danach Ausnahmen definieren.

Beispiel:

```
* {color: gray;}
h1 {color: red;}
```

Die erste Zeile besagt, dass die Textfarbe für *alle* Elemente Grau sein soll; die zweite Zeile besagt, dass die Textfarbe für Überschriften vom Typ `h1` *hingegen* Rot sein soll.

7.2 Typ-Selektoren (Element-Typ-Selektoren, auch HTML-Selektoren)

Typ-Selektoren werden so geschrieben wie der Name des HTML-Elements selbst, ohne spitze Klammern. Typ-Selektoren haben den Vorteil, dass sie Elemente wählen, die in einer (X)HTML-Seite ohnehin vorkommen, man muss also keine zusätzlichen Klassen und/oder IDs »erfinden«.

Struktur und Semantik

Die Empfehlung, innerhalb von CSS bevorzugt HTML-Selektoren zu verwenden, setzt natürlich voraus, dass wir in unserer XHTML-Seite verstärkt HTML-Tags einsetzen, um Inhalte zu strukturieren und mit einer gewissen Hierarchie zu versehen.

Strukturelle HTML-Tags

Wann immer möglich, sollten in XHTML-Seiten strukturelle HTML-Tags verwendet werden, anstatt immer neue Klassen und IDs zu definieren. Es steht hierfür eine Vielzahl an HTML-Tags zur Verfügung, sodass man den Einsatz von Klassen und IDs auf ein Minimum reduzieren kann. Die wichtigsten HTML-Elemente und wie man diese mit CSS formatieren kann, werden Sie im Verlauf der Übungen kennenlernen.

Überlegen Sie bei jedem ID- und Klassen-Selektor, den Sie einsetzen wollen, ob Sie stattdessen ein strukturelles HTML-Element verwenden könnten.

Beispiel:

```
<div class="headline">Eine Headline</div>
<!-- suboptimal -->
<h1>Eine Headline</h1> <!-- optimal -->
```

Ein weiterer Grund, warum Typ-Selektoren gegenüber anderen Selektoren bevorzugt werden sollten, ist die Tatsache, dass viele Anwender nicht unser Stylesheet verwenden, sondern entweder gar keines (also nur das eingebaute Browser-Stylesheet) oder vielleicht sogar ein eigenes.

Dann ist es wichtig, dass die Struktur unserer XHTML-Datei dennoch erkennbar ist und sich beispielsweise Headings anders darstellen als gewöhnlicher Fließtext in Absätzen.

Als strukturelle HTML-Elemente gelten unter anderem:

- `html` und `body`
- `h1` bis `h6`: Überschriften
- `ul`, `ol`, `dl`: Listen
- `label`: Beschriftungen von Formularfeldern
- `caption`: Überschriften von Datentabellen
- `th`: Kopfzeilen von Datentabellen (*Table Headers*)
- `blockquote` und `cite`: Zitate im Text

Suchmaschinen mögen strukturelle HTML-Tags

Die Gliederung von Inhalten mithilfe von strukturellen HTML-Tags erleichtert Suchmaschinen die Arbeit. Daher schenken Suchmaschinen Schlüsselwörtern (*Keywords*) in strukturellen Tags besondere Gewichtung. So bewerten Suchmaschinen `<h1>Suchbegriffe in Headings erster Ordnung</h1>` höher als `<h4>Suchbegriffe in Headings einer niedrigeren Ordnung</h4>`.

Eine komplette Liste der HTML-Elemente mit einer Kennzeichnung der strukturellen Elemente finden Sie auf der Website des W3C unter:
http://www.w3.org/TR/WCAG10-HTML-TECHS/#html-index

7.3 ID-Selektoren

ID-Selektoren beziehen sich auf eine ID, die wir in unserer XHTML-Seite einem Element zugeordnet haben und werden mit einem Raute-Zeichen # vor dem ID-Namen geschrieben.

Eine ID darf pro Seite nur einmal vergeben werden, da ja gerade die Eindeutigkeit das Wesen einer ID ist.

Ich habe mir angewöhnt, vor einem ID-Selektor immer das HTML-Element zu nennen, dem die ID zugewiesen ist. Das verbessert die Übersichtlichkeit. Da man ja praktisch für jedes HTML-

Element eine ID vergeben kann, ist es sinnvoll, auf einen Blick zu sehen, für welchen Element-Typ man die jeweilige ID festgelegt hat.

Rein technisch wäre das nicht notwendig, da ein ID-Selektor aufgrund der buchstäblichen Einmaligkeit ohnehin nur ein einziges Element wählen kann.

Beispiel:

```
#wohnbereich {} /* Das ist zwar korrekt, */
div#wohnbereich {} /* aber so ist es übersichtlicher */
```

7.4 Klassen-Selektoren

Im Gegensatz zu den IDs, die pro XHTML-Datei nur einmal vorkommen dürfen, können Klassen beliebig oft und unterschiedlichen Elementen pro Seite zugeordnet werden.

Ein Element darf nur eine ID, aber mehrere Klassen haben. Eine Klasse darf in einer Seite beliebig oft zugewiesen werden.

HTML:

```
<p class="wichtig">Text</p>
<h6 class="wichtig">Headline</h6>
<div class="wichtig">Achtung</div>
```

CSS:

```
.wichtig {background: #FF0000;}
```

Im CSS-Code wird auf eine Klasse also mit `.klassenname` referenziert. Klassen-Selektoren können mit ID- und Typ-Selektoren kombiniert werden.

HTML:

```
<p class="highlight">Rot hinterlegter Text</p>
<div id="test">
<p>Hier ein wenig Text.</p>
<p class="highlight">Dieser Absatz wird dennoch gelb
hinterlegt.</p>
</div><!-- ENDE #test -->
```

CSS:

```
.highlight {background: #FF0000;}
div#test .highlight {background: #FFFF00;}
```

Dies bedeutet: Alle Elemente mit der Klasse `.highlight`, *sofern* sie sich im Container `div#test` befinden, erhalten eine gelbe Hintergrundfarbe. Anders ausgedrückt: Wenn sich in `div#test` ein Element mit der Klasse `.highlight` befindet, so erhält dieses eine gelbe Hintergrundfarbe.

Ergebnis: Nur der zweite Absatz im Container `div` wird gelb hinterlegt, da ihm die Klasse `.highlight` zugeordnet ist und sich das `p`-Element innerhalb von `div#test` befindet.

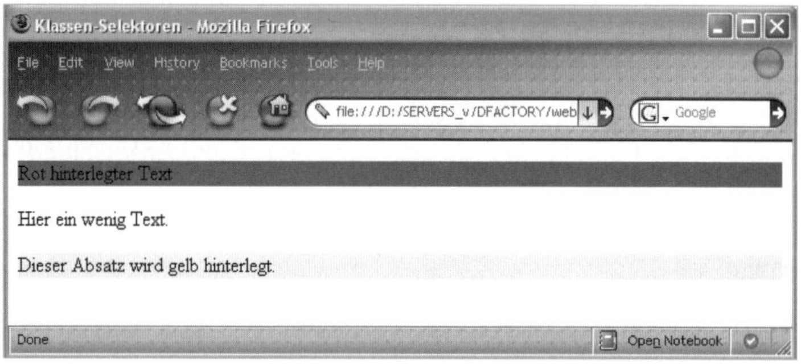

Abbildung 7.1 ▶
Test von Klassen-Selektoren

HTML:

```
<h2>Das ist eine Headline</h2>
<h2 class="himmlisch">Diese Headline wird ganz sicher
blau hinterlegt!</h2>
```

CSS:

```
h2.himmlisch {background: #0000FF;}
```

Dies bedeutet: Ist einer `h2`-Überschrift eine Klasse `.himmlisch` zugeordnet, so erhält sie einen blauen Hintergrund. Es wird hier daher nur die zweite `h2`-Überschrift blau hinterlegt, weil nur ihr eine Klasse `.himmlisch` zugewiesen wurde.

Es bedarf also nur winziger Unterschiede in der Schreibweise, um eine Anweisung grundlegend anders zu interpretieren, beziehungsweise um eine ganz andere Auswahl an Elementen zu treffen. Bitte achten Sie daher ganz genau auf die Schreibweise.

HTML:

```
<p class="wichtig">Das ist ein Absatz.</p>
<p>Das ist ein <span class="wichtig">Absatz.</span></p>
```

CSS:

```
p.wichtig {background: #FF0000;}
```

Dies bedeutet: Alle Absätze (*paragraph*) mit der Klasse .wichtig haben einen roten Hintergrund. Die Anweisung trifft also auf die erste Zeile im obigen Code zu, nicht aber auf die zweite Zeile bzw. den zweiten Absatz.

```
p .wichtig {background: #FF0000;}
```

Beachten Sie hier das *Leerzeichen* nach dem p. Alle Elemente mit der Klasse .wichtig erhalten einen roten Hintergrund, aber nur, wenn sie sich innerhalb eines Absatzes befinden. Die Anweisung trifft in obigem Beispiel also nur auf das span-Element im zweiten Absatz zu.

Sollten Sie unsicher sein, was eine CSS-Regel wirklich bedeutet, so können Sie das *Selectoracle* befragen:
http://gallery.theopalgroup.com/selectoracle/

Dies ist ein geniales Tool – leider ist es derzeit nur auf Englisch und Spanisch verfügbar.

ID oder Klasse – das ist die Frage

Die Diskussion rund um dieses Thema hat teilweise »religiösen« Charakter. Drei Kriterien gilt es bei der Entscheidung zu beachten:

1. **Auftreten**
   - Eine ID darf nur *einmal* pro Dokument vorkommen.
   - Eine Klasse darf *beliebig oft* eingesetzt werden.
2. **Kombination**
   - Pro Element kann nur *eine* ID verwendet werden.
   - Pro Element dürfen *mehrere* Klassen verwendet werden.
   - HTML:
   - <p class="wichtig gedanke">Hier etwas Text</p>
   - CSS:
   - .wichtig {background: #FF0000;}
   - .gedanke {border-top: 1px solid #0000FF;}

3. **Gewichtung**
   - IDs haben eine höhere Spezifität als Klassen. Das heißt, im Falle eines Konflikts zwischen einer Klasse und einer ID gewinnt Letztere.

Mehr zum Thema Spezifizität finden Sie in Kapitel 18.

Benennung von ID- und Klassen-Selektoren

Neben den Namensregeln, die bereits angesprochen wurden, sollten Sie darauf achten, Namen von IDs und Klassen nach Bedeutung und nicht nach Aussehen zu vergeben.

Das Aussehen von Elementen kann sich im Lauf der Zeit ändern (z. B. aufgrund von Kundenwünschen oder einem Neudesign einer Site), die *Bedeutung* von Inhalten bleibt – üblicherweise – gleich.

Benennen Sie eine Klasse also z. B. `.spaltelinks`, so kann es passieren, dass diese Spalte später an der rechten Seite Ihres Layouts landet. Dann müssten Sie den Namen sowohl in Ihren HTML-Seiten als auch im CSS-Code anpassen. Nennen Sie die Klasse hingegen `.menu` oder z. B. `.aktuelle_news`, dann spielt deren Position bzw. deren Aussehen keine Rolle, nur die Bedeutung zählt (und bleibt unverändert).

7.5 Pseudoklassen

Die Pseudoklassen `:link`, `:visited` und `:active` sind nur in Verbindung mit dem Link-Element `a` (für *anchor*) wirksam und werden eingesetzt, um Links zu gestalten und deutlich zu kennzeichnen. Ich betone das deshalb so ausdrücklich, weil es eine Unsitte ist, Links so dezent wie möglich zu formatieren. `:hover` ist – jedenfalls theoretisch – auch auf andere Elemente anwendbar. Die beiden Browser Internet Explorer 5.5 und Internet Explorer 6.x zeigen sich davon allerdings wenig beeindruckt.

Eine goldene Regel zum Thema Benutzerfreundlichkeit lautet: *Setze immer voraus, dass Du nichts voraussetzen kannst!* Dies gilt ganz besonders für Verknüpfungen (*Links*), die Neulingen und Benutzern mit wenig Erfahrung das Weiterkommen im Web erleichten sollen. Bitte unterstreichen und markieren Sie daher Links immer deutlich und farblich. Befinden sich Links zweifelsfrei in einem Menü oder einem Navigationsbereich, wo Benutzer automatisch Links vermuten, so darf man die Unterstreichung dort – und nur dort – auch schon einmal weglassen.

Noch hilfreicher ist es – speziell bei Seiten mit vielen Links – zwischen noch nicht besuchten und besuchten Verknüpfungen deutlich zu unterscheiden.

Wie weit Sie `hover`-Effekte einsetzen wollen, ist Geschmackssache. Eigenschaften für den `active`-Status werden selten definiert, da diese kaum merkbar sind und keine echten Vorteile für den Benutzer bringen.

Schreibweise:

```
a {} /* Für alle Links gilt... */
a:link {} /* Für noch nicht besuchte Links gilt... */
a:visited {} /* Für besuchte Links gilt... */
a:hover {} /* Für Mouse over Links gilt... */
a:active {} /* Für aktive Links gilt... */
```

Bitte beachten Sie die Reihenfolge der Pseudoklassen: `a:link` und `a:visited` müssen immer vor `a:hover` und `a:active` notiert sein, da sonst die CSS-Anweisungen für Links nicht korrekt angezeigt werden.

:focus

Die Pseudoklasse `:focus` bezieht sich auf ein Element, das sich gerade im Fokus befindet. Das könnte zum Beispiel das Eingabefeld eines Formulars sein, das farblich hervorgehoben wird, sobald der Cursor darin platziert wird. Aber auch die Anwendung dieser Pseudoklasse vergällt uns der Internet Explorer in den Versionen 5.5 und 6.x.

:lang

Der Internet Explorer interpretiert diese Pseudoklasse erst ab Version 8. Sie erlaubt, Elemente mit dem Sprachattribut `lang` zu versehen. Dabei kann der in Klammern angeführte Sprachcode sowohl mit *en* als auch mit *en-US* und anderen Kombinationen übereinstimmen:

```
:lang(en) {color: #FF0000;}
```

CSS 3 sieht eine ganze Reihe von neuen Pseudoklassen vor, die interessante Möglichkeiten versprechen. Allerdings ist die Unterstützung seitens der verschiedenen Browser derzeit noch so mangelhaft, dass ich hier nur zwei Beispiele anführe.

:nth-child

Könnte man übersetzen mit »das soundsovielte Kind-Element«.

```
tr {background: #DEDEDE;}
tr:nth-child(odd) {background: #EDEDED;}
```

Mit diesen Anweisungen erreichen Sie, dass alle Tabellenzeilen eine Hintergrundfarbe *a* erhalten, jede ungerade (*odd*) Tabellenzeile hingegen die Hintergrundfarbe *b* aufweist.

:not

Wird auch als *Ausnahme-* oder *Negativ-Pseudoklasse* bezeichnet.

```
input:not([type="submit"]) {border: 1px solid #000000;}
```

Weist allen `input`-Elementen, ausgenommen Submit-Buttons, einen schwarzen Rahmen zu.

7.6 Pseudoelemente

Pseudoelemente wären eine nette Erfindung, würde der Internet Explorer sie voll unterstützen. Er tut es aber leider nur teilweise, nämlich `:first-letter` und `:first-line` ab Version 6.0 und `:first-child` ab Version 7.0. Dennoch möchte ich die Pseudoelemente hier ergänzend anführen.

:first-letter, :first-line, :first-child

Wie die Namen dieser Eigenschaften schon verraten, kann mit `:first-letter` der erste Buchstabe eines Elements, mit `:first-line` die erste Zeile eines Elements und mit `:first-child` das erste Kind-Element eines Elements gestaltet werden.

Breadcrumbs

Als »Brotkrümel« bezeichnet man die Angabe eines Weges, den ein Besucher genommen hat, um zur aktuellen Information zu gelangen. Breadcrumbs bestehen meist aus einer Folge von Links.

:before, :after

Nicht viel anders ergeht es uns mit den Pseudoelementen `:before` und `:after` – erst der Internet Explorer 8 erkennt diese:

```
#brotkruemel:before {content: "Sie sind hier:";
margin-right: 5px;}
```

Vor einem Element `div#brotkruemel` soll der Text »Sie sind hier:« erscheinen und mit einem Abstand nach rechts von `5px` von `div#brotkruemel` weggerückt werden.

7.7 Attribut-Selektoren

Ähnlich verhält sich die Unterstützung für Attribut-Selektoren, die erstmals in CSS 2 eingeführt wurden. Mit CSS 3 werden diese vielversprechenden Selektoren um einige weitere ergänzt. Allerdings erkennt erst der Internet Explorer 7.x Attribut-Selektoren und unterstützt diese nur teilweise. Erst beim IE 8 sind sie vollständig implementiert.

Attribut-Selektoren wählen Elemente nach Eigenschaften bzw. bestimmten Werten von Eigenschaften aus:

```
input[type="submit"] {border: 1px solid black;}
```

Ein `input`-Element vom Typ `submit` (also ein Abschicken-Button für Formulare) soll einen zarten schwarzen Rahmen erhalten.

7.8 Kombinatoren

Wenn mehrere Selektoren angeführt werden, um Elemente auszuwählen, dann können diese zueinander in Beziehung gesetzt werden – durch sogenannte Kombinatoren.

Nachfahren-Selektoren

Der Kombinator für Nachfahren-Selektoren ist unsichtbar, nämlich ein Leerzeichen:

```
p span {color: green;}
```

Diese Kombination aus zwei Selektoren wählt jedes `span`-Element, das sich innerhalb eines Absatzes `p` befindet, also ein Nachfahre eines solchen ist.

Kind-Selektoren

IE 5 und 6 verstehen Kind-Selektoren nicht, IE 7 nur mangelhaft, IE 8 interpretiert sie korrekt.

Der Kombinator für Kind-Selektoren ist das Größer-Zeichen >. Genauso wie Nachfahren-Selektoren treffen Kind-Selektoren ihre

Wahl, mit dem Unterschied, dass nur die unmittelbar nachfolgenden (also nur die »Kind-Elemente«) betroffen sind:

```
p>span {color: #00FF00;}
```

Diese Kombination aus zwei Selektoren wählt jedes span-Element aus, das Kind eines Absatzes p ist.

Geschwister-Selektoren

IE 5 und 6 interpretieren Geschwister-Selektoren nicht, IE 7 nur mangelhaft, IE 8 dafür vollständig.

Diese werden durch das Tilde-Zeichen ~ miteinander verbunden und wählen Elemente mit gleichen Eltern:

```
p~span {color: #FF9900;}
```

Nur span-Elemente, die gleiche Eltern wie das p-Element haben, sind betroffen. Oder anders ausgedrückt: Nur span-Elemente die Kinder von p sind, haben die Farbe Orange.

Nachbar-Geschwister-Selektoren

IE 5 und 6 ignorieren Nachbar-Geschwister-Selektoren, IE 7 interpretiert sie nur mangelhaft, IE 8 vollständig.

Der Kombinator für Nachbar-Geschwister-Selektoren ist das Plus-Zeichen +. Diese Kombination wählt Elemente, die Geschwister eines Elements sind, allerdings nur, wenn diese unmittelbar aufeinanderfolgen:

```
p+span {color: #FF9900;}
```

Nur span-Elemente, die gleiche Eltern wie das p-Element haben und direkt aufeinanderfolgen, sind betroffen.

7.9 Gruppieren von Deklarationen

Wie Sie bei den ersten Übungscodes bereits bemerkt haben, dürfen – und sollen – Deklarationen gruppiert werden:

```
h2 {font-weight: bold;}
h2 {font-size: 1.2em;}
h2 {color: #FF0000;}
```

Die drei h2-Elemente werden korrekterweise so gruppiert:

```
h2 {
   font-weight: bold;
```

```
    font-size: 1.2em;
    color: #FF0000;
}
```

Dabei werden die Deklarationen nacheinander notiert. Erlaubt ist, wie schon erwähnt, auch die einzeilige Schreibweise:

```
h2 {font-weight: bold; font-size: 1.2em; color: #FF0000;}
```

7.10 Gruppieren von Selektoren

Auch Selektoren dürfen – und sollen – gruppiert werden:

```
h1 {font-weight: normal;}
h2 {font-weight: normal;}
a {font-weight: normal;}
```

Diese Anweisungen werden wie nachfolgend gezeigt gruppiert und definieren für die Überschriften `h1` und `h2` sowie für den Anker `a` (*Links*) eine normale Schriftstärke:

```
h1, h2, a {font-weight: normal;}
```

Das Gruppieren von Selektoren bietet vielfältige Kombinationsmöglichkeiten:

```
h2, div#header p, div#header blockquote {
line-height: 200%;}
```

Bitte beachten Sie, dass nach dem letzten Selektor in einer Gruppe (und vor der öffnenden geschwungenen Klammer) kein Komma notiert werden darf!

Bitte beachten Sie den Unterschied:

```
div#footer p, span {font-weight: bold;}
div#footer p, div#footer span {font-weight: bold;}
```

Bei der ersten Anweisung werden Absätze im Container `div#footer` und alle `span`-Elemente auf der Seite angesprochen.

Will man alle Absätze und `span`-Elemente innerhalb von `div#footer` selektieren, so muss man auch in beiden Fällen `div#footer` anführen wie in der zweiten Anweisung.

7.11 Klassennamen und ID-Namen

Bei der Benennung von Selektoren gelten die Regeln der Benennung von Dateien sowie einige Empfehlungen:

- **Groß- und Kleinschreibung**
  Namen von Selektoren sind *case-sensitive*, das heißt, es wird zwischen Groß- und Kleinschreibung unterschieden.
- **Erlaubte Zeichen**
  Erlaubt sind die Zeichen a–z, A–Z und die Ziffern 0–9.
- **Verbotene Zeichen**
  Verboten sind Leerzeichen, Umlaute und Sonderzeichen.
- **Trennzeichen**
  Als Trennzeichen sind der Unterstrich und der Bindestrich erlaubt. Der Unterstrich ist zu bevorzugen, da der Bindestrich traditionell in Skriptsprachen eine mathematische Funktion hat (Minus), was hier natürlich nicht zutrifft. Dennoch vermeiden Profi-Programmierer daher bei Dateinamen und Selektorennamen den Bindestrich.
- **Erstes Zeichen**
  Selektorennamen dürfen nicht mit einer Ziffer, einem Unterstrich oder einem Bindestrich beginnen.
- **Empfehlung**
  Ich empfehle Ihnen, grundsätzlich Kleinbuchstaben zu verwenden. Bei Selektorennamen wie `#RoterHintergrund` stolpern Sie sicher über kurz oder lang über die Schreibweise und wundern sich, warum Ihre Styles nicht funktionieren. Ganz abgesehen davon, dass man Selektoren nicht nach ihrem Aussehen benennen soll, wie ich es hier getan habe.

7.12 Spanitis, Divitis, Klassitis – gefürchtete Seuchen

Man kann es nicht oft genug betonen: Eine Webseite muss auch ohne CSS funktionieren! Eigentlich muss man es sogar noch strenger formulieren: Eine Webseite muss in erster Linie ohne CSS funktionieren und einen Sinn ergeben. Das heißt, man muss eine Struktur und eine Gewichtung der Inhalte erkennen, auch ohne dafür Stylesheets zu verwenden. Am besten Sie testen dies, indem Sie Ihre Seiten ohne Stylesheet betrachten.

Hüten Sie sich davor, ständig neue `span`-Elemente, `div`-Elemente oder Klassen zu erfinden. Verwenden Sie, wo immer sinnvoll, strukturelle HTML-Elemente, um die »natürliche« Dokumentstruktur möglichst wenig zu unterbrechen. Denken Sie immer nach, ob Sie nicht auch ein bekanntes, vielleicht noch ungenütztes HTML-Element einsetzen können.

Stylesheets im Browser deaktivieren

Firefox: Im Menü Ansicht • Seitenstil • Kein Stil wählen
Internet Explorer: Im Menü Extras • Internetoptionen • Allgemein • Eingabehilfen • Alle drei Kästchen nicht geklickt!

Statt:

```
<span class="wichtig">Dieser Satz gehört hervorgehoben!
</span>
<div class="headline">Das ist eine &Uuml;berschrift.
</div>
```

Besser:

```
<strong>Dieser Satz gehört stark hervorgehoben!</strong>
<em>Dieser Satz gehört etwas hervorgehoben!</em>
<h1>Das ist eine &Uuml;berschrift.</h1>
```

Kontrollieren Sie auch nach Fertigstellung Ihres Projektes noch einmal, ob Sie manche DIVs, Klassen und `span`-Tags durch (strukturelle) HTML-Elemente ersetzen können.

Stylesheets in Firefox mit dem Web Developer deaktivieren

Noch viel einfacher erfolgt das Ausschalten der Stylesheets, wenn Sie die Firefox-Erweiterung *Web Developer* verwenden.
Menü CSS • Styles deaktivieren • Styles alle

Ob »span« oder »em«, ist das nicht egal?

Nein, definitiv nicht. Während ein `span`-Element mit Klasse `.hilite` ungeachtet seines Klassennamens absolut nichts über den Inhalt desselben aussagt, sondern diesem nur eine beliebige Klasse zuordnet, sagt die Auszeichnung mit `strong` oder `em` bereits aus, dass der Inhalt wichtig ist und verleiht ihm eine strukturelle Bedeutung. In diesem Fall sind Namen wirklich Schall und Rauch; der willkürlich gewählte Klassenname »hilite« bleibt in diesem Zusammenhang ohne Bedeutung.

Und wen kümmert das?

Das kann für Menschen wichtig sein, die nicht Ihre Stylesheets, sondern eigene oder gar keine verwenden (beispielsweise wegen einer Sehschwäche). Dies kann aber auch wichtig sein, wenn Ihre Inhalte nicht nur in Webbrowsern, sondern auch in anderen Ausgabemedien verwendet werden sollen.

Als Beispiel möchte ich hier einen Screenshot von *CSS Zengarden* mit und ohne Stylesheet zeigen, weil es besonders deutlich macht, dass auch das schönste Design einfach als gut strukturierte Textseite funktionieren sollte.

Abbildung 7.2 ▸
CSS Zengarden mit Stylesheet

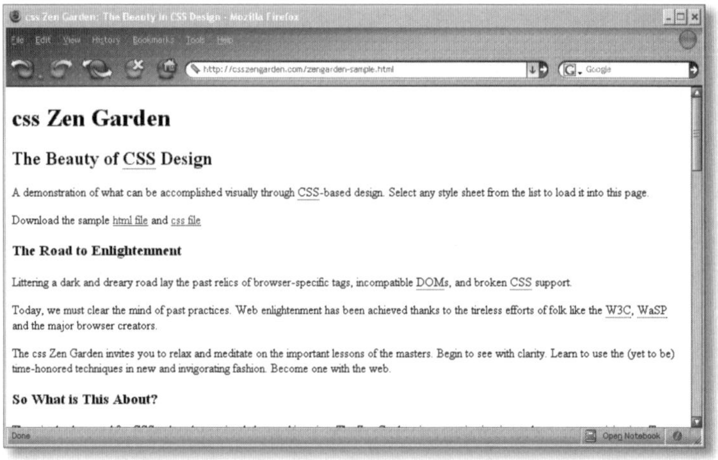

Abbildung 7.3 ▸
CSS Zengarden ohne Stylesheet

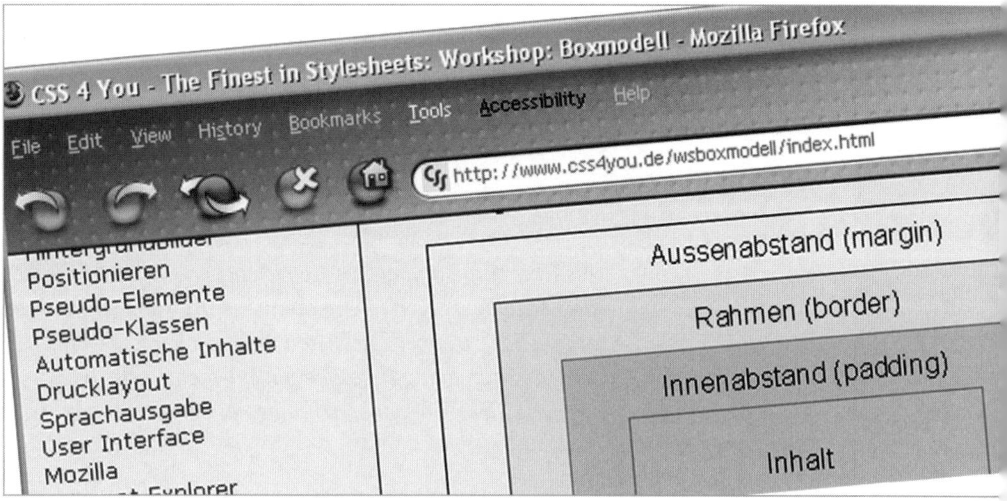

Kapitel 8

Die drei Säulen von CSS: 2. Das Boxmodell

Stellen Sie sich vor, Ihre Inhalte liegen fein säuberlich in Boxen.

Sie werden lernen,

- wie Sie das Boxmodell berechnen,
- was es mit Block- und Inline-Elementen auf sich hat und
- welche Eigenschaften das Boxmodell vorsieht.

8 Die drei Säulen von CSS: 2. Das Boxmodell

Als ich bei meinen ersten Gehversuchen in CSS entdeckte, dass man die Anzeigeart von Elementen ändern kann, verleitete mich dies anfänglich zu einem gewissen Überschwang, der dazu führte, dass ich am Ende eines Stylesheets nicht mehr recht wusste, warum sich manche Elemente gar so schrullig verhielten.

Eine interessante Darstellung des Boxmodells in dreidimensionaler Darstellung finden Sie unter der folgenden Webadresse: *http://www.hicksdesign.co.uk/boxmodel/*

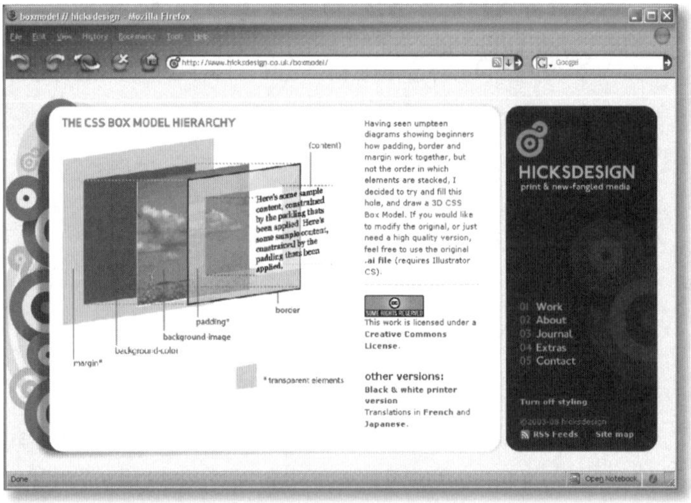

Abbildung 8.1 ▸
Boxmodell in 3-D von Hicksdesign

Um das sogenannte Boxmodell in HTML zu verstehen, müssen Sie wissen, dass Elemente unterschiedliche Anzeigeformen (*display*) haben oder annehmen können. Die beiden wichtigsten Display-Arten sind `block` und `inline`. Die Anzeigeform kann dementsprechend mit der CSS-Eigenschaft `display` geändert werden.

HTML-Elemente kann man sich als Container für Inhalte verschiedenster Art vorstellen. Viele dieser Elemente bilden einen

Block, man spricht auch von Boxen, andere bilden nur den Teil einer Zeile. Im ersten Fall spricht man von *Block-Level-Elementen* (kurz Block-Elemente), im zweiten Fall von *Text-Level-Elementen* (kurz Inline-Elemente).

Aus dem Gedanken der Boxen leitet sich der Begriff des *Boxmodells* ab. Weniger bekannt ist die Tatsache, dass es auch für Inline-Elemente ein entsprechendes *Inline-Boxmodell* gibt.

8.1 Block-Element versus Inline-Element

Die beiden Elemente-Darstellungen sind grundsätzlich verschieden in ihren Eigenschaften und ihrem Verhalten:

Tatsächlich gibt es noch mehr Arten von Elementen, doch die beiden genannten sind die wichtigsten. Das Verständnis, wie diese beiden Modelle funktionieren, ist wesentlich für die Konstruktion von Webseiten.

Laut W3C ist ein Block-Level-Element ein Element, das optisch als Block formatiert ist. Block-Level-Elemente

- nehmen automatisch die Breite des Eltern-Elements ein, sofern dafür kein explizierter Wert angegeben ist,
- nehmen automatisch die Höhe ihrer Inhalte ein, sofern dafür kein expliziter Wert definiert ist,
- beginnen und enden immer mit einer neuen Zeile,
- ihre Dimension und ihr Platzbedarf sind charakterisiert durch `width`, `height`, `padding`, `border`, `margin` und
- dürfen Inline-Elemente und andere Block-Level-Elemente enthalten.

Ein Inline- oder Text-Level-Element ist laut W3C hingegen ein Element, das keinen neuen Block erzeugt. Der Inhalt wird zeilenweise verteilt. Inline-Elemente

- nehmen automatisch die Breite ihres Inhalts (meist Text) ein,
- beginnen keine neue Zeile, sondern bleiben in einer Zeile (also *in line*),
- ihre Dimension und ihr Platzbedarf sind charakterisiert durch ihren Inhalt und die Eigenschaften `padding`, `border`, `margin`,
- `width` ist bei Inline-Elementen wirkungslos,
- `height` ist zwar ebenfalls wirkungslos, die Höhe eines Inline-Elements wird aber durch die Eigenschaft `line-height` definiert, egal ob diese explizit festgelegt ist oder nicht,
- `margin` wirkt bei Inline-Elementen nur seitlich und
- darf nur Text und andere Inline-Elemente enthalten.

Beispiel

```
div#box {
width: 200px;
height: 100px;
padding: 15px;
border: 10px solid;
margin: 20px 30px;
}
```

Containing-Block

Darunter versteht man den gesamten Platzbedarf eines Block-Elements, also die Breite, die Höhe und die Innenabstände, Rahmen und Außenabstände an allen vier Seiten.

Der *Containing-Block* dieses `div` hätte also folgende Ausmaße:

Breite: 200 + 15 + 15 + 10 + 10 + 30 + 30 Pixel (`width` + `padding-left` + `padding-right` + `border-left` + `border-right` + `margin-left` + `margin-right`)

Höhe: 100 + 15 + 15 + 10 + 10 + 20 + 20 Pixel (`height` + `padding-top` + `padding-bottom` + `border-top` + `border-bottom` + `margin-top` + `margin-bottom`)

Das Boxmodell trifft also auf alle Block-Level-Elemente und (mit Einschränkungen) ebenfalls auf alle Inline-Elemente zu und definiert deren Dimensionen und Platzbedarf mit den Eigenschaften:

- `width` – Breite
- `height` – Höhe
- `padding` – Innenabstand
- `border` – Rahmen
- `margin` – Außenabstand

Das Boxmodell berechnen

Für ein pixelgenaues Design ist die präzise Berechnung wichtig, wie groß ein Element tatsächlich sein wird. Das W3C hat dies festgelegt als:

- Gesamtbreite des Elements = linker Außenabstand + linke Rahmenbreite + linker Innenabstand + Breite + rechter Innenabstand + rechte Rahmenbreite + rechter Außenabstand
- Ist `width` nicht explizit definiert, so nimmt das Element die Breite des Elternelements an.
- Gesamthöhe des Elements = oberer Außenabstand + obere Rahmenbreite + oberer Innenabstand + Höhe + unterer Innenabstand + untere Rahmenbreite + unterer Außenabstand
- Ist `height` nicht explizit definiert, so nimmt das Element die Höhe des Inhalts an.

Oder in CSS-Eigenschaften ausgedrückt:

```
margin-left + border-left-width + padding-left + width +
padding-right + border-right-width + margin-right
```

Oder bildlich dargestellt:

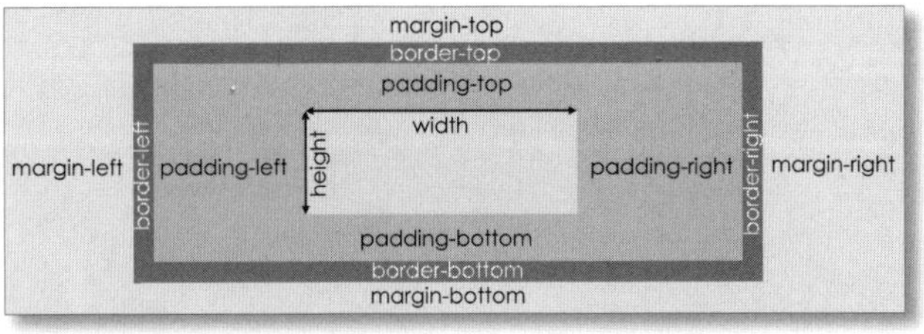

◄ **Abbildung 8.2**
Das Boxmodell schematisch. Der äußerste Rahmen markiert den sogenannten Containing-Block.

Das klingt ja alles sehr einleuchtend, nicht wahr? Wäre da nicht der Internet Explorer 5, der das alles ein bisschen anders sah, was auch heute noch unter Umständen Auswirkungen auf unsere Arbeit haben kann.

8.2 Das IE 5-Boxmodell

Nun, es wäre nicht Microsoft, hätte man nicht auch beim Boxmodell Extratouren versucht. Sie werden mit Recht denken, dass man auf den Internet Explorer 5 wirklich keine Rücksicht mehr nehmen muss. Allerdings fallen höhere Versionen des Internet Explorer (und einige andere Browser) unter bestimmten Umständen immer noch in das IE 5-Boxmodell zurück.

Quirks-Mode
bezeichnet einen Betriebsmodus eines Browsers, der die Darstellung in älteren Browser-Versionen emuliert oder simuliert, anstatt den Webstandards zu folgen (was man *Standards-Mode* nennt).

Wie wird das IE 5-Boxmodell kalkuliert?

Eben ein wenig verquer, nämlich so:

Vom Inhaltsbereich, der durch `width` und `height` definiert wird, zieht der Internet Explorer 5 `padding` und `border` an allen vier Seiten ab. Anschließend wird der Box an allen vier Seiten `margin` hinzugefügt.

Dies führt dazu, dass eine Box im IE 5-Boxmodell sehr viel weniger Platz benötigt als in anderen Browsern, sofern `width` und `border` oder `padding` definiert sind. Der sogenannte *Containing-Block*, der alles umfasst, ist somit kleiner. Hier ein einfaches Beispiel:

HTML:

```
<div id="massband200">200 Pixel breit</div>
<div id="massband240">240 Pixel breit</div>
<div id="box">
<p>Wie unterschiedlich sich das Boxmodell in moderneren
Browsern und dem IE 5 verh&auml;lt, zeigt dieses
Beispiel.</p>
</div><!-- #box -->
```

CSS:

```
p {margin: 0px; padding: 0px;}
#massband200, #massband240 { width: 200px; background:
#FF0000; margin: 20px; color: #FFFFFF;}
#massband240 {width: 240px; }
div#box {width: 200px; height: 100px; background:
#FFFF00; padding: 10px; border: 10px solid #0000FF;
margin: 10px 20px;}
```

Und hier die unterschiedliche Darstellung:

Abbildung 8.3 ▸
Boxmodell in FF Version 3

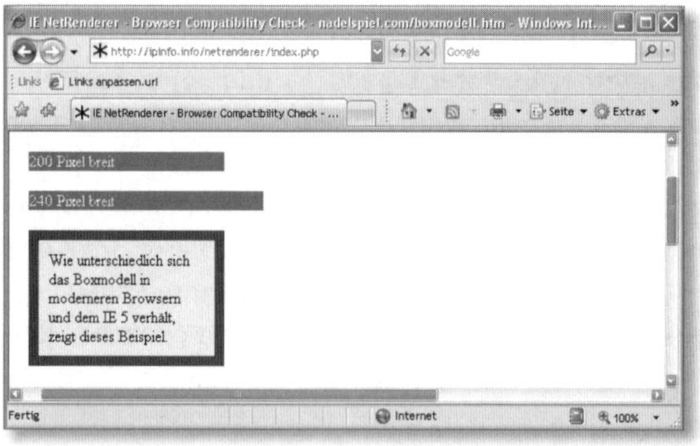

Abbildung 8.4 ▸
Boxmodell in IE 5.5

Sie können sich also vorstellen, dass diese unterschiedliche Berechnung des Boxmodells in heiklen Fällen einiges Kopfzerbrechen verursachen kann. Dieses Problem wird besonders dann deutlich, wenn solche `div`-Elemente genau mit Layoutgrafiken passen müssen.

Weiter wollen wir uns an dieser Stelle aber mit diesem Problem nicht aufhalten. Wie man auch den IE 5 von unseren Absichten beim Boxmodell überzeugt, lesen Sie in Abschnitt 33.5.

Verkürzte Schreibweise von Werten im Boxmodell

Die wesentlichen Eigenschaften eines Block-Level-Elements sind auf vier Seiten anwendbar: oben, rechts, unten, links. Besser merken Sie sich dies gleich auf Englisch, denn nur so findet es in CSS Anwendung: `top`, `right`, `bottom`, `left`.

Obwohl verkürzte Schreibweisen bereits erklärt wurden, hier noch einmal zusammenfassend jene, die beim Boxmodell zur Anwendung kommen:

- `margin`
- `padding`
- `border-width`
- `border-color`
- `border-style`

Verkürzung auf vier Werte

Einen Außenabstand für ein `div`-Element müsste man eigentlich umständlich so schreiben:

```
div#test {
    margin-top: 10px;
    margin-right: 20px;
    margin-bottom: 10px;
    margin-left: 15px;
}
```

Im Falle dieser Schreibweise wäre die Reihenfolge von `-top`, `-right`, `-bottom`, `-left` egal, da die Richtung ja explizit genannt wird.

Nachdem einer der Gründe für den Einsatz von CSS die Sparsamkeit (an Zeilen und Dateigröße) ist, hat man hier eine verkürzte Schreibweise erlaubt, die uns einige Zeilen erspart.

Eine Eselsbrücke für **T**op, **R**ight, **B**ottom, **L**eft habe ich nach dem Genuss von »Ratatouille« auch gefunden: Twelve Rats Boiling Linguini.

```
div#test {margin: 10px 20px 10px 15px;}
```

Bitte beachten Sie, dass die Reihenfolge an dieser Stelle zwingend erforderlich ist, nämlich eben `top`, `right`, `bottom`, `left`, somit im Uhrzeigersinn von oben beginnend.

Verkürzung auf drei Werte

Neben der Verkürzung auf vier Werte gibt es auch die Option, nur drei Werte zu notieren. Dann ist der nicht angeführte Wert gleich dem gegenüberliegenden angeführten Wert:

```
div#test {margin: 10px 20px 15px;}
```

Der hier fehlende vierte Wert (für `left`) entspricht dem gegenüberliegendem, nämlich dem zweiten Wert mit `20px` (für `right`).

Diese Verkürzung verwende ich nur äußerst selten (wenn überhaupt), da ich sie für unübersichtlich halte und die Ersparnis marginal ist.

Verkürzung auf zwei Werte

Werden nur zwei Werte angeführt, so gelten diese jeweils auch für die gegenüberliegende Seite. Der erste Wert steht also für `top` und `bottom`, der zweite für `right` und `left`:

```
div#test {border-color: #FFFFFF #000000;}
```

Die Rahmenfarbe ist oben und unten Weiß (`#FFFFFF`), links und rechts dagegen Schwarz (`#000000`).

Verkürzung auf einen Wert

Wird nur ein Wert notiert, so gilt dieser für alle vier Seiten des Elements:

```
div#test {border-style: solid;}
```

Der Linienstil des Rahmens ist auf allen vier Seiten »durchgehend« (`solid`).

8.3 display – Element-Anzeige ändern

Wie schon vorher erwähnt, kann man die Anzeigeart eines Elements ändern, und zwar mit der Eigenschaft `display`.

Immer wieder höre ich die Frage, ob man Element-Typen ungestraft ändern darf. Die Antwort ist Jein. Die Eigenschaft `display` erlaubt es, das Verhalten eines Elements zu ändern. Sie können also mit der Anweisung

```
div#menu {display: inline;}
```

eine Menübox wie ein Inline-Element aussehen lassen.

Ich kann Ihnen nur empfehlen, die Eigenschaft `display` zum Ändern von Element-Eigenschaften mit Bedacht und äußerst sparsam anzuwenden. Es könnte Ihnen sonst passieren, dass Sie nicht mehr wissen, welche Eigenschaften letztendlich bei den Elementen wirksam sind.

Die Ausnahmen

Es ist gängige Praxis, das Element `li` (list-item) für Navigationsleisten zu verwenden und diese von vertikal auf horizontal zu ändern, indem man das Anzeigeverhalten ändert:

```
div#nav li {display: inline;}
```

Das hat sich durchgesetzt, weil die Verwendung von Listen für die Navigation viele Vorteile hat und Listen zudem als strukturelle Elemente anderen Elementen gegenüber vorzuziehen sind.

Auch das Ausblenden bzw. das Nichtanzeigen von Elementen ist durchaus gängige Praxis in CSS. Dabei wird ein Element aus der Darstellung komplett entfernt:

```
p.en {display: none;}
```

Diese Anweisung habe ich beispielsweise dafür verwendet, um die englische Sprachversion einer Seite zu verstecken. Beim `display`-Wert `none` wird für das nicht angezeigte Element auch kein Platz freigehalten.

Von solchen Ausnahmen abgesehen, sollten Sie aber wirklich nur im äußersten Notfall den Element-Typ ändern. Tun Sie dies zu oft, so werden Sie Ihr eigenes Stylesheet am Ende nicht mehr überschauen und sich wundern, warum mitunter `width`, `height`, `padding` oder `margin` nicht mehr so funktionieren wie erwartet.

Jedenfalls sehe ich immer wieder Stylesheets, in denen offensichtlich genau dies passiert ist.

Das div-Element ersetzt Tabellen zum Layouten

In zeitgemäßen Webseiten hat das `div`-Element die Funktion der Layouttabellen übernommen. Sogenannte `div`-Elemente (von *division,* Bereich/Aufteilung) bilden üblicherweise die Haupt-Container für unsere Inhalte und sorgen für die Raumaufteilung einer Seite.

Ein `div`-Element ist ein Block-Level-Element und hat per se weder Funktion, Inhalt noch einen semantischen Wert. Es ist somit ein neutrales Konstrukt, allerdings ein äußerst praktisches. Als Block-Level-Elemente dürfen `div`-Elemente andere Block-Level-Elemente (somit natürlich auch weitere `div`-Elemente) und Inline-Elemente beinhalten. Sie entsprechen vollständig dem Boxmodell.

Das span-Element

Gerade das span-Element wird allzu oft dort eingesetzt, wo strukturelle Elemente besser angebracht wären.

Das `span`-Element ist das »Inline-Pendant« zum `div`-Element und erlaubt die Formatierung von Text. Als Inline-Element darf es keinesfalls um Block-Level-Elemente »gespannt« werden. Dies ist ein Fehler, der in HTML-Seiten immer wieder zu finden ist.

Ein `span`-Element

- trägt kein eigenes Styling und keine strukturelle Bedeutung,
- bildet keinen Block, sondern »läuft« im Text bzw. in einer Zeile,
- verteilt sich auf mehrere Zeilen, wenn es umbricht,
- darf nur Text und andere Inline-Elemente enthalten und
- wird üblicherweise eher mit `class` versehen, da es gerne mehrfach zugeordnet wird.

Nachdem es sich also um ein Inline-Element handelt, trifft auch zu, was vorher bereits angeführt wurde:

- `width` und `height` sind wirkungslos.
- `margin` funktioniert nur seitlich, nicht vertikal.

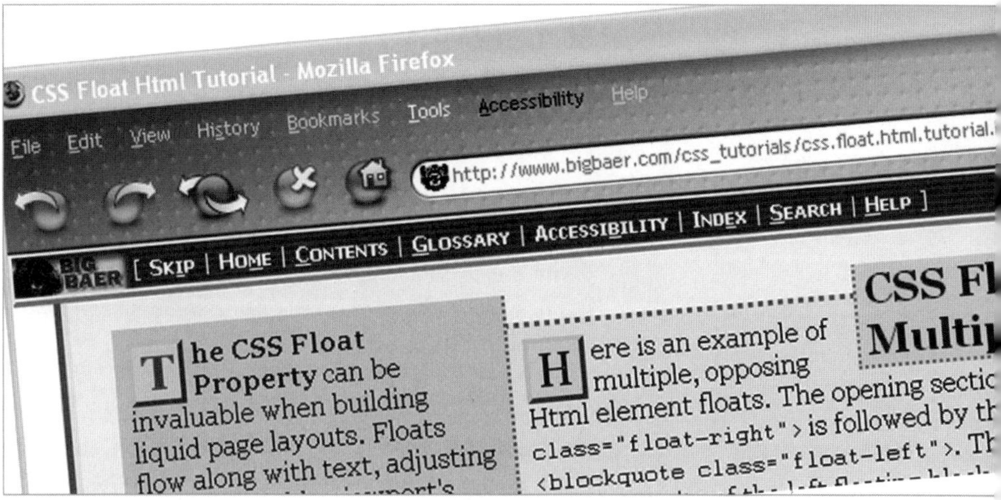

Kapitel 9

Die drei Säulen von CSS: 3. Positionierung

Nicht alles in CSS ist relativ.

Sie werden lernen, wie Sie

- die Positionierung von Elementen beeinflussen,
- Elemente schweben lassen und
- schwebende Elemente wieder auf den Boden holen.

9 Die drei Säulen von CSS: 3. Positionierung

Wenn meine Schülerinnen und Schüler gelernt haben, wie man die Positionierung von Elementen präzise steuern kann, wird diese Möglichkeit auch gerne verwendet.

Ich empfehle Ihnen, diese kleinen Übungen ebenfalls mitzumachen, weil sie zum Verständnis der Positionierung von Elementen beitragen. Wie sich verschiedene Optionen der Eigenschaft `position` auswirken, sorgt bei CSS-Einsteigern erfahrungsgemäß immer wieder für Fragezeichen.

Ich persönlich hatte zu Anfang vor allem ein Problem mit dem Begriff `static`, da ich nicht verstand, warum der normale Fluss der Elemente als statisch bezeichnet wird.

Legen Sie sich für die Übungen bitte einen Ordner *position* und die Dateien *normal.htm* und *normal.css* an. Falls ich (was manchmal der Fall ist) nur ein Stylesheet für eine HTML-Datei benötige, so benenne ich diese Dateien gleich (natürlich von der Endung abgesehen).

9.1 position: static;

`position:static;` ist die Standardpositionierung aller Block-Level-Elemente, sofern nichts anderes angegeben wird. Sie wird daher selten explizit zugewiesen und ist somit auch nur dann sinnvoll, wenn wir eine anders definierte Positionierung wieder auf »normal« zurücksetzen wollen.

Blindtext

Sie können für diesen Zweck sogenannten Blindtext von der Website Lipsum verwenden: *http://lipsum.org/*

Der HTML-Code

Ich habe hier nur den Code zwischen den `body`-Tags abgebildet und den Text gekürzt. Fügen Sie bitte anstatt der Punkte einige Absätze mit Text ein.

```
<div id="wrapper">

    <div id="box1">
        <h1>Normal Flow</h1>
        <p>sollicitudin a, ..... mauris. </p>
        <p>Vivamus ..... libero.</p>
    </div><!-- #box1-->

    <div id="box2">
        <h2>Positionierung statisch</h2>
        <p>Ut a elit ..... laoreet.</p>
    </div><!-- #box2-->

</div><!-- #wrapper-->
```

Ich mache es kurz, Sie sind ja fast schon ein Profi: Ein `div#wrapper` umhüllt zwei `div`-Elemente mit der `id` `box1` und `box2`. Darin befinden sich jeweils eine Überschrift sowie Absätze mit Text.

Der CSS-Code

Ich beschränke mich hier auf das Wesentliche und lasse die Anweisungen für Schriften u. Ä. weg. Es geht hier momentan nur um die Eigenschaften der Positionierung.

```
div#box1 {background: #FAFAFA;}
div#box2 {position: static; background: #F0F0F0;}
```

Hier gibt es noch nichts Geheimnisvolles. Beide `div`-Elemente besitzen eine Hintergrundfarbe. Das Element `div#box2` erhält eine Angabe `position: static;` wiewohl diese hier nicht notwendig wäre, da diese Anweisung ohnehin der Standardpositionierung entspricht.

Hier liegt also ein sogenannter *Normal Flow* vor, wenn man so will, der »normale Fluss« der Elemente. Klingt zwar poetisch, ich bleibe in diesem Fall aber doch lieber bei der englischen Bezeichnung.

9.2 Normal Flow

Falls Elemente keine Angaben zu `position` bekommen haben und auch kein `float` vorliegt, so spricht man vom *Normal Flow*.

In unserem Beispiel hat also die Anweisung `position: static;` keine sichtbare Auswirkung. Und so sieht es aus:

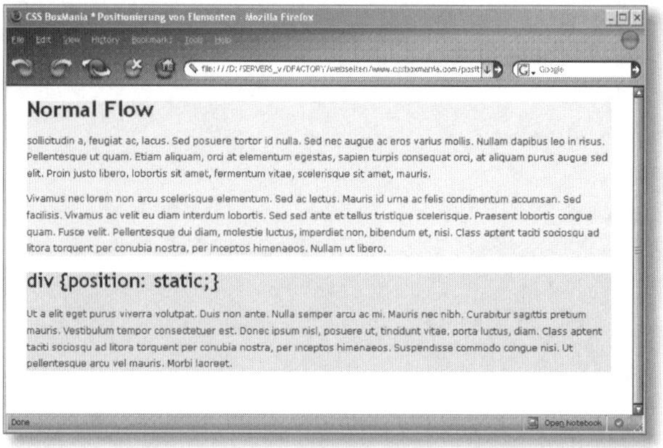

Abbildung 9.1 ▶
Zwei div-Container im Normal Flow – einer mit static positioniert, was aber keine Auswirkung hat.

Sie sehen hier also, dass die Angabe `position: static;` bedeutet, dass ein Element eigentlich nicht positioniert ist. Statisch positionierte Elemente können daher auch nicht mit den Eigenschaften `top`, `right`, `bottom` oder `left` oder einem `z-index` (für die Stapelreihenfolge) versehen werden.

9.3 top, right, bottom, left

Block-Elemente mit einer anderen `position` als `static` können in CSS nach drei Dimensionen verschoben werden: entlang der x-Achse, also horizontal (nach links und nach rechts), entlang der y-Achse, also vertikal (nach oben und unten) sowie nach einer Stapelreihenfolge in der z-Achse.

> **z-index**
>
> ist sozusagen der Hochstapler unter den Eigenschaften. Er erlaubt es, Elemente auch übereinander zu »stapeln«.

Die Eigenschaften `top`, `right`, `bottom` und `left` werden verwendet, um Elemente bei Bedarf in eine bestimmte Position zu bringen bzw. zu verschieben. Dabei ist es wichtig, welchen Wert die Eigenschaft `position` hat.

9.4 position: relative;

Sie finden die Übungsdateien relative.htm und relative.css im Ordner position.

Versetzt man ein Element mit einer der Eigenschaften `top`, `right`, `bottom`, `left`, so verschiebt sich zwar seine Position relativ zur »normalen« Position, aber der ursprüngliche Platz (also die normale Position) wird freigehalten.

Der HTML-Code

Fügen Sie bitte dem HTML-Code im Textbereich über ein beliebiges Textstück (ich wähle hier einen Satz) ein `span.rel` hinzu:

```
<span class="rel">Sed nec augue ac eros varius mollis.
</span>
```

Der CSS-Code

Ergänzen Sie bitte auch den CSS-Code:

```
div#box2 {position: relative; top: -80px; left: 40px;
background: #F0F0F0;}
span.rel {position: relative; top: 10px; left: 20px;
background: #CCCCCC; color: #FFFFFF; font-weight: bold;}
```

Wir haben nun zweimal `position: relative;` angewendet und sehen somit deutlich, welche Auswirkung diese CSS-Regel hat. Das Block-Level-Element `div#box2` wird den Positionsangaben der Eigenschaften `top` und `left` entsprechend gegenüber der ursprünglichen Lage verschoben, wobei wir uns hier eines negativen Wertes für `margin` bedienen, damit die Box nach oben rückt und dabei die nicht positionierten Inhalte verdeckt.

Sie sehen in der Abbildung deutlich, dass unser Element `div#box1` davon völlig unbeeindruckt bleibt und der verschobenen `box1` auch keinen Platz macht. Der Platz der ursprünglichen Position bleibt frei, es rücken also keine Elemente nach.

Genauso verhält es sich mit dem Inline-Element `span.rel`, das wir ebenso verschieben. Auch dieses hinterlässt eine Lücke, da der ursprüngliche Platz freigehalten wird. Und so sieht es aus:

Angaben bei relativer Positionierung

Bei der relativen Positionierung werden entweder `top` oder `bottom` und eventuell auch `left` oder `right` für die abweichende Position des Elements angegeben. Zusätzlich können `width` und `height` definiert werden.

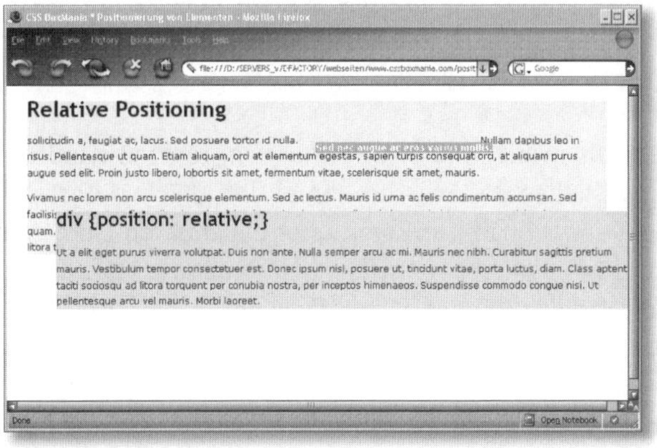

◄ **Abbildung 9.2**
Relative Positionierung bei einem Inline-Element (oben) und einem Block-Level-Element (unten)

9.5 position: absolute;

Ein Element mit `position: absolute;` wird vollständig aus dem *Normal Flow* herausgenommen. Alle anderen Elemente ignorieren die absolut positionierte Box völlig und machen auch keinen Platz dafür. Die Dateien *absolute.htm* und *absolute.css* finden Sie im Ordner *position*. Bitte ändern Sie den CSS-Code wie folgt:

```
div#box2 {position: absolute; top: 100px; right: 100px;
width: 300px; background: #F0F0F0;}
```

Die Box `div#box2` erhält eine absolute Positionierung und wird `100px` von oben und `100px` von rechts platziert. Die Angabe von `width` beschränkt die Breite. Bei einem absolut positionierten Element können aber ebenso wie bei einem relativ positionierten auch Werte für `top` und `bottom` sowie `left` und `right` angegeben werden.

Und so sieht es aus:

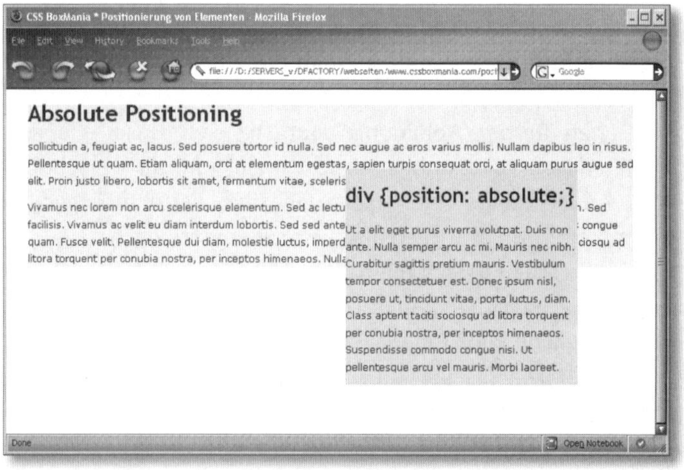

Abbildung 9.3 ▶
Absolute Positionierung eines div-Containers

Probieren Sie aus, wie beim Positionieren vom rechten Rand die Box beim Verschieben des Fensters immer den gleichen Abstand vom rechten Rand einhält und somit über die anderen Elemente wandert. Dies ist nicht so, wenn die Positionierung vom linken Rand ausgeht. Und so sieht es ohne `width` aus:

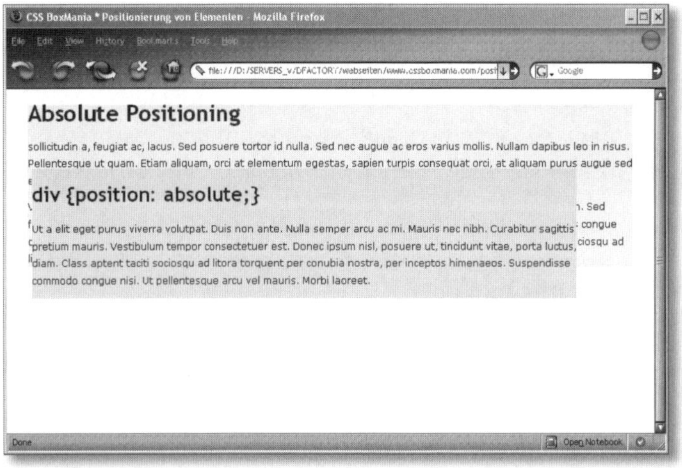

◂ Abbildung 9.4
Der absolut positionierte div-Container hat keine explizite Breitenangabe.

Der `div#box2`-Container verhält sich so, wie wir es erwarten. Die Box erstreckt sich über die ganze Breite der Seite, wobei sie am rechten Rand erst im Abstand von `100px` beginnt. So haben wir das auch definiert.

9.6 position: fixed;

Auch Elemente mit `position: fixed;` werden völlig aus dem *Normal Flow* herausgenommen, nun allerdings relativ zum Viewport. Das bedeutet, dass sie stehen bleiben, falls die Seite gescrollt wird. Internet Explorer 5 und 6 unterstützen diese Methode nicht.

Zu sehen gibt es hier nichts wirklich Aufregendes. Im Grunde erscheint die `fixed` positionierte Box genauso wie im vorigen Beispiel mit `position: absolute;` mit dem wesentlichen Unterschied, dass die Box stehen bleibt, wenn das Fenster gescrollt wird. Die Box bleibt also immer im Sichtbereich.

Der Viewport

ist sozusagen das »Schaufenster« im Browser, durch das wir Webseiten sehen. Sind diese größer als der Viewport, so erscheinen Scrollbalken.

9.7 z-index

Diese Eigenschaft wirkt nur auf Elemente mit der Positionierung `absolute`, `fixed`, `relative`. Je höher der Wert, desto weiter oben liegt ein Element. Oder anders ausgedrückt: Eine Box mit einem hohen `z-index` kann eine mit einem niedrigeren `z-index` verdecken.

9.8 float und clear

Die Eigenschaft `float` bereitet Einsteigern mitunter Kopfzerbrechen. Sofern man aber ein paar Regeln kennt und beachtet, kann »Floaten« sehr viel Spaß machen und sich als recht nützlich erweisen.

To float or not to float?

Das ist in modernem Webdesign keine Frage, denn oft arbeiten wir mit mehrspaltigen, breitenflexiblen Seitenvorlagen (sogenannten *fluid* oder *liquid* Layouts). Die Eigenschaft `float` hat sich durchgesetzt, um mit CSS stabile Spalten zu erzeugen.

Bitte beachten Sie, dass gefloatete Blockelemente eine explizite Angabe für `width` benötigen, da sie andernfalls nur die Breite des Inhalts annehmen.

Wo landet ein Element mit float?

Die Übungsdateien zu float finden Sie im Ordner position.

Ein Element mit `float: right;` floatet, bis es den rechten Rand des umgebenden Elements (Eltern-Elements) berührt oder an ein anderes Element mit `float` andockt. Ein Element mit `float: left;` »entschwebt« dementsprechend in die entgegengesetzte Richtung. Danebenliegende Elemente rutschen unter das schwebende Element und machen nur dann dafür Platz, wenn man sie mithilfe von `margin` oder einer definierten Breite dazu zwingt. Beispiele für gefloatete Boxen:

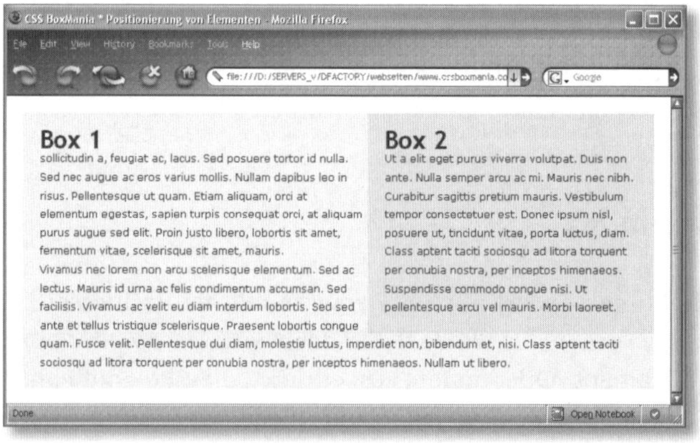

Abbildung 9.5 ▶
Box 2 ist mit float: right; definiert, Box 1 ist nicht gefloatet.

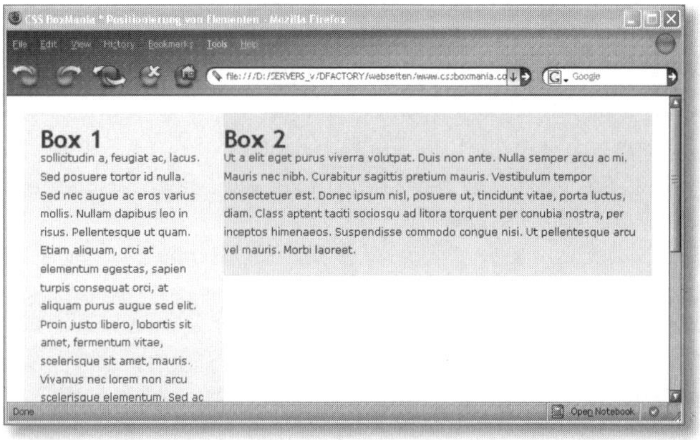

◀ **Abbildung 9.6**
Box 1 wurde mit float: left; versehen, Box 2 ist nicht gefloatet.

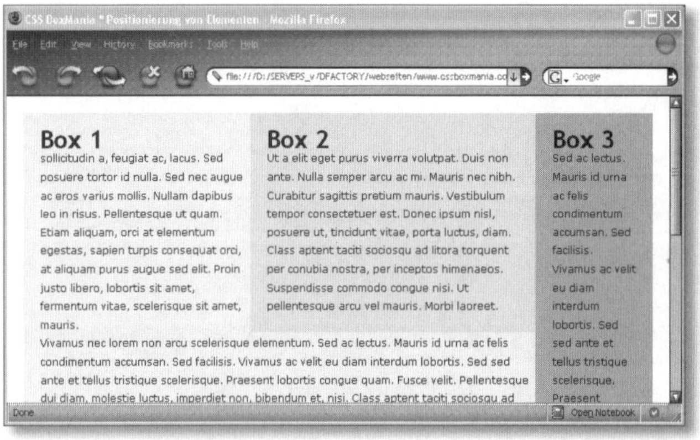

◀ **Abbildung 9.7**
Box 3 und Box 2 sind nach rechts gefloatet, Box 1 liegt im Normal Flow.

Und hier ein Beispiel zum Mitmachen: Eine Box soll am rechten Rand liegen, die andere Box mit einem kleinen Abstand dazu vom linken Rand weg positioniert sein.

Der HTML-Code

Stellen Sie bitte `div#box2` vor `div#box1`, sonst funktioniert `float: right;` nicht. Das nach rechts gefloatete Element muss in diesem Fall zuerst seinen Platz besetzen.

Der CSS-Code

```
div#box1 {margin-right: 320px; background: #FAFAFA;}
div#box2 {float: right; width: 300px; background:
#F0F0F0;}
```

Für `div#box2` wird nun `float` angeordnet. Damit das aber funktionieren kann, muss `div#box1` für das gefloatete Element Platz machen. Und das geschieht mithilfe von `margin-right`, das etwas breiter ist, als von der rechten Spalte benötigt.

Vergessen Sie `width` nicht! Andernfalls wird das div-Element nur so breit wie sein Inhalt.

Und so sieht es aus:

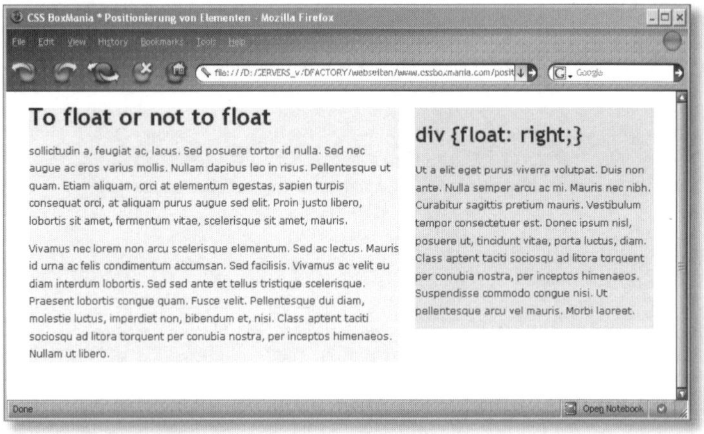

Abbildung 9.8 ▸
Zwei nebeneinanderliegende div-Container. Der rechte ist mit float: right; versehen und muss in der HTML-Datei vor der linken Box stehen.

9.9 clear

Wie schon beschrieben, können Elemente neben und nach gefloateten Elementen unter diese rutschen und durch diese ganz oder teilweise verdeckt werden. Möchten Sie ein nachfolgendes Element erst nach dem schwebenden Element positionieren, so suchen Sie mithilfe von `clear` die nächste Position, wo kein `float` mehr wirksam ist. Ein nachfolgendes Element mit der Anweisung `clear: left;` würde selbiges unter allen Elementen mit `float: left;` anordnen. Dementsprechend würde ein Element mit der Anweisung `clear: right;` dasselbe unter allen Elementen mit `float: right` platzieren. Und schließlich steht auch noch `clear: both;` zur Verfügung, welches ein Element an eine Stelle setzt, wo keine links oder rechts schwebenden Elemente mehr Platz beanspruchen.

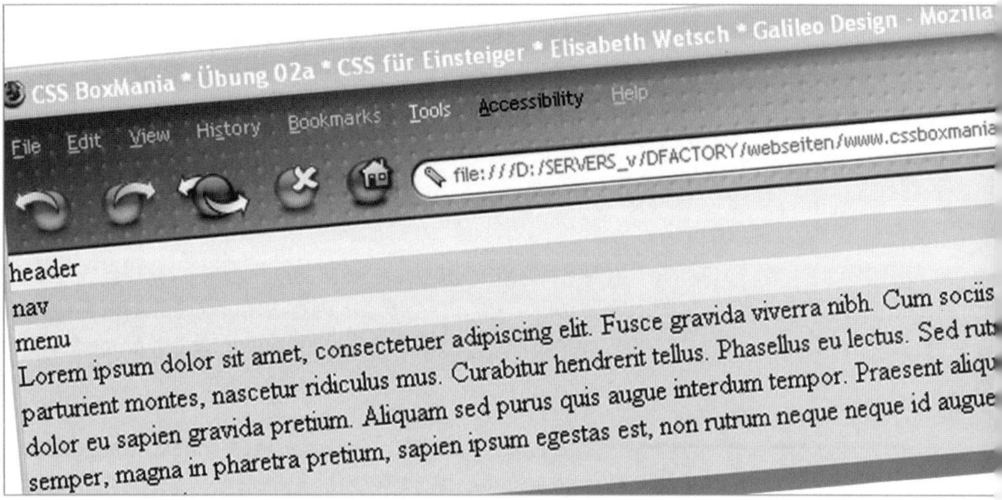

Kapitel 10

Die Grundeinstellungen

Vertrauen ist gut, Kontrolle ist besser.

Sie werden lernen, wie Sie

- Browser-Stylesheets beeinflussen,
- Ihre Seite zentrieren,
- Schriften anlegen,
- Hintergründe setzen und
- Link-Farben definieren.

10 Die Grundeinstellungen

Bevor ich lernte, wie man Browser-Stylesheets in die Knie zwingt, haben mich diese oft zur Verzweiflung gebracht. Besonders wenn ich mir ein raffiniertes Layout für meine Seiten ausgedacht hatte.

Browser-Resets

Zu diesem Thema finden Sie viele Lösungen und noch mehr Diskussionen im Web. Für meinen Geschmack kann man es mit Browser-Resets auch übertreiben, und so bin ich bei einigen Hundert Projekten bis heute mit dem hier vorgestellten, ganz einfachen »Reset« ausgekommen.

Die Frage nach den Browser-Stylesheets, die zuallererst geladen und durchgeführt werden, habe ich bereits angesprochen. Hier noch einmal die einfache Variante, die am häufigsten verwendet wird.

10.1 Browser-Stylesheets ganz einfach anpassen

Für die Erstellung herkömmlicher Seiten ist die einfache Anpassung mit dem Universal-Selektor völlig ausreichend.

```
* {margin: 0px; padding: 0px; border: 0px;}
```

Wie sie bereits gelernt haben, gilt der Universal-Selektor für sämtliche Elemente. Hier werden die Werte sämtlicher HTML-Elemente für Außen- und Innenabstände und Rahmen auf Null gesetzt.

Diese Anweisungen sorgen unter anderem dafür, dass Bilder stets ohne Rahmen angezeigt werden, auch wenn diese verlinkt sind. Oder dass Absätze immer ohne Außen- und Innenabstand gesetzt werden, sodass Sie Ihre eigenen Werte präzise definieren können.

10.2 Scrollbalken erzwingen

Sie konnten feststellen, dass noch ein kleiner Unterschied in den Darstellungen von Firefox und Internet Explorer stört, nämlich die Tatsache, dass der Internet Explorer in jedem Fall Platz für einen Scrollbalken reserviert, auch wenn der Seiteninhalt noch kürzer als das Fenster ist. Firefox hingegen sieht das nicht vor, und daher kann es hier zum »Hüpfen« des Seiteninhalts kommen, sobald zwischen einer kürzeren und einer längeren Seite gewechselt wird.

Da ja von Anfang an Unterschiede in der Browserdarstellung nach Möglichkeit vermieden werden sollen, werden nun auch in Firefox Scrollbalken erzwungen – selbst dann, wenn die Seite kürzer ist als ein Fenster.

Sie erreichen dies, indem Sie den CSS-Code wie folgt modifizieren:

```
html {height: 100.5%;}
```

Die Angabe `height` ist diejenige Eigenschaft, welche die Höhe eines Elements definiert. Indem Sie die Höhe des `html`-Elements auf mehr als 100% setzen, erzwingen Sie in allen Browsern einen Scrollbalken. Würden Sie allerdings 101% schreiben (was nahe liegend erscheint), dann entstünde am Ende des Scrollbalkens erneut eine kleine Lücke. Mit dem Wert 100,5% hingegen passt der Balken in allen Browsern, auch in unterschiedlichen Versionen von Firefox.

Dezimalpunkt

Das Dezimalzeichen muss in CSS zwingend als Punkt notiert werden (wie dies im Englischen üblich ist). Mit einem Komma wird der Wert nicht verstanden.

Sie können diese Einstellung übrigens immer verwenden, ungeachtet der Länge Ihrer Seiten. Sind diese länger, passiert nichts Nachteiliges.

Das sieht doch gleich viel besser aus:

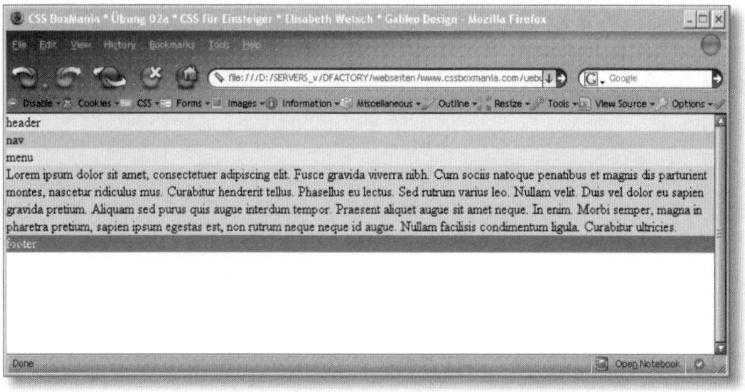

◂ **Abbildung 10.1**
Übung 03a (FF)

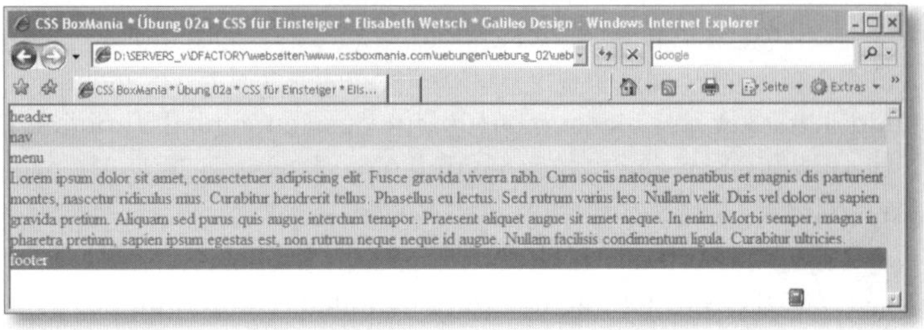

Abbildung 10.2 ▸
Übung 03a (IE)

10.3 Bereiche einteilen und floaten

Nun, da Sie wissen, wie gefloatet wird, können Sie die wichtigsten Bereiche der Übungsseite an ihre Positionen bringen, hier der Code für die Datei *uebung03b.css* (die HTML-Datei *uebung03b.htm* wird gegenüber der Datei *uebung03a.htm* und *uebung01c.htm* nicht verändert, ausgenommen natürlich der korrekten Verlinkung zum Stylesheet *uebung03b.css*):

```
html {height: 100.5%;}
body {}
* {margin: 0px; padding: 0px; border: 0px;}
h1, h2, h3, h4, h5, h6 {}
a {}
a:link {}
a:visited {}
a:hover {}
a:active {}

/* div#wrapper erhält eine fixe Breite */
div#wrapper {width: 760px;}
div#header {background: #F8F8F8; height: 60px;}
div#nav {background: #DEDEDE;}

div#wrapcontent {background: #CCCCCC;}
/* durch die definierte Breite macht #maintext Platz für
die Menüleiste */
div#maintext {
  background: #E8E8E8;
  width: 560px;
  padding: 20px;
}
```

```
/* float benötigt immer width! */
div#menu {
  float: right;
  background: #F5F5F5;
  width: 140px;
  padding: 20px 10px;
}

div#footer {
  background: #999999;
  color: #FFFFFF;
  margin-top: 10px;
  padding: 4px 0px 6px 0px;
  text-align: center;
  border: 1px dashed #333333;
}
```

Und so sieht es aus:

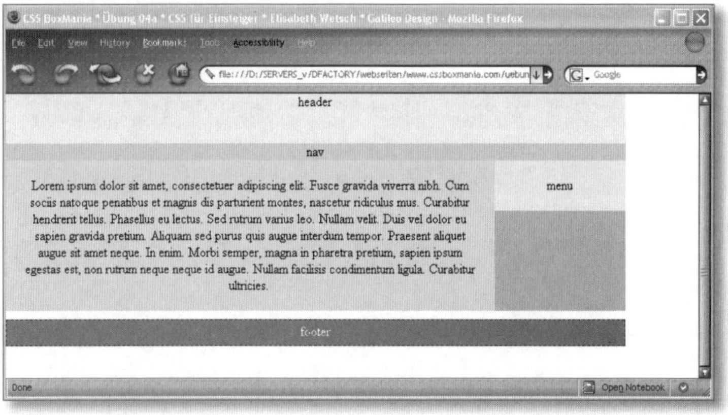

◄ **Abbildung 10.3**
Übung 03b (FF)

10.4 Seite zentrieren in drei Schritten

Der vorliegende Entwurf hat bereits entfernte Ähnlichkeit mit einer »richtigen« Seite, wobei das Layout gerne in der Mitte des Browserfensters »schwebend« platziert wird. Wie bei vielen Aufgaben in CSS gibt es auch hier mehrere Lösungen. Ich bevorzuge die hier angeführte, die sich durchgehend browserkompatibel – wenn auch nicht standardkonform – verhält. Diese Lösung umfasst drei Schritte.

Elemente im body zentrieren

Erstaunlicherweise gibt es in CSS keine Eigenschaft, die das horizontale Zentrieren von Blockelementen gestattet. Man bedient sich daher der Eigenschaft `text-align`.

```
body {text-align: center;}
```

Diese Anweisung bewirkt, dass die Textausrichtung im Element `body` zentriert ist. Nachteil: Dies betrifft nicht nur das nächste darin liegende Element, den `div#wrapper`, sondern vererbt sich auch auf weitere Nachfahren-Elemente. Und so sieht es aus:

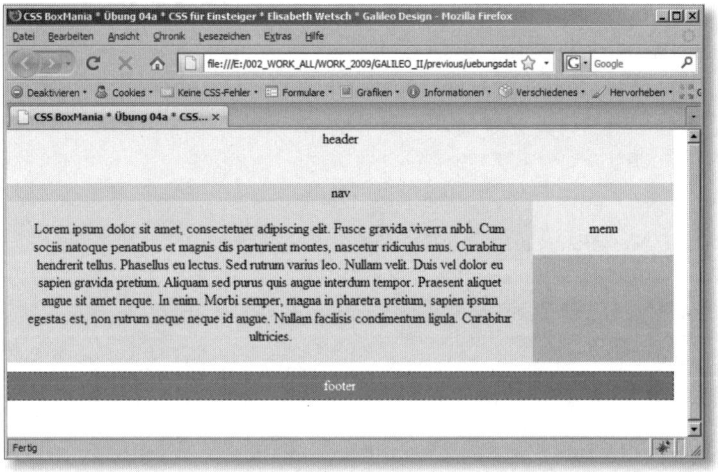

Abbildung 10.4 ►
Übung 04a (FF)

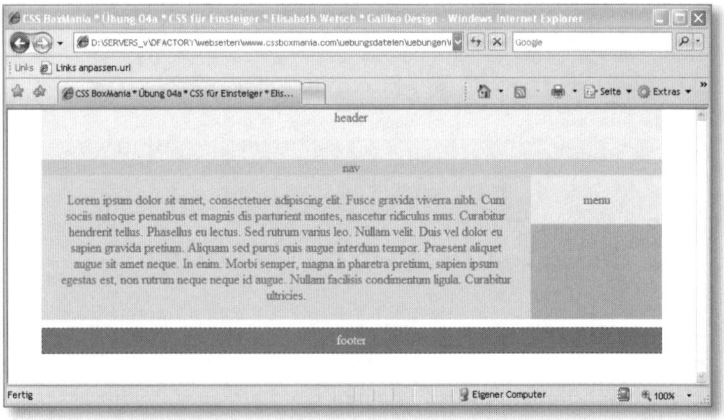

Abbildung 10.5 ►
Übung 04a (IE)

Ertappt! Firefox gehorcht nicht unseren Anweisungen, während der Internet Explorer das tut, was erreicht werden soll, nämlich den Seitenbereich in die Mitte des Fensters zu rücken.

Firefox folgt hier eben den Standards und zentriert korrekterweise nur Textelemente! Der Internet Explorer ist in diesem Fall großzügiger und zentriert daher auch Elemente, die streng genommen von der Anweisung nicht betroffen wären, da es sich *nicht* um Textelemente handelt.

Nun fällt auf, dass *sämtliche* Inhalte zentriert sind. Denn die Anweisung `text-align: center;` vererbt sich – wie viele Texteigenschaften – auf alle Nachfahren-Elemente. Also bedarf es noch eines kleinen Tricks, um diese Lösung für alle Browser kompatibel zu machen:

Wrapper mit seitlichen Abständen `auto` versehen

```
div#wrapper {width: 760px; margin: 20px auto;}
```

Hier setzen Sie zusätzlich die Außenabstände `margin` des Containers `div#wrapper` auf `20px` für oben und unten sowie `auto` für links und rechts. Mit dem Wert `auto` wird der Browser angewiesen, den verbleibenden Platz außerhalb von `div#wrapper` gleichmäßig links und rechts aufzuteilen. Na also, geht doch:

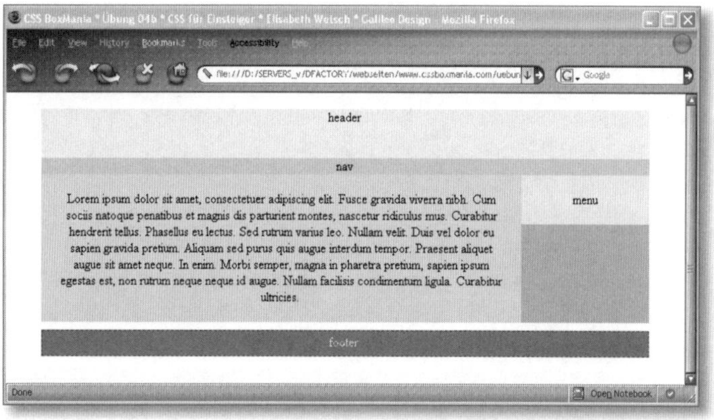

◂ **Abbildung 10.6**
Übung 04b (FF)

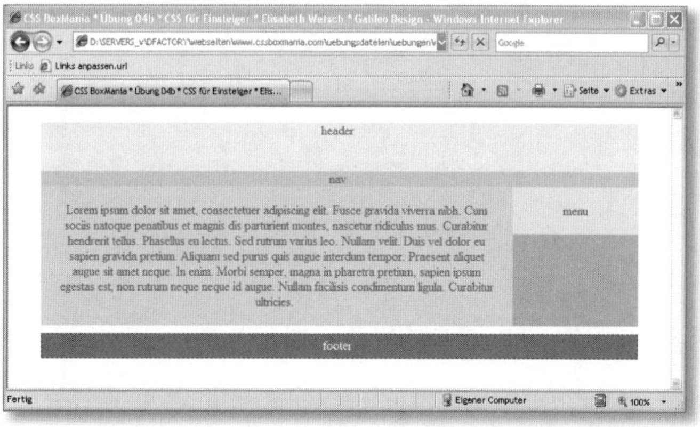

◂ **Abbildung 10.7**
Übung 04b (IE)

Das Zentrieren der Elemente wieder aufheben

Nun müssen Sie noch die Zentrierung aufheben, da ja nur der div#wrapper mittig stehen soll, nicht aber alle darinliegenden (Text-)Elemente:

```
div#wrapper {
    width: 760px;
    margin: 20px auto;
    text-align: left;
}
```

Durch die Anweisung im body sind nun alle Nachfahren-Elemente desselben zentriert ausgerichtet. Hier soll aber nur der div#wrapper selbst in der Mitte platziert werden, nicht aber die Elemente bzw. Inhalte innerhalb desselben. Daher wird die zentrierte Ausrichtung, die im body (für alle Nachfahren-Elemente) gesetzt wird, im div#wrapper wieder aufgehoben.

Und so sieht es aus:

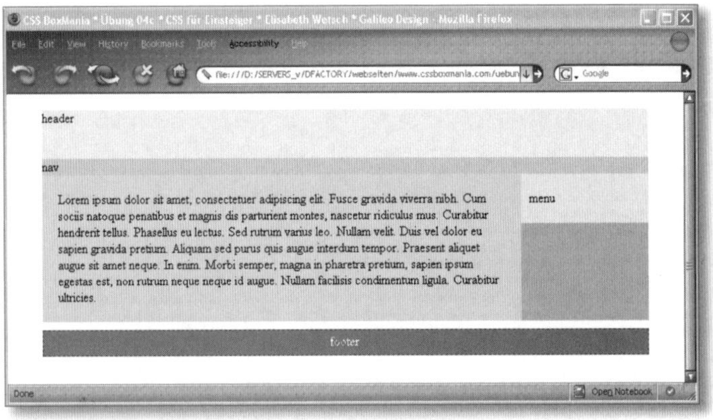

Abbildung 10.8 ▸
Übung 04c (FF)

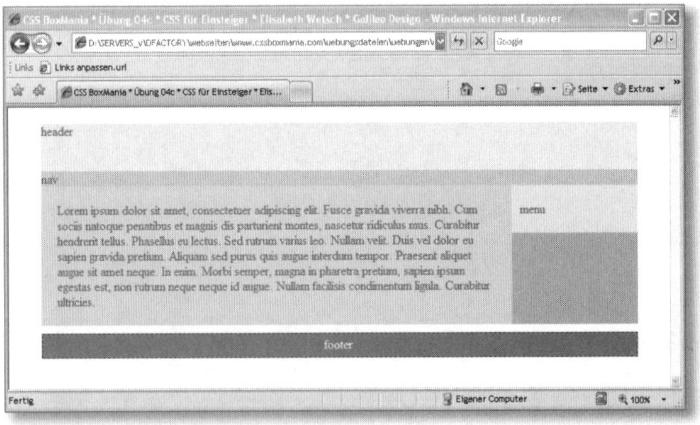

Abbildung 10.9 ▸
Übung 04c (IE)

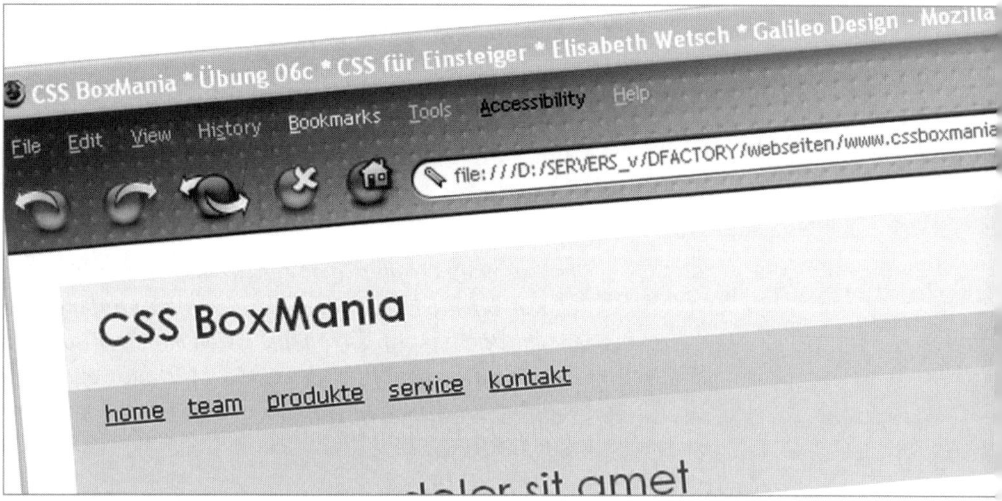

Kapitel 11

Die Navigation

Benutzer bevorzugen eindeutige Wegweiser.

Sie werden lernen, wie Sie

- Listen für die Navigation einsetzen,
- Listen horizontal ausrichten,
- eine Seite einzigartig machen und
- float überlisten können.

11 Die Navigation

Die Verwendung von reinem Text für die Navigation nach Zeiten von Rollover-Effekten mit Bildern erschien mir zu Anfang ein wenig spartanisch. Und dass ich auf einmal Listen einsetzen sollte, um horizontale Navigationsleisten zu gestalten, war auch etwas gewöhnungsbedürftig. Und heute? Heute kann ich es mir kaum mehr anders vorstellen.

11.1 Navigation horizontal

Listamatic

MaxDesign präsentiert eine Fülle an vertikalen und horizontalen Menü- und Navigationslösungen mit detaillierten Erklärungen.

http://css.maxdesign.com.au/listamatic/

Tatsächlich eignen sich Listen hervorragend, um Navigationsleisten und Menüs darzustellen, da sie sich mithilfe von CSS einfach und vielfältig gestalten lassen. Zudem erfüllen Sie damit auch die Forderung, wo immer möglich, strukturelle Elemente zu verwenden.

Der HTML-Code

Ergänzen Sie bitte den HTML-Code, wie unten gezeigt. Sie werden hier nun sowohl Punkte für die Navigation als auch für das seitliche Menü einfügen und jeweils Links vortäuschen.

```
<body id="home">
```

Damit Sie später Anweisungen explizit nur für eine Seite mit `body#home` definieren können, ergänzen Sie das `body`-Element um eine entsprechende `id`.

ul-Element – unordered list

Eine ungeordnete Liste, das Element `ul`, dient hier als Grundlage für eine horizontale Navigationsleiste. Sie werden bemerken, dass jedes der Listenelemente `li` (*list items*) mit einer anderen Klasse versehen ist. Dies wird Ihnen in Verbindung mit dem ID des `body` helfen, später eine Markierung für die aktuell angewählte Seite zu setzen.

Eine Verlinkung der Navigationspunkte wird hier nur angedeutet. Sie sollten die Rauten durch einen entsprechenden Dateinamen (Pfad) ersetzen.

```
<div id="wrapper">
    <div id="header">header</div><!-- #header -->
    <div id="nav">
    <ul>
    <li class="navhome"><a href="#">home</a></li>
    <li class="navteam"><a href="#">team</a></li>
    <li class="navprodukte"><a href="#">produkte</a></li>
    <li class="navservice"><a href="#">service</a></li>
    <li class="navkontakt"><a href="#">kontakt</a></li>
    </ul>
    </div><!-- #nav -->
```

ul – verschachtelt

Eine zweite nicht nummerierte Liste wird das vertikale Menü an der rechten Seite darstellen. Hier ist bei einem der Menüpunkte eine Hervorhebung mithilfe einer Klasse .select vorgesehen.

Eine Unterliste ist Inhalt eines List Items li.

Bitte beachten Sie, dass hier zwei ul-Listen miteinander verschachtelt werden, damit Unterkategorien entstehen und optisch gestaltet werden können.

```
    <div id="wrapcontent">
    <div id="menu">
    <ul>
    <li>Obst
        <ul>
        <li><a href="#">&Auml;pfel</a></li>
        <li class="select"><a href="#">Birnen</a></li>
        <li><a href="#">Kirschen</a></li>
        </ul>
    </li>
    <li>Gem&uuml;se
        <ul>
        <li><a href="#">Gurken</a></li>
        <li><a href="#">Tomaten</a></li>
```

```
        <li><a href="#">Spinat</a></li>
        </ul>
    </li>
    </ul>
    </div><!-- #menu -->
```

Und so sieht es bisher aus:

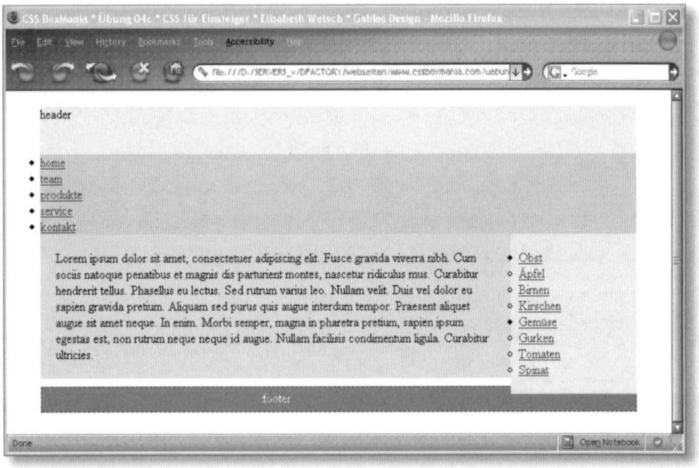

Abbildung 11.1 ▶
Übung 05a (FF)

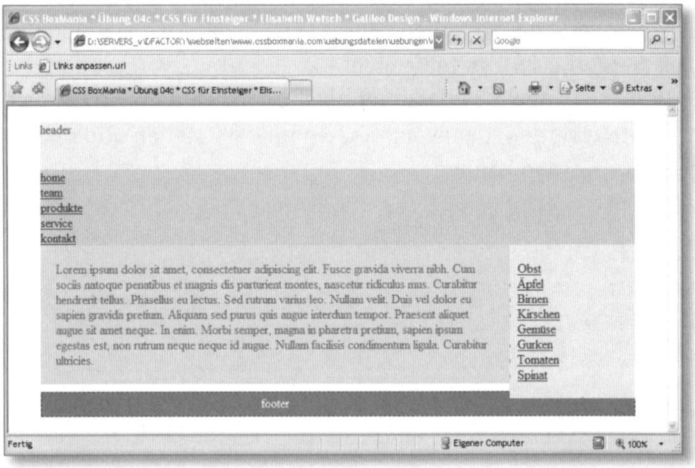

Abbildung 11.2 ▶
Übung 05a (IE)

Nun ja, das ist zwar noch nicht berauschend, aber Sie haben ja bereits gelernt, dass sich mit ein wenig CSS-Zauberei verblüffende Änderungen erzielen lassen.

Da Sie am Anfang des Stylesheets mit dem Universalselektor `margin`, `padding` und `border` für sämtliche Elemente auf Null gesetzt haben, müssen bei Bedarf entsprechende Werte für Elemente eingesetzt werden.

Doch was ist das? Sehen Sie einmal, was rechts unter dem Menü passiert: Ein `float` zeigt unerwünschte Wirkung. Aber keine Sorge, ich werde das erklären, sobald wir das Menü einrichten, und dann auch gleich einen Reparaturvorschlag unterbreiten.

Der CSS-Code

Im Stylesheet wird nun die Navigation in die gewünschte Form gebracht, um das »Schönmachen« kümmern wir uns später.

```
div#nav {background: #DEDEDE;}
div#nav ul {padding: 4px 20px 6px 20px;}
div#nav li {display: inline; margin-right: 10px; list-
style-type: none;}
```

display – Die Hauptnavigation wird horizontal

Listeneinträge sind Block-Level-Elemente. Das heißt, jeder Listeneintrag `li` beginnt eine neue Zeile. Im Fall dieser Navigation sollen die Themenpunkte allerdings nebeneinander in einer Zeile erscheinen. Daher wird die Anzeigeart der *list items* von `block` auf `inline` geändert. Damit verschwinden auch automatisch die Listenpunkte, die Sie im Element `div#menu`, also bei Listen, die nicht `inline` definiert sind, explizit entfernen müssen. Sie sollten das aber auch hier tun, denn nicht wenige Browser zeigen die »Bullets« dennoch an. Und so sieht es aus:

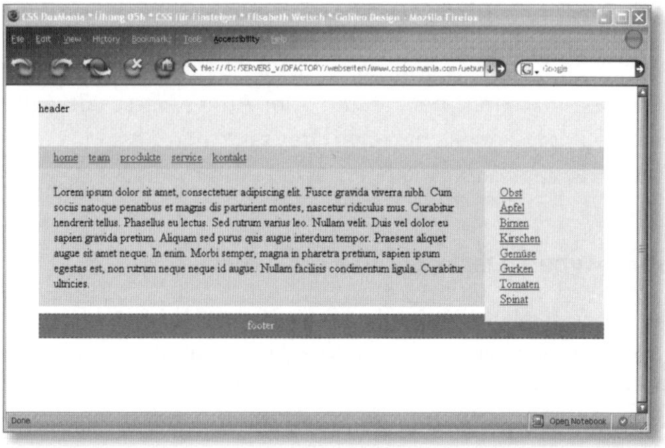

◄ **Abbildung 11.3**
Übung 05b (FF), im nächsten Schritt werden auch die Listenpunkte des Menüs entfernt

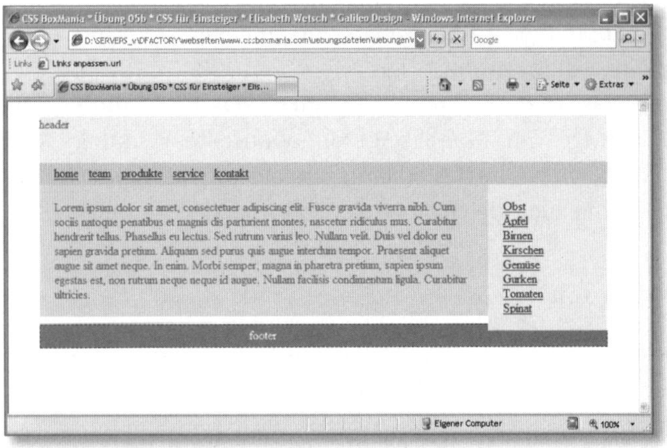

Abbildung 11.4 ▸
Übung 05b (IE)

11.2 Menü vertikal

Das Menü an der rechten Seite benötigt andere CSS-Anweisungen. Auch diese sind bislang noch sehr einfach nachzuvollziehen:

```
div#menu {
    float: right;
    background: #F5F5F5;
    width: 120px;
    padding: 20px;
}
div#menu ul {list-style-type: none;}
div#menu ul ul {margin-left: 10px;}
```

width, padding – Platz für Menüpunkte

Wir definieren um die Menüspalte einen Abstand `padding`, der unseren Menüpunkten mehr Raum zum Atmen verschafft. Das `padding` bedingt, dass Sie den Wert des seitlichen Abstands `padding` von `div#menu` subtrahieren müssen (also minus 2×20px).

list-style-type – Listenpunkte entfernen

Alternativ könnten Sie mithilfe der Eigenschaft `list-style-image` Listenpunkte auch mit Bildern darstellen.

Bei diesem vertikalen Menü müssen Sie die Bullets vor jedem Listenpunkt `li` ausdrücklich entfernen, indem Sie die entsprechende Eigenschaft auf den Wert `none` setzen.

ul ul – Unterpunkte links einrücken

Sie lernen hier eine neue Kombination von Selektoren kennen und wählen damit ein Element `ul` aus, aber nur, wenn es in einem darüberliegenden Element `ul` in einem Container `div` mit der `id` `menu` liegt. Mithilfe von `margin-left` rücken Sie die zweite Ebene um `10px` ein.

Und so sieht es aus:

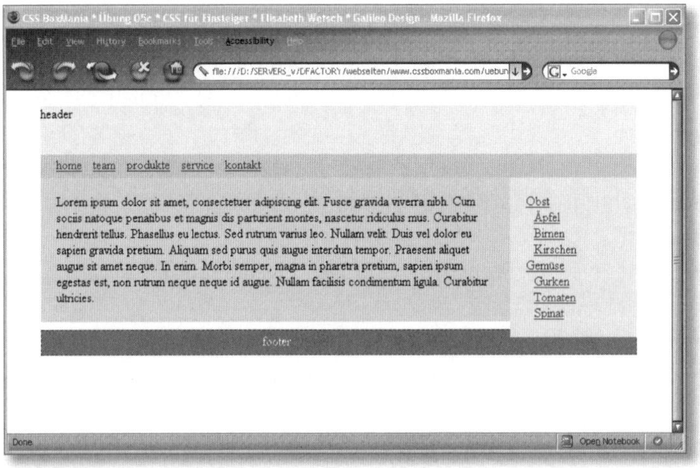

◄ **Abbildung 11.5**
Übung 05c (FF)

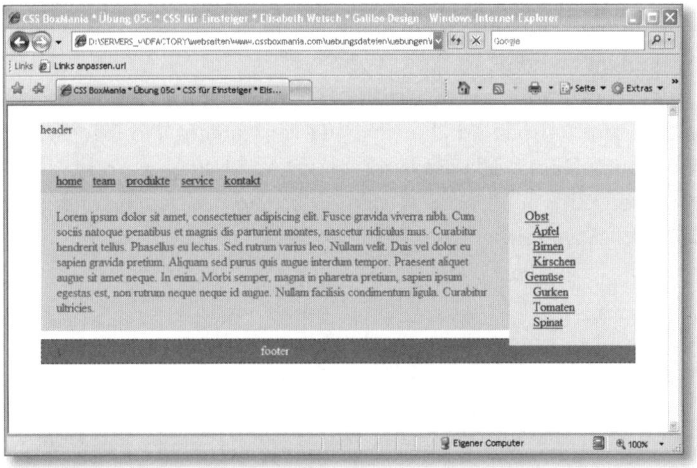

◄ **Abbildung 11.6**
Übung 05c (IE)

Flucht aus der Float-Falle

Nun stört eigentlich nur noch das überhängende Menü an der rechten Seite.

Was ist hier passiert? Der Container `div#menu` weist die Eigenschaft `float` auf. Daher schwebt er sozusagen an der Zimmerdecke (so stelle ich mir das jedenfalls vor) und wird vom umhüllenden Element `div#wrapcontent` einfach nicht »gesehen«. Der `div#wrapcontent` umschließt daher zwar den `div#maintext`, nicht aber den `div#menu`. Daher schließt der nachfolgende `div#footer` auch an den `div#maintext` an und rutscht dabei unter den `div#menu`, so als wäre dieser gar nicht vorhanden.

Sieht nach einem komlizierten Problem aus – die Lösung ist aber verblüffend einfach: Wenn ein Elternelement ein gefloatetes Kind-Element umschließen soll (was meist erwünscht ist), so müssen wir den `overflow` des Elternelements explizit auf `auto` setzen.

Die Eigenschaft `overflow` regelt, wie überfließende Inhalte von Elementen dargestellt werden. Folgende Werte sind dafür erlaubt:

- `visible` – der Standardwert, alle überfließenden Inhalte werden angezeigt
- `hidden` – überfließende Inhalte sind nicht sichtbar
- `scroll` – überfließende Inhalte werden angezeigt, indem das Elternelement Scrollbalken erhält
- `auto` – der Browser entscheidet, ob Scrollbalken notwendig sind
- `inherit` – die entsprechende Einstellung des umschließenden Elements wird geerbt

In unserem Beispiel erhält also `div#wrapcontent` die Eigenschaft `overflow`. Damit alle Browser diese Anweisung korrekt interpretieren, empfiehlt es sich, dem Elternelement auch noch eine Breite zuzuweisen.

```
div#wrapcontent {
    background: #CCCCCC;
    overflow: auto;
    width: 100%;
}
```

Und so sieht es aus:

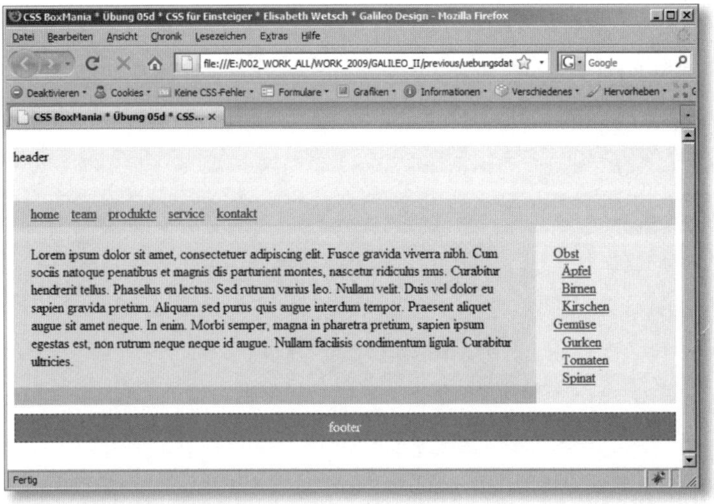

◄ **Abbildung 11.7**
Übung 05d (FF)

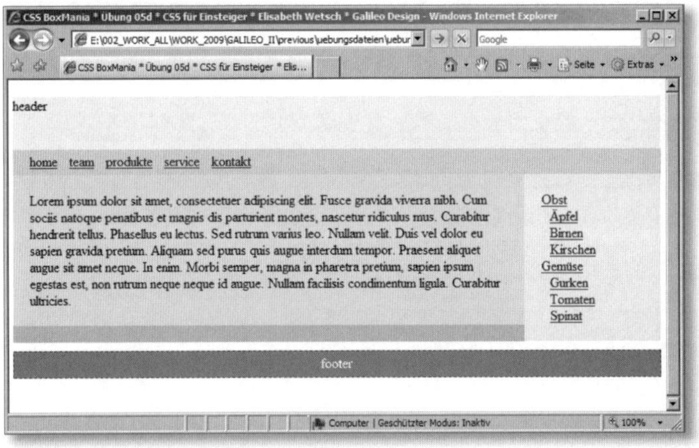

◄ **Abbildung 11.8**
Übung 05d (IE)

Nun stört nur noch eine Winzigkeit: Unter dem Container `div#maintext` lugt ein kleines Stück des `div#wrapcontent` hervor (der mittelgraue Streifen unter dem Haupttext), der ja nun alle seine Kind-Elemente umhüllt und daher so lange ist wie der Container `div#menu`. Da die linke Textspalte aber durchgehend eine Farbe haben soll (bis zum Ende der daneben liegenden Menüspalte) versehen wir `div#wrapcontent` einfach mit dem gleichen Hintergrund wie `div#maintext`:

```
div#wrapcontent {
    background: #E8E8E8;
```

```
    overflow: auto;
    width: 100%;
}
```

Aber jetzt:

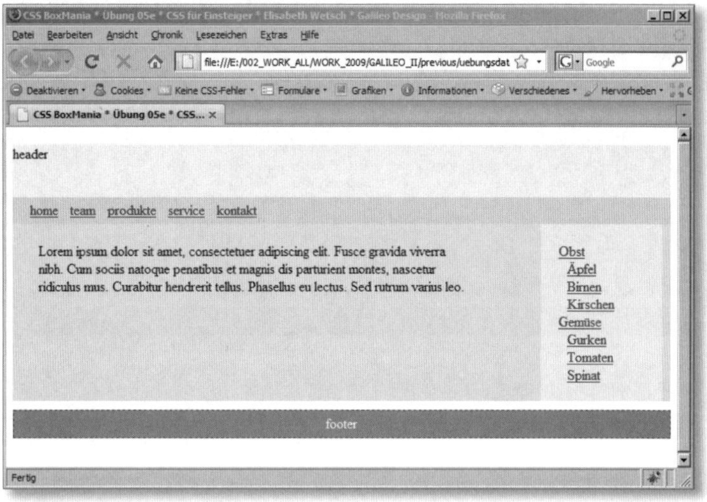

Abbildung 11.9 ▸
Übung 05e (FF)

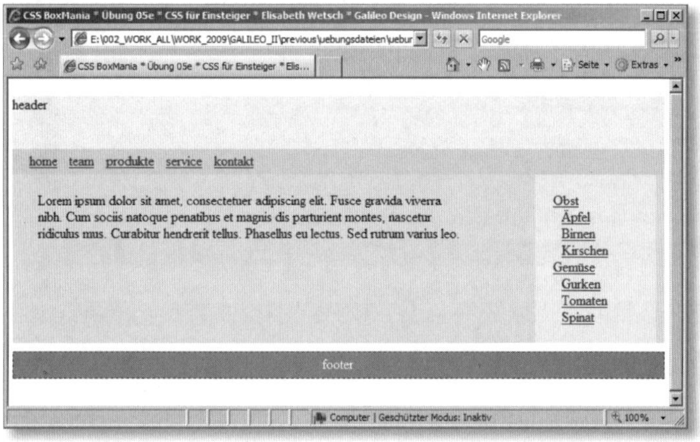

Abbildung 11.10 ▸
Übung 05e (IE)

11.3 font – Schriften benutzerfreundlich voreinstellen

Nun ist ein guter Zeitpunkt, um die Einstellungen für die Basisschrift zu definieren. Grafiker nennen jene Schrift, die für laufende Texte verwendet wird, auch *Laufschrift*. Bitte ergänzen Sie unser Stylesheet wie folgt:

```
html {height: 100.5%; font-size: 62.5%;}
body {
    text-align: center;
    font-family: Verdana, sans-serif;
    font-size: 1.2em;
    line-height: 1.8em;
    color: #333333;
}
```

Im `body` werden nun Einstellungen für die Basisschrift festgelegt.

Persönlicher Schreibstil

Wie Sie bereits gelernt haben, sind nicht nur einige Dinge beim Schreiben von CSS verboten, es sind auch viele erlaubt. Ich empfehle Einsteigern generell, lieber etwas umständlicher zu schreiben, als sich durch allzu viele Verkürzungen, Gruppierungen oder Ähnliches das Nachvollziehen des eigenen Codes zu erschweren.

Wenn Sie CSS bald »blind« schreiben können, dürfen Sie verkürzen, so viel Sie wollen, und Sie werden auch sicher Ihren eigenen Schreibstil für CSS entwickeln.

Grundlegendes zu Schriftgrößen

Um zu verstehen, was die merkwürdigen Schriftanweisungen bedeuten, sollten Sie folgende Fakten bedenken:

1. **Schriftgrößen erscheinen unterschiedlich groß.** Und zwar unterschiedlich auf verschiedenen Bildschirmen, unter verschiedenen Betriebssystemen sowie in verschiedenen Browsern.
2. **Schrifteigenschaften werden vererbt.** Definieren Sie also in einem Eltern-Element beispielsweise eine Schriftgröße von 90%, so wird diese Eigenschaft auf ein darin liegendes Element vererbt. Wird nun die Schriftgröße im Kind-Element wiederum mit 90% definiert, erhält man tatsächlich eine Schrift, die 81% (90% von 90%) der ursprünglichen Größe entspricht.

Pixelzähler wie ich können bestens nachvollziehen, dass speziell die Tatsache der inkonsistenten Schriftgrößen irgendwann einmal einen CSS-Designer an den Rand der Verzweiflung getrieben hat. Der bekannte Webentwickler Rich Rutter wollte es gar nicht erst so weit kommen lassen und verbrachte viel Zeit damit, für das Problem eine akzeptable Lösung zu finden.

Als er das Ergebnis seinen staunenden Kollegen präsentierte, glaubten diese, ihren Augen nicht zu trauen: Eine Schriftgröße von 62,5% wirkt selbst für *nerds like us* doch ein wenig bizarr. Wer Richards Erklärung nicht glauben wollte, konnte es selbst testen: Mit seiner Einstellung erscheinen Schriften auf verschiedenen Bildschirmen, unter verschiedenen Betriebssystemen und in verschiedenen Browsern weitgehend ähnlich und zwar in einer Größe, die etwa 10 px entspricht.

Diese Voreinstellung wird nun in das `html`-Element platziert.

Das html-Element

Das `html`-Element gilt als das oberste hierarchische Element einer Seite. Es wird daher oft auch als Root-Element bezeichnet. Andere CSS-Experten widersprechen dem entschieden und lassen erst das `body`-Element als oberstes Element gelten.

An dieser Stelle gibt es allerdings nicht viel zu diskutieren. Laut den Webstandards ist `html` das Root-Element. Die Verwendung des `html`-Elements ist praktisch und eröffnet uns noch eine Selektorebene über dem `body`-Element. Es erlaubt uns beispielsweise, in diesem Fall Richards 62,5%-Kniff dem `html`-Element zuzuweisen und die Schriftgröße damit allen anderen Elementen der Seite zu vererben, denn diese befinden sich ja allesamt innerhalb des `html`-Elements.

So weit, so gut, aber wer wird schon mit einer Schriftgröße von etwa 10 px glücklich? Und vor allem, wer soll das entziffern? Nun, dieser Kniff ist ja nur dafür gedacht, dass Sie danach Schriftgrößen als ein Vielfaches von 10 Pixeln kalkulieren können. Und das erfolgt auch gleich im `body`-Element.

font-size, Schriftgrößen in em definieren

Schriften vergrößern

Mit den Tastenkombinationen Strg-+ und Strg-- werden in den gängigen Browsern die Schriften größer bzw. kleiner dargestellt. Mit der Tastenkombination Strg-0 wird die Darstellung wieder auf die ursprüngliche Schriftgröße gesetzt.

Das W3C empfiehlt eindringlich und im Sinne der Barrierefreiheit, die Maßeinheit `em` zu verwenden, um skalierbare Schriften zu erlauben. Die Einheit `em` ist ursprünglich eine alte typographische Maßeinheit, deren Bedeutung sich allerdings geändert hat. Heutzutage entspricht `em` der Höhe einer Schrift.

Der Wert `1em` ist also die Höhe einer Schrift, wie sie im Eltern-Element definiert ist. Ist keine Schriftgröße festgelegt, so wird diejenige Schriftgröße herangezogen, die für den Browser des Benutzers voreingestellt ist. Somit verhält sich `em` immer relativ zu einer Voreinstellung, die entweder der Benutzer oder Sie in Ihrem Stylesheet definiert haben.

Im Falle Ihres Stylesheets haben Sie so nun eine Voreinstellung im `html`-Element vorgenommen. Wenn Sie jetzt für das `body`-Element die Schriftgröße auf `1.2em` setzen (nicht vergessen: Punkt für die Dezimalstelle!), so bedeutet dies, dass Sie 12 Pixel als Basisgröße aller Schriften im `body` Ihres XHTML-Dokuments festlegen. Gleichzeitig erlauben Sie aber Ihren Benutzern, bei Bedarf die Schriftgrößen in deren Browser größer oder kleiner einzustellen, was beispielsweise für Menschen mit Sehschwächen unerlässlich ist. Mehr zur Anwendung von Maßeinheiten finden Sie in Kapitel 35.

font-family

Für den Anfang genügt es zu wissen, dass speziell für den Einsatz am Bildschirm eigens konstruierte Bildschirmschriften existieren, meist sind diese serifenlos (sans-serif). Die gebräuchlichsten Schriftfamilien sind dabei Verdana, Trebuchet MS, Tahoma und Georgia. Mehr zum Einsatz von Schriften lesen Sie in Abschnitt 19.2.

Als Serifen (aus dem Französischen für »Füßchen«) bezeichnet man die feinen Endlinien einzelner Buchstabenstriche. Serife Schriften werden traditionell für den Zeitungsdruck eingesetzt.

◂ **Abbildung 11.11**
Hier als Beispiel für Schriften Verdana, Trebuchet MS und Times New Roman

◂ **Abbildung 11.12**
Die erste Zeile zeigt eine sogenannte »serifenlose« Schrift (Trebuchet MS), die zweite Zeile zeigt eine serife Schrift, nämlich Times New Roman. Serifen werden oft auch als »Fliegenbeinchen« bezeichnet.

Die Deklaration

```
font-family: Verdana, sans-serif;
```

weist den Browser an, die Schrift Verdana zu wählen, sofern diese auf dem System des Benutzers vorhanden ist, andernfalls eine beliebige andere serifenlose Schrift zu verwenden.

Schreibweise

Besteht der Name der Schriftfamilie aus mehr als einem Wort, so muss der Name in Anführungszeichen geschrieben werden. Beispiel:

```
font-family: "Trebuchet MS", sans-serif;
```

line-height

Somit ist es nur logisch, dass Sie auch die Zeilenhöhe Ihrer Texte in der Einheit `em` definieren. In diesem Fall entspricht die Angabe `2.0em` etwa 20 Pixeln. Das hat den Vorteil, dass sich auch die Zeilenhöhe relativ vergrößert, falls Besucher Ihrer Seite größere Schrifteinstellungen verwenden. Und so sieht es aus:

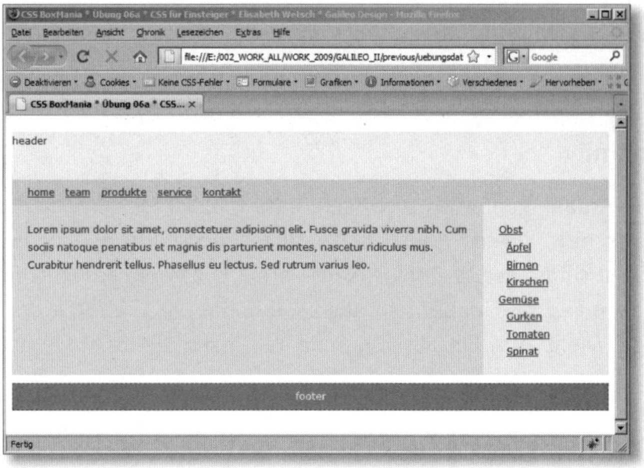

Abbildung 11.13 ▶
Übung 06a (FF): Erste Einstellungen für Schrift

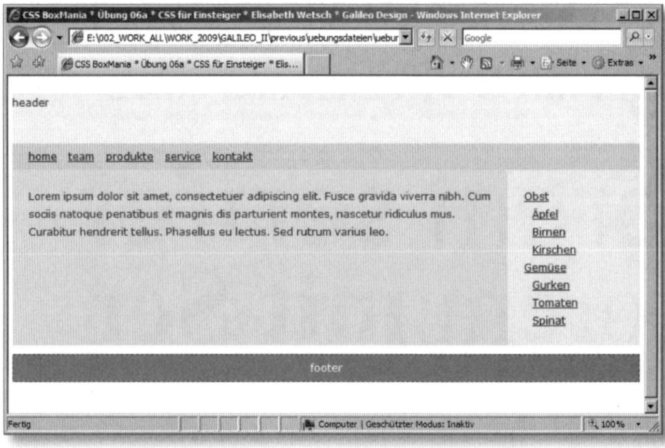

Abbildung 11.14 ▶
Übung 06a (IE)

Sie werden bemerken, dass sich hier durch die ersten Schrifteinstellungen die Unterschiede in der Browserdarstellung etwas verringert haben.

11.4 background – Farben und Bilder als Hintergrund

Wesentliches Gestaltungselement eines Internetauftritts sind Farben und Hintergründe. Grundsätzlich gilt hierbei, dass fast jedes Element die Eigenschaften Hintergrundfarbe und Hintergrundbild annehmen kann. Und so wird es aussehen:

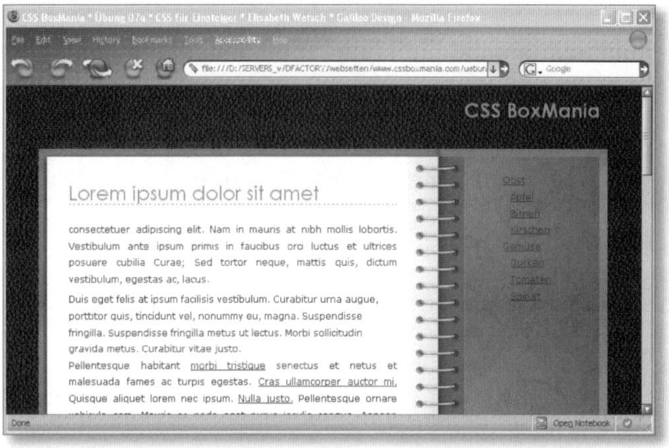

◂ **Abbildung 11.15**
Übung 07a (FF)

Vermeiden Sie allzu kontrastreiche gemusterte Hintergründe unter Schriften! Auch fein gestreifte Muster können die Lesbarkeit von Schriften stark beeinträchtigen.

Ihr erster Einsatz von Hintergrundbildern soll Ihre Webseite mit einem eleganten Touch versehen. Obwohl dies nun nach einer dramatischen Änderung aussieht, werden Sie bemerken, dass es nur einiger weniger Änderungen im Stylesheet bedarf, um einer bisher eher spartanischen Seite ein richtiges Design zu verleihen.

Der HTML-Code

Arbeiten Sie bitte weiter mit der Übungsdatei *uebung07a.htm*. Die Änderungen gegenüber der Datei *uebung06a.htm* sind marginal:

```
<div id="header">
  <h1>CSS BoxMania</h1>
</div><!-- #header -->
```

Im Header wird ein `h1` mit einem Seitentitel hinzugefügt. Die Textmenge wird vergrößert, und für spätere Übungen sind bereits einige Links im Text vorgesehen.

Der CSS-Code

Nachfolgend sind nur die geänderten Anweisungen bzw. Passagen aufgezeigt.

```
body {
    text-align: center;
    font-family: Verdana, sans-serif;
    font-size: 1.2em;
    line-height: 1.8em;
```

```
    color: #333333;
    background: #9A0312 url(images/bg_leather.jpg);
}
```

Das body-Element erhält eine passende Hintergrundfarbe zum Hintergrundbild. Es sind keine weiteren Einstellungen notwendig; das Hintergrundbild wiederholt sich über die gesamte Seite. Da dies die Standardeinstellung ist, müssen sie diese auch nicht explizit anführen.

```
h1, h2, h3, h4, h5, h6 {
    font-family: "Century Gothic", sans-serif;
    font-weight: normal;
    color: #b4A400;
    padding: 0.6em 0em 0.2em 0em ;
}

h1 {
    font-size: 2.2em;
    border-bottom: 1px dashed #b4A400;
    padding-bottom: 0.2em;
    margin-bottom: 0.8em;
}
```

Für die heading-Elemente wird eine passende Schriftfarbe mit color definiert, die sowohl zum Hintergrundbild der Seite als auch zum Container div#maintext passt. Dementsprechend wird auch die gestrichelte Linie unter der h1-Überschrift farblich geändert.

Beachten Sie bitte, dass die Werte für border-style von unterschiedlichen Browsern bzw. Browser-Versionen oft sehr unterschiedlich interpretiert werden.

Beispiele für die Werte dotted und dashed:

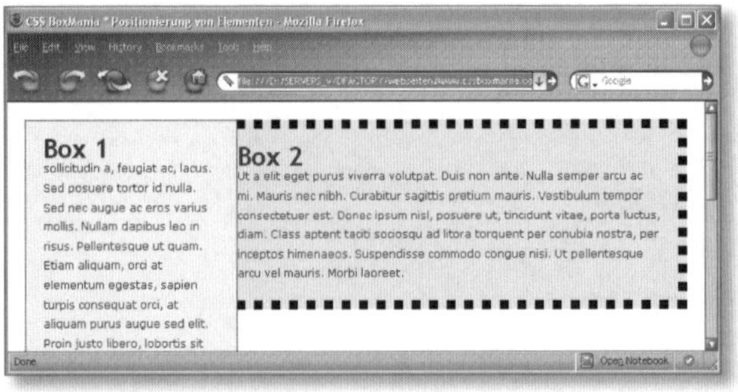

Abbildung 11.16 ▶
FF – Box 1 und Box 2 haben einen Rahmen mit border-style: dotted; Box 1 mit einer border-width von 1px, Box 2 mit einer border-width von 10px.

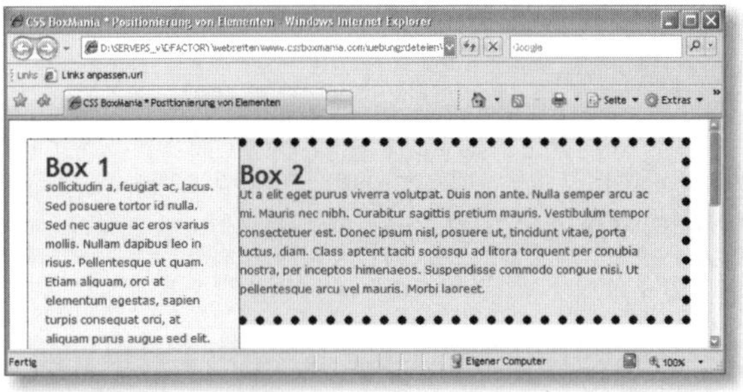

◂ **Abbildung 11.17**
Im IE werden die Rahmen anders dargestellt.

◂ **Abbildung 11.18**
FF – das gleiche Beispiel mit border-style: dashed

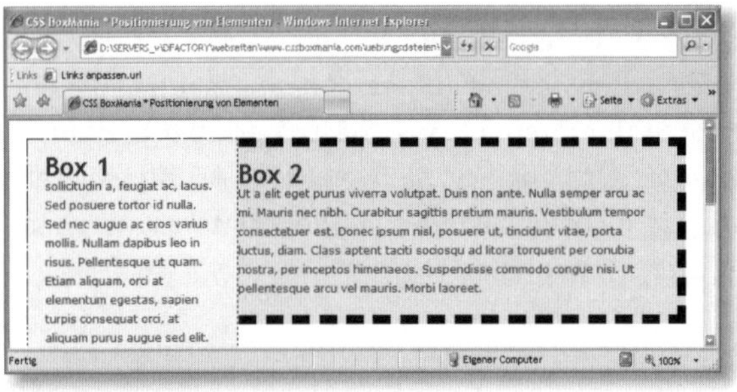

◂ **Abbildung 11.19**
Und wieder etwas anders die Darstellung im IE

Zurück zu unserem Beispiel:

```
div#header {height: 40px; text-align: right;
padding-right: 10px;}
```

Die Höhe von `div#header` wird etwas verringert, der Text rechtsbündig ausgerichtet und ein kleiner Abstand vom rechten Rand definiert. Das platziert das Wortlogo der Seite auf eine ansprechende Weise.

Auch bei einfachen Webprojekten sorgt ein Logo auf jeder Seite für eine erhöhte Wiedererkennbarkeit.

```
div#header h1 {
    font-weight: bold;
    border: 0px;
    padding-top: 0em;
    margin-bottom: 0px;
```

```
    /* padding-left: 20px; */
}
```

Die Angabe padding-top kann nun zurückgesetzt werden, ebenso der Abstand margin-bottom. Die Angabe padding-left wird ebenfalls nicht mehr benötigt (der Text ist ja nunmehr rechts ausgerichtet). Wir kommentieren sie daher vorläufig aus.

```
div#nav {background: url(images/bg_book_top.jpg)
no-repeat left bottom;}
```

Das angestrebte Design in Form eines aufgeschlagenen Heftes soll oben einen Abschluss erhalten, später wird die Navigation in Form von Tabs erscheinen.

Der Container div#nav erhält also ein Hintergrundbild, das unten angesetzt wird, da es an die Oberkante des Hintergrundbildes von div#wrapcontent anschließen soll.

```
div#wrapcontent {background:
url(images/bg_book.jpg) repeat-y right top;}
```

Unter den gesamten Container div#wrapcontent wird das Hintergrundbild gelegt, das wie eine aufgeschlagene Mappe aussieht. Sie setzen diese rechts oben an, weil Sie später eine breitenflexible Variante dieses Designs erstellen werden. An dieser Stelle wäre dies allerdings nicht notwendig, da der Hintergrund genau der benötigten Breite entspricht.

```
div#maintext {
    width: 440px;
    padding: 20px 40px;
}
```

Da nun die Raumaufteilung aufgrund des angestrebten Designs ein wenig anders aussieht als bisher, werden sowohl die Breite als auch die Innenabstände von div#maintext so geändert, dass die Texte wieder einen harmonischen Abstand zum Rand aufweisen.

```
div#footer {
    background: url(images/bg_book_footer.jpg)
    no-repeat;
color: #FFFFFF;
/*margin-top: 10px;*/
padding: 1.0em 0px 3.0em 0px;
text-align: center;
```

```
/*border: 1px dashed #333333;*/
}
```

Auch der `div#footer` funktioniert nun anders als bisher. Um die aufgeschlagene Mappe auch unten korrekt abzuschließen, erhält der Container `div#footer` ein Hintergrundbild oben angesetzt, das nicht wiederholt wird. Ein Abstand `padding-top` sorgt für einen kleinen Abstand, sodass der Text im Footer nun optisch unter der Abschlussleiste erscheint. Ein `padding-bottom` erzeugt einen passenden Abstand zum unteren Fensterrand.

Browsercheck:
Die Ansichten in den Internet Explorer-Versionen 5, 6, 7 und 8 stimmen weitgehend überein.

Kapitel 12

Mehr Design mit CSS

Nur ein kleiner Schritt von der Gestaltung zum Design.

Sie werden lernen, wie Sie

- eine Tab-Navigation gestalten,
- die angewählte Seite hervorheben,
- aktive Menüpunkte markieren und
- Rollover-Effekte einsetzen.

12 Mehr Design mit CSS

In Anlehnung an Erich Kästner sollte nicht der Umweg die kürzeste Verbindung zwischen zwei Punkten einer Website sein. In diesem Sinne kommt der Navigation eine wichtige Bedeutung zu.

Nun ist es an der Zeit, Navigation, Menü und Link-Farben an das neue Design anzupassen. Da jetzt die Gestaltung aufwendiger ist und schon einige Designspielereien beinhaltet, sollte die Navigation wieder eher zurückhaltend erscheinen.

Und so wird es aussehen:

Abbildung 12.1 ▶
Übung 07b (FF)

> **Tabs**
>
> Dieser englische Begriff hat sich für eine Form der Navigation durchgesetzt, die optisch sogenannten Karteireitern entspricht.

Die Hauptnavigation soll mit Tabs gelöst, das aktuelle Thema markiert werden. Ein Rollover-Effekt entspricht der Gestaltung des angewählten Themas. Das seitliche Menü wird in der Farbe angepasst, auch hier wird das aktuelle Thema markiert. Auf einen Rollover-Effekt wird hier aber verzichtet. Schließlich wird noch die Farbe für Links allgemein im Container `div#maintext` geändert.

Der CSS-Code

Die Deklarationen, die in der Datei *uebung07a.css* auskommentiert wurden, sind nunmehr in der Datei *uebung07b.css* gelöscht. Die geänderten Anweisungen werden nachfolgend angezeigt.

```
a {
    font-weight: bold;
    color: #9A0312;
}
```

Diese Anweisung definiert für Links allgemein (also für alle Link-Zustände) eine fette Schriftstärke und einen dunklen Rot-Ton als Schriftfarbe.

```
div#nav ul {padding-left: 20px;}
```

Die Navigationsleiste wird mithilfe eines `padding-left` vom linken Rand weggerückt.

```
div#nav li a {
    padding: 6px;
    background: #FFFFFF;
    text-decoration: none;
    color: #9A0312;
    text-transform: uppercase;
}
```

Um entsprechende Tabs zu erzeugen, erhalten alle Links in der Navigationsleiste rundherum ein `padding`. Als `background` wird die Farbe Weiß zugewiesen, Links erscheinen nicht unterstrichen, ein dunkles Rot wird als Schriftfarbe gesetzt.

text-decoration

Die Eigenschaft `text-decoration` erlaubt unter anderem die Beeinflussung der automatischen Unterstreichung von Links. Vorgesehen sind die Werte:

- `underline`
  Unterstreicht Text.
- `overline`
  Erzeugt eine Linie über einem Text.
- `blink`
  Lässt Text blinken. (Verpönt, da nervtötend!)

Unterdrücken Sie die Unterstreichung von Links nur dann, wenn Besucher eindeutig erkennen, dass es sich um Links handelt.

- `line-through`
  Text wird durchgestrichen. (Sollte man auch eher vermeiden.)
- `inherit`
  Die Eigenschaft wird vom Eltern-Element geerbt.
- `none`
  Keiner der angeführten `text-decoration`-Werte wird verwendet. Dies wird unter anderem eingesetzt, um das Unterstreichen von Links zu unterdrücken.

Schließlich werden mit `text-transform: uppercase;` noch Großbuchstaben (Versalien) für die Navigationspunkte festgelegt.

text-transform

Geben Sie Texte nie als Großbuchstaben ein, sondern definieren Sie dies mittels CSS. So können Sie später auf die übliche Groß- und Kleinschreibung wechseln, ohne den Text ändern zu müssen.

Die Eigenschaft `text-transform` erlaubt verschiedene Optionen für die Darstellung von Text. Als Werte sind vorgesehen:

- `capitalize`
  Der erste Buchstabe jedes Wortes erscheint in Großbuchstaben.
- `lowercase`
  Alle Buchstaben erscheinen als Kleinbuchstaben.
- `uppercase`
  Alle Buchstaben erscheinen als Großbuchstaben.
- `inherit`
  Die entsprechende Einstellung eines Eltern-Elements wird geerbt.
- `none`
  Hebt alle Anweisungen bezüglich Texttransformation auf.

```
div#nav li a:hover,
body#home div#nav li.navhome a {
    background: #9A0312;
    color: #FFFFFF;
}
```

Hier werden für den Rollover-Effekt und die Markierung der aktuellen Seite ein dunkelroter Hintergrund und Weiß als Textfarbe festgelegt.

Die Tatsache, dass wir dem `body`-Element der Seite eine `id="home"` und jedem Listenelement `li` im Container `div#nav` eine entsprechende Klasse wie .navhome zugewiesen haben, erlaubt uns nun, mit den kombinierten Selektoren

```
body#home div#nav li.navhome a
```

genau jenen Link hervorzuheben, der der aktuellen Seite entspricht.

```
div#menu {
    float: right;
    width: 160px;
    margin: 30px 0px 20px 60px; /*statt padding*/
}
```

Eine Kontrolle im Internet Explorer 5.5 zeigt, dass hier wieder das lästige IE 5-Boxmodell seine Spuren hinterlässt, weshalb wir anstelle von padding die Ausrichtung des Containers div#menu einfach mithilfe von margin lösen. Gleichzeitig kann die Breite des Elements auch auf die tatsächlichen 160px korrigiert werden.

Probleme mit dem Boxmodell in IE können Sie oft lösen, indem Sie Abstände mittels margin anstatt padding erzeugen.

```
div#menu a {
    text-decoration: none;
    color: #FFFFFF;
}
```

Für eine gute Lesbarkeit der Menüpunkte ändern wir die Schriftfarbe auf Weiß. Die Unterstreichung darf hier weggelassen werden, da es sich eindeutig um einen Menübereich handelt.

```
div#menu li.select {
    border: 1px solid #9A0312;
    border-right: 0px;
    padding-left: 14px;
    margin-left: -16px;
}
```

Nun noch eine ganz zarte Hervorhebung des aktuellen Menüpunktes durch einen Rahmen in Dunkelrot. Damit der Menüpunkt genug Platz gegenüber dem Rahmen hat und dennoch nicht verrutscht, setzen wir padding und einen negativen Außenabstand margin.

Und so sieht es im Internet Explorer aus:

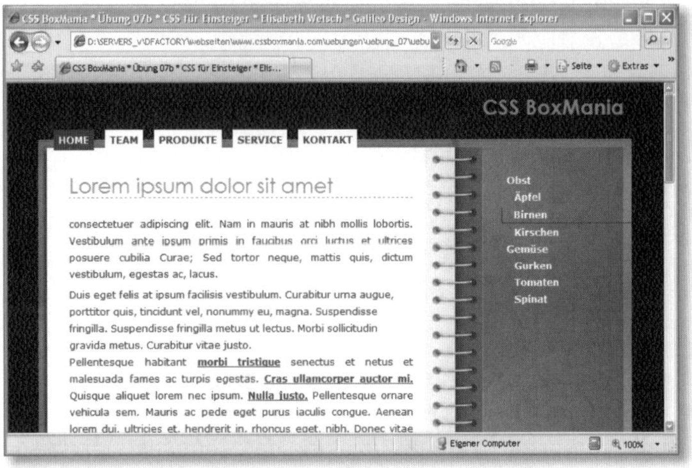

Abbildung 12.2 ▶
Übung 07b (IE)

Alarm für Pixelzähler! Die Hervorhebung des aktiven Menüpunktes lässt den oberen Rahmen vermissen. Mal sehen, wie sich das beheben lässt.

Die Tücke liegt hier im negativen `margin`, lässt sich aber ohne großen Aufwand austricksen. Bei dieser Gelegenheit können Sie auch gleich noch den Zeilenabstand ein klein wenig vergrößern. Die Menüpunkte stehen etwas zu eng untereinander, was allerdings keinen Einfluss auf die verschwundene Angabe `border-top` nimmt.

```
div#menu li {line-height: 2.4em;}
```

Und für den einseitig verschwundenen Rahmen werden einfach der negative `margin` sowie der Abstand `padding-left` geringfügig verkleinert.

```
div#menu li.select {
    border: 1px solid #9A0312;
    border-right: 0px;
    padding-left: 10px;
    margin-left: -10px;
}
```

Kapitel 13

Bilder einsetzen und gestalten

Bilder können ein Webkonzept »tragen«.

Sie werden lernen, wie Sie

- Text um Bilder fließen lassen,
- Bilder mit originellen Rahmen versehen und
- Bildunterschriften setzen.

13 Bilder einsetzen und gestalten

Oft beginne ich ein Webprojekt damit, dass ich nächtelang nach Schlüsselbildern suche, die mich gefangen nehmen. Dann verbringe ich wieder einige Nächte damit, mit den Fundsachen zu experimentieren und herumzuspielen.

Grundsätzliches über den Einsatz von Bildern

Bilder in CSS und XHTML

Bilder, die Designfunktion haben und die man als Hintergrund definieren kann, gehören in die CSS-Datei. Bilder, die den Inhalt ergänzen, dürfen in der XHTML-Seite platziert werden.

Ohne Bilder wäre das Web wie... – ja, wie eine Zeitung ohne Druckerschwärze. Aber seien wir mal ehrlich. Manchmal können Bilder auch ganz schön nerven. Wie also setzen wir Bilder so ein, dass sie unsere Inhalte sinnvoll ergänzen? Unbestritten ist:

- Bilder wecken Emotionen.
- Bilder informieren.
- Bilder können mehr als Worte sagen bzw. diese ergänzen.
- Bilder benötigen aber auch mehr Daten als Texte und können daher den Aufbau einer Seite verlangsamen.

Die drei Funktionen eines Bildes im Web

Vor der Verwendung eines Bildes frage ich mich tatsächlich jedes Mal, ob der Einsatz durch einen der drei folgenden Gründe gerechtfertigt ist:

1. Hat das Bild einen emotionalen oder grafischen Nutzen?
2. Beinhaltet das Bild wichtige Information?
3. Unterstützt das Bild die Aussage des Textes?

Das sind die drei grundlegenden Funktionen eines Bildes auf einer Webseite. Trifft keiner der oben genannten Gründe zu, dann sollten Sie auf das Bild verzichten!

Von Mäusen und Briefmarken

Ebenfalls abzuraten ist von der Verwendung allzu kleiner Bilder – Briefmarken für Mäuse sozusagen (im Englischen *Thumbnail*,

Daumennagel). Das wirkt ungefähr so wie die Amateurfotos, auf denen das gesamte Empire State Building zu sehen ist und die Angebetete einer Ameise gleich daran lehnt – unsichtbar halt. Ist auf einem Bild nichts erkennbar, dann sollten Sie es weglassen.

Wobei ein Thumbnail durchaus seine Berechtigung hat. Nämlich dann, wenn ein Bild zwar interessant, aber so groß ist, dass es die Ladezeit einer Seite verlangsamen würde. Dann kann man solch ein Thumbnail als Vorschau anbieten und für die tatsächliche Größe des Bildes ein eigenes Fenster öffnen.

Noch benutzerfreundlicher ist allerdings Folgendes: Beim Thumbnail-Bild steht mit dabei, wie groß das Bild tatsächlich ist, damit Benutzer mit langsamen Internetverbindungen entscheiden können, ob sie das Bild öffnen wollen.

Bitte kopieren Sie wieder die Dateien *uebung07b.htm* und *uebung07b.css* und benennen Sie die kopierten Dateien um in *uebung08a.htm* bzw. *uebung08a.css*. Vergessen Sie nicht, den Link zum Stylesheet im head-Bereich der Datei anzupassen.

Das Ziel von Übung 08:

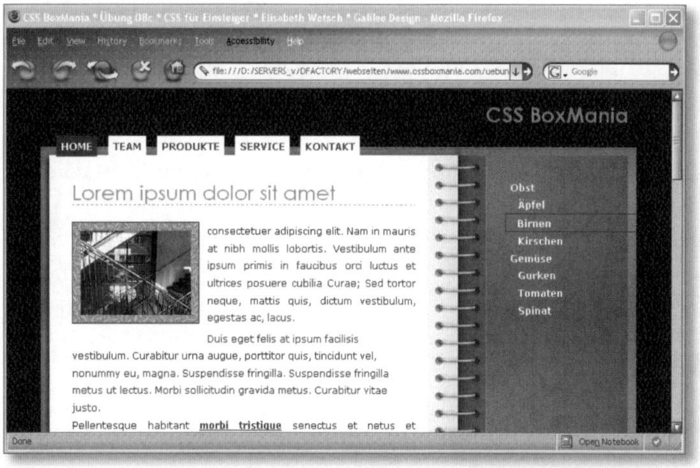

◀ **Abbildung 13.1**
Übung 08 (FF)

Der HTML-Code

Hier bedarf es nun einer kleinen Ergänzung: Am Anfang des ersten Absatzes wird ein Bild eingefügt, das zum Inhalt gehört.

Abbildung 13.2 ▶
Übung 08a (FF), in den ersten Textabsatz wird ein Bild eingefügt.

```
<p><img src="images/stairway2.jpg" alt="Treppenhaus Wifi
Wien" width="140" height="105" />consectetuer adipiscing
elit..... lacus.</p>
```

Der CSS-Code

```
div#maintext img {
    float: left;
    margin: 0px 10px 10px 0px;
    border: 1px solid #333333;
}
```

img mit alt-Attribut

Vergessen Sie bitte nicht, Bilder mit einer alternativen Beschreibung zu versehen. Der Text im `alt`-Attribut liefert Benutzern, die Bilder nicht sehen (können), die fehlende Information.
Das alt-Attribut ist daher ein wichtiger Beitrag zur Barrierefreiheit und aus diesem Grund auch Voraussetzung für die korrekte Validierung Ihrer Seiten.

Da Sie nur Bilder im Container `div#maintext` auf diese Art gestalten wollen, schreiben Sie bitte eine Kombination aus Selektoren. Ein `float` lässt das Foto an den linken Rand schweben und sorgt dafür, dass der Text an der rechten Seite das Bild umfließt. Gleichzeitig sorgt `margin` für etwas Abstand. Der Abstand `margin` an der Unterseite verhindert, dass der Text zu knapp unter dem Bild verläuft. Schließlich setzen Sie noch einen feinen anthrazitfarbenen (#333333) Rahmen. Das geht aber noch besser, nämlich so:

Abbildung 13.3 ▶
Übung 08b (FF)

Die erforderliche Änderung, um einen farbigen Rahmen zu erzielen, ist einfach:

```
div#maintext img {
    float: left;
    margin: 0px 10px 10px 0px;
    border: 1px solid #333333;
    padding: 10px;
    background: #D9D17F;
}
```

Ein `padding` rundherum erweitert das `img`-Element über das Format des Bildes hinaus. Farbe als Hintergrund (`background`) erzeugt dann den Eindruck eines Rahmens. Eine Steigerung ist möglich:

◂ **Abbildung 13.4**
Übung 08c (FF)

Eine winzige Änderung fügt nun zum Rahmen ein Hintergrundbild mit Muster hinzu. Auf diese Art kann man für Bilder sehr geschmackvolle Rahmen erstellen, die harmonisch Muster aufnehmen, welche an anderer Stelle verwendet werden. Ändern Sie `background` für `div#maintext img` wie folgt:

```
background: #D9D17F url(images/bg_img.jpg);
```

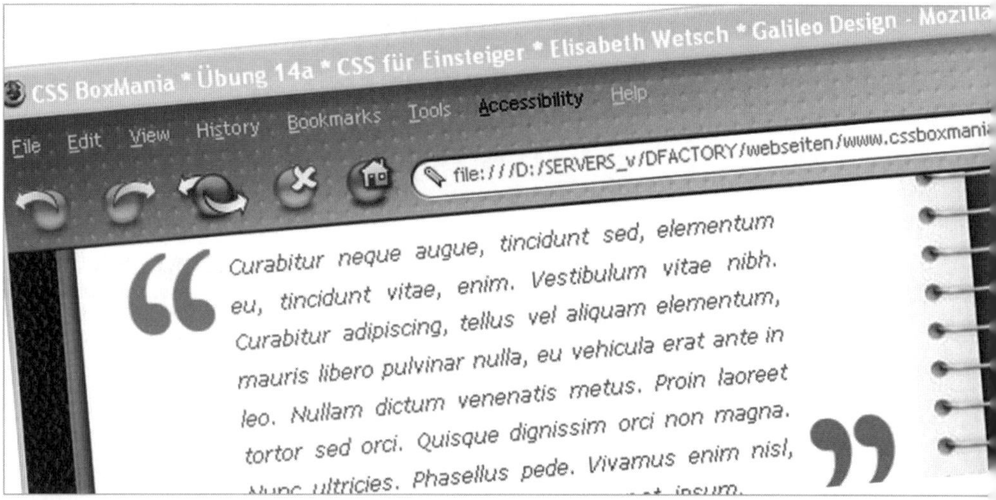

Kapitel 14

Inhalte strukturieren und formatieren

Eine optimale Präsentation von Inhalten ist das A und O Ihrer Website.

Sie werden lernen,

- wie Sie Absätze lesefreundlich formatieren,
- wie Sie externe Links kennzeichnen,
- welche weiteren Designideen es für Überschriften gibt,
- wie man Textstellen hervorhebt,
- wie man Textkästchen gestalten kann und
- wie man Listen zur Gliederung von Texten einsetzt.

14 Inhalte strukturieren und formatieren

Dass Typographie im Web de facto nicht existiert, ist keine Entschuldigung für lieblos »eingefüllte« Texte und auch kein Grund zu kapitulieren. In diesem Kapitel finden Sie Anregungen, um Texte ansprechend und lesefreundlich aufzubereiten.

14.1 font, text, paragraph – Schriften und Text

Nun ist es Zeit, Ihre Webseite mit Inhalten für Ihre Besucher zu füllen. In den Übungen verwende ich Blindtext, Sie können ja bereits eigene Inhalte einfügen. Gleichzeitig werden jetzt auch Absatzformate, Links und Listen angelegt, die in den weiteren Übungen mit Stilanweisungen versehen werden.

Ergänzen Sie dafür die XHTML-Seite wie nachfolgend beschrieben. Der Großteil des Lauftextes ist hier nur angedeutet und aus Platzgründen durch ... ersetzt. Links verweisen nur auf #, damit Sie die Effekte des CSS-Codes erkennen können.

Die vollständige Datei finden Sie auf der beiliegenden DVD und auf *http://cssboxmania.com/*.

div-Ende-Kommentare

Jetzt, da die div-Elemente durch die Texte dazwischen schon weiter auseinanderrücken, sehen Sie auch deutlicher den Nutzen der div-Ende-Kommentare. Sie sind später vielleicht einmal in der Verlegenheit, testen zu müssen, ob alle div-Elemente korrekt geschlossen sind. Die Kommentare machen dies dann einfacher.

```
<div id="maintext">
<h1>Lorem ipsum dolor sit amet</h1>
<p>consectetuer adipiscing elit ..... lacus. </p>
<blockquote class="infobox"><p>Duis eget ..... vitae
justo.</p></blockquote>
<p>Pellentesque habitant <a href="#">morbi tristique</a>
senectus ..... egestas. <a href="#">Cras ullamcorper
auctor mi.</a> Quisque aliquet lorem nec ipsum.
<a href="#" target="_blank">Nulla justo.</a> Pellentesque
..... nunc.</p>
<h2>Nam a sapien</h2>
<p>Quisque elementum ..... quam ac auque. </p>
<p>Aenean dui ..... euismod.</p>
<h3>Ut non urna vitae ipsum pulvinar. </h3>
```

```
<p>In malesuada. ..... scelerisque scelerisque. </p>
<ul>
<li>In in mauris ut velit elementum viverra.</li>
<li>Phasellus nec nibh ullamcorper</li>
<li>libero malesuada aliquet.</li>
<li>Praesent et arcu. Nulla. </li>
</ul>
<p>Nam ultrices, ..... accumsan lobortis. </p>
<blockquote>Curabitur neque augue, ..... ullamcorper et,
ipsum. </blockquote>
<h3>Praesent rhoncus augue in tortor.</h3>
<p>Duis nulla neque, ..... turpis non diam. </p>
<p>Pellentesque tempus ..... fermentum auctor. </p>
<p>Aliquam pretium. ..... Aliquam pretium.</p>
</div><!-- END #maintext -->
```

Überschriften

Überschriften verschiedener Ordnung haben Sie ja bereits im Text eingefügt. In dieser Übung werden Sie Gestaltungsmöglichkeiten dafür kennenlernen.

p – paragraph (Absätze)

Nach den XHTML-Regeln muss Text immer in einem Element »verpackt« sein, mindestens also in einem Absatzelement `p`, so wie hier.

a-Element – anchor – weitere Links im Text

Ebenfalls schon in Vorbereitung weiterer Übungen werden im ersten Absatz Links `a` (*Anchors*) eingebaut.

ul – unordered list, li – list item – Text weiter gliedern

Verschiedene Elemente helfen dabei, Texte lesefreundlich und gut gegliedert zu gestalten. Eine dieser Möglichkeiten sind Listen. In diesem Fall verwenden Sie eine sogenannte ungeordnete Liste `ul` (*unordered list*), die standardmäßig nur mit Punkten vor den einzelnen Listenelementen dargestellt wird.

Neben ungeordneten Listen stehen in HTML auch geordnete Listen und Definitionslisten zur Verfügung.

blockquote

Eine weitere Möglichkeit zur Gestaltung von Texten ist die Formatierung als `blockquote`, die für Textzitate vorgesehen sind. Und so sieht es aus:

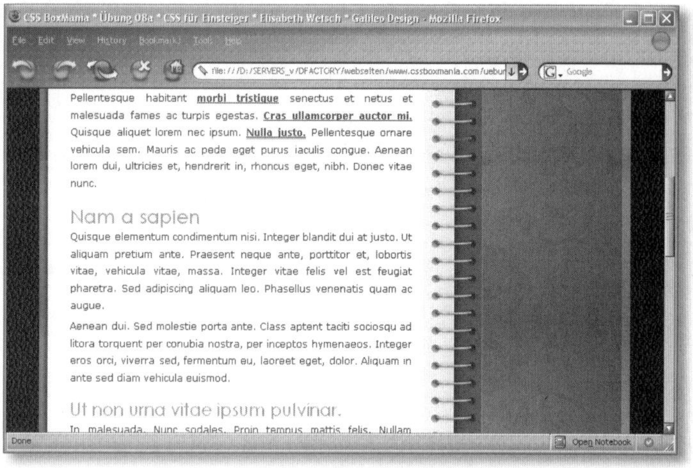

Abbildung 14.1 ▸
Übung 08a (FF)

14.2 anchor – Links im Text gestalten

a – anchor

Für die Gestaltung von Links stehen in CSS die sogenannten Pseudoklassen zur Verfügung:

- `a:link`
  für noch nicht besuchte Links
- `a:visited`
  für bereits besuchte Links
- `a:hover`
  für einen Rollover-Effekt
- `a:active`
  für einen Link im Augenblick des Klicks. Dieser Link-Zustand wird nur selten verwendet, weil er für Besucher keinen wirklichen Nutzen darstellt.

Beispiele für unterscheidbare Links:

- Ein noch nicht besuchter Link ist unterstrichen und hat eine kräftige Farbe. Ein besuchter Link ist nur im Zustand `hover` unterstrichen und hat eine etwas gedämpftere Farbe.

- Ein nicht besuchter Link besitzt ein `underline`-Attribut, ein besuchter Link ein `overline`.
- Ein nicht besuchter Link hat ein Kästchen davor (wie man das macht, lernen Sie noch), ein besuchter Link ein Häkchen.

Aber wie auch immer Sie Ihre Links in Lauftexten gestalten, Sie sollten zumindest noch nicht besuchte Links unterstreichen.

Links und Benutzerfreundlichkeit

Ich kann es nicht oft genug betonen: Links müssen deutlich gekennzeichnet sein! Befinden sich auf einer Seite viele Verknüpfungen, dann ist es zudem sinnvoll, auch besuchte Links deutlich zu unterscheiden.

Der Motor des WWW
Links sind der Kern des World Wide Web. Erst die Verknüpfung von Inhalten hat dieses weltumspannende Netz geschaffen.

Eine weitere Forderung im Sinne der Benutzerfreundlichkeit verlangt das Unterstreichen von Links! Auch wenn es manchen Designern »unfein« erscheint, so hat doch niemand Zeit und Lust, mit der Maus eine Seite abzusuchen, ob sich irgendwo eine Verknüpfung versteckt. Den meisten Besuchern Ihrer Seiten wird es wohl ganz genauso gehen.

Zusätzlich erlaubt Ihnen CSS, Links auch mit kleinen Icons zu kennzeichnen, wobei zwischen internen und externen Links unterschieden werden kann. Hierzu gleich mehr.

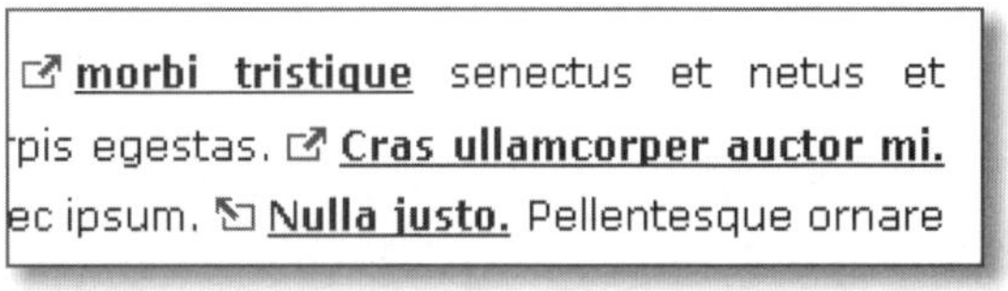

◂ **Abbildung 14.2**
Links, die mithilfe von Hintergrundbildern als extern bzw. intern deutlich gekennzeichnet sind

Befinden sich Links in Bereichen, in denen selbst ungeübte Benutzer annehmen können, dass es sich um solche handelt (zum Beispiel in Navigations- oder Menübereichen), dann darf die Unterstreichung ausnahmsweise weggelassen werden.

Allgemeine Empfehlungen für die Gestaltung von Links

Wie schon angesprochen, sind Links ein wichtiges Webelement vor allem für Anfänger (und es gibt mehr davon, als Sie glauben wollen!). Die Gestaltung von Links gehört daher zu den wichtigsten Forderungen der Benutzerfreundlichkeit. Hier einige Empfehlungen, worauf Sie achten sollten:

- **Keine Schriftgrößenänderungen** bei unterschiedlichen Link-Zuständen (speziell `hover`). Die Schrift »hüpft« sonst, möglicherweise verrutschen sogar Zeilen. Dies ist ein höchst unangenehmer Effekt.
- **Keine Änderung an der Schriftstärke** für unterschiedliche Link-Zustände – aus dem gleichen Grund wie vorher genannt.
- **Weniger ist mehr** – weniger Farben, weniger Effekte! Linkfarben sollten nicht mit Überschriftfarben verwechselt werden können.
- **Unbesuchte und besuchte Links deutlich und eindeutig kennzeichnen.** Lediglich unterschiedliche Farben zu verwenden, ist zu wenig.
- **Hover-Effekte sparsam verwenden** – am besten nur in Navigations- bzw. Menübereichen, wenn überhaupt. In Lauftexten haben diese Effekte wenig bis gar keinen Nutzen und sind lediglich ein verwirrender Overkill.

Und so wird es aussehen:

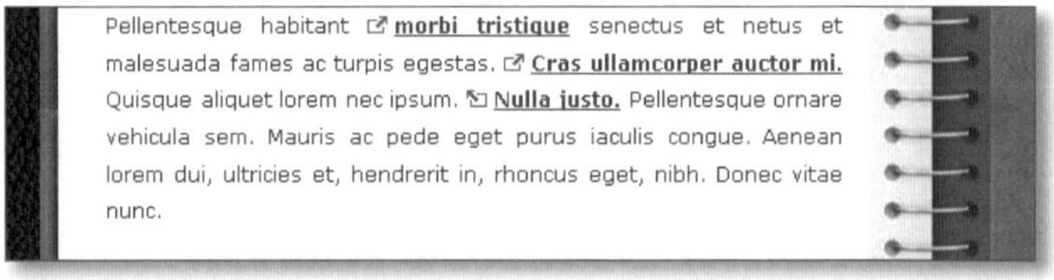

Abbildung 14.3 ▸
Links mit Hintergrundbild zur Unterscheidung von internen und externen Verknüpfungen

Ziel der Übung ist, interne und externe Links deutlich zu unterscheiden. Dafür habe ich zwei Symbole vorbereitet. Bei einem zeigt der Pfeil vom Link weg, dieses Symbol ist für externe Links vorgesehen. Das andere, gespiegelte Symbol steht für interne Verknüpfungen. Besuchte externe Links sollen nun nicht mehr unterstrichen sein. Dafür werden Sie in der HTML-Datei kleine Änderungen vornehmen.

Der HTML-Code

```
<p>Pellentesque habitant <a href="#" class="int">morbi
tristique</a> senectus et netus et malesuada fames ac
turpis egestas. <a href="#" class="int">Cras ullamcorper
auctor mi.</a> Quisque aliquet lorem nec ipsum. <a
href="#" target="_blank" class="ext">Nulla justo.</a>...
```

Damit interne und externe Links unterschieden werden können, erhalten sie jeweils eine Klasse .int oder .ext.

Der CSS-Code

```
a {font-weight: bold; color: #9A0312;}
```

Diese allgemeine Anweisung, die für alle Links in allen Zuständen gilt, haben Sie bereits einige Übungen vorher angelegt. Sie setzt alle Links auf fette Schrift und weist ihnen einen dunkelroten Farbton zu.

```
a:link {}
a:visited {text-decoration: none;}
a:hover {}
a:active {}
```

Für besuchte Links wird die Unterstreichung entfernt.

```
a.int {background: url(images/link_int.gif) no-repeat
left bottom;}
a.ext {background: url(images/link_ext.gif) no-repeat
left bottom;}
a.int, a.ext {padding-left: 16px;}
```

Nun ist es möglich, Links als `a.int` oder `a.ext` zu selektieren und mit dem entsprechenden Hintergrundbild zu versehen. Da Sie über die Schriftgröße auf den Seiten des Benutzers kaum Kontrolle haben, setzen Sie das Hintergrundbild von unten an, sodass es zumindest auf der Grundlinie der Schrift bleibt, selbst wenn diese stark vergrößert wird.

Zu guter Letzt gruppieren Sie die beiden Selektoren noch, um durch ein `padding-left` den Text vom Hintergrundbild wegzurücken.

14.3 h1 bis h6 – noch mehr Design für Überschriften

Die typografischen Möglichkeiten sind im Web stark eingeschränkt. Dennoch können Sie mithilfe von CSS Schriften auffällig und ansprechend gestalten.

Wie bereits erwähnt, gehören die Überschriften `h1` bis `h6` zu den strukturellen Elementen. Das sehen auch Suchmaschinen so und achten besonders auf Suchbegriffe in solchen Elementen. Zudem eröffnen Überschriften kreative Gestaltungsmöglichkeiten, die für

Besucher der Seiten in unseren Texten Schwerpunkte setzen und somit die Lesefreundlichkeit erhöhen. In den folgenden Übungen möchte ich Ihnen einige Beispiele für die Gestaltung von Überschriften zeigen.

Variante Überschrift mit Bild-Linie

Und so wird es aussehen:

Abbildung 14.4 ►
Übung 09a (FF)

Benennen Sie die vorigen Übungsdateien bitte um in *uebung09a.htm* bzw. *uebung09a*.

Der HTML-Code

Da Sie einige Heading-Elemente bereits angelegt haben, bleibt die HTML-Datei unverändert.

Der CSS-Code

```
h1 {
    font-size: 2.2em;
    font-weight: bold;
    color: #669999;
    /*border-bottom: 1px dashed #b4A400;*/
    /*padding-bottom: 0.2em; */
    padding-bottom: 0.6em;
    margin-bottom: 0.8em;
```

```
    text-transform: uppercase;
    letter-spacing: 0.05em;
    background: url(images/bg_book_top.jpg) no-repeat
    left bottom;
}
```

Die Schriftstärke wird wieder auf fett gesetzt, die Schriftfarbe wird geändert, `padding-bottom` wird etwas erhöht, damit Platz für die Leiste darunter ist. Zusätzlich werden noch die Buchstaben in Großbuchstaben verwandelt.

In der letzten Zeile wird das Bild für die obere Abschlusskante vom Design »aufgeschlagene Mappe« als Leiste unter der Überschrift verwendet. Womit auch der bisherige Abstand `border-bottom` überflüssig ist und auskommentiert werden kann.

letter-spacing

Die Eigenschaft `letter-spacing` kann man vergleichen mit der Laufweite bzw. der Spationierung von Text im Printbereich. Allerdings wird mit `letter-spacing` ein zusätzlicher Abstand zum durch die Schrift definierten Buchstabenabstand hinzugefügt.

Natürlich dürfen Sie sich davon im Web keine typografischen Wunder erwarten, denn sehr feine Einstellungen sind hier nicht möglich. Experimentieren Sie mit Dezimalwerten von `em`, damit sich die Buchstabenabstände an die Schriftgröße anpassen, und beachten Sie, dass die Werte von verschiedenen Browsern hierbei unterschiedlich interpretiert werden.

Die Eigenschaft `letter-spacing` erlaubt folgende Werte:

- Maßangaben (wie im obigen Beispiel)
- `normal`
  Erlaubt die bessere Anpassung von Text beim Blocksatz `text-align: justify;`
- `inherit`
  Erbt den Wert vom Eltern-Element

Natürlich richtet es sich nach dem Design Ihrer Seite, welchen Stil Sie für Überschriften wählen – eher sachlich, mehr verspielt, »grungy« oder ganz schlicht. Die hier gezeigten Beispiele sollen Ihnen demonstrieren, dass es mittels CSS möglich ist, mit sehr einfachen Mitteln raffinierte Details zu gestalten.

Variante Überschrift mit Verlauf

Abbildung 14.5 ▸
Übung 09b (FF)

> **Farbverläufe**
>
> Interessante Effekte kann man immer wieder mit Farbverläufen erzielen. Aber Vorsicht! Allzu viel ist hier ungesund, zumindest für das Auge des Betrachters.

```
h1 {
    font-size: 2.2em;
    font-weight: bold;
    color: #669999;
    /*border-bottom: 1px dashed #b4A400;*/
    border-bottom: 1px solid #669999;
    padding: 0.6em 10px 0.2em 10px;
    margin: 0px -10px 0.8em -10px;
    text-transform: uppercase;
    letter-spacing: 0.05em;
    background: url(images/headline_verlauf.jpg) repeat-x
    left bottom;
}
```

Auch die Änderungen für diese Variante in Abbildung 14.1 sind nicht aufregend. Der Verlauf wird unten wieder mit einem `border-bottom` abgeschlossen. Das untere `padding` wird so verkleinert, dass der Verlauf in die Überschrift hineinläuft. Und dann stört nur noch, dass der Verlauf links genau mit der Überschrift beginnt. Das ist typografisch nicht einwandfrei. Also erhält das `h1`-Element einen seitlichen Abstand `margin` von `-10px`, und dementsprechend wird auch ein seitlicher Abstand `padding` von ebenfalls `10px` festgelegt, damit die Zeilenanfänge an einer Linie ausgerichtet sind.

Variante Überschrift mit Ornament

◀ **Abbildung 14.6**
Übung 09c (FF)

Zugegeben, Abbildung 14.1 zeigt nun eine verwegene Kombination, die ich meinen Besuchern so natürlich nicht zumuten würde. Ich möchte Ihnen damit lediglich zeigen, dass eine »Unterstreichung« nicht unbedingt stets eine gerade Linie sein muss.

```
h1 {
    font-size: 2.2em;
    font-family: Georgia, serif;
    font-style: italic;
    /*font-weight: bold;*/
    color: #669999;
    /*border-bottom: 1px dashed #b4A400;*/
    padding: 0.6em 10px 1.0em 10px;
    margin: 0px -10px 0.8em -10px;
    /*text-transform: uppercase;*/
    letter-spacing: 0.05em;
    background: url(images/headline_blaetter.jpg)
    repeat-x left bottom;
}
```

Die serifenlose Schrift passt hier gar nicht, daher ändern wir die Schriftfamilie auf `Georgia`. Setzen Sie bitte auch `font-style` auf `italic` (kursiv). Nun wirkt auch die fette Schriftstärke störend. Das `padding` nach unten muss erheblich vergrößert werden, da die Blätterranke mehr Höhe benötigt.

Auch Großbuchstaben passen nun nicht mehr und werden auskommentiert. Schließlich wird noch das entsprechende Hintergrundbild mit `background` aufgerufen.

14.4 strong, em – fett und betont

em und em

Das `em`-Element für die Auszeichnung von Text ist nicht zu verwechseln mit der Maßeinheit `em`, die unter anderem für Schriftgrößen eingesetzt wird.

Neben der Gliederung des Textes in lesegerechte Absätze ist ein weiteres Kriterium für Benutzer- und Lesefreundlichkeit die Hervorhebung und Betonung. Dafür stehen weitere strukturelle Elemente zur Verfügung wie `strong` und `em`, welche zu den Inline-Elementen zählen.

strong ersetzt b(old)

XHTML hat einigen der ältesten HTML-Tags den Garaus gemacht. Eine fette Schriftstärke (*bold*), früher durch `<b>`eingeschlossen `</b>`, wird nun mit `<strong>`ausgezeichnet`</strong>`. Somit wird nicht mehr auf das Aussehen (fett), sondern auf die Bedeutung (wichtig) hingewiesen.

em ersetzt i(talic)

Ähnlich erging es dem `<i>`Tag für kursiven (*italic*) Schriftschnitt `</i>`. Dieser wurde durch `<em>`ersetzt`</em>`, was für *emphasis* steht, auf Deutsch etwa Betonung oder Nachdruck.

Sowohl `strong` als auch `em` sind von Browser-Stylesheets bereits Styles zugeordnet. Das hindert Sie aber nicht daran, `strong` und `em` mit eigenen Anweisungen zu versehen. So könnte man zum Beispiel den Buchstabenabstand von `strong` ein wenig erhöhen und für `em` die Schriftgröße etwas hinaufsetzen, da Fonts, die am Bildschirm kursiv dargestellt werden, naturgemäß etwas kleiner erscheinen:

```
strong {letter-spacing: 0.05em;}
em {font-size: 1.1em;}
```

Und so sieht es aus:

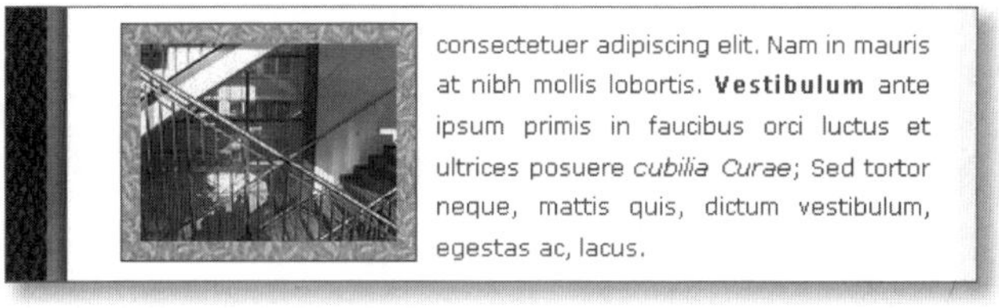

◀ **Abbildung 14.7**
Übung 11a (FF): In Zeile zwei findet sich Text, der mit strong versehen wurde, in Zeile vier setzt em zwei Worte kursiv.

14.5 span – das Inline-Pendant zu div

Eine Sonderstellung unter den Elementen nimmt das `span`-Element ein, denn es besitzt per se überhaupt keine Eigenschaften und hat keine strukturelle Bedeutung. Es kann als eine Art Joker betrachtet werden, der je nach Bedarf verschiedene CSS-Eigenschaften annehmen kann.

Das `span`-Element ist sozusagen das Inline-Pendant zu `div`. Ein `span`-Element darf sich (laut Webstandards) nur über Text und Inline-Elemente erstrecken (spannen). Allerdings wird diese Regel gerne missachtet.

Der HTML-Code

Hier nun ein Beispiel, wie ein `span`-Element mit einer Klasse eingesetzt wird.

```
<span class="hilite">Praesent neque ante</span>
```

Der CSS-Code

```
span.hilite {background: #D0DF99; padding: 4px;}
```

Als Beispiel sehen Sie hier einen ganz einfachen Effekt. Das Element `span` erhält eine Hintergrundfarbe und ein `padding`, damit die dadurch entstehende farbige Box nicht zu eng am Text steht.

Und so sieht es aus:

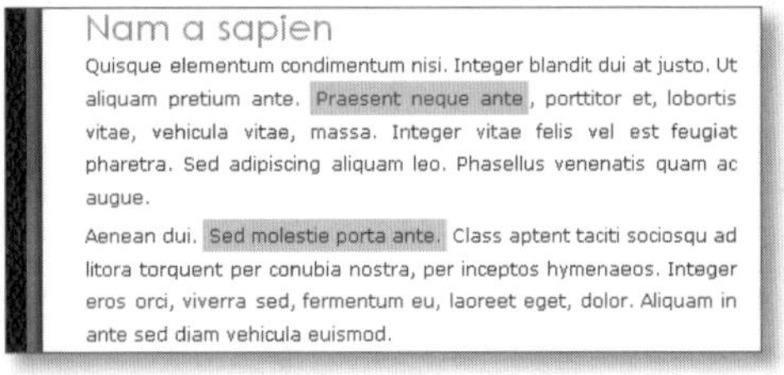

Abbildung 14.8 ▸
Übung 11a (FF): Das span-Element mit einer Klasse

Das span-Element und Hintergrundbilder

Es ist natürlich auch bei span-Elementen möglich, mit Hintergrundbildern zu arbeiten. Hier ist aber Vorsicht geboten, da ein span-Element umbricht, falls es für eine Zeile zu lang ist. Sie sollten also bedenken, wie sich ein Hintergrundbild in diesem Fall verhalten würde:

```
span.hilite {background: #D0DF99
url(images/span_verlauf.jpg) repeat-y right top; padding:
4px;}
```

Der Code ist unspektakulär: Das span-Element wird mit einem Hintergrundbild mit einem zarten Farbverlauf hinterlegt.

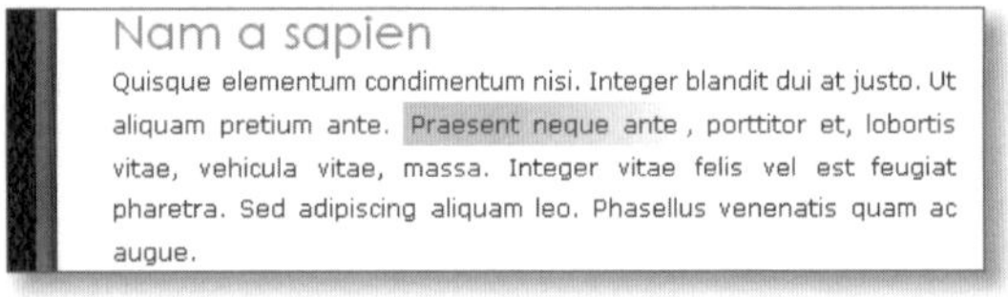

Abbildung 14.9 ▸
Übung 11a (FF): Ein span-Element mit einer Klasse und einem Hintergrundbild

14.6 ol und li – nummerierte Listen

Listen sorgen auch im Text für eine bessere Gliederung von Inhalten und Aufzählungen.

Den kreativen Möglichkeiten von Listen könnte man ein eigenes Buch widmen. Bisher haben Sie Bullet-Listen ul *(unordered list)* kennengelernt und angewendet, nämlich im Querformat in der Navigation sowie vertikal im Menü.

Neben den ul-Listen gibt es noch geordnete Listen ol *(ordered list)* sowie Definitionslisten dl *(definition list)*. Letztere lernen Sie später noch genauer kennen. In CSS stehen drei Eigenschaften für die Gestaltung von Listen zur Verfügung. Die Schreibweise

```
list-style
```

ist die verkürzte Schreibweise für die nachfolgend angeführten Eigenschaften. Es müssen hierbei nicht alle Werte aufgeführt werden. Die Werte werden durch Leerzeichen voneinander getrennt:

```
list-style: disc outside url(images/dot.gif);
```

`list-style-type` erlaubt die Festlegung, wie die Listenpunkt aussehen sollen.

- Bei `ul`-Listen verwendet man Werte wie `square`, `circle` und `disc`.
- Bei `ol`-Listen werden üblicherweise Werte wie `decimal`, `lower-roman`, `upper-roman`, `lower-alpha` und `upper-alpha` gewählt.
- Der Wert `none` schließlich lässt die Aufzählungssymbole vor den Listeneinträgen verschwinden.

Die Angabe

```
list-style-position
```

stellt Listenpunkte eingerückt (`inside`) oder herausgerückt (`outside`) dar. Mit der Eigenschaft

```
list-style-image
```

kann man eine eigene Grafik als Listenzeichen verwenden:

```
list-style-image: url(images/dot.gif);
```

Der HTML-Code

```
<h3>Hier zur Demonstration eine ordered list:</h3>
<ol>
    <li>Der erste Listenpunkt</li>
    <li>Und noch ein Listenpunkt</li>
    <li>Das ist nun schon der dritte.</li>
    <li>Und auch f&uuml;r einen vierten ist noch
    Platz.</li>
</ol>
```

Ohne Styling sieht die Liste bisher so aus:

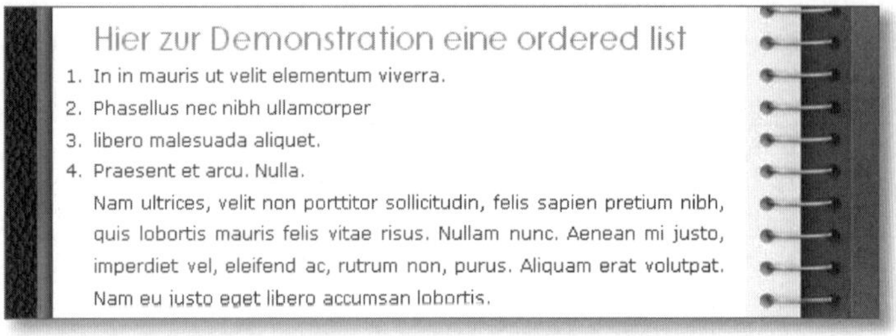

Abbildung 14.10 ▸
Ordered list mit Position der Listenpunkte outside

Mittlerweile wissen Sie ja, dass einem Styling mit CSS kaum kreative Grenzen gesetzt sind.

Der CSS-Code

```
ol {
    margin: 10px 0px;
    list-style-position: inside;
    list-style-type: upper-alpha;
    border-left: 8px solid #B4A400;
    padding-left: 20px;
}
```

Weil die Liste hier sehr unschön unter der Überschrift steht, vergeben Sie als Erstes Abstände nach oben und unten. Auch die Listenpunkte, die aus der Liste »raushängen«, sehen nicht sehr gefällig aus. Sie können dies beheben, indem Sie die `list-style-position` auf `inside` setzen. Da hier Großbuchstaben als Listenzeichen angezeigt werden sollen, wird `list-style-type` auf `upper-alpha` geändert. Schließlich wird auch noch ein `border-left` gesetzt und mit der Farbe der Überschriften versehen. Damit wird die Liste zusätzlich hervorgehoben bzw. betont.
Und so sieht es aus:

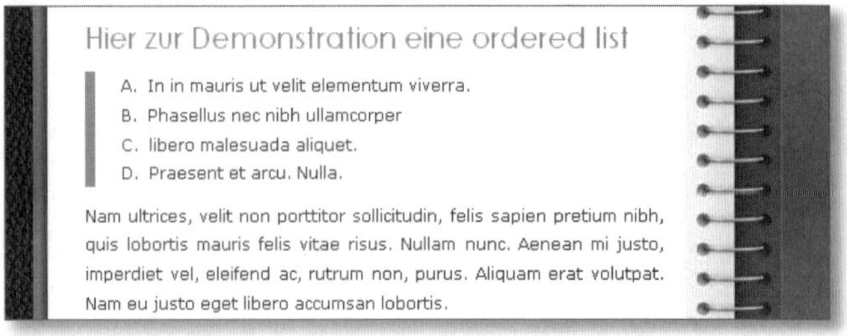

Abbildung 14.11 ▸
Übung 13 – Ordered list mit Rahmen an der linken Seite

14.7 blockquote, cite – Textkästchen mit Quelle

Ein besonderes Vergnügen kann ich Ihnen mit der Gestaltung von `blockquote`-Elementen versprechen. Auch hier gibt es Wettbewerbe im Netz, wer die originellsten Designs beisteuert. Denken Sie aber bitte daran, das Element `blockquote` semantisch korrekt einzusetzen – es ist für Textzitate gedacht. Hier eines von vielen Beispielen:

Das Element `blockquote` kann für eingerückte, hervorgehobene Textabschnitte ebenso eingesetzt werden wie für rechtsbündige Textboxen, die vom übrigen Inhalt umflossen werden.

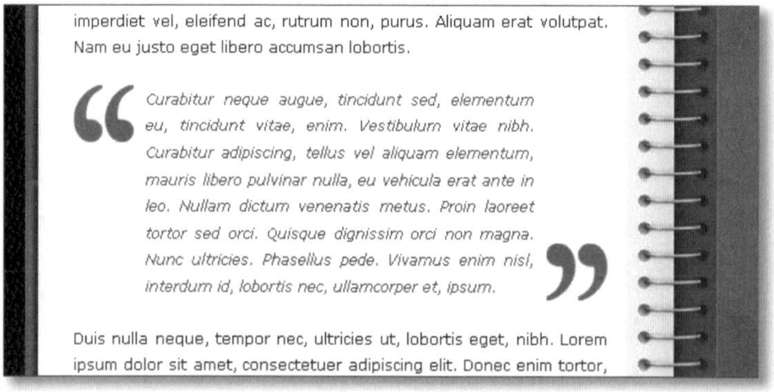

◂ **Abbildung 14.12**
Übung 14a: Blockquote mit Hintergrundbildern

Der HTML-Code

Stülpen Sie bitte über einen der Absätze im HTML-Code noch ein `blockquote`-Element:

```
<blockquote cite="http://cssboxmania.com/zitat.htm">
<p>Curabitur ... ipsum.</p>
</blockquote>
```

Es entstehen zwei ineinander verschachtelte Elemente. Innen ein Absatz `p`, außen das Element `blockquote`. Das *Attribut* `cite` legt die Quelle des Zitats fest, üblicherweise als absolute Webadresse. Während `cite` im Browser nicht angezeigt wird (und somit nicht mit CSS formatierbar ist), wird die Information von Suchmaschinen erfasst und voraussichtlich in späteren (X)HTML-Versionen eine wichtigere Rolle spielen.

Möchten Sie die Zitatquelle sichtbar und formatierbar machen, so verwenden Sie besser ein `cite`-Element wie folgt:

```
<blockquote>
<p>Curabitur ... ipsum.</p>
```

```
<p><cite>
<a href="http://cssboxmania.com/zitat.htm">
Zitat Max Mustermann</a>
</cite></p>
</blockquote>
```

Der CSS-Code

```
blockquote {
    margin: 20px 0px;
    background: url(images/curly_left.png)
    no-repeat;
    padding-left: 60px;
}
```

Das Anführungszeichen links sitzt im darunterliegenden Element, dem `blockquote`. Damit das Anführungszeichen deutlich zur Geltung kommt, muss es außerhalb des Textes plaziert sein. Daher wird das Element `blockquote` mit einem Abstand `padding-left` von `60px` versehen.

```
blockquote p {
    background: url(images/curly_right.png)
    no-repeat right bottom;
    color: #5D7786;

    font-style: italic;
    padding-right: 60px;
}
```

Hier wird für einen Absatz – aber nur, wenn er in einem `blockquote` liegt – das rechte Anführungszeichen als Hintergrundbild definiert. Da das Bild rechts unten liegen soll, wird die `background-position` dementsprechend mit `right bottom` angegeben. Und natürlich soll sich keines der Anführungszeichen wiederholen, weshalb ein `no-repeat` die Anweisung komplettiert.

Durch die Verschachtelung der beiden Elemente `blockquote` und `p` wird außerdem erreicht, dass diese beiden Elemente immer korrekt platziert sind, egal wie groß die Textmenge wird.

Hier noch ein weiteres Gestaltungsbeispiel:

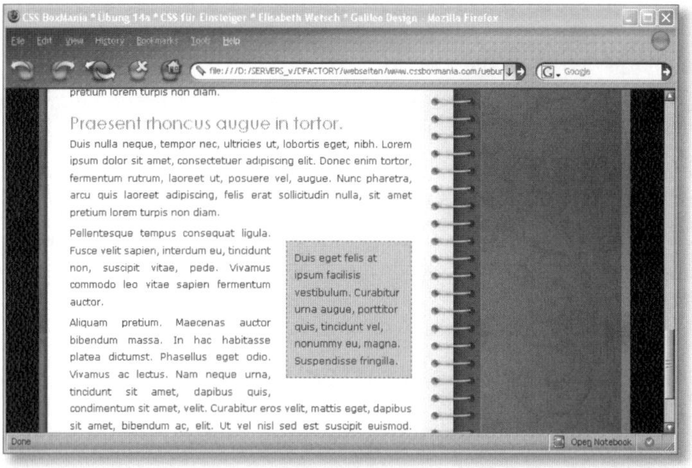

◂ **Abbildung 14.13**
Übung 14a: Blockquote-Variante (FF)

Für dieses Beispiel ergänzen Sie bitte den HTML-Code um ein weiteres blockquote-Element, diesmal mit einer Klasse.

Der HTML-Code

```
<blockquote class="infobox">Duis ..... fringilla.
</blockquote>
```

Der CSS-Code

```
blockquote.infobox {
    float: right;
    width: 140px;
    padding: 10px;
    border: 1px dashed #5D7786;
    background: #D0DF99;
    margin-left: 20px
}
```

Durch die Angabe float der Box rückt diese an den rechten Rand, die Angabe width definiert die Breite, padding sorgt für den Innenabstand des Textes, und margin-left für den geziemenden Abstand zum umgebenden Text.

14.8 definition, sample – Zitat, Definition, Beispiel

Auch die strukturellen HTML-Elemente `dfn` und `samp` sollten Sie nicht ganz verschmähen. Die Verwendung dieser Elemente erspart Ihnen ebenfalls das Anlegen von bedeutungslosen Klassen. Allerdings sollten Sie darauf achten, diese Elemente wirklich nur bedeutungskonform einzusetzen. Also `dfn`, wenn Sie im weitesten Sinn eine Definition angeben wollen, und `samp` für ein Beispiel, beispielsweise ein Programmierbeispiel.

14.9 dl – noch mehr Listen

Besonders interessant wird eine Definitionsliste (definition list) dann, wenn man diese verschachtelt, um Baumstrukturen zu bilden.

Die Verwendung des HTML-Elements `dl` (*definition list*) wird sträflich vernachlässigt, was schade ist, denn mit solchen `dl`-Elementen und mithilfe von CSS kann man Datensammlungen oder auch Glossare sehr übersichtlich darstellen. Eine Definitionsliste besteht aus drei Elementen und wird wie folgt geschrieben:

```
<dl><!—umhüllt die Liste wie ein ul oder ol -->
    <dt>def term</dt><!-- definition term/Ausdruck -->
    <dd>def descr</dd><!-- definition description/
    Beschreibung -->
</dl>
```

Der HTML-Code

Hier nur das Schema einer solchen verschachtelten Definitionsliste, da die Liste hier zu viel Platz einnehmen würde. Füllen Sie bitte eigenen Text ein.

```
<dl>
    <dt>Begriff 1</dt>
    <dd>Beschreibung 1</dd>
    <dt>Begriff 2</dt>
    <dd>Beschreibung 2</dd>
    <dt>Begriff 3</dt>
    <dd>
        <dl>
        <dt>Unterbegriff 1</dt>
```

```
            <dd>Beschreibung Unterbegriff 1</dd>
            </dl>
        </dd>
        <dt>Begriff 4</dt>
        <dd>Beschreibung 4</dd>
        <dt>Begriff 5</dt>
        <dd>Beschreibung 5</dd>
</dl>
```

Der CSS-Code

```
dt {
    font-weight: bold;
    color: #669999;
    text-transform: uppercase;
}
```

Hier wird zuerst der Definitionsbegriff (*definition term*) dt der ersten Ebene formatiert.

```
dd {margin-bottom: 10px;}
```

Die Definitionsbeschreibung (*definition description*) dd soll ein wenig Abstand zum jeweils nächsten Begriff haben.

```
dd dl {border-left: 2px solid  #B4A400;}
```

Die Definitionsliste der zweiten Ebene soll links einen leichten Rahmen anzeigen.

```
dd dl dt {
    color: #B4A400;
    text-transform: none;
    border-left: 10px solid #B4A400;
    padding-left: 10px;
}
```

Ein Definitionsbegriff der zweiten Ebene soll nicht in Großbuchstaben erscheinen und nach links einen breiteren Rahmen aufweisen.

```
dd dl dd {margin-left: 20px;}
```

Schließlich erhält eine Definitionsbeschreibung der zweiten Ebene noch einen Abstand nach links, sodass sie wieder akkurat unter dem Begriff steht. Und so sieht es aus:

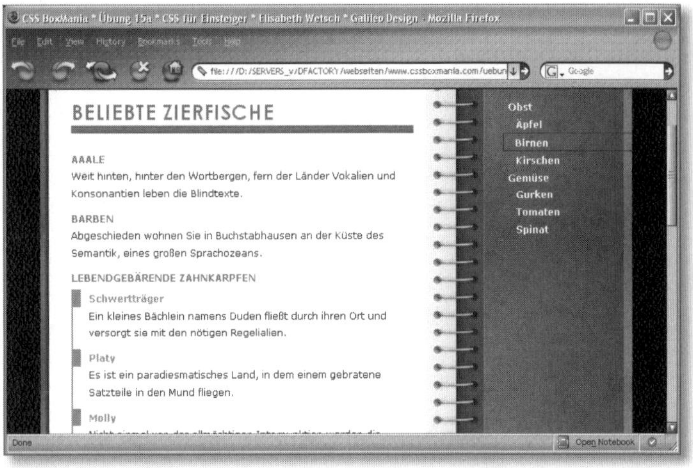

Abbildung 14.14 ►
Übung 15a: Definitionsliste (definition list) (FF)

Vielleicht können Sie sich ja jetzt schon vorstellen, dass man auch mithilfe von Definitionslisten und CSS sehr attraktive Menüs gestalten kann.

14.10 horizontal rule – horizontale Linie

Haben Sie sich schon einmal vorgestellt, welch spannende Dinge man mit einer horizontalen Linie `hr`, einer *horizontal rule*, anstellen könnte? Ich schon. Allerdings sind meine diesbezüglichen Träume immer wieder am störrischen Internet Explorer zerplatzt. Na gut, dann eben nicht, dachte ich mir. Dann verpacke ich das Biest einfach in ein `div`, und weil es so störrisch ist, setze ich sein `display` auf `none`, und zur Strafe gestalte ich den `div`-Bereich rundherum umso hübscher. Gesagt, getan.

Der HTML-Code

```
<div class="line"><hr /></div>
```

Schlicht und ergreifend.

Der CSS-Code

```
div.line hr {display: none;}
div.line {
    height: 8px;
    background: url(images/dotted_line.png) repeat-x;
    margin: 10px 0px;
}
```

Wozu um alles in der Welt schreibt sie ein hr-Element, um es dann unsichtbar zu machen, werden Sie jetzt vielleicht fragen. Nun ganz einfach: Wenn man die Seiten mit einer nicht CSS-fähigen Technik betrachtet, dann sieht man die horizontale Linie. Und so sieht es aus:

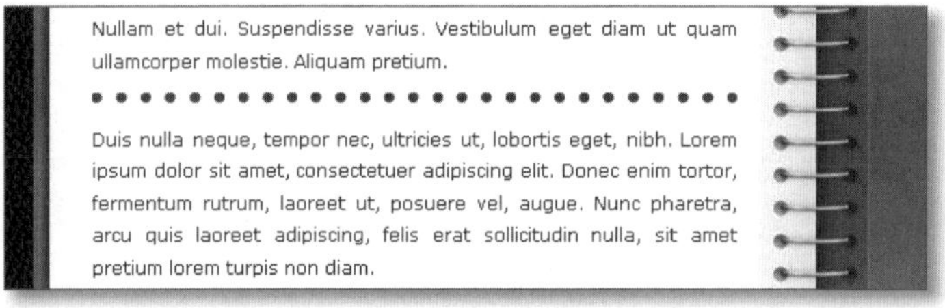

◂ **Abbildung 14.15**
horizontal rule im div-Element (FF)

Kapitel 15

Tabellen für Zahlen und Daten

Tabellen sind tot, lang leben Tabellen!

Sie werden lernen,

- wie man Tabellen für die Darstellung von Daten und Zahlen nützt,
- wie man Tabellen mit einem »fine design« versieht und
- wie man Tabellen übersichtlich gestaltet.

15 Tabellen für Zahlen und Daten

Wenn ich mir Tabellen heute so ansehe, kommt es mir fast schon anachronistisch vor, dass diese Konstrukte jahrelang unser »Gerüstzeug« für das Erstellen von Seitenlayouts waren.

Für alle, die Tabellen nachtrauern, gibt es freudige Nachrichten: Tabellen sind so lebendig wie nie – was mich aber besonders freut: Sie sind sehr viel hübscher gestaltet als jemals zuvor.
Dies ist eine gar nicht hübsche Tabelle:

Abbildung 15.1 ▸
Übung 16a, Tabelle (FF)

Bei aller Freude am Gestalten sollten Sie beim Design von Tabellen sehr zurückhaltend vorgehen.

Nun, Sie wissen ja bereits, dass Sie aus dieser wenig ansprechenden Datenansammlung mithilfe von CSS im Handumdrehen einen schicken Raster erstellen werden. Zur Erinnerung nochmals diejenigen HTML-Elemente, die üblicherweise beim Erstellen von Tabellen verwendet werden:

- `table` – das eigentliche Tabellen-Tag
- `summary` – Attribut von `table` für eine kurze Zusammenfassung des Tabelleninhalts, die von Standard-Browsern nicht angezeigt wird. Benutzer mit nicht-visuellen Browsern (z. B. Screenreader) erkennen die Information.

- `caption` – der sichtbare Titel bzw. die sichtbare Kurzbeschreibung einer Tabelle. Anstatt `caption` wird häufig ein Heading vor dem `table`-Tag bevorzugt, z. B. `h3`, da Benutzer mit nichtvisuellen Browsern gerne von Heading zu Heading springen. Darüber hinaus haben Headings im Gegensatz zu `caption` eine stärkere strukturelle Bedeutung.
- `col` – *column*, zeigt einen Spaltentitel an
- `colgroup` – *column group*, erlaubt die Gruppierung von Spalten
- `thead` – *table head*, Kopfbereich der Tabelle
- `tbody` – *table body*, »Körper« der Tabelle, der eigentliche Datenteil
- `tfoot` – *table foot*, Fußbereich der Tabelle
- `th` – *table header*, Tabellenkopf
- `tr` – *table row*, Tabellenreihe (Zeile)
- `td` – *table data*, Tabellenzelle

Folgende CSS-Eigenschaften unterstützen Sie bei diesem Vorhaben:

- `caption-side`
  ist für die Ausrichtung der Tabellenüberschrift verantwortlich.
- `table-layout`
  legt eine fixe oder flexible Breite der Tabelle fest.
- `border-collapse`
  steuert, wie sich Rahmen von Tabellenzellen verhalten.
- `border-spacing`
  definiert die Breite der Zellenrahmen.
- `empty-cells`
  bestimmt, ob leere Zellen angezeigt werden oder nicht.
- `speak-header`
  sorgt für die Art der Sprachausgabe (Stichwort: Barrierefreiheit).

Der HTML-Code

Nachfolgend ist erneut das Schema einer solchen Tabelle mit nur einer Datenzeile angeführt. Fügen Sie nach Belieben weitere Datenzeilen ein oder nehmen Sie die komplette Beispieldatei *uebung16a.htm* von der DVD oder von der Website *http://cssboxmania.com/*.

Die Gliederung von Tabellen unter Nutzung aller möglichen Tags ist besonders im Sinne der Barrierefreiheit wichtig, da so verschiedene Informationen als Sprache ausgegeben werden können.

```
<table id="mytable">
<col id="colname" />
<col id="colstreet" />
<col id="colcity" />
<col id="colcountry" />
<col id="colnr" />
<thead>
<tr>
<th>Name</th>
<th>Straße</th>
<th>Stadt</th>
<th>Land</th>
<th>Nr.</th>
</tr>
</thead>
<tfoot>
<tr><td colspan="5">Hier Text am Fu&szlig; der Tabelle,
Sie k&ouml;nnen hier sogar z.B. eine Tabelle
platzieren...</td></tr>
</tfoot>
<tbody>
<tr class="odd">
<td>McKenzie</td>
<td>Mustergasse</td>
<td>Vienna</td>
<td>Austria</td>
<td>1</td>
</tr>
<tr>
<td>Meyer</td>
<td>Himmelgasse</td>
<td>Vienna</td>
<td>Austria</td>
<td>1</td>
</tr>
</tbody>
</table>
```

XHTML 1.0 strict schreibt vor, dass `thead`, `tfoot` und `tbody` (optional) in genau dieser Reihenfolge notiert werden. Dadurch erzeugen Browser beim Aufbau von Tabellen zuerst Kopf und Fuß und fügen dann die eigentlichen Inhalte ein.

Der CSS-Code

Eine Möglichkeit, Tabellen übersichtlicher zu gestalten, besteht darin, den Datenzeilen abwechselnd leicht unterschiedliche Farben zu geben. Man spricht dann auch von Zebratabellen. Im Idealfall wird dies zwar mithilfe von JavaScript automatisiert, hier setzen wir einfach händisch für jede ungerade Tabellenzeile eine Klasse odd.

```
table {width: 440px;}
tbody tr.odd td {background: #EDEDED;}
```

Das sieht doch gleich viel besser aus:

◂ **Abbildung 15.2**
Übung 16b, Zebratabelle (FF)

Da Sie ja die Spalten bereits vorsorglich mit einer id definiert haben, können diese nun verschönert werden:

```
col#colcity {background: #DEDEDE;}
```

Das Ergebnis:

◂ **Abbildung 15.3**
Übung 16b, Zebratabelle, col mit background (FF)

Sie können den Effekt der abwechselnd eingefärbten Zeilen noch steigern, indem Sie als Hintergrund ein transparentes PNG-Bild

Das Bildformat PNG

ist das einzige, das eine »echte« Transparenz zeigt. Farben und Bilder können hier wirklich durchscheinend sein.

verwenden. Dort wo sich Hintergrund und Bild überlagern, entsteht eine Farbe mit halb so starker Transparenz.

```
tbody tr.odd td, col#colcity {
  background: transparent url(images/atransp.png);
}
```

Wieder einmal ist es der Internet Explorer, der *vor* Version 7 ein PNG-Bild nicht korrekt darstellt. Sie lernen nun den *Star-html-Hack* kennen, der auch den Internet Explorer <7 dazu überredet, sich mit PNGs anzufreunden. Dabei hilft die IE-spezifische Eigenschaft `filter`.

Eine genaue Erklärung zum Star-html-Hack finden Sie in Abschnitt 33.6.

```
* html tr.odd td, * html col#colcity {
    background: #C8ECE9;
    filter:
    progid:DXImageTransform.Microsoft.AlphaImageLoader
    (src='images/atransp.png', sizingMethod='scale');
}
```

Das wird ja immer besser:

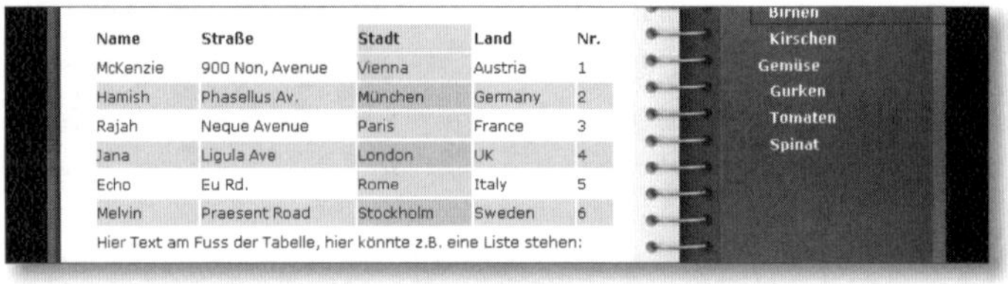

Abbildung 15.4 ▸
Übung 16b, Zebratabelle mit transparentem PNG als Hintergrund einer Spalte und mit abwechselnden Zeilen (FF)

Sie sehen hier deutlich den interessanten Effekt: Obwohl nur ein einziges Hintergrundbild benutzt wird, zeigt dieses einen verstärkten Farbton, wo zwei Hintergrundbilder übereinander liegen. Hier und überall dort, wo `col#colcity` und `tr.odd` aufeinander treffen.

Nun geben Sie der Tabelle noch einen Rahmen und nehmen ein paar Einstellungen für schönere Abstände vor:

```
table {width: 440px;  border: 2px solid #669999;}
th, td {
    padding: 0 .5em;
    border-bottom: 1px dotted #669999;
    text-align: left;
}
```

Und so sieht es aus:

◀ **Abbildung 15.5**
Übung 16b, Zebratabelle (FF)

Kapitel 16

Formulare formschön gestalten

Langweilige Formulare? Weit gefehlt!

Sie werden lernen, wie Sie

- Formularfelder sinnvoll gruppieren,
- Formulare ansprechend gestalten und
- Formular-Buttons mit CSS verschönern.

16 Formulare formschön gestalten

Seit ich gelernt habe, wie vielfältig man Formulare gestalten kann, macht es richtig Spaß, meinen Besuchern das Ausfüllen von – nun gar nicht mehr langweiligen – Formularen zu erleichtern.

Mithilfe von `fieldset`-Elementen können Sie Formularfelder logisch gruppieren.

Sie sollten bereits beim Anlegen eines Formulars eine Vorstellung davon haben, wie dieses letztendlich aussehen soll. Am besten schreiben Sie bereits von Anfang an `fieldset`-Elemente, damit Sie die Formularfelder später besser gruppieren und übersichtlicher darstellen können. Auch sollten Sie nicht die Anforderungen der Barrierefreiheit vergessen: Verwenden Sie `label`- und `legend`-Tags.

Der HTML-Code

```
<form id="myform" action="http://www.nettz.de/Formular-Chef/Formular-Chef.cgi" method=post enctype="multipart/form-data">
```

Das Beispielformular nützt die Sendefunktion des »Formular-Chef« (*http://www.nettz.de/Formular-Chef/*) Im ersten `fieldset` werden alle Angaben zum Namen einer Person platziert:

```
<fieldset><legend>Name</legend>
<fieldset class="radio anrede"><legend>Anrede</legend>
<label for="frau"><input id="frau" name="anrede" type="radio" value="frau" />Frau</label>
<label for="herr"><input id="herr" name="anrede" type="radio" value="herr" />Herr</label>
</fieldset>
```

`for` ist ein Attribut von `label` und erlaubt die ausdrückliche Widmung eines `label`-Elements für ein Element mit der entsprechenden `id`.

```
<label for="vorname">Vorname<input id="vorname"
name="vorname" type="text" value="Vorname" /></label>
<label for="nachname">Nachname<input id="nachname"
name="nachname" type="text" value="Nachname" /></label>
</fieldset>
```

Im zweiten `fieldset` platzieren Sie adressbezogene Formularfelder:

```
<fieldset><legend>Adresse</legend>
<label for="strasse">Stra&szlig;e<input id="strasse"
name="strasse" type="text" value="Stra&szlig;e" />
</label>
<label for="ort">Ort<input id="ort" name="ort"
type="text" value="Ort" /></label>

<label for="bundesland">Bundesland<input id="bundesland"
name="bundesland" type="text" value="Bundesland" />
</label>
<label for="plz">PLZ<input id="plz" name="plz"
type="text" value="PLZ" /></label>
<label for="land">Land
<select id="land" name="land">
<option selected="selected">&Ouml;sterreich</option>
<option>Deutschland</option>
<option>Schweiz</option>
<option>EU</option>
</select></label></fieldset>
```

Das dritte `fieldset` beinhaltet Angaben zu Zahlungsdetails:

```
<fieldset><legend>Zahlungsdetails</legend>
<fieldset class="radio"><legend>Kreditkarte </legend>
<label for="card1"><input id="card1" name="card"
type="radio" />American Express</label>
<label for="card2"><input id="card2" name="card"
type="radio" />Mastercard</label>
<label for="card3"><input id="card3" name="card"
type="radio" />Visa</label>
</fieldset>
<label for="cardnum">Kartennummer<input id="cardnum"
name="cardnum" type="text" value="ohne Leerzeichen" />
</label>
```

```
<label for="expiry">G&uuml;ltig bis<input id="expiry"
name="expiry" type="text" value="mm/jj" /></label>
<input name="submit" type="submit" id="submit"
value="Abschicken!" />
</fieldset>
</form>
```

Nun haben Sie zwar ein (theoretisch) funktionierendes Formular, es sieht aber noch alles andere als ansprechend aus.

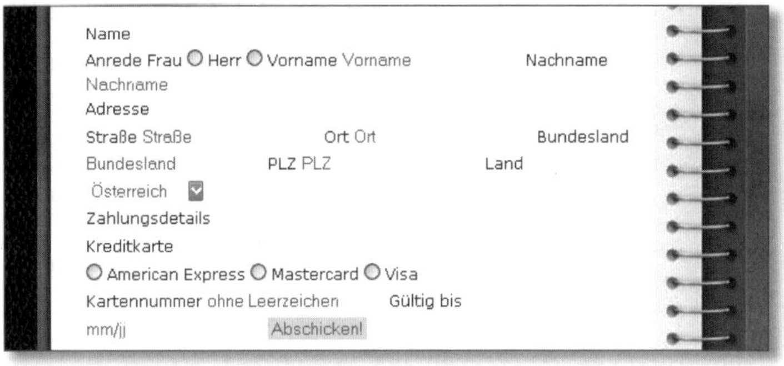

Abbildung 16.1 ▸
Übung 17a, Formular ohne Styling (FF)

Der CSS-Code

```
#myform fieldset, #myform input, #myform select {
    border: 1px solid #CCCCCC;
}
#myform fieldset, #myform label, #myform input, #myform
select {
    display: block;
}
```

Abstände in em

Bei der Gestaltung mit CSS werden Sie nun hauptsächlich mit `em` als Maßeinheit arbeiten. Gerade ein Formular kann bei vergrößerter Schrift sehr unschön »auseinanderfallen«. Die Verwendung von `em` nicht nur bei Schriftgrößen, sondern auch bei Abständen, führt dazu, dass sich auch Letztere proportional zu den Schriftgrößen verändern.

Da mit dem Universal-Selektor die Rahmen auf Null gesetzt wurden, werden hier wieder Rahmen für Eingabefelder, Dropdown-Listen und Feldgruppen `fieldset` definiert. Einige der Formular-Elemente werden gleichzeitig gezwungen, als Block-Elemente zu erscheinen.

```
#myform fieldset {
    width: 24em;
    margin: 2em 0em 2em 2em;
    padding: 1em;
}
```

```
#myform fieldset legend {font-family: Georgia, serif;
font-style: italic; font-size: 1.4em; color: #669999;}
```

Es folgen Anweisungen für `fieldset` und die Beschriftung `legend` von `fieldset`:

```
#myform fieldset fieldset {width: auto; margin: 0em 0em
1em 0em; padding-bottom: 0em;}
#myform fieldset fieldset legend {font: inherit; color:
inherit; font-weight: bold;}
```

Da die Beschriftung der inneren `fieldset`-Elemente eine andere Schrift zeigen soll als die der äußeren, und Sie für `fieldset` allgemein bereits die Schrift `Georgia` definiert haben, holen Sie mithilfe des Wertes `inherit` (erben) einige der ursprünglichen Schrifteigenschaften wieder zurück.

fieldset, legend

Beachten Sie bitte, dass die Darstellung von `legend` in verschiedenen Browsern voneinander abweicht!

```
#myform label {
    margin-bottom: 1em;
    font-weight: bold;
    text-indent: 0.6em;
}
```

text-indent – Einrückung von Text

Die `label`-Elemente sollen an der linken Seite mit dem Inhalt der Eingabefelder bündig stehen. Daher erhalten diese Etiketten einen Texteinzug `text-indent`.

```
#myform fieldset.radio label {font-weight: normal;}
#myform fieldset.anrede label {float: left; width: 8em;}
```

Die Entweder-Oder-Auswahl für »Herr« oder »Frau« wird mit sogenannten `Radio-Buttons` gelöst. Diese Buttons sollen nebeneinander erscheinen, also werden sie gefloatet.

Radio-Buttons

erlauben nur eine Auswahl. Dagegen können mithilfe des Elements `checkbox` mehrere Optionen gewählt werden.

```
#myform input {
    width: 20em;
    padding: 0.2em 0.6em 0.3em 0.6em;
}
```

Die richtigen Abstände für die Eingabefelder `input` zu finden, verlangt ein wenig Tüftelei.

```
#myform fieldset.radio input {
    clear: both;
    float: left;
    width: auto;
    margin: 0.4em 0.4em 0em 0em;
}
```

Alle anderen Radio-Buttons sollen untereinander erscheinen. Daher setzen Sie hier ein Attribut `clear`, wodurch ein Radio-Button mit einer neuen Zeile beginnt. Die Breite wird mit dem Wert `auto` so definiert, dass sie den Inhalt des Elements umschließt.

```
#myform input#submit {width: 21.4em; margin-top: 2em;
border: 2px solid #999999; border-color: #CCCCCC #CCCCCC
#999999 #999999;}
#myform input#submit:hover {background: #990000; color:
#FFFFFF; font-weight: bold;}
```

Schließlich wird noch die Schaltfläche zum Absenden des Formulars an das Design der Seite angepasst. Als Hintergrund können Sie hier natürlich auch Bilder anstelle von Farben einsetzen.

Und so sieht es aus:

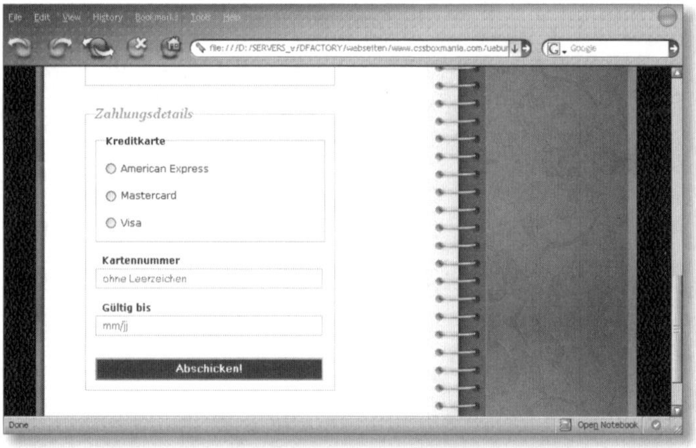

Abbildung 16.2 ▶
Übung 17b, Formular (FF)

Variante mit Hintergrundfarben

Ein ganz anderes Erscheinungsbild erreichen Sie mithilfe von Hintergrundfarben bzw. Bildern. Den Beispielcode für die hier gezeigte Variante finden Sie in den Dateien *uebung17c.htm* und *uebung17c.css*.

◂ **Abbildung 16.3**
Übung 17c, Formularvariante (FF)

Für diese Variante ändern Sie lediglich die Hintergründe der `fieldset`-Elemente wie folgt:

```
#myform fieldset {
    width: 24em;
    margin: 2em 0em 2em 2em;
    padding: 1em;
    background: #F8F8F8 url(images/bg_fieldset.jpg)
    repeat-x left bottom;
}
#myform fieldset fieldset {width: auto; margin: 0em 0em
1em 0em; padding-bottom: 0em; background: #F2F2F2;}
```

Im äußeren `fieldset` wird der Hintergrund so angeordnet, dass dieser an der Unterkante des Elements ansetzt. Das Bild hat einen Verlauf nach oben hin zu einer Hintergrundfarbe, die dementsprechend auch für den `background` vorgegeben wird.

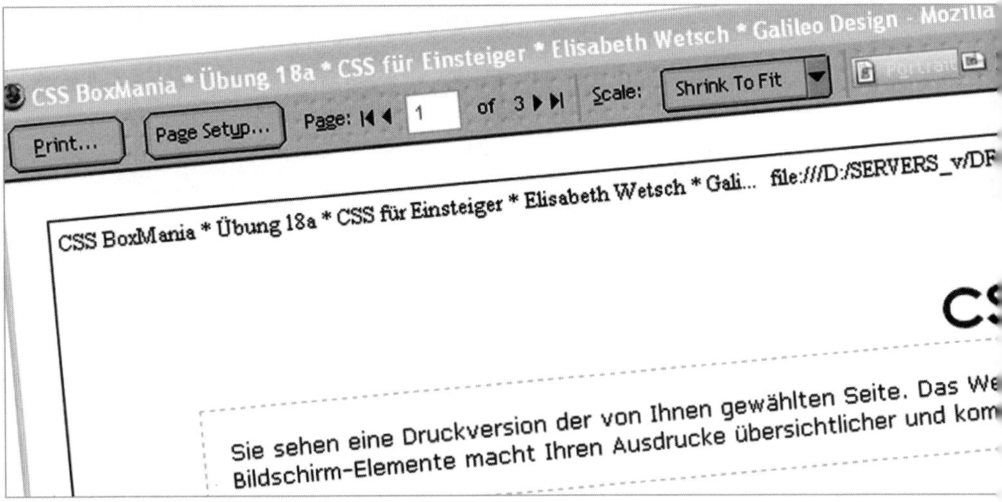

Kapitel 17

CSS und Medien: Ein Stylesheet für den Druck

CSS ist nicht nur benutzer-, sondern auch medienfreundlich.

Sie werden lernen,

- welche Medien CSS unterstützt,
- worauf es beim Styling für den Druck ankommt und
- wie Sie Ihre Besucher beim Drucken überraschen können.

17 CSS und Medien: Ein Stylesheet für den Druck

Ich erlebe immer wieder, dass Einsteigern oft erst dann die vielseitigen und mächtigen Eigenschaften von CSS richtig bewusst werden, wenn sie ihre eigenen Seiten nicht mehr wiedererkennen, sobald ein Druck-Stylesheet – wie von Zauberhand – aktiv wird.

Sie können Stylesheets für eine deutlich im Design reduzierte Darstellung Ihrer Seiten aber auch zum Umschalten der Bildschirmansicht anbieten. Einen einfachen Style-Switcher finden Sie in Abschnitt 23.3 beschrieben.

Einer der überragenden Vorteile von Stylesheets verbirgt sich hinter der Möglichkeit, für unterschiedliche Ausgabemedien unterschiedliches Design zu gestalten und automatisch bereitzustellen. So wird beispielsweise ein Stylesheet für den Druck, das entsprechend deklariert ist, automatisch gewählt, sobald der Benutzer eine Druckfunktion wählt. Oft bedarf es nur ein paar weniger Änderungen, um eine Seite völlig anders aussehen zu lassen.

Ein schönes Beispiel für ein solches Stylesheets speziell für den Druck finden Sie unter: *http://www.crimezzz.net/forensic_history/index.htm*

Abbildung 17.1 ▼
History of Forensic Sciences, Bildschirmansicht (FF)

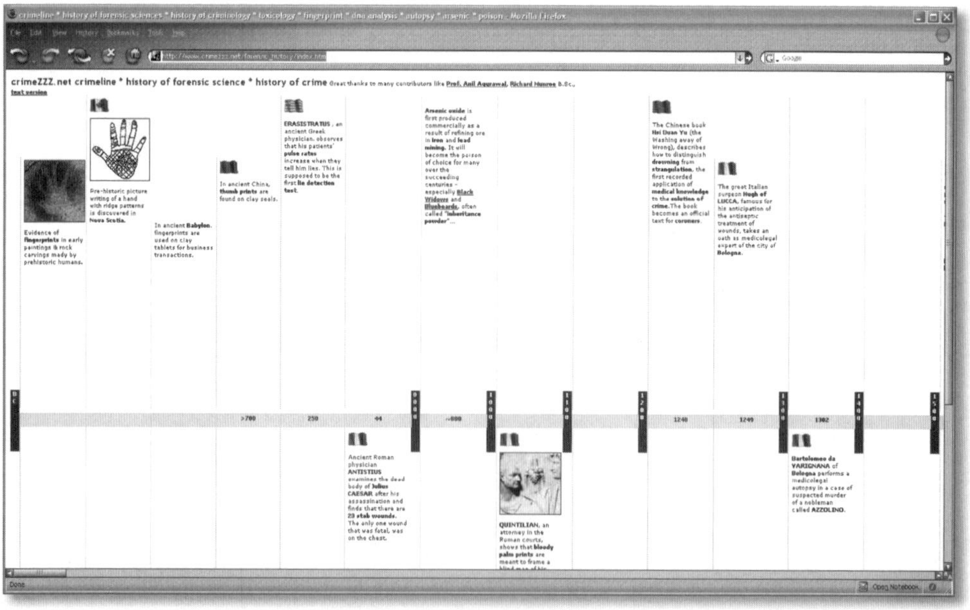

Wählen Sie bitte im ersten Browser-Menü oder mit der rechten Maustaste den Punkt Druckvorschau. Wundern Sie sich? Sie sehen die gleiche Seite – allerdings diesmal für den Druck optimiert. Das dazu notwendige Stylesheet besteht nur aus wenigen Zeilen.

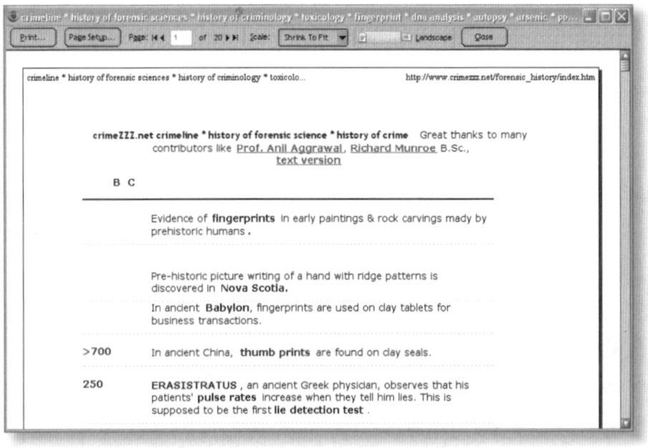

◂ **Abbildung 17.2**
History of Forensic Sciences, Druckansicht (FF)

Wozu die Mühe?

Ich weiß ja nicht, wie es Ihnen damit ergeht, aber die meisten Menschen, die ich kenne, lieben es gar nicht, auf einem Monitor lesen zu müssen. Viele von ihnen haben noch nie im Leben so viel Papier verbraucht, wie in den Zeiten des Internets. Sie drucken nämlich aus, was sie interessiert. Die einen tun dies aus der Unsicherheit heraus, dass die betreffenden Seiten morgen vielleicht schon in den Tiefen des Webs verschwunden sein könnten, die anderen schlicht und einfach, weil ihre Augen danach verlangen.

Seien Sie also benutzer- und medienfreundlich!

Das ist nämlich der Punkt. Das Anbieten einer Druckversion Ihrer Seiten wird von den Lesern als Serviceleistung, d. h. als zusätzliche und nützliche Funktionalität Ihres Internetauftritts empfunden.

> **An letzter Stelle**
> Stylesheets für Medien, insbesondere für den Druck, sollten immer an letzter Stelle eines CSS-Dokuments stehen. Andernfalls kann es vorkommen, dass eine Anweisung im Druck-Stylesheet unbeabsichtigt eine Anweisung im allgemeinen CSS überschreibt.

17.1 Verknüpfung von Media-Stylesheets

Grundsätzlich stehen drei Möglichkeiten zur Verfügung, um Media-Stylesheets (nicht nur für den Druck) mit Ihrem HTML-Code bzw. Ihrer HTML-Seite zu verknüpfen.

link

Die einfachste (und empfehlenswerte) Methode, ein Stylesheet für den Druck oder andere Medien mit Ihrem HTML-Dokument zu verbinden, ist das `link`-Element im Kopf (`head`) der Datei:

```
<link rel="stylesheet" href="styles.css"
type="text/css" />
<link rel="stylesheet" href="print.css" type="text/css"
media="print" />
```

Das erste `link`-Element verweist auf unser »übliches« Stylesheet, das zweite auf ein Stylesheet für `print`.

@import

Die zweite Möglichkeit verwendet die `@import`-Regel, um ein Media-Stylesheet zu verknüpfen:

```
<style type="text/css" media="print, handheld">
@import "basic.css";
</style>
```

Ein Vorteil dieser Methode ist, dass die CSS-Datei erst dann geladen wird, wenn sie benötigt wird. Da es sich im Fall von Druck-Stylesheets in der Regel um sehr kleine Dateien handelt (meist nur wenige Zeilen), fällt dieser Vorteil allerdings wenig ins Gewicht.

@media

Die dritte Möglichkeit erwähne ich hier nur der Vollständigkeit halber. Am besten vergessen Sie sie gleich wieder. Warum es dem Kerngedanken von CSS widerspricht, Styles direkt in die HTML-Datei einzubinden, habe ich ja bereits erklärt.

```
<style type="text/css">
@media projection{
    body{ background-color:#FFFFFF; }
    #heading{ font-size:28px; }
}
</style>
```

17.2 Stylesheets für Medientypen

CSS zeigt seine Vorteile aber nicht nur beim Druck. Für die folgenden Medientypen können eigene Stylesheets ausgegeben werden:

- `all`
  Dieses Stylesheet gilt für alle Ausgabemedien. Wenn Sie `media` nicht explizit deklarieren, so gilt ein Stylesheet für alle Medien.
- `aural`
  Gilt für die Ausgabe in Sprachsystemen (meist für Menschen mit Sehschwächen bzw. blinde Menschen).
- `braille`
  Liefert Styles für sogenannte Braille-Zeilen, die blinden Menschen als Erweiterung der Tastatur beim Lesen von Seiten helfen.
- `emboss`
  Stylesheets für Braille-Drucker.
- `handheld`
  Richtet sich an mobile Ausgabegeräte. Es sollte auch geringe Bandbreiten berücksichtigen.
- `print`
  Optimiert Seiten für den Ausdruck.
- `projection`
  Styles für Präsentationen auf Projektoren, Ausdruck auf Folien u. Ä.
- `screen`
  Sorgt für optimierte Darstellung auf (Farb-)Monitoren.
- `tty`
  Für sogenannte Tele-Types muss berücksichtigt werden, dass die Anzeigegröße des Displays meist sehr klein ist.
- `tv`
  Passt die Darstellung von Seiten für TV-artige Geräte an, die durch eine niedrige Auflösung, eine meist geringere Farbtiefe sowie eine eingeschränkte Scroll-Funktion charakterisiert sind.

17.3 Checkliste für Druck-Stylesheets

Sie müssen sich (buchstäblich) lediglich vor Augen halten, was im Druck nicht möglich ist, beziehungsweise was Ihre Benutzer normalerweise bei einem Ausdruck stören könnte bzw. was nicht benötigt wird. Drucken Sie einfach einmal einige Seiten aus und sehen Sie selbst, welche Punkte das Lesevergnügen beeinträchtigen.

Was ist auf einem Ausdruck überflüssig?

- Werbung
- Bilder
- Navigation, Menüs
- Unterstreichung bei Links

Was könnte im Ausdruck stören?

- Farben
- mangelnde Kontraste
- Breite von Elementen
- zu kleine (Serifen-)Schriften

Was könnte fehlen?

- Listenpunkte
- Informationen, die für den Ausdruck nicht benötigt werden
- Erklärung, dass es sich um eine Druckversion handelt

Genug der Theorie, jetzt wollen Sie es sicher wissen! Kopieren Sie bitte die Dateien *uebung14a.htm* und *uebung14a.css* und benennen Sie diese um in *uebung18a.htm* und *uebung18a.css*. Erstellen Sie auch noch eine zusätzliche CSS-Datei mit dem Namen *uebung18aprint.css*.

Kopieren Sie das `link`-Element im `head`-Bereich Ihrer HTML-Datei *uebung18a.htm* und fügen Sie dieses nochmals ein. Passen Sie beide `link`-Elemente wie folgt an:

```
<link rel="stylesheet" href="uebung18a.css"
type="text/css" media="screen" />
<link rel="stylesheet" href="uebung18aprint.css"
type="text/css" media="print" />
```

Es ist hier sehr wichtig, dass Sie auch für das erste `link`-Element das Attribut `media` festlegen. Lassen Sie diesen Parameter hingegen weg, so gilt das erste Stylesheet für alle Medien, also auch für den Druck. Damit konkurrieren dann sämtliche Anweisungen aus dem »normalen« Stylesheet mit denen im Druck-Stylesheet, und Sie müssen relativ aufwendig dafür sorgen, dass Letztere sich immer durchsetzen.

Der HTML-Code

Änderungen im HTML-Code sind zwar grundsätzlich nicht notwendig, Sie werden nun aber für die Besucher Ihrer Seiten noch eine kleine Überraschung vorbereiten. Fügen Sie bitte zwischen `div#header` und `div#nav` einen Container `div` mit `id#printinfo` ein:

```
<div id="printinfo">Hier steht Text, der Ihre Besucher
dar&uuml;ber informieren soll, warum die Seiten beim
Ausdrucken anders aussehen.</div>
```

Sie werden nicht glauben, wie viele Anfragen ich bereits erhalten habe, warum Seiten beim Ausdruck nicht so erscheinen wie am Bildschirm! Eine Erklärung dazu könnte etwa lauten: Sie sehen eine Druckversion der von Ihnen gewählten Seite. Das Weglassen verschiedener Bildschirmelemente macht Ihren Ausdruck übersichtlicher.

Zusätzlich zu dieser Information könnten Sie zum Beispiel einen eigenen `footer` für den Druck dazu verwenden, um Kontaktinformationen im Ausdruck anzuzeigen. Fügen Sie im HTML-Code nach dem ursprünglichen `div#footer` nun bitte Folgendes ein:

```
<div id="printfooter">F&uuml;r R&uuml;ckfragen wenden Sie
sich bitte an Max Mustermann, Tel.123 456</div>
```

Auch diese Information soll in dieser Form nur in der Druckversion erscheinen.

Der CSS-Code in uebung18a.css

Sie ahnen bereits, was jetzt kommt: Diese Information für den Ausdruck soll natürlich nicht erscheinen, wenn Benutzer die Seiten lediglich auf dem Bildschirm betrachten. Daher wird sie im »normalen« Stylesheet versteckt.

```
div#printinfo, div#printfooter {display: none;}
```

Kontrolle

Die Auswirkungen Ihres Codes für die Druckversion können Sie kontrollieren, indem Sie im ersten Menü Ihres Browsers oder im Kontextmenü den Punkt DRUCKVORSCHAU anklicken.

Der CSS-Code in uebung18aprint.css

Zuerst setzen Sie den Seitenhintergrund auf Weiß, um dann mithilfe des Universal-Selektors weitere Eigenschaften für alle Elemente festzulegen.

```
body {
    background: #FFFFFF;
    font-family: Verdana, sans-serif;
    font-size: 12pt;
}
* {
    margin: 0px;
    padding: 0px;
    background: transparent;
    color: #000000;
    float: none;
}
```

Indem Sie den Hintergrund des `body` mit weißer Farbe füllen und für alle sonstigen Elemente auf `transparent` setzen, werden alle anderen Farben sozusagen eliminiert und gleichzeitig alle Hintergrundbilder unterdrückt.

Für den Druck werden vornehmlich fixe Schriftgrößen in Punkt verwendet. Auch bei Breiten- und Höhenangaben verwenden Sie »Papiermaße« wie mm und cm.

Als Schriftgröße legen Sie allgemein `12pt` fest, die eine passende Größe für den Druck und eine gut lesbare Größe für den Lauftext darstellt. Mit der Schriftfamilie Trebuchet MS sorgen Sie für ein zwar nicht allzu elegantes, aber ebenfalls gut lesbares Schriftbild.

Da Elemente mit `float` dazu neigen, dass Teile des Inhalts beim Drucken »verschluckt« werden, heben Sie `float` nun generell auf.

```
div#printinfo, div#printfooter {
    display: block;
    border: 1px dashed #CCCCCC;
    padding: 4mm;
    font-size: 10pt;
}
```

Die versteckten Informationen werden mittels `display` nun explizit wieder sichtbar gemacht. Sie werden bemerken, dass im Druck-Stylesheet großteils Maßeinheiten verwendet werden, die den Gepflogenheiten beim Drucken entsprechen, wie hier beispielsweise `mm`.

```
div#nav, div#menu, div#footer, img {display: none;}
div#wrapper, div#wrapcontent, div#maintext, blockquote {
    width: auto;
}
div#maintext {padding: 4mm;}
```

So sieht es bisher aus:

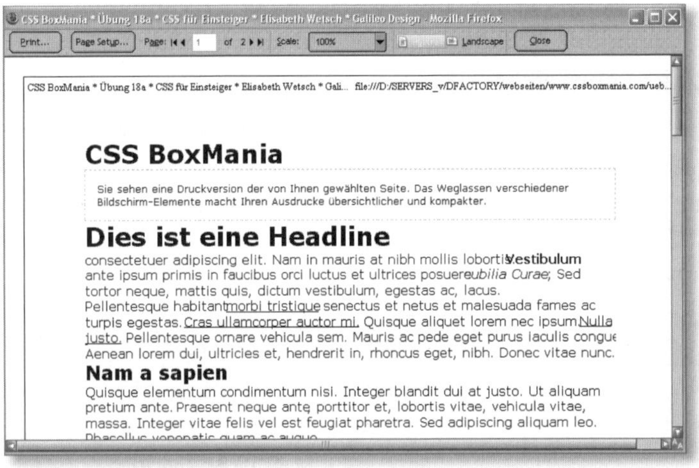

◀ **Abbildung 17.3**
Übung 18a, Seite mit Teil des Druck-Stylesheets (FF)

Andere Eigenschaften werden versteckt, da sie keinen Nutzen für eine Druckversion haben. Die Breite `auto` führt dazu, dass sich die entsprechenden Elemente an den Einstellungen des Druckers für die Ränder orientieren.

Gleichzeitig wird auch `div#maintext` durch ein entsprechendes `padding` vom Rand weggerückt, sodass der Text bündig mit `div#printinfo` und `div#printfooter` erscheint:

```
a {font-weight: bold; text-decoration: none;}
h1, h2, h3, h4 {
font-family: "Century Gothic", sans-serif;
}
div#header h1 {
    text-align: right;
    font-size: 24pt;
    padding-right: 4mm;
}
div#maintext h1 {font-size: 14pt;}
div#maintext h2, div#maintext h3 {
    font-size: 12pt;
    font-weight: bold;
}
div#maintext h1, div#maintext h2, div#maintext h3
{border-bottom: 1px dashed #CCCCCC; margin: 6mm 0mm;}
div#maintext p {margin-bottom: 6mm;}
```

Zu guter Letzt definieren Sie noch Schriftgrößen, auch hier wieder in der Einheit `pt`, und sorgen für ein wenig Kosmetik.

Links kennzeichnen?

Möchten Sie Links im Druck unterstreichen, dann verfahren Sie so, wie Sie es bereits gelernt haben, indem Sie einen `border-bottom` anstatt `text-decoration` einsetzen.

Ob man Links hervorhebt oder nicht, ist Geschmackssache. Die automatische Unterstreichung von Links im Druck sieht ziemlich hässlich aus. Daher beschränke ich mich darauf, Verknüpfungen im Druck einfach fett zu markieren.
Und so sieht es aus:

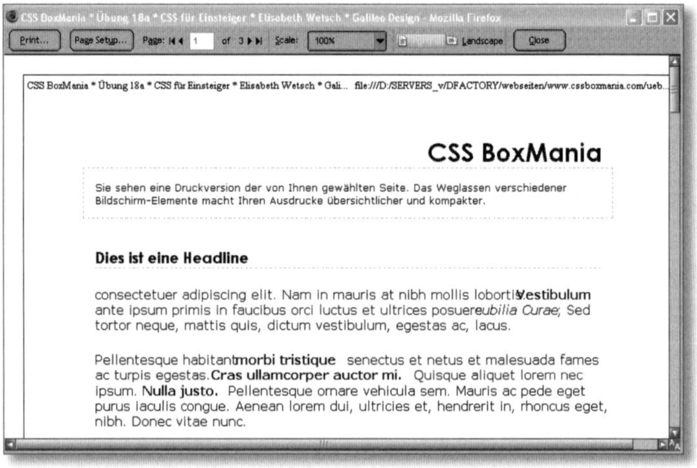

Abbildung 17.4 ▸
Übung 18a in der Druckvorschau (FF)

Kapitel 18

Kaskade, Spezifität und Vererbung – die lieben Verwandten

Im Web sind alle irgendwie miteinander verwandt.

Sie werden lernen,

- welche Auswirkungen das Kaskadieren hat,
- wie Sie die Gewichtung von Style-Regeln abschätzen,
- welche Anweisungen sich durchsetzen und
- wer welche Eigenschaften von wem erbt.

18 Kaskade, Spezifität und Vererbung – die lieben Verwandten

Spezifität vs. Spezifizität

Statt »Spezifität« wird oft auch der Begriff »Spezifizität« verwendet, wobei es sich aber eigentlich um eine Fehlübersetzung des englischen Begriffs *specificity* handelt.

Fragen zu den Themen Kaskade, Spezifität und Vererbung von Eigenschaften werden von Einsteigern gerne ans Ende der Lernliste gestellt. Dabei hilft gerade das Verständnis für diese Themen ungemein beim sicheren Umgang mit CSS und erspart Ihnen viel Zeit und Ärger auf der Suche nach Erklärungen für merkwürdige Verhaltensweisen bei offensichtlich korrektem Code.

Der Begriff *Kaskade* bezieht sich zum einen darauf, in welcher Reihenfolge Stylesheets ausgeführt werden. Zum anderen beschreibt er auch die Vererbung von Eigenschaften und definiert, mit welcher Priorität die Stylesheets auf Elemente angewendet werden.

Durch die Kombination aus
- Gewichtung,
- Ursprung,
- Spezifität und
- Reihenfolge

bestimmt eine Kaskade exakt, welche Anweisungen für welche Elemente tatsächlich gültig sind. Die Vererbung wird dann wirksam, wenn keine anders lautenden Angaben die Übernahme von Eigenschaften eines Eltern-Elements definieren.

18.1 Kaskade – wer kommt zuerst?

Die Entscheidung, welche CSS-Anweisung im Konfliktfall gewinnt, erfolgt in vier Schritten:

1. Alle Deklarationen zu einer Eigenschaft für ein bestimmtes Element werden gefunden.
2. Die Deklarationen werden nach Gewichtung (*Importance*) und Ursprung (*Origin*) sortiert.

3. Deklarationen mit gleich hoher Gewichtung werden nach der Spezifität des Selektors sortiert.
4. Haben Deklarationen eine gleich hohe Gewichtung sowie gleichen Ursprung und die Selektoren übereinstimmende Spezifität, so wird nach der Reihenfolge, in der die Deklarationen erscheinen, sortiert. Die zuletzt aufgerufene Deklaration gewinnt.

Auffinden fraglicher Deklarationen

Im ersten Schritt des Kaskadierens werden vom Browser die drei möglichen Quellen nach Deklarationen mit widersprüchlichen Werten für die gleichen Eigenschaften durchsucht:

1. **Browser-Stylesheets:** Browser haben Voreinstellungen für verschiedene HTML-Elemente (auch User-Agent-Stylesheets genannt).
2. **Autoren-Stylesheets:** Das sind jene CSS-Stylesheets, die Sie als Webautor schreiben.
3. **User-Stylesheets:** Einige Browser erlauben die Verwendung individueller Benutzer-Stylesheets, was besonders für die Barrierefreiheit von Bedeutung ist.

Beispiel

Nehmen wir einmal an, der Browser findet im ersten Durchgang der Kaskade folgende Anweisungen:

- `p {color: green;}` im Browser-Stylesheet (ist zwar praktisch ausgeschlossen, aber tun wir einfach mal so)
- `p {color: yellow;}` in einem Benutzer-Stylesheet
- `p {color: green;}` in einem Autoren-Stylesheet
- `p {color: blue !important;}` ebenfalls in einem Autoren-Stylesheet

Welche Farbe werden die Absätze nun tatsächlich haben?

Sortieren nach Gewichtung und Ursprung

Im zweiten Schritt werden die aufgefundenen Deklarationen nach festgelegten Regeln sortiert. Dabei wird zwischen *Important*-Deklarationen (*!important declarations)* und *Normal*-Deklarationen (*normal declarations)* unterschieden.

Falls im ersten Schritt für gleiche Elemente bei gleichen Eigenschaften unterschiedliche Werte gefunden werden, muss entschieden werden, welche der Deklarationen sich letztendlich durchsetzen soll. Die fraglichen Deklarationen werden dafür nach folgender Priorität sortiert (von niedrig nach hoch):

Important-Deklaration

Falls Sie möchten, dass sich eine Deklaration gegenüber anderen Deklarationen durchsetzt, so fügen Sie am Ende der Deklaration nach dem Semikolon die Angabe `!important` ein.
Beispiel:
`div#maintext p {color: #333333 !important;}`
Verwenden Sie die Important-Deklaration nur ausnahmsweise!

1. Deklarationen in Browser-Stylesheets
2. Normal-Deklarationen in Benutzer-Stylesheets
3. Normal-Deklarationen in Autoren-Stylesheets
4. Important-Deklarationen in Autoren-Stylesheets
5. Important-Deklarationen in Benutzer-Stylesheets

Hier mag sich Ihnen jetzt die Frage stellen, warum Deklarationen in Autoren-Stylesheets zwar »gewichtiger« sind als jene in Benutzer-Stylesheets, Important-Deklarationen in Benutzer-Stylesheets solche in Autoren-Stylesheets aber »besiegen«. Das erscheint auf den ersten Blick nicht ganz schlüssig.

Der Grund liegt im Vorrang für Barrierefreiheit. Für Menschen mit Behinderungen kann es wichtig sein, dass Anweisungen in ihren Stylesheets alle anderen übertrumpfen.

Wer hat nun gewonnen?

In unserem Beispiel wäre hier die Entscheidung bereits gefallen: Die Important-Deklaration im Autoren-Stylesheet hätte nach den obigen Regeln gewonnen. Das heißt, Absätze erscheinen in der Schriftfarbe Blau. Anders wäre das Rennen ausgegangen, hätte es zum Beispiel auch noch eine Anweisung wie

```
p {color: pink !important;}
```

im Benutzer-Stylesheet gegeben. Dann hätte sich diese durchgesetzt.

Hat also eine Deklaration an diesem Punkt die Nase vorn, so ist die Frage geklärt. Was aber, wenn der (nicht seltene) Fall eintritt, dass auch noch die gleiche Priorität vorhanden ist? – Dann geht es weiter mit Schritt 3.

Sortieren nach Spezifität der Selektoren

Die sogenannte *Spezifität* von Selektoren wird durch vier kommagetrennte Werte ausgedrückt. Eine genaue Erläuterung der Berechnung finden Sie im nächsten Abschnitt. Auch an diesem Punkt gilt, dass sich diejenige Deklaration durchsetzt, welche die höchste Spezifität aufweist. Ergibt sich wieder ein Gleichstand, so entscheidet der nächste (und letzte) Schritt in der Kaskade.

Sortieren nach der Reihenfolge des Auftretens

Anders als im wirklichen Leben beißen nun den Letzten nicht die Hunde, sondern wer in der Kaskade zuletzt kommt, der lacht zuletzt. *The latter declaration overwrites the former*, könnte man mit »die spätere Deklaration überschreibt die frühere« übersetzen.

Wenn sich also bis hierher zwischen zwei oder mehreren Deklarationen zum gleichen Element noch keine Überlegenheit ergeben hat, so gewinnt die zuletzt genannte Deklaration.

Regeln der Reihenfolge von Stylesheets

- Stylesheets, die mit `@import` eingebunden sind, überschreiben solche, die mit dem `link`-Element verknüpft sind.
- Stylesheets, die mit dem `link`-Element verknüpft sind, überschreiben Anweisungen im `style`-Element, sofern `link` danach angeführt ist.
- Umgekehrt überschreiben Anweisungen im `style`-Element solche in Stylesheets, die mit dem `link`-Element eingebunden sind, sofern `style` danach notiert ist.
- Anweisungen innerhalb von Stylesheets werden von oben nach unten durchgeführt. Hieraus ergibt sich die Reihenfolge, nach welcher Anweisungen vorhergehende Anweisungen überschreiben.

18.2 Spezifität – wer gewinnt?

Wie bei der Kaskade bereits erwähnt, kann die Spezifität von Selektoren bestimmen, welche CSS-Anweisung tatsächlich zum Tragen kommt. Die Spezifität von Selektoren wird durch vier kommaseparierte Zahlen dargestellt, wobei die erste (a) am wichtigsten und die letzte (d) am wenigsten wichtig ist.

Keine Sorge!
Die Feststellung der Spezifität wirkt nur auf den ersten Blick kompliziert. Sie besteht aus wenigen klaren Regeln, die einfach nachvollziehbar sind.

Damit dieses Modell verständlicher wird, finden Sie nachfolgend eine Tabelle, die in der ersten Spalte eine CSS-Regel anführt und die vier Werte für die Spezifität in den Spalten a bis d zeigt. In diese Tabelle habe ich Beispiele für CSS-Anweisungen eingefügt. Stellen Sie sich nun vor, ein Browser habe all diese widersprüchlichen Anweisungen für eine einzige Seite gefunden.

Wie wird nun entschieden, welche Schriftfarbe die Absätze tatsächlich erhalten? Hierzu wird jede der CSS-Regeln betrachtet, und in den Spalten wird gezählt, wie viele und welche Selektoren jeweils vorhanden sind.

Spalte a – Inline-Style

In Spalte a wird festgehalten, ob ein Inline-Style vorliegt, das heißt, ob ein HTML-Element direkt im HTML-Code mit einem style-Attribut versehen ist. Der Wert kann nur 1 oder 0 sein.

Spalte b – ID-Selektoren

In Spalte b wird gezählt, wie viele ID-Selektoren die CSS-Regel enthält (zählen Sie dazu einfach die Rauten).

Spalte c – Klassen-Selektoren, Attribut-Selektoren und Pseudoklassen

In Spalte c wird gezählt, wie viele Klassen und Pseudoklassen betroffen sind (zählen Sie die Punkte, Doppelpunkte und eckigen Klammerpaare).

Spalte d – Typ-Selektoren und Pseudoelemente

In Spalte d werden Typ-Selektoren und Pseudoelemente gezählt.

Tabelle 18.1 ▸
Spezifität für CSS-Regeln, ungeordnet

Selektor	**a**	**b**	**c**	**d**
Zählen Sie	style	#	. : []	tag ::
<p style="color:red;">Red Text</p>	1	0	0	0
p.note {color: green;}	0	0	1	1
#home #danger p.note { color: yellow;}	0	2	1	1
#danger p.note {color: white;}	0	1	1	1
body#home div#danger p.note { color: blue;}	0	2	1	3
p {color: pink;}	0	0	0	1
* body#home>div#danger p.note { color: red;}	0	2	1	3
#danger p {color: black;}	0	1	0	1

Nun sehen Sie in der Tabelle deutlich, welche der CSS-Regeln welche Spezifität besitzt. Diese wird üblicherweise so ausgedrückt: p.note {color: green;} hat eine Spezifität von 0,0,1,1.

Wenn Sie jetzt die Tabelle nach der Spezifität ordnen, sieht das Ergebnis wie folgt aus:

◂ **Tabelle 18.2**
CSS-Regeln nach abnehmender Spezifität sortiert

Selektor	**a**	**b**	**c**	**d**
	style	#	. : []	tag ::
`<p style="color:orange;">Orange Text</p>`	1	0	0	0
`body#home div#danger p.note { color: blue;}`	0	2	1	3
`* body#home>div#danger p.note { color: red;}`	0	2	1	3
`#home #danger p.note { color: yellow;}`	0	2	1	1
`#danger p.note {color: white;}`	0	1	1	1
`#danger p {color: black;}`	0	1	0	1
`p.note {color: green;}`	0	0	1	1
`p {color: pink;}`	0	0	0	1

Wie ist das zu verstehen?

HTML-Elemente mit `style`-Attribut sind kaum zu überstimmen. Nur eine Important-Deklaration könnte diese CSS-Regel noch überstimmen. Daran erkennen Sie, warum man das direkte »Stylen« von HTML-Elementen tunlichst vermeiden sollte – jede Änderung wird mühsam.

Tipp

Eine CSS-Anweisung mit der (höchsten) Spezifität 1,0,0,0 gewinnt (fast) immer!

An zweiter und dritter Stelle sehen Sie zwei Anweisungen mit gleicher Spezifität. An dieser Stelle tritt die letzte Stufe der Kaskade in Kraft: Jene CSS-Regel, die zuletzt erscheint, gewinnt.

Wenn Sie also beispielsweise zwei Stylesheets im Kopf Ihrer HTML-Datei verknüpft hätten, und die erste Anweisung in der ersten CSS-Datei stünde, die zweite Anweisung in der zweiten, so würde Letztere die Schriftfarbe (rot) der Absätze in beiden Fällen bestimmen.

Keine Spezifität

Der Universal-Selektor und sämtliche Kombinatoren haben keine Spezifität, zählen also bei der Feststellung der Spezifität nicht.

18.3 Vererbung – und wer erbt was?

Das Resultat des Kaskadierens ist die Feststellung, welche Eigenschaft (mit welchem Wert) ein Element annimmt. Somit bestimmt das Ergebnis der Kaskade auch, welche Eigenschaften vererbt werden. Was aber geschieht, wenn eine solche Anweisung nirgends deklariert ist?

Einige Eigenschaften werden standardmäßig von einem Eltern-Element geerbt, falls Attribute nicht explizit festgelegt wurden. Ist solch eine *Inheritance* für eine Eigenschaft nicht vorgesehen, so können Sie mit dem Wert `inherit` die Übernahme des entsprechenden Wertes von einem Eltern-Element erzwingen:

Beispiel:

```
p {border-color: inherit;}
```

Diese Anweisung übernimmt die Farbe für den Rahmen vom Eltern-Element. Theoretisch jedenfalls. Denn wieder einmal macht uns der Internet Explorer (und zwar bis inklusive Version 7) einen Strich durch die Erbschaft. Womit ich den Wert `inherit` für praktisch wertlos erkläre.

Vererben – wozu?

Dass manche Eigenschaften standardmäßig an Kind-Elemente weitergegeben werden, ist äußerst praktisch. Stellen Sie sich vor, Sie müssten für jedes einzelne Element Schrifteigenschaften deklarieren!

Genauso praktisch und sinnvoll ist es aber, dass keinesfalls alle Eigenschaften vererbt werden. Eine Seite, in der alle Elemente `border`-Attribute erben, wäre gar kein schöner Anblick.

Vererben von relativen Schriftgrößen

Vorsicht ist geboten, wenn Sie Schriftgrößen in Prozentwerten oder in der Einheit `em` angeben. Diese beziehen sich dann jeweils auf die Werte im Eltern-Element – unabhängig davon, ob diese explizit angegeben sind oder dort nur übernommen wurden.

Der Dokumentenbaum

Das Wissen um die hierarchische Struktur eines HTML-Dokuments ist wichtig, um zu verstehen, wie die Vererbung von Eigenschaften funktioniert.

Wie Sie bei der Beschreibung der Selektoren bereits bemerkt haben, stehen alle HTML-Elemente in Relation zueinander. Anders ausgedrückt: Alle HTML-Elemente sind irgendwie miteinander verwandt.

Und so können Sie sich eine einfache Dokumentenstruktur einer HTML-Seite vorstellen:

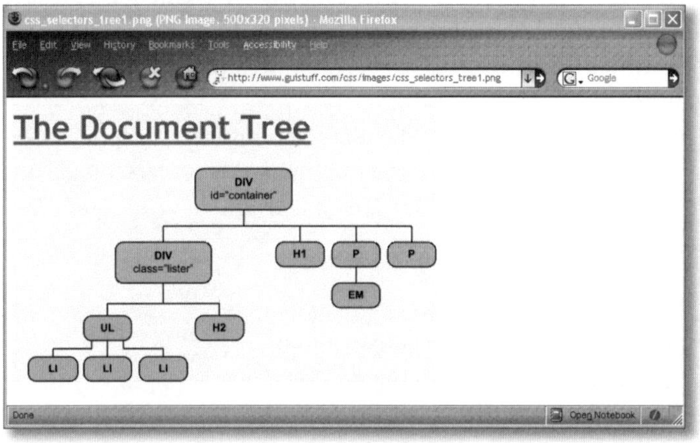

◄ **Abbildung 18.1**
Beispiel für einen Document Tree auf www.guistuff.com

Ähnlich einem Stammbaum kann man die Abhängigkeiten von Elementen in einer HTML-Datei nach dem Verwandtschaftsgrad definieren. Es folgt ein Beispiel einer HTML-Struktur (ohne `DTD`, `html`, `head`):

```
<body>
    <div id="content">
        <h1>Headline</h1>
        <p>Der erste Absatz</p>
        <p>Der zweite Absatz</p>
        <hr />
    </div>
    <div id="nav">
        <ul>
            <li>Menu Item 1</li>
            <li>Menu Item 2</li>
            <li>Menu Item 3</li>
```

```
        </ul>
    </div>
</body>
```

Lässt man das html-Element außer Acht, so ist das body-Element immer der Vorfahre (*Ancestor*) aller Elemente einer (X)HTML-Seite. Alle anderen Elemente sind Nachfahren (Abkömmlinge) (*Descendants*) des body-Elements. Gleichzeitig sind aber auch zum Beispiel die li-Elemente Nachfahren von div#nav.

div#content ist Eltern-Element (*Parent*) von h1, p und hr. div#nav ist Eltern-Element des ul-Elements, welches seinerseits Eltern-Element der li-Elemente ist. Die li-Elemente sind also Kinder (*Childs*) des ul-Elements. Zueinander sind die li-Elemente wiederum »Geschwister« (*Siblings*), da sie das gleiche Eltern-Element teilen.

Somit kann jedes der Elemente in unserem Bespiel unterschiedliche Verwandtschaftsverhältnisse zu unterschiedlichen Elementen haben. So ist das Element div#nav in unserem Beispiel gleichzeitig

- Kind des body-Elements,
- Geschwister des div#content-Elements,
- Eltern-Element des ul-Elements und
- Vorfahre von ul- und list-Elementen.

Da wir nun die Verwandtschaftsverhältnisse geklärt haben, hindert Sie jetzt nichts mehr daran, sich auch anspruchsvolleren Seitenvorlagen mit XHTML und CSS zu widmen.

TEIL III

CSS anwenden: Seitenvorlagen für jeden Bedarf

Kapitel 19

Grundsätzliche Überlegungen

Hinter einer erfolgreichen Website steht ein durchdachtes Konzept.

Sie werden lernen, wie Sie

- Ihre Seiten benutzerfreundlich gestalten,
- gutes Design erkennen,
- Schriften und Texte lesefreundlich gestalten und
- sich für eine Seitenbreite entscheiden.

19 Grundsätzliche Überlegungen

Das Schreiben eines Konzeptes für ein Webprojekt ist eine der wenig geliebten Aufgaben bei meinen Schülern. Wer aber glaubt, intelligente (und erfolgreiche) Konzepte aus dem Bauch heraus realisieren zu können, landet oft auf selbigem. Was nicht heißt, dass ich immer die Disziplin aufbringe, ein Konzept gründlich auszuarbeiten.

Die Überlegungen für ein erfolgreiches Webkonzept würden ein eigenes Buch rechtfertigen. An dieser Stelle möchte ich jene Punkte hervorheben, die von der Verwendung von XHTML und CSS profitieren.

19.1 Usability – seien Sie freundlich zu Ihren Besuchern!

Testen Sie Ihr Webprojekt mit einigen Personen aus Ihrem Bekanntenkreis, die über wenig Erfahrung mit dem Internet verfügen.

Zu diesem Thema gibt es fast so viele Bücher und Abhandlungen wie schlechte Internetauftritte, die von solchen Erkenntnissen unberührt ihr Dasein fristen. Ich beschränke mich hier nur auf die wichtigsten Punkte, welche dazu führen, dass sich Besucher auf Ihren Seiten wohlfühlen und gerne wiederkommen.

Schnelle Ladezeiten

Die Verwendung von XHTML und CSS ist an sich schon eine gute Voraussetzung, um Ihren Code schlank zu halten und damit für schnellere Ladezeiten zu sorgen. Der Einsatz von Stylesheets kann die Ladezeit von Seiten um bis zu 50 Prozent verringern.

Wichtige Informationen auf einen Blick/Klick

Lassen Sie Besucher nicht durch Ihre Seiten auf der Suche nach Telefonnummern oder anderen Kontaktmöglichkeiten irren. Im

Idealfall ist diese Information von jeder Stelle in Ihrer Website mit einem Klick auffindbar. CSS erlaubt es Ihnen, in einer Druckversion zusätzliche Informationen anzuzeigen.

Navigation und Orientierung

Unverzichtbar ist eine übersichtliche, intuitive und logisch nachvollziehbare thematische Strukturierung der Navigationspunkte und Menüs, sodass Ihre Besucher Themen mit wenigen Klicks finden.

Bild für Text vermeiden

Außer im Fall eines Logos sollten Sie es strikt vermeiden, Texte in Form von Bildern darzustellen. Dafür gibt es eine ganze Reihe von Argumenten. Allen voran die Einschränkung, dass Besucher mit Sehschwächen solche Bild-Text-Elemente in älteren Browserversionen nicht nach Bedarf vergrößern können.

Weiters ist es bei der Verwendung von Redaktionssystemen wichtig, dass Navigationselemente und Menüs praktisch automatisch aus einer Datenbank heraus laufend dynamisch generiert werden. Das bedingt eigentlich, dass Texte auch als solche ausgegeben werden. Überhaupt ist jede Änderung von Texten in Form von Bildern extrem aufwendig – und bestenfalls zu rechtfertigen, wenn eine Site lediglich aus einer Handvoll Seiten besteht.

Die Zeiten von Menüs, die mit Bildern anstelle von Text konstruiert wurden, sind dank CSS vorbei. Stylesheets erlauben unter anderem attraktive Navigationsleisten samt Rollover-Effekten, die auf »echtem« Text basieren.

Struktur und Gewichtung bei Inhalten

Nichts ist für Besucher Ihrer Seiten ermüdender und abschreckender als endlose Textwüsten. Die Mühe, Inhalte zu strukturieren und thematisch zu gewichten, lohnt sich für Sie als Betreiber einer Website für Besucher, die gerne bleiben und wiederkommen. XHTML und CSS halten eine Vielzahl von Optionen bereit, diese Aufgabe zu vereinfachen.

Da nach meiner Erfahrung ein wesentlicher Punkt von Benutzerfreundlichkeit die Frage ist, ob Ihre Besucher Texte bequem lesen können, widme ich diesem Thema den nächsten Abschnitt.

19.2 Schriften unter der Lupe?

43,4 % Sehschwächen

Laut Zahlen des Österreichischen Statistischen Zentralamts leiden 43,4 % der Bevölkerung an einer Beeinträchtigung der Sehkraft. Beim Rest der Menschheit dürfte es sich ähnlich verhalten.

Genau dazu sollten Ihre Besucher nicht greifen müssen. Mithilfe von CSS gibt es kein Hindernis mehr, den Lesern Ihrer Website flexible Schriften zu liefern und dabei besonders Menschen mit Sehschwächen zu berücksichtigen. Aber nicht nur diese werden es Ihnen danken.

Die wichtigsten Regeln für lesefreundliche Texte

- Schriftgrößen sollten nicht in Punkt, Pixel oder anderen fixen Maßeinheiten, sondern im Idealfall in `em` definiert werden. Das erlaubt Ihren Besuchern, die Schriftdarstellung an eigene Bedürfnisse anzupassen.
- Definieren Sie eine Basisschrift mit einer minimalen Schriftgröße, die etwa 12 Pixel entspricht (ohne allerdings Pixel zu verwenden!).
- Gliedern Sie Ihre Texte! Dafür steht in HTML eine Vielzahl von strukturellen Elementen zur Verfügung, wie zum Beispiel Überschriften, Listen, Textblöcke usw.
- Verwenden Sie HTML-Überschriften (`h1` bis `h6`), um Ihre Leser auf die wichtigsten Inhalte aufmerksam zu machen und schnell durch die Texte zu führen.
- Setzen Sie Zwischenüberschriften und kurze Zusammenfassungen von längeren Beiträgen, um Ihren Lesern die Entscheidung zu vereinfachen, was für sie von Interesse sein könnte.
- Verwandeln Sie Absätze in leicht erfassbare Lesehäppchen. Ein lesefreundlicher Absatz ist wenige Sätze und Zeilen lang. Übrigens wäre ein lesefreundlicher Absatz auch nicht sehr breit (idealerweise 40 bis 60 Zeichen). Allerdings kann man diese Regel hinterfragen bzw. übergehen, wenn man mit breitenflexiblen Seiten arbeitet, bei denen Benutzer die Breite selbst bestimmen können.

Womit wir auch schon beim nächsten Thema angelangt sind.

Rechts- oder Linkshänder?

Mithilfe des Style-Switchers in Abschnitt 23.3 können Sie Ihren Besuchern als besonderen Service die Wahl lassen, ob Menüs an der linken oder rechten Seite erscheinen.

19.3 Fix oder Flex?

Auch diese Entscheidung ist durch XHTML und CSS sehr viel einfacher geworden. War es früher erheblich aufwendiger, flexibel breite Seiten zu erstellen, können Sie heute dagegen mithilfe von XHTML und CSS Ihren Besuchern sogar die Wahl lassen, ob diese lieber ein Layout für Links- oder für Rechtshänder sehen möchten.

Grundsätzlich gilt es bei der Entscheidung für eine fixe oder flexible Seitenbreite zu beachten, welche Textmengen für ein Projekt zu erwarten sind.

Wenig Text, fixe Breite – viel Text, flexible Breite

Diese Faustregel ist meist zutreffend, denn auf flexibel breiten Seiten sehen geringe Textmengen in der Regel ein wenig verloren aus. Andererseits ist dies wiederum eine Chance, ästhetisch ansprechende und »ruhige« Seiten zu designen, die mit viel Weißraum (so nennt man das im Druckbereich) zum Innehalten im Grafikdschungel des World Wide Web verleiten.

Bedenken Sie bitte auch, dass die ideale Lesebreite bei etwa 40 Zeichen liegt. Je breiter Zeilen erscheinen, desto mehr leidet die Lesbarkeit. Bei breitenflexiblen Seiten ist es daher üblich, dass man schmalere Randspalten mit einer fixen Breite definiert und eine Hauptspalte flexibel lässt, sodass Ihre Leser deren Maße (durch Änderung der Fenstergröße) selbst einstellen können.

Egal, wie Sie sich entscheiden – bei einigen der nachfolgenden Seitenvorlagen sind beide Varianten berücksichtigt.

19.4 Design – die Kunst liegt im Weglassen!

Ich verwende gerne die folgende Rechnung, wenn ich Schüler davon überzeugen möchte, es mit Designspielereien nicht zu übertreiben.

> **Focus**
> Lenken Sie das Auge des Betrachters auf wichtige Punkte, heben Sie Themen hervor, fokussieren Sie Schwerpunkte.

Stellen Sie sich Ihre Webseite mit einer gewünschten Wirkung von 100 Prozent auf Ihre Besucher vor. Nehmen wir an, Sie haben fünf einprägsame Designkomponenten verwirklicht (seien es nun Farben, Hintergründe, typografische Elemente, Symbole, Buttons etc.). Wenn Sie nun die Aufmerksamkeit gleichmäßig aufteilen könnten, dann erhielte jede Ihrer Designkomponenten 20 Prozent dieser Aufmerksamkeit. Im Englischen bezeichnet man diese Wirkung auch als *Impact*.

Wenn Sie nun zwanzig Designkomponenten einsetzten, dann erhielte jede nur mehr als 5% Aufmerksamkeit. Fragen Sie sich einfach, was wohl mehr Impact erzeugt – wenige Elemente mit je 20% oder viele mit je 5%.

In Design-Workshops kann ich immer wieder feststellen, wie Teilnehmer gegen Ende eines kleinen Projekts viel Zeit und Mühe in die Überlegung stecken, was noch alles fehlen könnte, beziehungsweise was man noch alles an Designelementen einbauen könnte: Vielleicht hier noch ein Kästchen, dort noch ein Bild, anderswo noch ein paar Linien, Punkte, Symbole... Viel wichtiger ist es allerdings, zu diesem Zeitpunkt zu testen, wie viel vom vorhandenen Design man weglassen könnte.

Branding

Beachten Sie bei diesem Test allerdings, dass das »Branding« Ihrer Seiten nicht verloren geht. Das heißt, der Gesamteindruck einer Marke muss bestehen bleiben. Sie sollten ein Webprojekt immer so behandeln, als hätten Sie es mit einer großen Marke zu tun, selbst wenn es sich nur um persönliche Seiten handelt.

Blenden Sie ein Element nach dem anderen aus (mit CSS geht das ja wirklich einfach) und entscheiden Sie, ob diese Weglassung dem Gesamteindruck schadet. Dann – und nur dann – sollten Sie eine Designkomponente beibehalten. Sofern nichts Nachteiliges passiert, können Sie auf das Element getrost verzichten.

Erst wenn Sie nichts mehr weglassen können, ohne das gesamte grafische Konzept zu beeinträchtigen, dürfen Sie mit Ihrem Design zufrieden sein.

Schlüsselfarbe und Leitfarben

Legen Sie sich auf eine Schlüsselfarbe (*Key-Color*) fest, die Sie am besten aus Ihren Schlüsselbildern (das Design bestimmende Fotos, Hintergründe u.Ä.) beziehen. Das bildet bereits die erste harmonische Klammer für Ihr Design.

Der Einsatz von Farben kann auch die Logik Ihrer Navigationselemente unterstützen. Definieren Sie für Ihre Hauptthemen jeweils eine andere Leitfarbe und stimmen Sie für die Themenseiten Link-Farben, Überschriften und weitere Elemente auf diese Leitfarben ab. Ohne die Verwendung von Stylesheets wäre diese Aufgabe äußerst mühselig – spätestens dann, wenn Änderungen notwendig werden.

Setzen Sie Prioritäten

Farben und Bilder helfen Ihnen auch, auf Ihren Seiten inhaltliche Prioritäten zu setzen und Ihre Besucher unbemerkt durch Ihren Inhalt zu lotsen. Gruppieren Sie Inhalte mithilfe von Kästchen, Farben oder Linien. Heben Sie Wichtiges hervor, ordnen Sie weniger wichtige Informationen auch weniger prominent an. Das heißt, verstreuen Sie nicht alle Information gleichmäßig auf Ihren Seiten.

Auch hierbei hat sich CSS unverzichtbar gemacht. Nie war es einfacher, die Aufmerksamkeit Ihrer Besucher auf die wesentlichen Inhalte zu fokussieren.

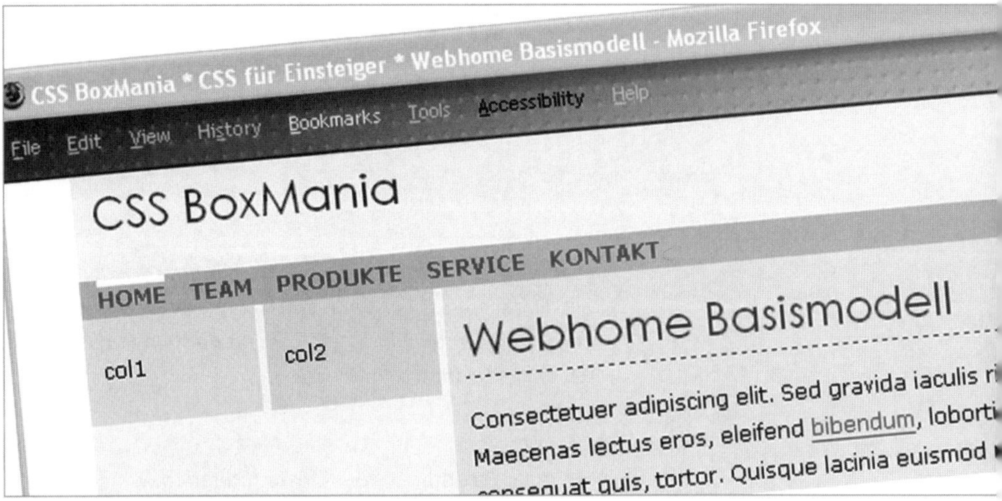

Kapitel 20

Eine Basisvorlage für alle Fälle

Eine, zwei, drei oder vier Spalten – ganz nach Belieben

Sie werden lernen, wie Sie

- ein Basislayout erstellen,
- die wichtigsten Einstellungen vornehmen und
- dieses Layout anpassen können.

20 Eine Basisvorlage für alle Fälle

Es sorgt bei meinen Kursteilnehmern immer wieder für Überraschung, wie einfach doch der Code einer komplex erscheinenden HTML-Seite im Hintergrund bleibt – selbst wenn diese in einem noch so raffinierten Design daherkommt.

Ein paar grundlegende Einstellungen bzw. Elemente teilen die meisten der hier vorgestellten Seitenvorlagen. Um Platz und Wiederholungen zu sparen, erkläre ich hier zunächst ein Basislayout, das ich als Grundlage für einige der nachfolgenden Seitenvorlagen zusammengestellt habe. Bei den weiteren Layouts müssen dann lediglich Änderungen oder Ergänzungen vorgenommen werden.

Und so wird es aussehen:

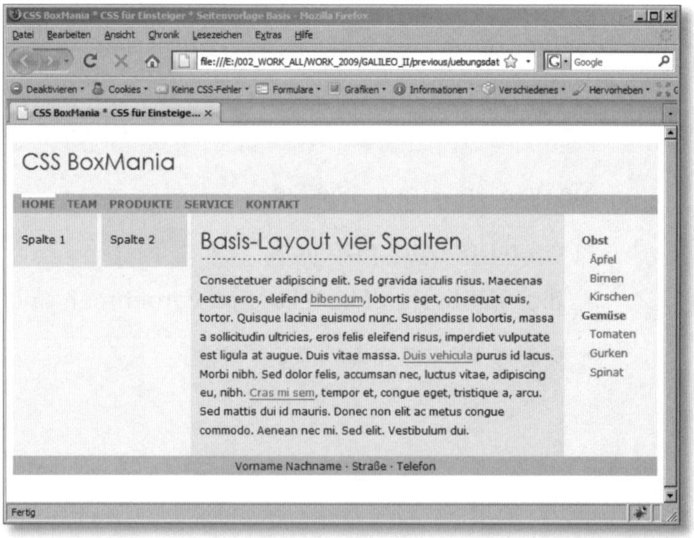

Abbildung 20.1 ▸
Basislayout mit vier Spalten

Die hier im Detail erklärten Basis-Codes für HTML und CSS können Sie universell einsetzen und immer wieder für eigene Layouts heranziehen, um sich Arbeit zu ersparen.

20.1 Der Basis-HTML-Code häppchenweise

Legen Sie bitte einen Ordner *basislayout* an und darin eine HTML-Datei mit Namen *index.htm*. Verlinken Sie diese anschließend mit einer CSS-Datei namens *styles.css*. Den kompletten Code finden Sie auf der beiliegenden DVD sowie auf der Website *http://cssboxmania.com/*.

Nachfolgend wird nur der Code zwischen den body-Tags gezeigt. Dieser wird sozusagen an Ort und Stelle stückchenweise erklärt, wo immer dies notwendig erscheint.

```
<body id="home">
<div id="wrapper">
```

Der body erhält eine passende id, sodass Sie später spezifische CSS-Regeln nur für diese Seite definieren können.

Mithilfe einer id für den body einer Seite können Sie später ganz gezielt Elemente auswählen, die sich nur auf dieser Seite befinden.

```
<div id="header">
<h1>CSS BoxMania</h1>
</div><!-- #header -->
<div id="nav">
<ul>
<li class="navhome"><a href="#">home</a></li>
<li class="navteam"><a href="#">team</a></li>
<li class="navprodukte"><a href="#">produkte</a></li>
<li class="navservice"><a href="#">service</a></li>
<li class="navkontakt"><a href="#">kontakt</a></li>
</ul>
</div><!-- #nav -->
```

Die Navigation wird wie üblich in eine *unordered list* ul verpackt. Indem Sie die Listenelemente li in CSS auf display:inline; setzen, erscheint die Liste horizontal.

Jedes Listenelement erhält eine unterschiedliche Klasse. Auch dies geschieht bereits in weiser Voraussicht, sodass Sie später mit einer Kombination aus

```
body#home li.navhome {}
```

oder

```
body#team li.navteam {}
```

ganz einfach und automatisch hervorheben können, wo sich Ihre Besucher gerade befinden.

```
<div id="wrap_content">
```

Dieser div-Container ist ein zusätzlicher Wrapper, der die vier Spalten im Inhaltsbereich zusammenhält.

```
<div id="col1">Spalte 1</div><!-- #col1 -->
<div id="col2">Spalte 2</div><!-- #col2 -->
<div id="menu">
<ul>
<li><a href="#">Obst</a>
<ul>
<li class="aepfel"><a href="#">&Auml;pfel</a></li>
<li class="birnen"><a href="#">Birnen</a></li>
<li class="kirschen"><a href="#">Kirschen</a></li>
</ul>
</li>
<li><a href="#">Gem&uuml;se</a>
<ul>
<li class="tomaten"><a href="#">Tomaten</a></li>
<li class="gurken"><a href="#">Gurken</a></li>
<li class="spinat"><a href="#">Spinat</a></li>
</ul>
</li>
</ul>
</div><!-- #menu -->
```

Diejenigen Spalten, die später mit der Eigenschaft float versehen werden sollen, platzieren Sie bitte zuerst im Code. Sie werden auch zuerst ihre »schwebende« Position einnehmen.

Für den Anfang sind für das Basislayout zwei Spalten links und eine Spalte rechts neben dem Bereich mit den Hauptinhalten vorgesehen.

Auch das Menü ist mithilfe einer *unordered list* entstanden. Bitte beachten Sie, dass hier zwei Listen verschachtelt sind, wodurch praktisch zwei Ebenen entstehen. Auch beim Menü werden Klassen vorgesehen, die später die Markierung des aktuellen Menüpunktes erlauben. Sie werden diese Möglichkeit anhand einer Seite für ein Unterthema beim nächsten Seitenlayout anwenden.

Längere Textstellen sind hier wieder mit Auslassungspunkten angedeutet.

```
<div id="maintext">
<h1>Basis-Layout vier Spalten</h1>
    <p>Consectetuer ..... eleifend <a href="#">bibendum
</a>, lobortis eget .....  massa. <a href="#" target="_
blank" class="ext">Duis vehicula</a> purus  .....  nibh.
```

```
<a href="#">Cras mi sem</a>, tempor  .....  dui.</p>
</div><!-- #maintext -->
</div><!-- #wrap_content -->

<div id="footer">Vorname Nachname &middot; Stra&szlig;e
&middot; Telefon</div><!-- #footer -->

</div><!-- #wrapper -->
```

Den Rest des Codes verstehen Sie nun auch bereits ohne große Erklärung. Im Container `div#maintext` sind drei Links vorgesehen, sodass Sie auch Link-Farben und Link-Einstellungen testen können. Einer der Links beinhaltet eine Klasse `class="ext"` mit einem `target="_blank"`. Das erlaubt uns, externe Verknüpfungen gesondert zu kennzeichnen.

20.2 Der Basis-CSS-Code häppchenweise

Hier noch einmal im Schnelldurchlauf die Anweisungen des Stylesheets, die Sie teilweise bereits im ersten Teil des Buches kennengelernt haben:

```
/* CSS BoxMania Basis-Layout */

html {height: 100.5%; font-size: 62.5%;}
```

Wird die Höhe des Elements `html` auf mehr als 100 % gesetzt, so erzwingen Sie in allen Browsern Scrollbalken. Wird die Schriftgröße auf 62,5 % gesetzt, entspricht diese etwa 10 Pixeln, und es kann in Folge einfacher in `em` gerechnet werden.

```
body {
    font-family: Verdana, sans-serif;
    font-size: 1.2em;
    line-height: 1.8em;
    text-align: center;
}
```

Im `body`-Element werden die Schriftfamilie, eine Schriftgröße von etwa 12 Pixeln und eine Zeilenhöhe von etwa 18 Pixeln voreingestellt.

Alle Elemente des body werden zentriert, damit der Container div#wrapper (also der eigentliche Seiteninhalt) in der Mitte der Seite schwebt.

```
* {margin: 0px; padding: 0px; border: 0px;}
```

Mit dem Universal-Selektor werden auch hier margin, padding und border für sämtliche Elemente auf Null gesetzt.

```
h1, h2, h3, h4, h5, h6 {
    font-family: "Century Gothic", sans-serif;
    margin: 0em 0em 0.5em 0em;
    color: #004A7F;
}
```

Alle Überschrift-Elemente (h1 bis h6) erhalten dieselbe Schriftfamilie, die gleichen Außenabstände und die gleiche Farbe.

```
h1 {
    font-size: 2.2em;
    border-bottom: 1px dashed #004A7F;
    padding-bottom: 0.4em;
    font-weight: normal;
}
```

Für eine Überschrift h1 erster Ordnung wird die Schriftgröße festgelegt. Für eine Unterstreichung sorgt ein gestrichelter Rahmen border-bottom in der Schriftfarbe sowie ein kleiner Abstand padding-bottom, damit der Rahmen nicht zu dicht an der Schrift erscheint. Zuletzt wird noch die Schriftstärke font-weight auf normal (also nicht fett) gesetzt.

```
div#header h1 {border: 0px;}
```

Die Überschrift h1 im div#header wird allerdings keinen Rahmen unten aufweisen.

```
h2 {font-size: 2.0em;}
h3 {font-size: 1.8em;}
h4 {font-size: 1.6em;}
h5 {font-size: 1.4em;}
h6 {font-size: 1.2em;}
```

Beachten Sie bitte, dass sich Schriftgrößen vererben und relative Größenangabe sich immer auf das Eltern-Element beziehen.

Hier wurden absteigende Schriftgrößen für alle Überschriften festgelegt.

```
a {color: #E3004F; text-decoration: none;}
a:link {}
a:visited {}
a:hover {}
a:active {}
```

Für das anchor-Element wird eine Schriftfarbe für Links generell gesetzt und die Unterstreichung aufgehoben. Diese wird im Container div#maintext später durch einen Rahmen an der Unterseite ersetzt, da die automatische Unterstreichung sehr hässlich an der Schrift »klebt«.

```
div#wrapper {
    width: 760px;
    margin: 20px auto;

    /* margin: 0px 40px; */
    text-align: left;
    background: #FAFAFA;
}
```

Das ist also die Hülle für die Inhalte. Die Außenabstände sind auf 20px für oben und unten sowie auf auto für links und rechts gesetzt, womit der eigentliche Seiteninhalt in der Mitte des Browserfensters schwebt. Der auskommentierte Abstand margin ist für eine Variante mit flexibler Breite vorgesehen.

Die Textausrichtung wieder auf links zu setzen, ist notwendig, da im body sämtliche Elemente zentriert ausgerichtet wurden.

```
div#header {
    height: 40px;
    background: #FAFAFA;
    padding: 10px;
}
```

Dem div#header ein padding zu geben, funktioniert zuverlässiger, als ihm einen Abstand margin zuzuweisen. Allerdings ist zu beachten, dass ein padding zur Höhe des Elements dazugerechnet wird. Der Header könnte also höher erscheinen als die angegebene Höhe von 40px, falls die Schrift vom Benutzer stark vergrößert wird, was in diesem Fall aber kein Problem darstellt.

```
div#nav {background: #CCCCCC;}
div#nav li {display: inline; margin-left: 10px;}
```

Das Setzen der Listenelemente `li` auf den Wert `display:inline;` bewirkt, dass sie durchgehend in einer Zeile erscheinen (natürlich nur, sofern die Zeile breit genug ist, andernfalls wird eine neue Zeile begonnen).

```
div#nav a {
    text-decoration: none;
    font-weight: bold;
    text-transform: uppercase;
    padding-bottom: 2px;
}
```

Mit der Anweisung `white-space: nowrap;` können Sie erzwingen, dass die Zeile nicht umbricht. Verwenden Sie diese Regel aber nur dann, wenn dies nicht Ihr Layout stört. Wenn Sie zu viele Navigationspunkte erwarten, sollten Sie Ihr Design überdenken. In diesem Fall sind Sie mit einer vertikalen Navigation auf der sicheren Seite.

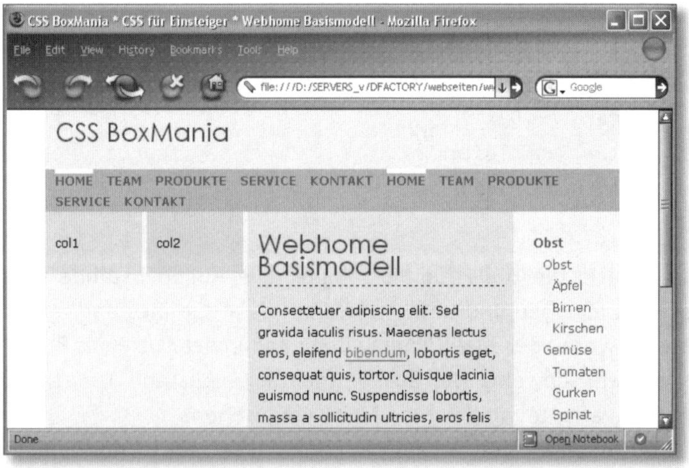

Abbildung 20.2 ▶
Hätten Sie mehr Navigationspunkte als die Breite des Layouts erlaubt, rutschten die überzähligen Punkte in eine zweite Zeile.

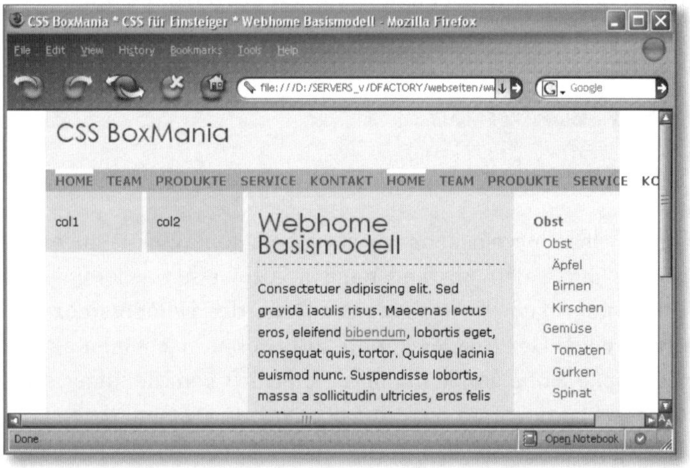

Abbildung 20.3 ▶
Weisen Sie dem div#nav ein white-space: nowrap; zu, dann verbieten Sie sozusagen das Umbrechen. Allerdings kann dies – wie in obigem Beispiel – dann auch Ihr Layout sprengen.

In einem Bereich, der von den Besuchern eindeutig als Navigation oder Menü wahrgenommen wird, dürfen Sie ausnahmsweise auf die Unterstreichung von Links verzichten. Als Schrift für die Navigation werden Großbuchstaben benutzt.

```
div#nav a:hover,
body#home li.navhome a,
body#team li.navteam a,
body#produkte li.navprodukte a,
body#service li.navservice a,
body#kontakt li.navkontakt a {
    border-top: 4px solid #FFFFFF;
}
```

Hier wird für Besucher dezent, aber doch deutlich angezeigt, welcher Navigationspunkt angewählt ist, das heißt, in welchem Bereich der Benutzer sich gerade befindet. Dabei ist diese Markierung bereits für fünf verschiedene Seiten angelegt und geht davon aus, dass Sie den `body` jeder Seite mit einer entsprechenden `id` versehen.

```
div#wrap_content {}
div#col1, div#col2, div#menu, div#maintext {padding: 20px
10px;}
div#col1, div#col2, div#menu {width: 80px;}
```

Alle vier Spalten erhalten die gleichen Innenabstände. Die drei Spalten `div#col1`, `div#col2` und `div#menu` sollen `100px` breit werden. Da vorher ein seitliches `padding` von `10px` festgelegt wurde, müssen von der gewünschten Breite also `20px` abgezogen werden.

```
div#col1, div#col2 {float: left;}
div#col1 {background: #EBEBEB;}
div#col2 {margin-left: 5px; background: #E5E5E5;}
```

Die beiden Spalten `div#col1` und `div#col2` sollen `100px` breit sein und – vorläufig – am linken Rand angeordnet sein. Da vorher ein seitliches `padding` von je `10px` definiert wurde, müssen Sie die angegebene Breite auf `80px` reduzieren.

```
div#menu {float: right;}
```

Die Menübox schwebt vorläufig am rechten Rand.

```
div#menu ul {list-style-type: none; font-weight: bold;}
```

Alternativ können Sie das Menü auch mit kleinen Icons vor den Listenpunkten gestalten.

Auch das Menü ist mit einer ungeordneten Liste ul erstellt worden. Die Listenpunkte werden entfernt, und die Schriftstärke wird fett definiert. Allerdings soll diese Einstellung nur für die erste Ebene des Menüs gelten.

```
div#menu ul ul {margin-left: 10px; font-weight: normal;}
```

Daher wird die Schriftstärke in der zweiten Ebene gleich wieder auf normal zurückgesetzt. Zusätzlich wird diese Ebene um 10px eingerückt, was Sie genauso gut mit einem text-indent erreichen könnten.

```
div#maintext {
    margin: 0px 110px 0px 210px;
    background: #F0F0F0;
}
```

Der Container div#maintext muss nun für die Spalten links und rechts Platz machen, damit er nicht hinter diese rutscht.

```
div#maintext a {padding-bottom: 1px;}
div#maintext a:link {border-bottom: 1px solid #E3004F;}
```

Die Unterstreichung von Links allgemein wurde ja bereits unterdrückt, weil diese unschön nah am Text anliegt. Daher gestalten Sie hier selber eine Alternative und rücken den border-bottom mittels padding ein wenig vom Text ab.

```
div#footer {
    padding: 2px auto 4px auto;
    text-align: center;
    background: #CCCCCC;
}
```

Der Container div#footer fristet hier noch ein ziemlich bedeutungsloses Dasein und wird auch nicht besonders herausgeputzt. Vielleicht fällt uns ja später noch eine kleine Spielerei dafür ein.

20.3 Variante mit flexibler Breite

Mithilfe eines Style-Switchers können Sie natürlich auch verschiedene Stylesheets für verschiedene Monitorbreiten zur Auswahl anbieten.

Dieses Basislayout funktioniert natürlich auch problemlos mit einer flexiblen Breite. Die entsprechenden CSS-Anweisungen sind im Stylesheet bereits vorgesehen. Sie müssen lediglich einige wenige Zeilen auskommentieren und bei einigen anderen den Kommentar entfernen.

```
body {
    font-family: Verdana, sans-serif;
    font-size: 1.2em;
    line-height: 1.8em;
    /* text-align: center; */
}
```

Da die Position des gesamten Seiteninhalts in dieser Variante ausschließlich über den Container `div#wrapper` erfolgt, ist ein Zentrieren der Inhalte des `body` nicht mehr erforderlich.

```
div#wrapper {
    /* width: 760px; */
    /* margin: 20px auto; */
    margin: 0px 40px;
    /* text-align: left; */
    background: #FAFAFA;
}
```

Die Angabe einer fixen Breite des Containers `div#wrapper` wird auskommentiert (Sie können diese auch löschen). Die flexible Breite ergibt sich daraus, dass nun ausschließlich seitliche Abstände zum Browserfenster hin definiert werden. Dadurch wird auch das Zurücksetzen der Zentrierung überflüssig und kann entfallen. Hier wurde es lediglich auskommentiert.

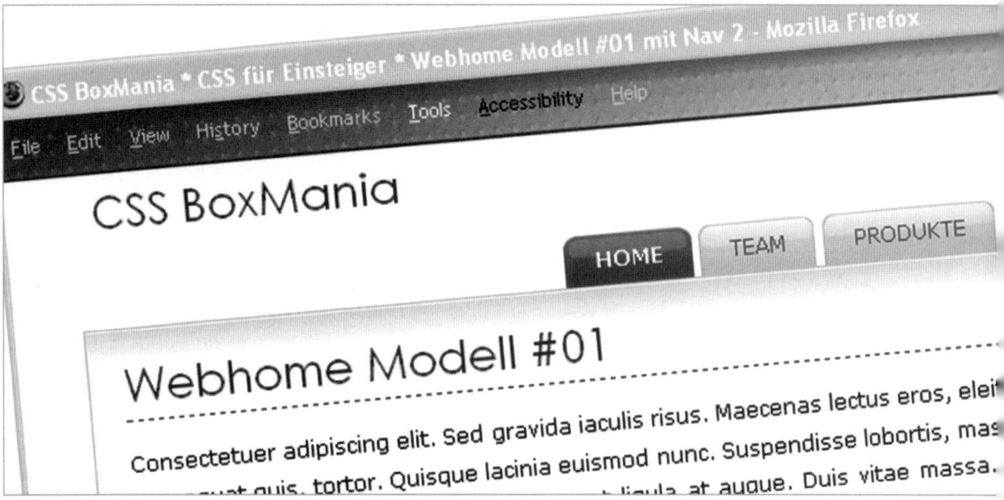

Kapitel 21

Vorlage #1: Eine Spalte

Ein einfaches Layout für einfache Anforderungen

Sie werden lernen,

- wie vielfältig ein einfaches Layout sein kann,
- wie Sie mit Hintergründen Eindruck machen und
- wie Sie Ihre Seiten abrunden können.

21 Vorlage #1: Eine Spalte

Viele meiner Kunden sind zufrieden mit einem einspaltigen Layout. Besucher lieben einfache Seiten! Dass eine einfache Seitenvorlage aber keinesfalls ein langweiliges Design bedeutet, werden Sie schnell erkennen.

Dass in den vorgestellten Seitenlayouts IDs englischsprachig benannt sind, liegt daran, dass sich diese Bezeichnungen international weitgehend durchgesetzt haben und einige davon voraussichtlich auch in zukünftigen Webstandards Eingang finden werden.

Sie können Ihre `div`-Container und anderen Klassen natürlich (fast) so benennen, wie Sie wollen. Aber denken Sie bei der Namensgebung für `id` und `class` immer daran, dass es besser ist, Namen mit *struktureller* Bedeutung zu wählen, als das Aussehen zu beschreiben.

Klassennamen

Vermeiden Sie bitte Klassennamen wie `spaltelinks`, denn wer weiß, ob diese Spalte in ein paar Monaten wirklich noch an der linken Seite stehen wird.

Bei diesem und den nachfolgenden Modellen werde ich hier im Buch nur die wesentlichen Teile des Quellcodes einfügen und längere Textpassagen weglassen. Es wird dabei nur der Code zwischen den `body`-Tags abgebildet.

Den kompletten Code für jede der Layoutvorlagen finden Sie auf der DVD sowie auf der Website *http://cssboxmania.com/*.

21.1 Variante mit fixer Breite

Da es einfacher ist, ein Design für eine fixe Breite zu gestalten, werden wir zuerst mit dieser Variante beginnen, bevor wir davon eine einspaltige Seitenvorlage in flexibler Breite ableiten.

Und so wird es aussehen:

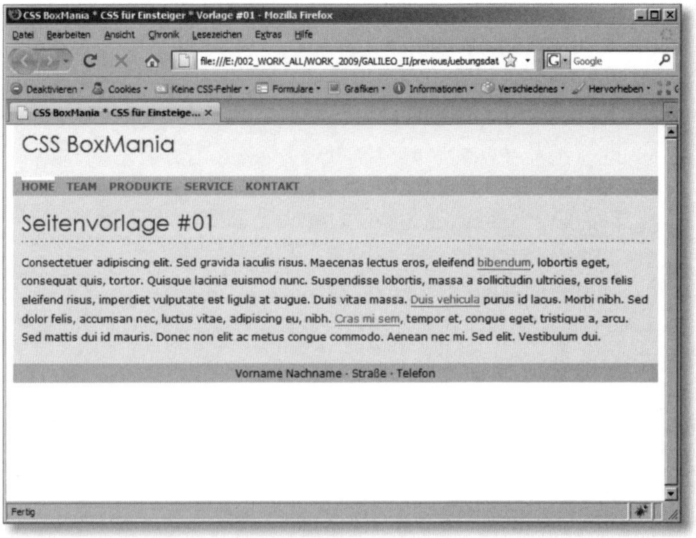

◂ **Abbildung 21.1**
Vorlage 01 mit einer Spalte und einfacher Navigation

Kopieren Sie den Ordner *basislayout*, und benennen Sie die Kopie *vorlage_01*. Ändern Sie die Dateien *index.htm* und *styles.css* entsprechend der nachfolgenden Codes.

Das Layout 1 besteht neben dem `div#wrapper` aus vier Containern, nämlich `div#header`, `div#nav`, `div#maintext` und `div#footer`. Eine Menüspalte wird hier nicht verwendet.

Bei sehr einfachen Anforderungen genügt u. U. eine Navigationsleiste, und es kann auf ein seitliches Menü verzichtet werden.

Löschen Sie daher im HTML-Code die entsprechenden Elemente. Theoretisch könnten Sie nicht benötigte Elemente auch mithilfe der folgenden Anweisung

```
div#col1, div#col2, div#menu {display: none;}
```

einfach ausblenden.

Der HTML-Code

```
<body id="home">
<div id="wrapper">

<div id="header">
  <h1>CSS BoxMania</h1>
</div><!-- #header -->
<div id="nav">
```

```
<ul>
    <li class="navhome">
    <a href="#">home</a></li>
    <li class="navteam">
    <a href="#">team</a></li>
    <li class="navprodukte">
    <a href="#">produkte</a></li>
    <li class="navservice">
    <a href="#">service</a></li>
    <li class="navkontakt">
    <a href="#">kontakt</a></li>
</ul>
</div><!-- #nav -->

<div id="wrap_content">
<div id="maintext">
    <h1>Seitenvorlage #01</h1>
    <p>Consectetuer ..... dui.</p>
</div><!-- #maintext -->
</div><!-- #wrap_content -->

<div id="footer">Vorname Nachname &middot; Stra&szlig;e
&middot; Telefon</div><!-- #footer -->

</div><!-- #wrapper -->
</body>
```

Für aufwendigere Hintergrundlösungen werden oft verschachtelte `div`-Bereiche benötigt. Obwohl der Mittelteil im Fall dieses Layouts nur aus einer Spalte besteht, wird der umhüllende Container `div#wrap_content` beibehalten.

Der CSS-Code

Am CSS-Code ändert sich kaum etwas, auch hier werden nur jene Anweisungen gelöscht, die sich auf nicht mehr vorhandene Elemente beziehen. Löschen Sie also die CSS-Regeln für `div#col1`, `div#col2` und `div#menu`.

In der Variante mit einer fixen Breite sind (zusätzlich zur Schriftanweisung in `body`) folgende Anweisungen notwendig, um den gesamten Seiteninhalt zu zentrieren:

```
body {text-align: center;}
div#wrapper {width: 760px; margin: 0px auto; text-align:
left;}
```

21.2 Designvorschläge

Variante 1

Fotos finden

Sie finden bei Fotoanbietern wie beispielsweise *www.fotolia.de* eine überwältigende Auswahl an Fotos und Grafiken, deren Nutzungsrechte Sie für wenige Euro erwerben können.

◀ **Abbildung 21.2**
Vorlage 01, Variante mit Hintergrund 1

Versuchen Sie nun selbst, diese Variante korrekt umzusetzen. Jetzt erweist es sich als nützlich, dass der Container `div#maintext` noch ein Eltern-Element `div#wrap_content` besitzt.

Legen Sie in `div#maintext` ein entsprechendes Hintergrundbild so an, dass es `right` und `bottom` ausgerichtet ist und nicht wiederholt wird. Nun ergibt sich allerdings ein Problem, sobald mehr Text vorhanden ist. Das Bild muss sich irgendwie nach oben fortsetzen.

Damit der Hintergrund auch dann passt, wenn der `div#maintext` sehr viel höher wird, erhält auch der `div#wrap_content` ein passendes Hintergrundbild.

Bei einer Grafik ähnlich jener in der Abbildung kopieren Sie in einem Grafikprogramm die oberste Pixelzeile (also 1 Pixel hoch über die ganze Breite). Erstellen Sie eine neue Datei in der Breite der Grafik und 10 Pixel hoch. Fügen Sie die kopierte Zeile 10-mal in die neue Datei ein.

Sie haben nun eine Datei mit einem Verlauf wie am oberen Rand der Hintergrundgrafik. Setzen Sie diese nun als Hintergrund für div#wrap_content ein, wird dieser Verlauf im oberen Teil von div#maintext sichtbar, sobald div#maintext höher ist als das Hintergrundbild.

Stimmen Sie danach die Farben für die Navigation, die Überschriften und die Links mit dem Schlüsselbild ab.

Farbgestaltung

Nützen Sie Farbtools, um als Kontrast zu einer vorherrschenden Farbe in Ihrem Layout Komplementärfarben für die Gestaltung von Navigation, Links und Überschriften abzuleiten.

Farbtools finden Sie in Kapitel 37.

Variante 2

Abbildung 21.3 ▸
Vorlage 01, Variante mit Hintergrund 2

Legen Sie für diese Variante ein entsprechendes Hintergrundbild in den Container div#header. Passen Sie die Höhe des Containers an die Höhe des Bildes an.

Auch div#maintext erhält ein Hintergrundbild. Beide Bilder werden nicht wiederholt. Das Bild in div#maintext wird wieder unten angelegt, sodass es auch bei größeren Textmengen immer passt.

In diesem Fall ist die Lösung ganz einfach, wenn der div#maintext höher wird: Es genügt, eine passende Hintergrundfarbe zu wählen.

Variante 3

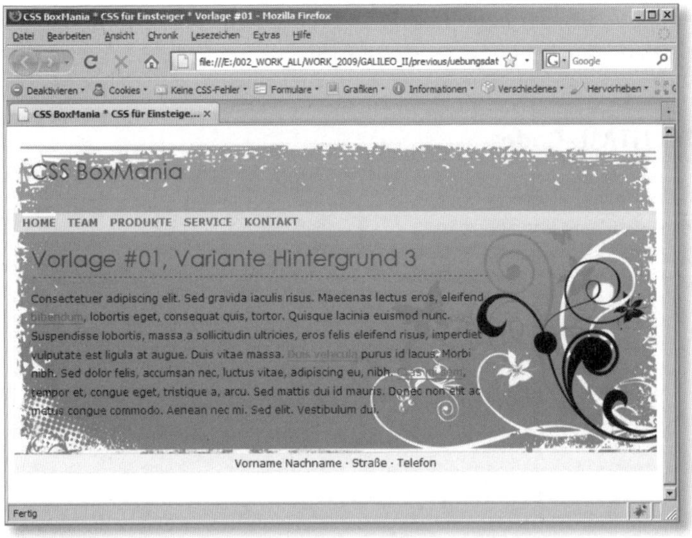

◂ **Abbildung 21.4**
Vorlage 01, Variante Hintergrund 3

Auch in diesem Fall müssen Sie für die Fortsetzung des Hintergrundbildes in `div#maintext` für den Container `div#wrap_content` ein entsprechendes Bild erzeugen. Gehen Sie dabei wie in Variante 1 vor. Der Container `div#header` erhält ebenfalls ein Hintergrundbild, die Höhe wird angepasst.

Variante 4

◂ **Abbildung 21.5**
Vorlage 01, Variante Hintergrund 4, fixe Breite

Mithilfe von fertigen Illustrationen gelingt Ihnen ein ungewöhnliches Design trotz einer so einfachen Seitenstruktur.

Für die hier verwendete Illustration habe ich eine Nutzungslizenz bei iStockPhoto.com erworben.

Diese Variante ist mit einer fixen Seitenbreite versehen worden. Möchten Sie hier eine flexible Seitenbreite erzielen, so bedarf es ein wenig Tüftelei.

Der HTML-Code

```
<div id="wrapper">
<div id="maincontent">
<div id="nav">
    <ul>
    <li class="navhome">
    <a href="#">home</a></li>
    <li class="navteam">
    <a href="#">team</a></li>
    <li class="navprodukte">
    <a href="#">produkte</a></li>
    <li class="navservice">
    <a href="#">service</a></li>
    <li class="navkontakt">
    <a href="#">kontakt</a></li>
    </ul>
</div><!-- #nav -->
<h1>Lorem ipsum dolor </h1>
<p>Sit amet ..... hymenaeos. </p>
</div><!-- #maincontent -->
</div><!-- #wrapper -->
```

Bei dieser Variante liegt der Container `div#nav` innerhalb von `div#maintext`. Darüber hinaus gibt es keine besonderen Einstellungen.

Der CSS-Code

Ich hebe hier nur die besonderen Anweisungen hervor. Die Definitionen für Farben der Überschriften u. Ä. können Sie nach Belieben setzen.

```
body {
    font: 1.2em/1.8em Verdana, sans-serif;
    color: #333333;
    background: #A0B8D7 url(images/back_verlauf.jpg)
```

```
repeat-x;
}
div#wrapper {
    width: 760px;
    background: url(images/header.jpg) no-repeat
#0E2044;}
div#nav {
    padding-top: 5px;
    text-align: right;
    margin-bottom: 40px;
}
div#maincontent {
    background: url(images/header_content.jpg) no-repeat
#FFFFFF;
    margin-left: 100px;
    padding: 180px 40px 20px 40px;
    text-align: justify;
}
```

Das ungewöhnliche Layout ergibt sich hier durch das ausgeklügelte Zusammenspiel von sich wiederholenden und nicht wiederholenden Hintergrundbildern.

21.3 Variante mit flexibler Breite

Für eine einspaltige, breitenflexible Variante müssen Sie lediglich die Breite des Containers `div#wrapper` entfernen und für seine seitlichen Abstände zum Browserfenster gewünschte Werte eingeben. Als Block-Level-Element breitet sich dieses Element so weit aus wie sein Eltern-Element. In diesem Fall ist das Eltern-Element der `body` abzüglich der angegebenen Außenabstände.

21.4 Anwendungsbeispiele für einspaltige Layouts

Dass die Technik von XHTML und CSS Designer zu den raffiniertesten Internetauftritten beflügelt, beweisen nicht zuletzt die unzähligen CSS-Galerien, die seit einiger Zeit die »stylishsten« Websites in umfangreichen Trendgalerien präsentieren.

Die bei den einzelnen Seitenvorlagen angeführten Beispiele von internationalen Websites müssen nicht unbedingt mit XHTML und CSS realisiert sein. Sie sollen lediglich als Anregung dienen, wie man ein Designraster auch auf ungewöhnliche Weise interpretieren kann.

Hier einige Anwendungsbeispiele für einspaltige Layouts:

Abbildung 21.6 ▸
Hier wird eine Spalte für ein Portfolio mit Grafiken und Animationen eingesetzt. Der Hintergrund ist fixiert, die Boxen mit den Inhalten scrollen darüber.

Abbildung 21.7 ▸
Unerheblich, ob die Site tatsächlich nur mit einer Spalte gebaut ist, sie zeigt eine Möglichkeit, mit einer schmalen Spalte und Freiraum für wechselnde Bilder eine attraktive Lösung auf einer einfachen Basis zu präsentieren.

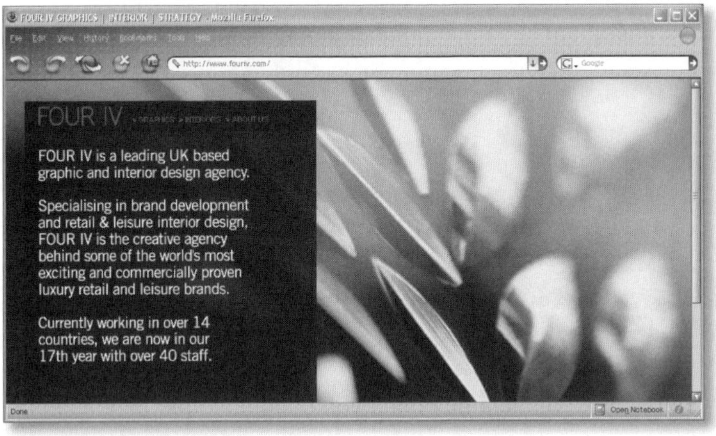

◂ **Abbildung 21.8**
Zwar nicht besonders schön, dennoch eine gute Anregung, wie man ein einspaltiges Layout mit einem prominenten Hintergrund kombinieren kann.

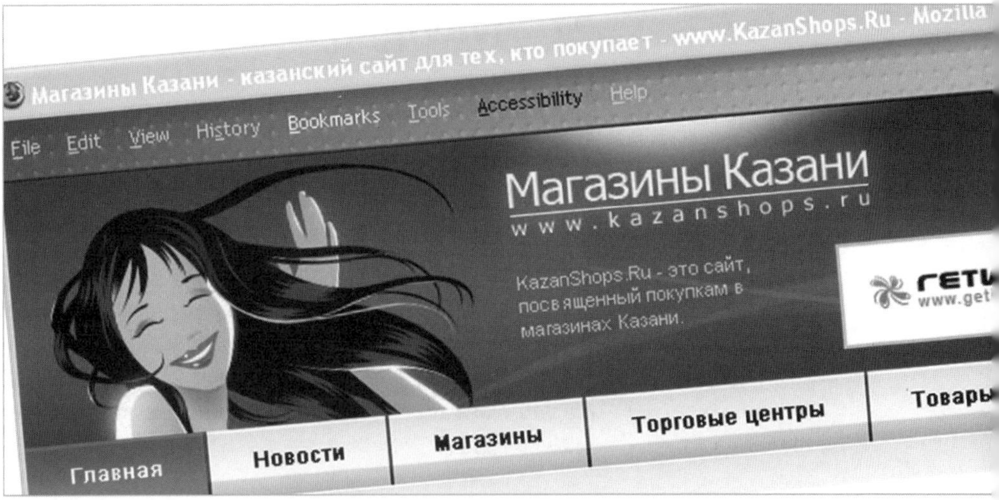

Kapitel 22

Navigieren mit Tabs

Auch Tabs sind nur einfache Listen.

Sie werden lernen,

- wie Sie aus Listen eine Tab-Navigation erstellen,
- wie vielfältig Sie Tabs gestalten können und
- wie Sie aktive Themen hervorheben.

22 Navigieren mit Tabs

Der Online-Buchhändler Amazon darf als der Erfinder der Tab-Navigation betrachtet werden. Jedenfalls hat Amazon diese übersichtliche Art der Orientierung auf Webseiten populär gemacht. Mittlerweile hat die Firma auf eine seitliche Navigation umgestellt. Dennoch ist die Tab-Navigation weiterhin ungemein beliebt, und Benutzer sind mit ihr vertraut.

Zeitgemäßes Webdesign bevorzugt übersichtliche und benutzerfreundliche Lösungen für die Navigation. XHTML und CSS erlauben uns, aus editierbarem Text oder aus Menüpunkten, die als Text aus einem Content-Management-System generiert werden, attraktive Navigationsleisten zu erzeugen.

Vermeiden Sie es, beim Design Ihrer Projekte allzu sehr von gelernten Standards abzuweichen. Benutzer schätzen es nicht, sich immer wieder auf neue Logikvarianten von Webseiten einzustellen.

Für die Orientierung in den Hauptthemen werden gerne horizontale Navigationsleisten eingesetzt. Das erinnert an Karteikartensysteme, die kleine, beschriftete Karteireiter zum Springen zwischen einzelnen Karten verwendeten. Solche Karteireiter heißen im Englischen *Tabs*.

Bitte bedenken Sie bei der Konzeption Ihrer Navigationslogik, dass horizontale Leisten nur eine begrenzte Breite haben. Erwarten Sie (vielleicht für die Zukunft) mehr als eine Handvoll Themen, die hier Platz finden müssen, dann sollten Sie eine andere Lösung in Betracht ziehen.

Ich möchte Ihnen hier nun drei Basismodelle als Ausgangspunkt für eigene kreative Ideen vorstellen.

22.1 Einfache Tab-Leiste mit Rollover-Effekt

Eine einfache und dennoch effektvolle Lösung ist die folgende, die eigentlich nur Rahmen und Hintergrundfarben benötigt.

Die angeführten Beispiele finden Sie im Ordner *vorlage_01*. Die HTML-Seiten entsprechen der Datei *index.htm* im Ordner *basislayout/fixe_breite*. Da in den HTML-Seiten alle Einstellungen bereits vorbereitet sind, müssen Sie hier nichts mehr ändern. Für die erste Variante der Navigation *nav1.htm* und *nav1.css* werden die seitlichen Spalten via CSS ausgeblendet:

```
div#col1, div#col2, div#menu {display: none;}
```

Und so wird es aussehen:

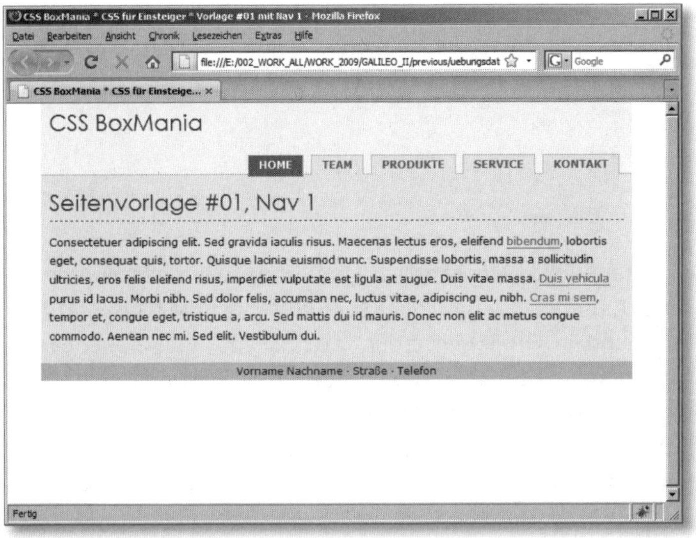

◂ **Abbildung 22.1**
Vorlage 01 mit einer Spalte und einfacher Tab-Leiste

Zusätzlich zum Ausblenden der seitlichen Spalten werden folgende Änderungen am Stylesheet vorgenommen:

```
div#nav {
    background: #FAFAFA;
    text-align: right;
    padding-right: 10px;
}
```

Die gesamte Navigationsleiste wird rechts ausgerichtet und mit einem kleinen Innenabstand von rechts versehen.

```
div#nav li {
    display: inline;
    list-style-type: none;
    margin-right: 0.4em;
}
```

Die Anzeigeart der Listenpunkte wird auf den Wert `inline` geändert, wodurch die Liste horizontal erscheint. Sicherheitshalber werden die Punkte vor den einzelnen Listeneinträgen explizit ausgeblendet, obwohl die meisten Browser dies ohnehin so handhaben, sobald display auf inline gesetzt wird. Jeder Listenpunkt erhält einen kleinen Abstand zum nächsten nach rechts.

```
div#nav a {
    text-decoration: none;
    font-weight: bold;
    text-transform: uppercase;
    padding: 0.2em 1.0em 0.4em 1.0em;
    border: 1px solid #CCCCCC;
    border-bottom: none;
    background: #F0F0F0;
}
```

Die Listenpunkte (die sämtlich Links sind) sollen nicht unterstrichen (text-decoration: none;), in fetter Schrift (font-weight: bold;) und in Großbuchstaben (text-transform: uppercase;) erscheinen. Das padding rund um jeden Link erzeugt eine kleine Box, die bei dieser Variante den eigentlichen Tab bildet. Die Einstellungen für border geben jedem Tab einen Rahmen links, rechts und oben.

```
div#nav a:hover,
body#home li.navhome a,
body#team li.navteam a,
body#produkte li.navprodukte a,
body#service li.navservice a,
body#kontakt li.navkontakt a {
    background: #E3004F;
    color: #FFFFFF;
    border-bottom: 2px solid #E3004F;
}
```

Unter der Lupe

Bei Navigationslösungen müssen Sie darauf achten, dass diese auch dann noch halbwegs funktionieren bzw. ansehnlich sind, wenn Benutzer die Schrift stark vergrößern.

Schließlich wird noch festgelegt, wie das aktive Thema markiert werden soll. Dabei legen Sie die entsprechenden Einstellungen auch bereits für alle anderen Seiten fest. Der kleine Wert für border-bottom sorgt dafür, dass die aktiven Tabs etwas nach unten »hängen«.

Auch bei größeren Schriften macht diese einfache Navigationsleiste, die sich auch für ein CMS hervorragend eignet, noch einen guten Eindruck.

Aber sehen Sie selbst:

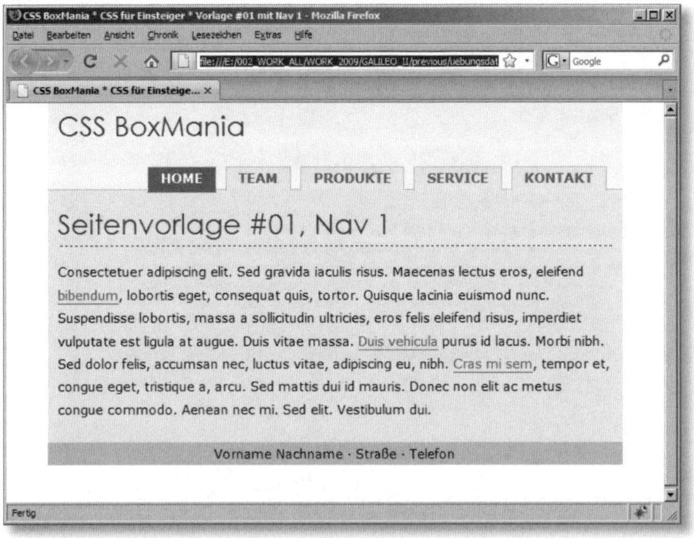

◀ **Abbildung 22.2**
Vorlage 01 mit Nav1 (FF), größere Schrift

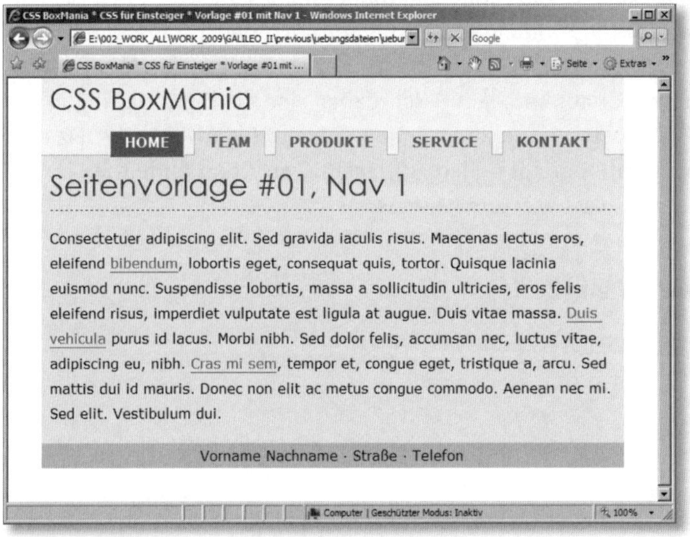

◀ **Abbildung 22.3**
Vorlage 01 mit Nav1 (IE), größere Schrift

22.2 Einfache Tab-Leiste mit Verlauf und Rollover

Wem die erste Lösung gar zu schlicht erscheint, der kann die Tabs natürlich auch beliebig aufwendig gestalten. Zum Beispiel mit einer kleinen Grafik im Hintergrund.

Und so wird es aussehen:

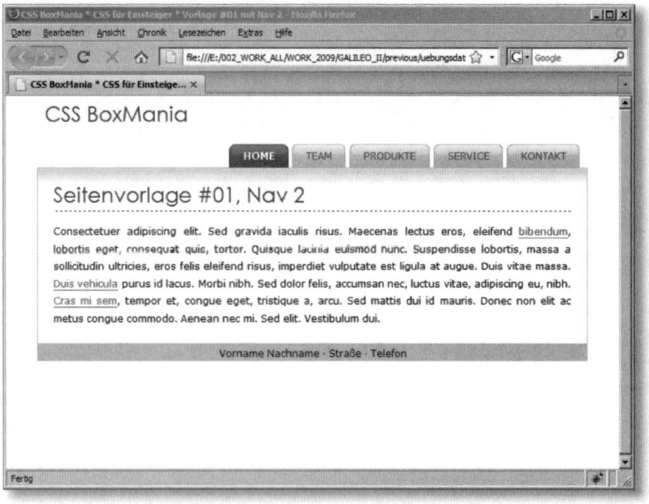

Abbildung 22.4 ▸
Vorlage 01 mit einer Spalte und einer Tab-Leiste mit Grafikhintergrund

Sehr beliebt sind Tabs mit abgerundeten Ecken.

Falls Sie die Tabs mit abgerundeten Ecken, also entsprechenden Hintergrundbildern, gestalten möchten, so muss die Lösung natürlich unterschiedlich breite Bezeichnungen für Navigationspunkte erlauben. Sie müssen daher eine kleine Änderung in der HTML-Datei vornehmen, indem Sie um jeden Link der Navigationsleiste ein span-Element legen. Den Code finden Sie in den Dateien *nav2.htm* und *nav2.css*.

Der HTML-Code

```
<div id="nav">
    <ul>
    <li class="navkontakt">
    <a href="#"><span>kontakt</span></a></li>
    <li class="navservice">
    <a href="#"><span>service</span></a></li>
    <li class="navprodukte">
    <a href="#"><span>produkte</span></a></li>
    <li class="navteam">
    <a href="#"><span>team</span></a></li>
    <li class="navhome">
    <a href="#"><span>home</span></a></li>
    </ul>
</div>
```

Bitte beachten Sie, dass bei dieser Lösung, die rechtsbündig angeordnet sein soll, mit einem `float` nach rechts gearbeitet wird. Daher müssen Sie die Reihenfolge der Navigationspunkte umkehren.

Der CSS-Code

```
div#nav {
    padding-right: 10px;
}
div#nav li {
    display: inline; list-style-type: none;
}
```

Die Textausrichtung nach rechts fällt bei dieser Variante weg, da die Tabs mittels `float` rechtsbündig ausgerichtet werden.

```
div#nav a {
    float: right;
    text-decoration: none;
    text-transform: uppercase;
    padding-left: 1.0em;
    margin-left: 0.4em;
    background: url(images/tab_normal.gif) no-repeat
    left top;
}
```

Das `float` der Links sorgt für die Ausrichtung der Navigationspunkte vom rechten Rand weg. Der Abstand `padding-left` rückt die in den `a`-Elementen liegenden `span`-Elemente vom linken Rand weg und lässt so Platz für die überstehende linke abgerundete Ecke des Tabs. Der Wert für `margin-left` legt die Abstände zwischen den einzelnen Navigationspunkten fest. Die Werte werden in `em` angegeben, damit die Navigationsleiste auch bei vergrößerter Schrift noch ansehnlich erscheint.

Das Hintergrundbild ist ein sehr breites und hohes Kästchen mit Verlauf und abgerundeten Ecken an der linken und rechten oberen Seite. Da das Bild hier `left` und `top` angesetzt wird, ist die abgerundete Ecke links sichtbar. Durch die übermäßige Breite des Hintergrundbildes ist die abgerundete rechte Ecke nicht zu sehen.

```
div#nav a span {
    display: block;
    padding: 0.3em 1.4em 0.3em 0.5em;
    background: url(images/tab_normal.gif) no-repeat
    right top;
}
```

Bitte beachten Sie, dass bei Inline-Elementen das `padding` nach oben und unten nicht funktioniert.

Ähnlich funktioniert die Gestaltung von abgerundeten Boxen z. B. für Textkästchen.

Die `span`-Elemente liegen innerhalb der Link-Elemente. Bei dieser Variante bilden erst die `span`-Elemente die eigentlichen Tabs. Die Anzeigeart wird daher auf `block` gesetzt, damit ein `padding` an allen vier Seiten möglich ist. Das Hintergrundbild (das gleiche wie in den `a`-Elementen) wird nun rechts und oben angesetzt, um die rechte abgerundete Ecke sichtbar zu machen.

```
div#nav a:hover,
body#home li.navhome a,
body#team li.navteam a,
body#produkte li.navprodukte a,
body#service li.navservice a,
body#kontakt li.navkontakt a {
    background: url(images/tab_over.gif) no-repeat
    left top;
    color: #FFFFFF;
    font-weight: bold;
}
div#nav a:hover span,
body#home li.navhome a span,
body#team li.navteam a span,
body#produkte li.navprodukte a span,
body#service li.navservice a span,
body#kontakt li.navkontakt a span {
    background: url(images/tab_over.gif) no-repeat
    right top;
    color: #FFFFFF;
}
div#nav a:hover {font-weight: normal;}
```

Nun sollten auch die Einstellungen für aktive Navigationspunkte leicht nachzuvollziehen sein: Die entsprechenden `a`-Elemente erhalten das `over`-Bild links oben angelegt, die `span`-Elemente das gleiche Bild rechts oben. Die Schrift wird für eine bessere Lesbarkeit beim Rollover-Effekt auf fett eingestellt. Bei `a:hover` wird die Schriftstärke allerdings auf normale Schriftstärke festgelegt, damit die Navigationspunkte beim Rollover nicht »hüpfen«.

Unter der Lupe

Auch diese Tab-Leiste eignet sich gut für den Fall, dass Schriften größer dargestellt werden. Hier der Beweis:

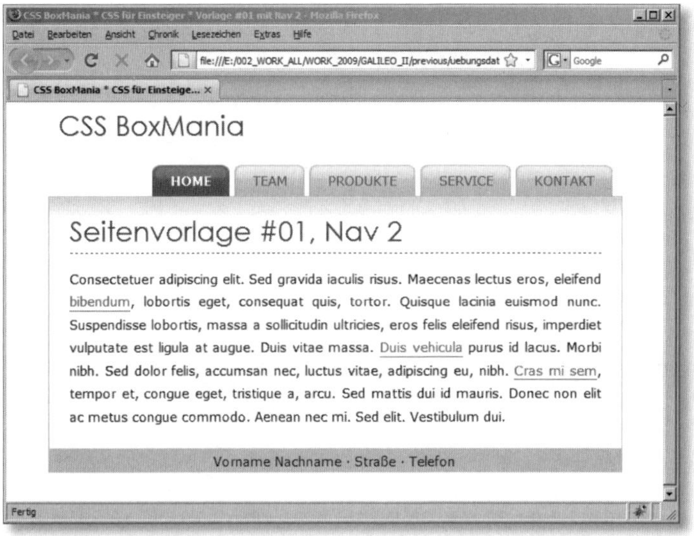

◂ **Abbildung 22.5**
Vorlage 01 mit Nav 2 (FF)

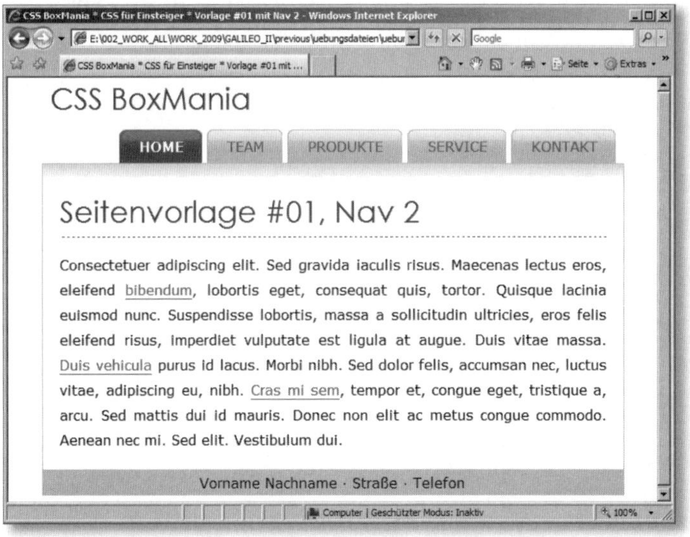

◂ **Abbildung 22.6**
Vorlage 01 mit Nav 2 (IE)

22.3 Tab-Leiste mit Pfeil für Rollover

In dieser Variante erscheint beim Rollover ein kleiner Pfeil jeweils unter dem aktiven Menüpunkt. Und so wird es aussehen:

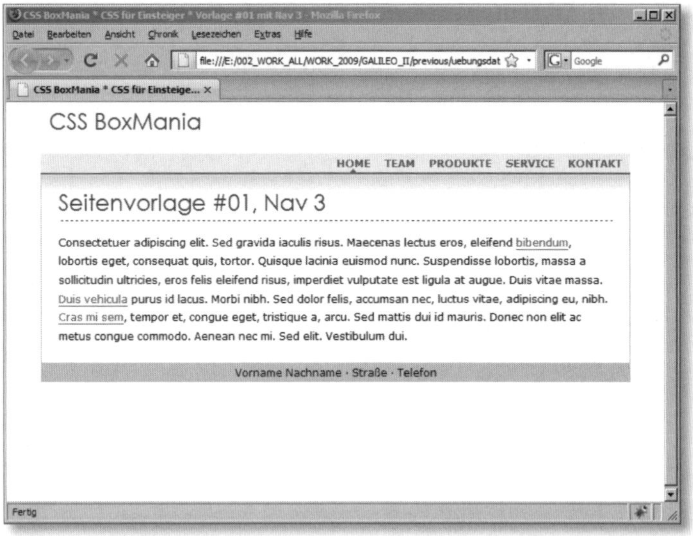

Abbildung 22.7 ▸
Vorlage 01 mit einer Spalte und Navigation mit Pfeil

Der HTML-Code

Anstatt der kleinen Pfeile können Sie natürlich beliebige grafische Elemente verwenden.

Hier kommt wieder die ursprüngliche Version der Navigationsleiste zum Einsatz. span-Elemente werden dafür nicht benötigt.

```
<div id="nav">
    <ul>
    <li class="navhome">
    <a href="#">home</a></li>
    <li class="navteam">
    <a href="#">team</a></li>
    <li class="navprodukte">
    <a href="#">produkte</a></li>
    <li class="navservice">
    <a href="#">service</a></li>
    <li class="navkontakt">
    <a href="#">kontakt</a></li>
    </ul>
  </div>
```

Der CSS-Code

Auch der CSS-Code für diese Variante ist sehr einfach nachzuvollziehen.

```
div#nav {
    background: #F5F5F5;
    text-align: right;
    padding-right: 10px;
}
div#nav li {
    display: inline;
    margin-left: 1.0em;
}
div#nav a {
    text-decoration: none;
    font-weight: bold;
    text-transform: uppercase;
    padding-bottom: 0.4em;
}
```

Hier ist lediglich zu beachten, dass die Link-Elemente einen Abstand `padding-bottom` erhalten, damit Platz für die kleinen Pfeile entsteht.

Wenn Sie andere Grafiken als die hier gezeigten Pfeile verwenden, müssen Sie das padding entsprechend auf die Höhe der Grafikelemente abstimmen.

```
div#nav a:hover,
body#home li.navhome a,
body#team li.navteam a,
body#produkte li.navprodukte a,
body#service li.navservice a,
body#kontakt li.navkontakt a {
background: url(images/arrow_bottom.gif) no-repeat center
bottom;
}
```

Der aktive Navigationspunkt wird in dieser Variante mit einem kleinen Bild in Form eines Pfeils hervorgehoben. Damit dieser eine »Führungsschiene« erhält, verleihen wir dem Container `div#wrap_content` noch einen kleinen Rahmen oben `border-top` in der Farbe des Pfeils.

```
div#wrap_content {border-top: 2px solid #E3004F;}
```

Unter der Lupe

Auch hier sieht die Navigation noch ansehnlich aus, falls die Schriften stark vergrößert dargestellt werden.

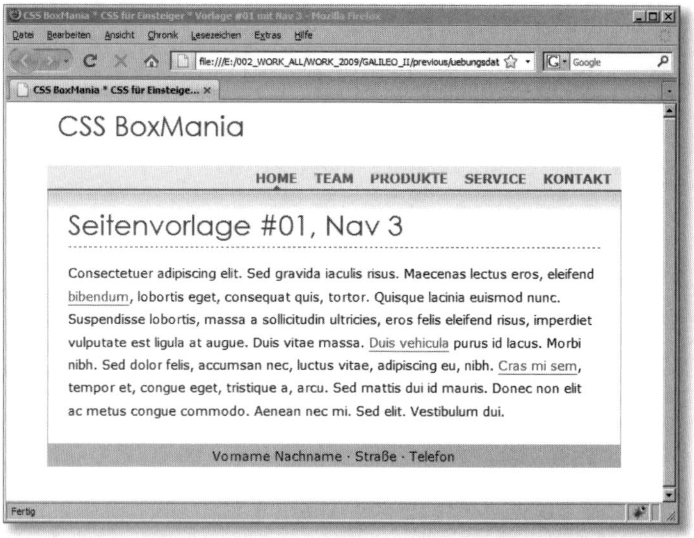

Abbildung 22.8 ▸
Vorlage 01 mit Nav 3 (FF)

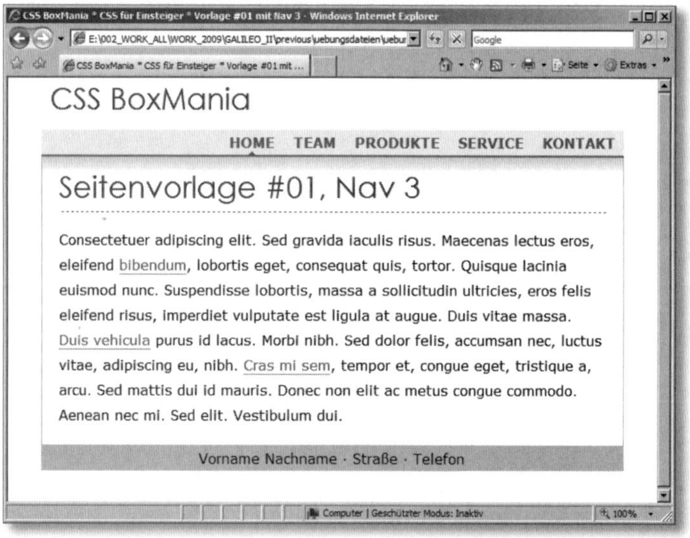

Abbildung 22.9 ▸
Vorlage 01 mit Nav 3 (IE)

22.4 Anwendungsbeispiele für Tab-Navigation

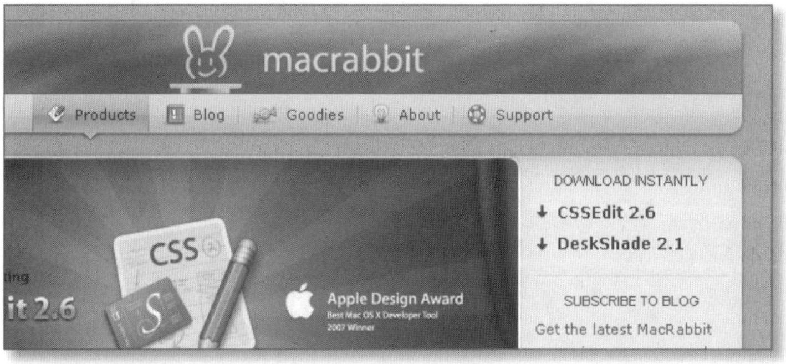

◂ **Abbildung 22.10**
macrabbit.com hat die Navigationstabs noch mit kleinen Icons versehen.

◂ **Abbildung 22.11**
Ganz einfach und doch sehr elegant erscheint die Navigationsleiste von cssvault.

◂ **Abbildung 22.12**
Dass Navigationsleisten dank CSS nicht nur aus geraden Kästchen bestehen müssen, beweist der WebDesignerWall phantasievoll.

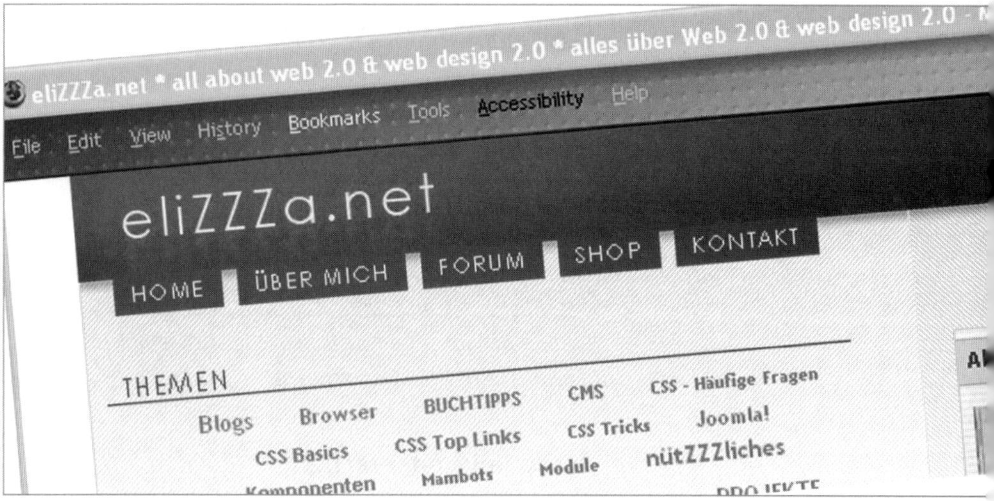

Kapitel 23

Vorlage #2: Zwei Spalten

Der Klassiker unter den Weblayouts

Sie werden lernen, wie Sie

- Menüs links oder rechts anordnen,
- Menülisten gestalten können und
- Ihren Besuchern erlauben, Stylesheets auszuwählen.

23 Vorlage #2: Zwei Spalten

Die überwiegende Zahl der Internetauftritte benutzt diesen Klassiker. Besonders bei einfachen Content-Management-Systemen ist diese Lösung beliebt. Aber auch hier gilt, dass ein schlichter Aufbau raffiniertes Design nicht ausschließt.

Menü links oder rechts?

Dass sich Menüs so hartnäckig am linken Seitenrand behaupten, kommt meiner Ansicht nach daher, dass es in den ersten Jahren des Webdesigns (oder was wir damals darunter verstanden) technisch gar keine andere Möglichkeit gab, als Menüs an der linken Seite anzuordnen. Bis es dann andere Lösungen gab, existierten bereits so viele »linkslastige« Seiten im Web, dass viele meinten, das müsse so sein und diese Tatsache nicht infrage stellten.

Benutzerfreundlichkeit hat auch etwas mit Ergonomie zu tun.

Prinzipiell kommen sich bei dieser Frage zwei sehr gegensätzliche Lager in die Quere: Einerseits die Gruppe derer, welche die Aussagekraft von Studien nicht anzweifeln, andererseits die Gruppe jener, die lieber eigenen Erfahrungen glauben. Die erste Gruppe stützt sich auf unzählige Studien, die besagen, dass der neugierige Blick von Menschen im Allgemeinen und von Webbesuchern im Besonderen links oben auf einer Seite verweilt, und ignoriert dabei geflissentlich die vielen Studien, die genau das Gegenteil festgestellt haben wollen.

Die zweite Gruppe hat bemerkt, dass die Handhabung von Menüs etwas mit Ergonomie zu tun hat und verteidigt die Ansprüche von Rechts- und Linkshändern vehement.

Ich lasse mich auf solche Diskussionen gar nicht erst ein. Studien hin, Erfahrung her – klar ist, dass ein Menü an der rechten Seite für Rechtshänder praktischer ist. Und wer damit nicht einverstanden ist, der kann ja mithilfe von CSS seine Benutzer wählen lassen, wo das Menü erscheinen soll. Womit sich also dieser Glaubenskrieg in Zeiten von CSS erübrigt hat.

Die hier vorgestellte Seitenvorlage werden Sie daher in zwei Varianten gestalten: Menü links und Menü rechts. Nichts ist einfacher, als dies mittels CSS zu realisieren.

23.1 Menü rechts

Und so wird es aussehen:

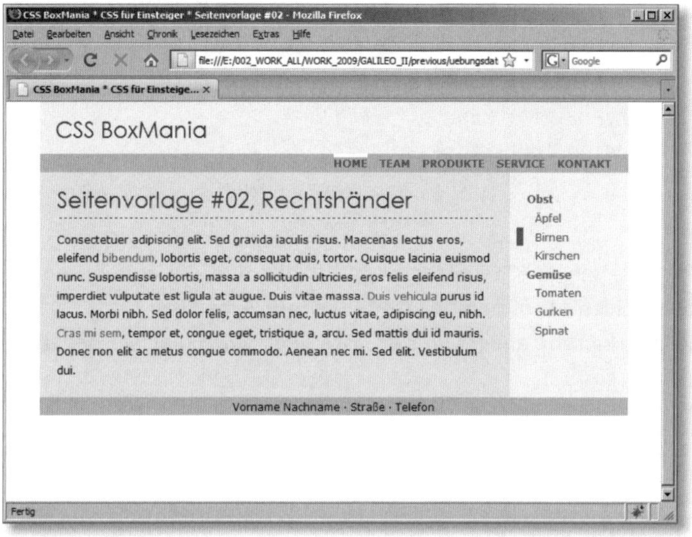

◂ **Abbildung 23.1**
Vorlage 02 mit Menü rechts und Navigation rechtsbündig (FF)

Der HTML-Code

Die Dateien befinden sich im Ordner *vorlage_02*. Den Code für die unterschiedlichen Varianten entnehmen Sie bitten den Dateien in den Ordnern *0201_menue_rechts*, *0202_menue_links*, *0203_css_switch* und *0204_menue_links_hintergrund*.

Die Container `div#col1` und `div#col2` bleiben im CSS-Code ausgeblendet (`display: none;`), da diese nicht benötigt werden. Zusätzlich wird im HTML-Code `body` um eine Klasse ergänzt, um das Hervorheben von aktiven Menüpunkten testen zu können.

```
<body id="home" class="birnen">
```

Für die Navigation wird vorläufig die Lösung aus dem Basis-Layout beibehalten. Daher sind diesbezüglich auch keine Änderungen im CSS-Code vorgesehen.

Der CSS-Code

```
div#menu {float: right; width: 100px; padding: 20px;}
div#menu ul {list-style-type: none; font-weight: bold;}
div#menu ul ul {text-indent: 10px; font-weight: normal;}
```

Das `div#menu` wird zuerst mittels `float` an den rechten Rand positioniert. `float` verlangt `width`, daher erhält `div` auch eine passende Breite. Die Listenpunkte werden entfernt. Die zweite Ebene der Menüs wird mittels `text-indent` noch weiter eingerückt.

```
body#home.birnen div#menu li.birnen {
    border-left: 8px solid #E3004F;
    padding-left: 4px;
    margin-left: -12px;
}
```

Die zusätzliche Klasse des `body` erlaubt nun die Hervorhebung des aktiven Menüpunktes ohne weitere Arbeit am Code. Damit die Markierung *außerhalb* der Liste liegt, wird hier ein negativer `margin` gesetzt.

```
div#maintext {
    margin: 0px 140px 0px 0px;
    padding: 20px;
    background: #F0F0F0;
}
```

Der Container `div#maintext` muss für `div#menu` Platz machen, daher der `margin` an der rechten Seite. Sowohl im Container `div#menu` als auch im `div#margin` werden die Texte mittels `padding` vom Rand weggerückt. Der Wert muss wiederum bei den Breiten der Elemente berücksichtigt (nämlich abgezogen) werden.

23.2 Menü links

Und so wird es aussehen:

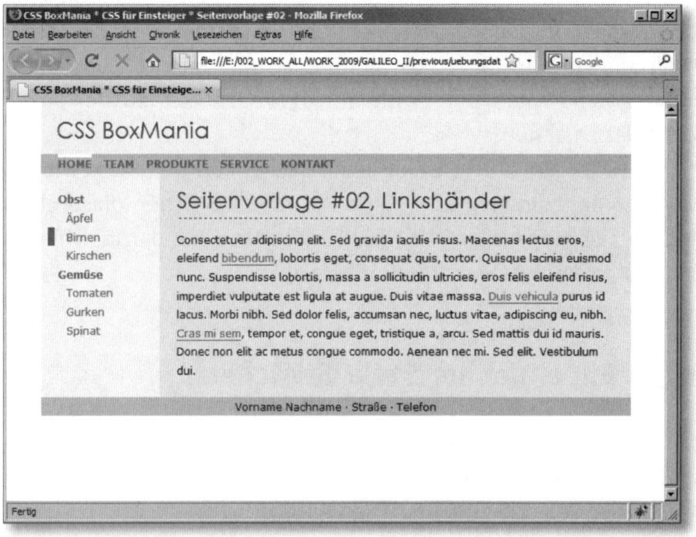

◂ **Abbildung 23.2**
Vorlage 02 mit Menü links und Navigation linksbündig

Der HTML-Code

Wieder werden die Vorteile von XHTML und CSS deutlich: Am HTML-Code muss gar nichts geändert werden, um das Layout »umzudrehen«. Es sind nur kleine Änderungen im CSS-Code erforderlich.

Der CSS-Code

Der Container `div#nav` wird wieder linksbündig ausgerichtet, das heißt, `text-align: right;` wird entfernt und mittels `padding-left: 10px;` wird die Navigationsleiste links eingerückt. Dies schaffen Sie nun bereits ohne Vorlage.

```
div#menu {
    float: left;
    width: 100px;
    padding: 20px;
}
div#maintext {
    margin: 0px 0px 0px 140px;
```

```
    padding: 20px;
    background: #F0F0F0;
}
```

Vorsicht

mit allzuviel Designauswahl für Ihre Besucher! Sie möchten doch für Ihr Webprojekt eine hohe Wiedererkennbarkeit erreichen. Dem widerspricht es, verschiedene Designs bereitzustellen.

Wie Sie sehen, sind nur marginale Änderungen notwendig, um das Menü von rechts nach links zu versetzen. Der Container `div#menu` wird anstatt `right` nunmehr `left` gefloatet, und dementsprechend muss der Container `div#maintext` an der *linken* Seite Platz machen.

Nun wäre es natürlich eine feine Sache, könnten Sie – wie ich es schon angedeutet habe – Ihre Besucher zwischen diesen beiden Ausrichtungen der Seite wählen lassen, ohne darüber hinaus am Design Änderungen vorzunehmen.

23.3 Ein einfacher Style-Switcher

Die gute Nachricht: Sie müssen JavaScript nicht verstehen, um vier Zeilen Code zu kopieren. Hier ausnahmsweise eine kurze Anleihe bei dieser einfachen Sprache.

Der HTML-Code

Im Ordner *0203_css_switch* finden Sie die Datei *index.htm*, die nun um ein wenig JavaScript im `head` ergänzt wird. Die Stylesheets aus den Vorlagen *0201_menue_rechts* und *0202_menue_links* werden in *styles1.css* und *styles2.css* umbenannt und ebenfalls in den Ordner *0203_css_switch* kopiert. Sie finden in dem Ordner auch noch die CSS-Dateien *styles3.css* und *styles4.css* mit Varianten für Menü und Navigation.

Beim ersten Aufruf der Datei soll das Menü an der rechten Seite erscheinen, über der Navigation erlaubt eine Linkleiste das Umschalten zwischen den verschiedenen Stylesheets.

Im Link-Tag der Datei *index.htm* ändern Sie den Verweis auf *styles1.css*, damit zuallererst das Menü für Rechtshänder angezeigt wird:

```
<link rel="stylesheet" href="styles1.css" type="text/css"
media="screen" />
```

Unmittelbar danach folgt der JavaScript-Code zum Umschalten der Stylesheets:

```
<script type="text/javascript">
var StyleFile = "styles" + document.cookie.charAt(6) +
".css";
document.writeln('<link rel="stylesheet" type="text/css"
href="' + StyleFile + '">');
</script>
```

Fügen Sie vor dem Container `div#nav` einen Container `div#switch` für die zusätzliche Linkleiste ein, die auch bereits die zwei weiteren Stylesheets berücksichtigt:

```
<div id="switch">
<a href="javascript: document.cookie='style=1'; window.
location.reload();">Rechtsh&auml;nder</a> |
<a href="javascript: document.cookie='style=2'; window.
location.reload();">Linksh&auml;nder</a> |
<a href="javascript: document.cookie='style=3'; window.
location.reload();">Nav Border</a> |
<a href="javascript: document.cookie='style=4'; window.
location.reload();">Men&uuml; select</a>
</div><!-- #switch -->
```

Der CSS-Code

In beiden Stylesheets fügen Sie noch eine kleine Ergänzung für den Container `div#switch` ein:

```
div#switch {text-align: right; padding-right: 20px;}
```

Fertig ist Ihr Style-Switcher!

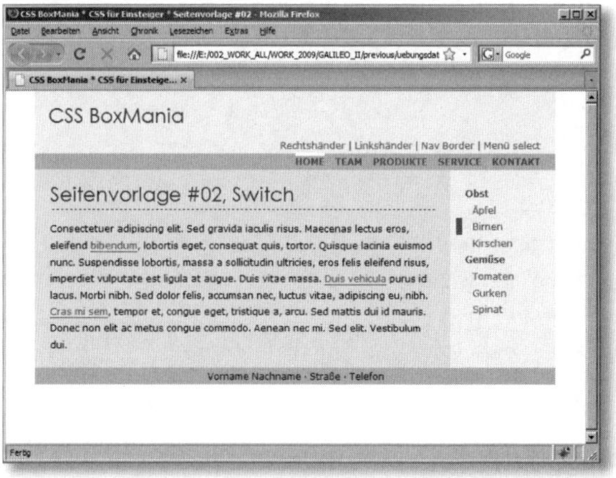

◀ **Abbildung 23.3**
Vorlage 02 mit Linkleiste zum Umschalten der Stylesheets

23.4 Variante mit Navigation

Eine weitere, ganz einfache Variante für die Navigationsleiste bedient sich der Eigenschaft `border`, um den aktiven Punkt hervorzuheben. Und so wird es aussehen:

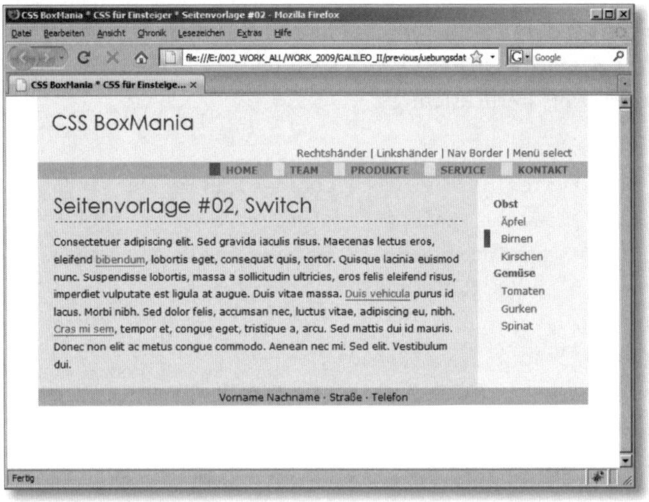

Abbildung 23.4 ►
Vorlage 02 mit Hervorhebung durch border-left

Es gibt wohl so viele Ideen wie Designer, um die Frage der Navigation optisch zu lösen – selbst dann, wenn man hierzu nur CSS einsetzt.

```
div#nav a {
    text-decoration: none;
    font-weight: bold;
    text-transform: uppercase;
    padding: 0.2em 0.4em 0em 0.6em;
    border-left: 1.2em solid #F0F0F0;
}
div#nav a:hover,
body#home li.navhome a,
body#team li.navteam a,
body#produkte li.navprodukte a,
body#service li.navservice a,
body#kontakt li.navkontakt a {
    border-left: 1.2em solid #E3004F;
    border-top: 0px;
}
```

Ein simpler Rahmen `border-left` erzeugt hier sowohl im normalen Status als auch bei `a:hover` und für den aktiven Navigationspunkt die Hervorhebung. Da aus dem zuerst geladenem Stylesheet *styles2.css* noch ein `border-top` bei den angewählten Navigationspunkten wirksam ist, wird dieser auf `0px` gesetzt.

23.5 Variante Menüpunkte

Das seitliche Menü soll nun noch mit wenigen Änderungen an die jetzige Gestaltung der Navigation angepasst werden. Und so wird es aussehen:

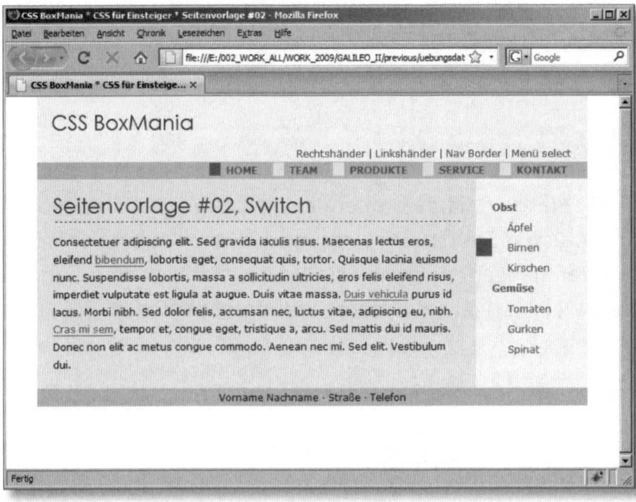

◂ **Abbildung 23.5**
Vorlage 02, aktiver Menüpunkt dem Design angepasst

```
div#menu ul {list-style-type: none; font-weight: bold;}
div#menu ul li {margin: 0.3em 0em;}
div#menu ul ul {text-indent: 10px; font-weight: normal;}
div#menu ul ul li {padding-left: 10px;}
body#home.birnen div#menu li.birnen {
    border-left: 20px solid #E3004F;
    padding-left: 10px;
    margin-left: -20px;
}
```

Die Listenpunkte werden vertikal ein wenig auseinandergerückt, und ein Rand `border-left` beim aktiven Menüpunkt passt die Markierung der Navigationsleiste an.

23.6 Variante mit Hintergrundbildern

Natürlich sind den Designideen auch beim zweispaltigen Layout keine Grenzen gesetzt. Hier nur ein einfaches Beispiel:

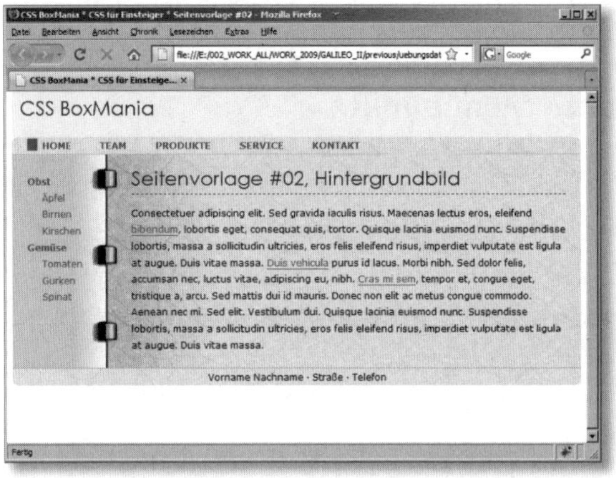

Abbildung 23.6 ▶
Vorlage 02, Variante mit Hintergrundbild

Wenn Sie in dieser Variante breitenflexible Seiten gestalten möchten, dann müssen Sie das Hintergrundbild nach rechts entsprechend breiter anlegen. Auch hier sind nur diejenigen Änderungen angeführt, welche die Hintergrund-Lösung betreffen.

```
div#nav {
    background: url(images/hintergrund_buch_links.gif)
    no-repeat;
    padding-left: 10px;
}
div#wrap_content {
    background: url(images/hintergrund_buch_links.jpg)
    repeat-y;
    border-top: 1px solid #CCCCCC;
    border-bottom: 1px solid #CCCCCC;}
div#footer {
    padding: 2px auto 4px auto;
    text-align: center;
    background: url(images/hintergrund_buch_bott.gif)
    no-repeat left bottom;
}
```

Sie sollten bereits ohne große Mühe in der Lage sein, dieses kleine Designbeispiel in der Richtung umzukehren, also die Menüleiste wieder rechts anzuordnen. Grafisch müssen Sie dafür nur das Hintergrundbild mithilfe eines Grafik-Programms entsprechend spiegeln.

23.7 Anwendungsbeispiele für ein 2-Spalten-Layout

◂ **Abbildung 23.7**
Es ist nur eine Frage der Designelemente, wie das fertige Layout wirkt – hier ein Beispiel in typischem »Retro-Design«.

◂ **Abbildung 23.8**
Auch mein Kater Stiefel hat sich ein solches 2-Spalten-Layout gewünscht.

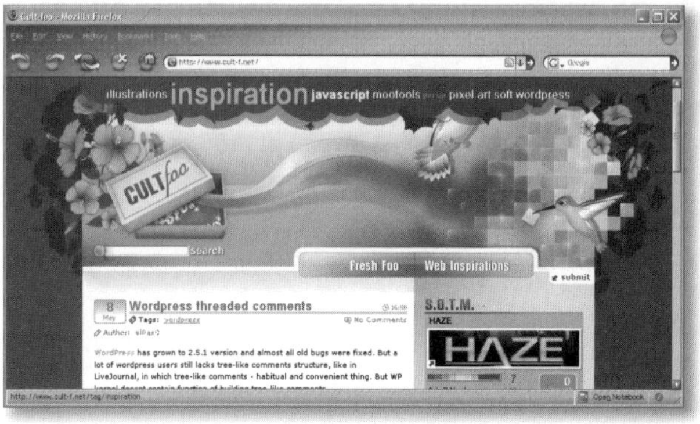

◂ **Abbildung 23.9**
Typische Anwendung für ein 2-Spalten-Layout mit einem opulenten Header.

Kapitel 24

Vorlage #3: Drei Spalten mit Textboxen

Viel Platz für ein Menü und kleine Texthäppchen

Sie werden lernen, wie Sie

- drei Spalten korrekt floaten,
- die Breiten fix oder flexibel variieren und
- Boxen ansprechend gestalten.

24 Vorlage #3: Drei Spalten mit Textboxen

Auch ich ertappe mich immer wieder bei dem Wunsch, bei einem neuen Webprojekt alles anders machen zu wollen. Dem steht aber meine Erfahrung bei Usability-Tests mit Besuchern meiner Seiten diametral gegenüber: Benutzer wollen keinesfalls bei jeder Website, die sie betreten, mit neuen Ideen für Navigation, Orientierung und Struktur konfrontiert werden.

Bei diesem Seitenlayout, das ebenfalls zu den klassischen Vorlagen gehört, sollen neben der Hauptspalte mit Text eine schmalere Spalte, beispielsweise mit Kurznachrichten, und gegenüberliegend wieder ein Menü erscheinen.

Um einen dezenten Button-Effekt zu erzeugen, benötigen Sie nur wenige Zeilen CSS.

Auch diese Vorlage können Sie vom Basislayout ableiten. Und damit ein wenig Abwechslung stattfindet und Sie auch gleich etwas Neues lernen, verwendet die Navigation kleine Buttons, die nur mithilfe von CSS erzeugt werden. Und so wird es aussehen:

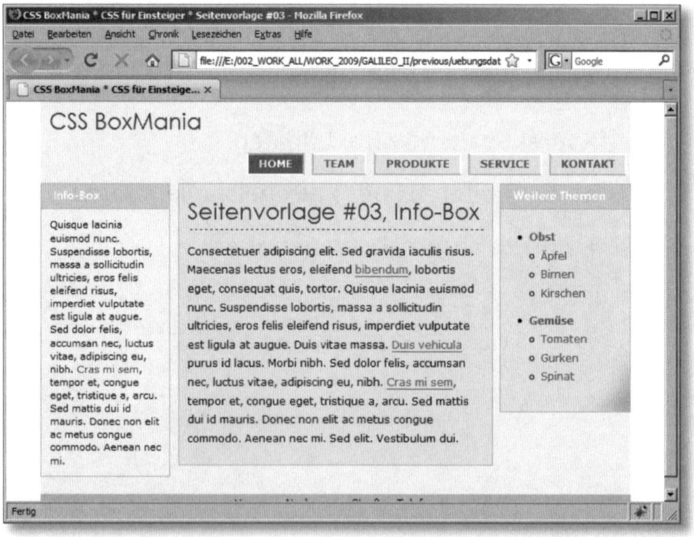

Abbildung 24.1 ▸
Vorlage 03, drei Spalten, Text-Box (FF)

Der HTML-Code

Die Dateien für die Vorlagen mit drei Spalten finden Sie im Ordner *vorlage_03*. Die erste Variante für die dreispaltige Vorlage finden Sie darin im Ordner *0301_plain*. Um aus dem Basislayout eine dreispaltige Seite zu machen, sind erneut nur geringe Änderungen erforderlich.

Entfernen Sie in der Datei *index.htm* den Container `div#col1`. Er wird bei dieser Vorlage nicht benötigt. Dafür kommt jetzt `div#col2` zum Einsatz. Darin wird eine Box mit etwas Text angelegt. Der Code *vor* dem Container `div#wrap_content` bleibt unverändert.

```
<div id="wrap_content">
    <div id="col2">
        <div class="box">
        <h6>Info-Box</h6>
        <p class="boxtext">Quisque ..... nec mi. </p>
        <!-- #boxtext -->
        </div><!-- #box -->
    </div><!-- #col2 -->
```

Der Rest des Codes bleibt ebenfalls unverändert bis auf eine Überschrift `h6` mit dem Text »Weitere Themen«, die Sie im Container `div#menu` noch vor der ersten Liste `ul` einfügen.

Der CSS-Code

Die Seitenvorlage ist wieder breitenflexibel, in diesem Fall bleiben die Seitenspalten fix. Der Container `div#maintext` ändert seine Breite je nach Größe des Browserfensters. Man spricht auch von einem *fix-fluid-fix-Layout*.

Das korrekte Floaten der drei Spalten sieht folgende Anweisungen vor (alle anderen Stylings sind hier weggelassen):

```
div#col2 {float: left; width: 180px;}
div#menu {float: right; width: 150px;}
div#maintext {margin: 0px 160px 0px 190px;}
```

Der Container `div#maintext` wird also nicht gefloatet, er macht nur Platz für die seitlichen Spalten. Damit der Container `div#wrap_content` alle Spalten komplett umhüllt, erhält er folgende Anweisung:

```
div#wrap_content {overflow: auto;}
```

Die Navigationsleiste wird nur geringfügig geändert:

```
div#nav {
    background: #FAFAFA;
    text-align: right;
    margin-bottom: 1.0em;
}
```

Die Navigationsleiste bleibt nach rechts gerückt, benötigt aber kein `padding` an der rechten Seite. Da die Navigationspunkte als kleine Buttons erscheinen sollen, rücken wir die gesamte Liste vom Container `div#wrap_content` weg.

```
div#nav li {display: inline; margin-right: 0.4em;}
div#nav a {
    text-decoration: none;
    font-weight: bold;
    text-transform: uppercase;
    padding: 0.2em 1.0em 0.4em 1.0em;
    border: 2px solid #CCCCCC;
    border-top: 2px solid #FFFFFF;
    border-right: 2px solid #FFFFFF;
    background: #F0F0F0;
}
```

Der Button-Trick

Jeder Navigations-Link erhält einen Rahmen `border`, der oben und rechts eine helle Farbe, unten und links eine dunkle Farbe aufweist.

Eine Möglichkeit, diese Anweisung für die Rahmen sparsam zu schreiben, besteht darin, zuerst einen Rahmen `border` für alle vier Seiten festzulegen und anschließend für `border-top` und `border-right` eine Ausnahme zu definieren:

```
div#nav a:hover,
body#home li.navhome a,
body#team li.navteam a,
body#produkte li.navprodukte a,
body#service li.navservice a,
body#kontakt li.navkontakt a {
    background: #E3004F;
    color: #FFFFFF;
    border: 2px solid #FFFFFF;
    border-top: 2px solid #CCCCCC;
    border-right: 2px solid #CCCCCC;
}
```

Dementsprechend funktioniert der Effekt eines gedrückten Buttons umgekehrt: Die Farbe des Rahmens wird für oben und rechts heller gesetzt, für unten und links dunkler.

Sie können den Button-Effekt noch verstärken, indem Sie einen zarten Verlauf als Hintergrundbild einsetzen.

```
div#col2 {
    float: left;
    width: 180px;
    padding-bottom: 10px; }
div#menu {
    float: right;
    width: 150px;
    padding: 0px 0px 20px 0px;
    background: #F0F0F0 url(images/menubox_gradient.jpg)
    no-repeat right bottom;
    border: 1px solid #CCCCCC;
}
```

Zuerst nehmen wieder die gefloateten Spalten ihren Platz ein. Für die rechte Menübox habe ich einen Hintergrund mit asymmetrischem Verlauf angedeutet. Die Menüspalte erhält rundherum einen grauen Rahmen.

```
div#menu ul {
    margin: 20px 20px 0px 20px;
    list-style-position: inside;}
div#menu ul ul {margin: 0px 0px 10px 14px;}
div#menu ul {font-weight: bold;}
div#menu ul ul {font-weight: normal;}
```

Hier finden nur kleine »kosmetische« Änderungen statt.

```
div.box {border: 1px solid #CCCCCC;}
```

Auch die Textbox in der linken Spalte erhält, passend zum Menü, einen grauen Rahmen.

```
div.box h6, div#menu h6 {
    margin-bottom: 0em;
    padding: 0.4em 1.0em 0.6em 1.0em;
    color: #FFFFFF; line-height: 1.0em;
    background: #DEDEDE;
    border-bottom: 1px solid #CCCCCC;
}
```

Eine Überschrift h6 wird passend gestaltet. Die gleichen Anweisungen gelten auch für die Überschrift der Menüspalte, die Sie im HTML-Code eingefügt haben. Da der Rahmen an der linken oberen und rechten Seite bereits durch den Rahmen der Spalte bzw. der Box gegeben ist, muss hier nur noch ein Abstand border-bottom ergänzt werden.

```
p.boxtext {
    padding: 10px;
    font-size: 0.9em;
    line-height: 1.4em;
}
```

Es erfolgen noch kleine Anpassungen für das Erscheinungsbild des Textes in der Box.

```
div#footer {
    padding: 2px auto 4px auto;
    text-align: center;
    background: #CCCCCC;
    margin-top: 10px;
}
```

Der div#footer erhält nun, wie vorher beschrieben, einen deutlichen Abstand margin-top nach oben.

24.1 Varianten für Textboxen

Dass man Textboxen ebenfalls sehr raffiniert gestalten kann, dafür gibt es unzählige Beispiele im Netz. Ja, es gibt sogar Wettbewerbe, wer mithilfe von CSS die schönsten Kästchen baut.

Auch die Änderungen für diese Variante sind nicht schwierig. Drei Hintergrundbilder wurden dafür vorbereitet:

- rounded_box_top.gif
  Liegt unter der Überschrift h6 und ist hoch genug im Format, sodass es auch bei vergrößerter Schrift noch passt.
- rounded_box_arrow.gif
  Ist als Hintergrund des Containers p.boxtext definiert. Damit es zur Geltung kommt, erhält p.boxtext oben einen geeigneten Abstand padding.

- `rounded_box_bottom.gif`
  Wird als Hintergrund für `div.box` unten angesetzt. Es ist nach oben so hoch, dass es auch bei größeren Textmengen passt.

Und so wird es aussehen:

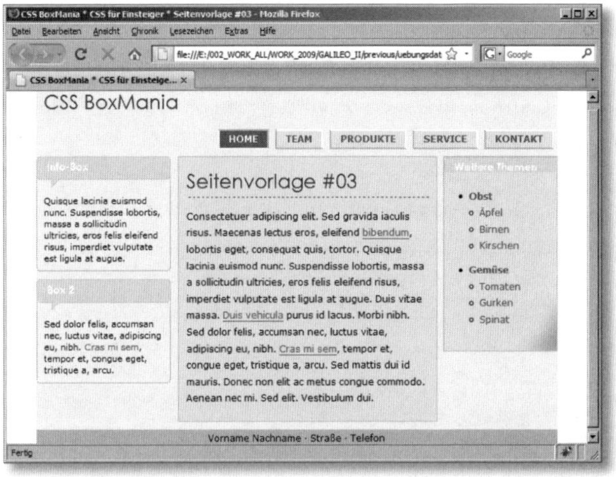

◂ **Abbildung 24.2**
Vorlage 03 mit abgerundeten Textkästchen (FF)

Für alle drei Hintergrundbilder wird `no-repeat` festgelegt.

Der HTML-Code

Die Dateien finden Sie im Ordner *0302_textbox1*. Der HTML-Code wird um eine zweite Textbox ergänzt:

```
<div id="wrap_content">
<div id="col2">
<div class="box">
  <h6>Info-Box</h6>
<p class="boxtext">Quisque ... augue. </p>
<!-- #boxtext -->
</div><!-- #box -->
<div class="box">
  <h6>Box 2</h6>
<p class="boxtext">Sed ... nibh. <a href="#">Cras mi
sem</a>, tempor ...  arcu.</p>
<!-- #boxtext -->
</div><!-- #box -->
</div><!-- #col2 -->
```

Der CSS-Code

```
div.box {
    margin-bottom: 10px;
    background: url(images/rounded_box_bottom.gif)
    no-repeat left bottom;
}
div.box h6, div#menu h6 {
    margin-bottom: 0em;
    padding: 0.4em 1.0em 0em 1.0em;
    color: #FFFFFF;
    line-height: 1.0em;
    background: url(images/rounded_box_top.gif)
    no-repeat;
}

p.boxtext {
    padding: 30px 10px 10px 10px;
    font-size: 0.9em; line-height: 1.4em;
    background: url(images/rounded_box_arrow.gif)
    no-repeat;
}
```

Sie können solcherart gestaltete Textboxen z. B. für die einzelnen Kommentare in einem Blog verwenden.

Das war doch gar nicht schwierig, oder? Nachdem Sie gelernt haben, wie Sie Kästchen mit Design abrunden können, werden Sie dazu noch eine Variante erstellen. Diese wird so aussehen:

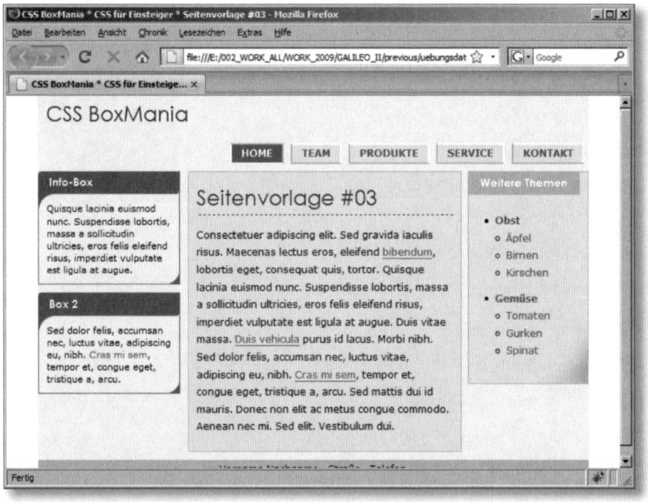

Abbildung 24.3 ▶
Vorlage 03, Variante Textboxen

Für dieses Beispiel wurden vier Hintergrundbilder vorbereitet, und zwar so, dass auch das oben abgerundete Kästchen breiter werden könnte. Der rechte obere Rand der Textboxen bleibt eckig.

- `box_round_top_right.gif`
  Das Hintergrundbild für den zusätzlichen Container `div.boxtop`, der die Überschrift `h6` umhüllt, sorgt für die Abrundung der Überschrift unten rechts.
- `box_round_top_left.gif`
  Dieses Bild liegt unter der Überschrift `h6` und bildet die linke obere abgerundete Ecke. Damit die rechte Ecke in `div.boxtop` auch zu sehen ist, erhält `h6` einen Abstand `margin-right`.
- `boxtext_corner_top_left.gif`
  Die Textbox selbst erhält ein Hintergrundbild für den Bogen links oben.
- `box_corner_bott_right.gif`
  Schließlich wird die ganze Box auch noch mit einem passenden kleinen Bogen rechts unten verziert.

Der HTML-Code

Die Dateien finden Sie im Ordner *0303_textbox2*. Hüllen Sie in der Datei *index.htm* nun bitte beide Überschriften `h6` jeweils in einen Container `div.boxtop` ein.

```
<div class="boxtop"><h6>Info-Box</h6></div>
```

Der CSS-Code

```
div.box {
    margin-bottom: 10px;
    background: url(images/box_corner_bott_right.gif)
    no-repeat right bottom;
}
```

Die Box selber erhält als Hintergrund eine kleine abgerundete Ecke rechts unten.

```
div.boxtop {
    background: url(images/box_round_top_right.gif)
    no-repeat right bottom;
    border-right: 1px solid #E3004F;
}
```

Auch diese Textboxen können Sie zusätzlich mit einem zarten Verlauf, der von unten angesetzt wird, versehen.

Hier wird das Hintergrundbild angelegt, das für die Abrundung der Überschrift rechts unten sorgt. Es wird hier deshalb so umständlich gebaut, damit die Textbox und die Überschriften ebenfalls breitenflexibel sind und somit auch bei vergrößerter Schrift noch ansehnlich wirken.

```
div.box h6, div#menu h6 {
    margin: 0px 10px 0px 0px;
    padding: 0.4em 1.0em 0.6em 1.0em;
    color: #FFFFFF;
    line-height: 1.0em;

    background: url(images/box_round_top_left.gif)
    no-repeat;
}
```

Die Überschrift h6 trägt als Hintergrund das Bild mit der abgerundeten Ecke links oben.

```
div#menu h6 {background: #CCCCCC;}
```

Da die Besucher nicht durch allzu viele gestaltete Kästchen verwirrt werden sollen, setzen Sie bitte den Hintergrund für die Menü-Überschrift auf Farbe zurück.

```
p.boxtext {
    padding: 10px;
    font-size: 0.9em;
    line-height: 1.4em;
    background: url(images/boxtext_corner_top_left.gif)
    no-repeat;
    border: 1px solid #E3004F;
    border-top: 0px;
}
```

Der Textbereich der Box trägt den Hintergrund mit der Rundung links oben.

Unter der Lupe

Wichtig ist, bei solchen Lösungen darauf zu achten, dass diese nicht buchstäblich zerfallen, sobald Ihre Benutzer eine größere Schrift einstellen. Wie Sie sehen, funktioniert diese Lösung sowohl mit einer größeren Schrift als auch mit einer mehrzeiligen Überschrift.

Was aber, wenn das Design oder die Konzeption verlangt, dass alle drei Spalten flexibel sind und nur in einem bestimmten Seitenverhältnis zueinander stehen sollen? Dann könnte die nächste Variante eine von vielen möglichen Lösungen sein.

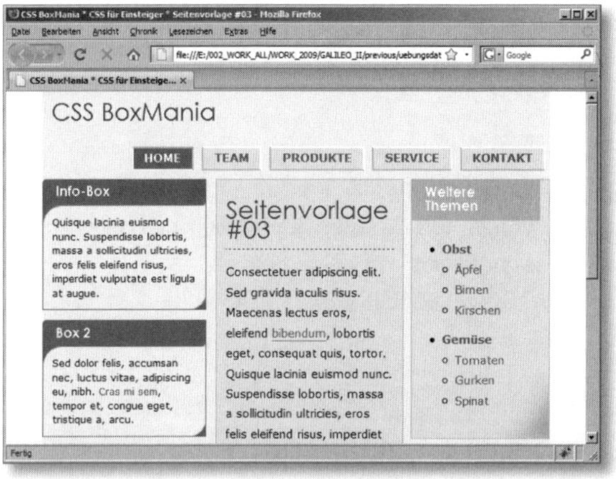

◂ Abbildung 24.4
Vorlage 03 mit vergrößerter Schrift (FF)

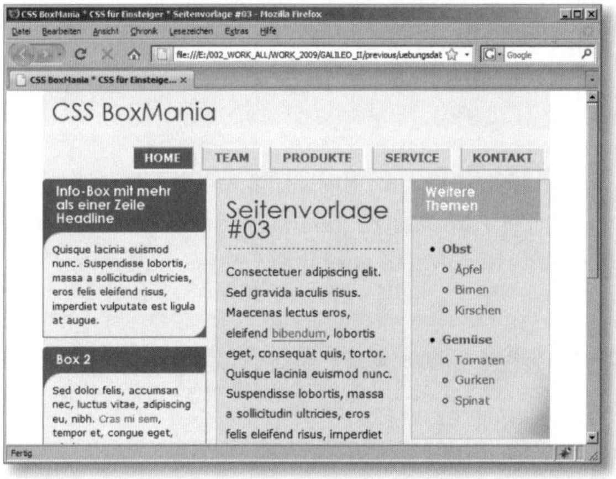

◂ Abbildung 24.5
Vorlage 03 mit vergrößerter Schrift und mehrzeiliger Überschrift (FF)

24.2 Variante mit drei Spalten, alle fluid

Sie wissen ja nun schon, dass ich mich zu den Pixelzählern rechne. Daher verwende ich Prozentangaben bei Weblayouts nur äußerst ungern. Andererseits muss ich zugestehen, dass solch ein *fluid-fluid-fluid-Layout* durchaus Vorteile hat, sofern in den Seitenspalten größere Textmengen untergebracht werden sollen.

Der HTML-Code

Hier sind keine Änderungen erforderlich. Die geänderten Breiten der Spalten werden im CSS-Code notiert. Die Dateien finden Sie im Ordner *0304_breite_prozent.*

Der CSS-Code

```
div#col2 {float: left; width: 25%; padding-bottom: 10px;}
div#menu {
    float: right;
    width: 25%;
    padding: 0px 0px 20px 0px;
    background: #F0F0F0 url(images/menubox_gradient.jpg)
    no-repeat right bottom;
    border: 1px solid #CCCCCC;
}
div#maintext {
    width: 50%;
    margin: 0px auto;
    border: 1px solid #CCCCCC;
    background: #F0F0F0;
    padding: 20px 10px;
}
```

Wenn Sie nun geglaubt haben, mit der einfachen Rechnung 25 % + 25 % + 50 % = 100 % zum Ziel zu gelangen, so haben Sie nicht mit der Tücke der `padding`-Werte gerechnet. Sie erhalten das folgende Ergebnis:

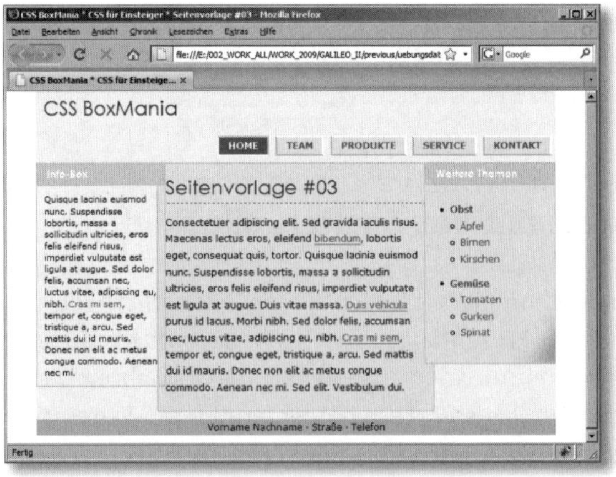

Abbildung 24.6 ▸
Vorlage 03 fluid mit Spaltenbreiten 25 % + 50 % + 25 %

So geht es also nicht. Und für Pixelzähler habe ich schlechte Nachrichten: Falls Sie die Breite aller drei Spalten tatsächlich in Prozentwerten definieren möchten und gleichzeitig einen Abstand `padding` und/oder `margin` zwischen den Spalten wünschen, so müssen Sie zum einen tüfteln und zum anderen sorgfältig in den verschiedenen Browsern die Ergebnisse testen.

Besser ist es, wenn Sie eine der Spalten mit einer fixen Breite definieren können. Dies könnte (wie in einigen der vorigen Beispiele) die Menüspalte sein, die üblicherweise doch absehbare Textbreiten beinhaltet.

Das Problem ist nämlich erstens, dass sich die Prozent-Spalten von `margin` unbeeindruckt zeigen, und ein `padding` die Spalten gleichzeitig tatsächlich breiter macht als 25 % und 50 %.

Die einzige Lösung liegt hier also in der »Unschärfe«. Setzen Sie die seitlichen Spalten auf 22 %. Sie haben dann das Problem pragmatisch gelöst. Definieren Sie diesen Wert jedenfalls nicht allzu knapp, denn der Abstand zwischen den Spalten verringert sich graduell, wenn das Browserfenster verkleinert wird und erweitert sich entsprechend, wenn das Fenster größer wird.

Und so sieht es aus:

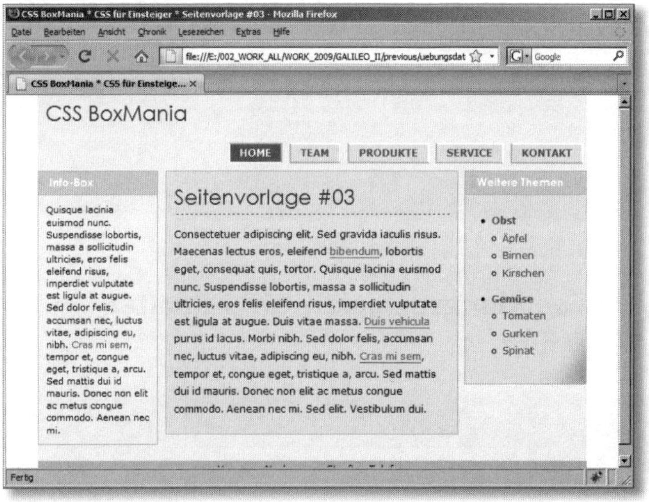

◄ **Abbildung 24.7**
Layout 03 mit drei Spalten, Breite: 22 % + 50 % + 22 %

24.3 Variante mit schmalen Spalten rechts

Sie sollten nun bereits in der Lage sein, die Spalten ganz nach Bedarf beliebig anzuordnen. Angenommen, Sie möchten die Menüspalte ganz rechts, die Info-Box in der Mitte und den Container `div#maintext` ganz links platzieren. Dann müssen Sie zuallererst im HTML-Code die Spalten `div#col2` und `div#menu` so vertauschen, dass Letztere im Code vor `div#col2` steht.

Beide Spalten erhalten im CSS-Code ein `float: right;` daher muss die Spalte `div#menu` zuerst am rechten Rand landen. Danach schließt sich die Spalte `div#col2` an. Ein Abstand `margin-right` von 10 Pixeln nach rechts hält Abstand zur Menüspalte. Mehr ist nicht zu tun.

Die Dateien für diese Variante finden Sie im Ordner *0304_plain_2right*. Und so sieht es aus:

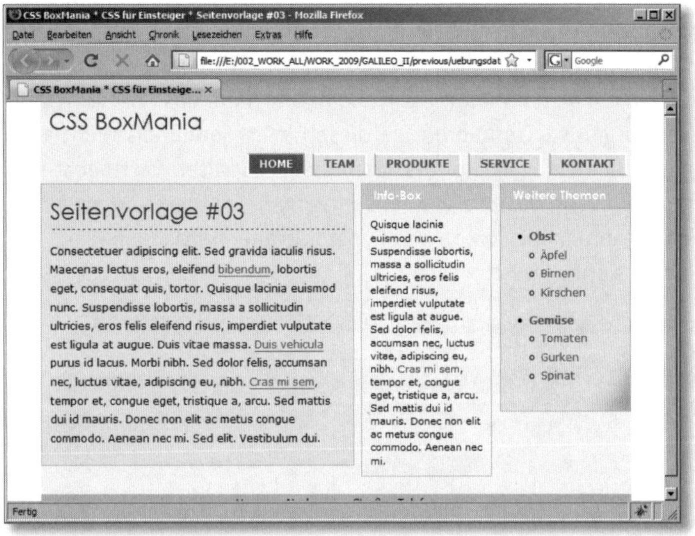

Abbildung 24.8 ▸
Vorlage 03 mit zwei schmalen Spalten am rechten Rand

24.4 Anwendungsbeispiele für 3-Spalten-Layouts

Abbildung 24.9 ▸
Die Auswahl fällt schwer angesichts der unüberschaubaren Zahl an Websites mit 3-Spalten-Layouts und hervorragendem Design.

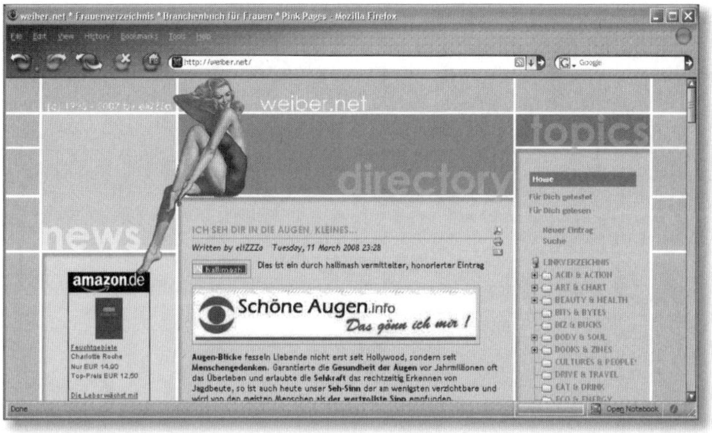

◂ **Abbildung 24.10**
Die Pin-ups auf meiner Website weiber.net sind legendär. Mittlerweile hat die Website schon einige Generationen an Seitenlayouts hinter sich gebracht.

◂ **Abbildung 24.11**
Ein Touch von »Grunge« formvollendet in drei Spalten verpackt.

Kapitel 25

Vorlage #4: Vier Spalten

Professionelle Online-Magazine setzen gerne auf vierspaltige Layouts.

Sie werden lernen, wie Sie

- Spalten vielfältig kombinieren,
- Spalten beliebig anordnen und
- ein professionelles Magazin-Layout erstellen.

25 Vorlage #4: Vier Spalten

Wenn Sie – so wie ich – gerne mit WordPress arbeiten, dann sehen Sie sich doch einmal das »Sandbox-Theme« an. Dieses stellt ebenfalls eine Vorlage mit mehreren Spalten dar, die nach Bedarf zu unterschiedlichen Layouts kombiniert werden können: www.plaintxt.org

Seitenraster mit vier Spalten werden vor allem bei zeitgemäßen Layouts von Online-Magazinen eingesetzt. Wenn Sie überlegen, ob sich ein solches Layout für Ihre Anforderungen eignet, so achten Sie bitte auf Ihr Zielpublikum. Vier Spalten benötigen eine entsprechende Breite im Browserfenster. Eine Layoutgröße von 760×420 Pixel (wie sie für Bildschirmeinstellungen von 800×600 Pixel empfohlen ist) erscheint mir für vier Spalten zu klein.

Falls Sie davon ausgehen können, dass Ihre Besucher zum größten Teil mit Monitoren höherer Auflösung ausgestattet sind, so können Sie mit einer Layoutgröße von 960×600 Pixel arbeiten, was für vier Spalten ausreichend ist.

Der HTML-Code

Beachten Sie auch hier die unterschiedliche Interpretation des Boxmodells in früheren Internet-Explorer-Versionen.

Auch der Ordner *vorlage_04* basiert auf unserem Basislayout.

Um Probleme mit den Spaltenbreiten in Browsern – speziell im Internet Explorer – zu umgehen, sollten Sie versuchen, bei den Spalten ein seitliches `padding` zu vermeiden. Setzen Sie für die Randabstände der Texte lieber noch ein `div` in jede der Spalten, und versehen Sie dieses im CSS-Code mit einem entsprechenden Abstand `margin`.

```
<div id="col1">
    <div class="textinnen">
    <h6>Sed gravida</h6>
    <p> iaculis ..... tortor. </p>
    </div><!-- .textinnen -->
</div><!-- #col1 -->
<div id="col2">
```

```
    <div class="textinnen">
    <h6>Quisque lacinia</h6>
    <p> euismod ..... ultricies.</p>
    </div><!-- .textinnen -->
</div><!-- #col2 -->
```

Beim Container div#menu ist dies nicht notwendig, da hier die Außenränder mit der Liste definiert werden. Für div#maintext wird dieser kleine Trick erneut angewandt. Der Text erscheint hier verkürzt.

```
<div id="maintext">
    <div class="textinnen main">
    <h1>Webhome Basismodell</h1>
    <p>Consectetuer ..... nibh.</p>
    </div><!-- .textinnen -->
</div><!-- #maintext -->
```

Um diese Vorlage vom Basislayout zu unterscheiden, probieren Sie nun bitte die verschiedenen Möglichkeiten, die Spalten anzuordnen, aus.

25.1 Variante mit drei Spalten rechts fix, Textspalte links fluid

Für diese Variante werden die Spalten div#col1, div#col2 und div#menu nach rechts gefloatet, sodass div#menu die zweite Spalte von links das Menü darstellt. div#maintext ist ohne float am linken Rand positioniert.

Und so wird es aussehen:

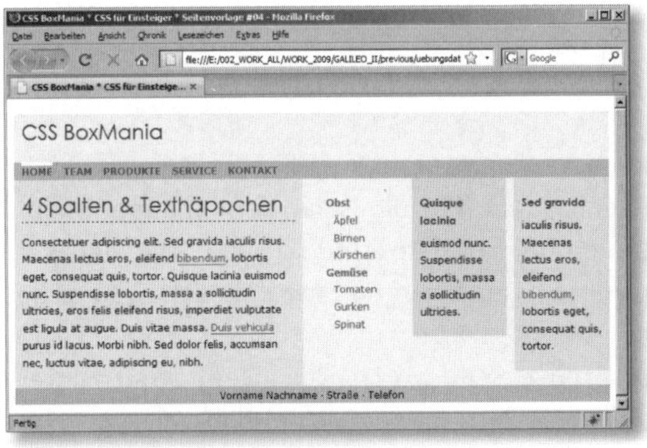

◂ **Abbildung 25.1**
Vorlage #04 mit drei fixen Spalten rechts gefloatet und einer Spalte fluid für den Haupttext.

Der CSS-Code

Denken Sie bitte daran, die Seitenbreite flexibel einzustellen, so wie Sie es bereits gelernt haben.

Nachfolgend sind nur diejenigen Anweisungen aufgeführt, die geändert werden. Der Rest bleibt unverändert.

```
div#col1, div#col2, div#menu {
    float: right;
    width: 120px;
}
```

Alle drei Spalten werden rechts gefloatet und erhalten eine passende Breite.

```
div#col1, div#col2, div#menu, div#maintext {
    padding: 20px 0px;
    margin-left: 10px;
}
```

Alle Spalten erhalten ein `padding` nach oben und ein `margin-left`, damit sie zueinander Abstand halten.

```
div#col1 {background: #EBEBEB;}
div#col2 {background: #E5E5E5;}
div.textinnen {margin: 0px 10px;}
```

Die Randabstände für die Texte werden hier über den Container `div.textinnen` vergeben, den Sie eigens dafür eingefügt haben. Damit vermeiden Sie Probleme bei der Breite von Spalten, sollten Sie diese später in Prozentwerten angeben wollen.

```
div#menu {width: 100px;}
```

Der Container `div#menu` soll ein wenig schmaler sein als die anderen Spalten, um zur Hauptspalte etwas mehr Abstand zu erhalten.

```
div#maintext {
    margin: 0px 390px 0px 0px;
    background: #F0F0F0;
}
```

Wenn Sie ein Hintergrundbild für ein breitenflexibles Layout gestalten, das über die ganze Seite reichen soll, dann rechnen Sie mit einer maximalen Monitorbreite von 2.200 Pixeln. Sie können von diesem Wert Spaltenbreiten subtrahieren, die vom Hintergrundbild nicht betroffen sind.

Schließlich werden für `div#maintext` Außenabstände so definiert, dass genügend Platz für die schmalen Spalten bleibt. Gleichzeitig wird auch der linke Abstand `margin-left`, der weiter oben gesetzt wurde, wieder auf null zurückgesetzt, da er bei `div#maintext` nicht benötigt wird.

Falls Sie nun für diese Seitenvorlage ein Design mit Hintergrundbildern gestalten wollen, können Sie beispielsweise ein Hintergrundbild für den Container `div#wrap_content` festlegen und ein weiteres hinter `div#maintext` legen. Letzteres muss an einer Seite so breit auslaufen, dass auch bei sehr weit aufgezogenem Browserfenster der Hintergrund nicht »abreißt«.

Ein Hintergrundbild unter dem Container `div#wrap_content` ist aber wieder nur dann sichtbar, wenn Sie den Container bis unter die gefloateten Spalten ziehen. Versehen Sie auch hier den Container `div#wrap_content` mit einem `overflow: auto;` so wie Sie es bereits gelernt haben.

25.2 Anwendungsbeispiele für 4-Spalten-Layouts

◀ **Abbildung 25.2**
CSS Beauty ist nicht nur ein Paradebeispiel für ein 4-Spalten-Layout. Sie finden dort auch ausgezeichnetes Design vorgestellt und viel Wissenswertes rund um CSS.

◀ **Abbildung 25.3**
Hier ein Beispiel für ein Layout, bei dem die Spalten für die Präsentation von Bildern in verschiedenen Größen eingesetzt werden.

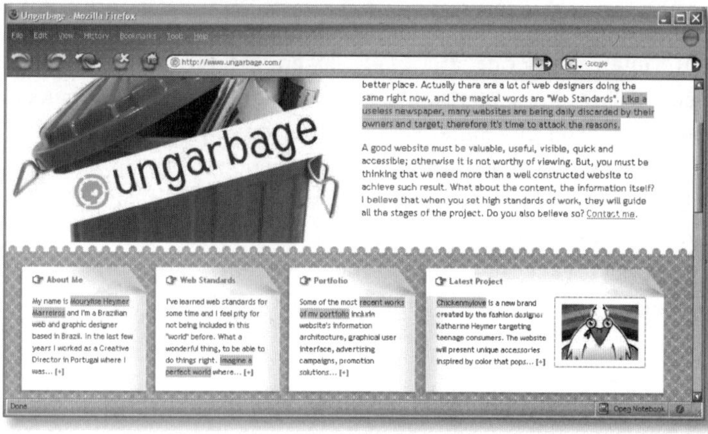

Abbildung 25.4 ▶
Der obere Teil dieses Seitenrasters ist auf zwei Spalten aufgebaut bzw. auf einer Spalte mit Platz für ein großes Bild, darunter eine Reihe mit Textkästchen in vier Spalten.

Nun ist aber Schluss mit immer mehr Spalten, vier sollten doch reichen, oder? Die nächsten Seitenvorlagen haben bestimmte Aufgaben zum Inhalt, die immer wieder anfallen, wie zum Beispiel eine Galerie. Auch diese Vorlagen basieren teilweise auf Layouts, die Sie bereits erstellt haben.

Kapitel 26

Vorlage #5: Drei Spalten mit Galerie

Ein raffinierter CSS-Rahmen für Ihre Bilder.

Sie werden lernen, wie Sie

- Thumbnails groß herausbringen,
- Bilder ein- und ausblenden und
- mit Links Bilder anzeigen.

26 Vorlage #5: Drei Spalten mit Galerie

Wenn ich Bildergalerien für meine Kunden benötige, stöbere ich gerne in Stu Nichols »CSSPlay« und bin dabei immer wieder verblüfft, welche Ideen ihm zu einem Thema einfallen. Die vorgestellte Galerie stammt zwar nicht von ihm, Sie werden auf seiner Site aber sicher den einen oder anderen schmucken Rahmen für Ihre Bilder finden: www.cssplay.co.uk

Das schon vorbereitete dreispaltige Seitenlayout eignet sich für den geplanten Zweck sehr gut und lässt sowohl Platz für eine Menüspalte als auch für einen zentralen Textbereich. Sie können natürlich auch bei dieser Vorlage das Menü und die Fotoleiste beliebig links oder rechts anordnen.

Und so wird es aussehen:

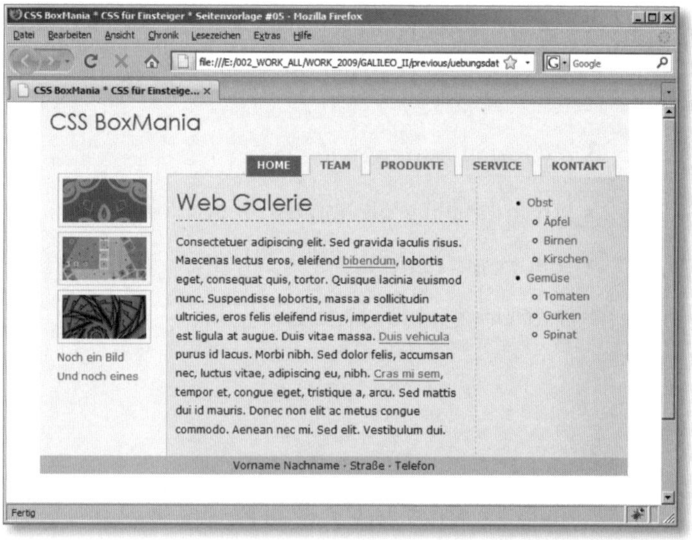

Abbildung 26.1 ▶
Vorlage 05, Galerie mit Ein- und Ausblenden von Bildern mittels Rollover

Der HTML-Code

Die Dateien zu dieser Vorlage finden Sie im Ordner *vorlage_05*.

Für die Galerie benötigen Sie fünf Bilder in einem kleinen Format (Thumbnail) von 100×50 Pixel sowie einem großen Format von 400×200 Pixel.

Für die Gestaltung der Galerie sind einige Änderungen im HTML-Code erforderlich, nicht zuletzt müssen Sie ja Bilder einfügen – diesmal in der HTML-Datei. Mit Hintergrundbildern ist diese Aufgabe nicht zu lösen, und in diesem Fall sind die Bilder ja auch nicht Dekoration, sondern Inhalt. Die Spalte `div#col1` wird nicht benötigt und daher wieder ausgeblendet. Die Spalten `div#nav` und `div#menu` bleiben unverändert. Im Container `div#wrap_content` fügen Sie bitte vor `div#menu` folgende Zeilen ein:

Als Alternative zu reinen CSS-Galerien werden heute gerne Lösungen auf Basis von AJAX eingesetzt. Die beliebtesten sind dabei lightbox und slimbox.

```
<div id="col2">
    <div id="galerie">
    <a class="smallpic" href="#">
    <img src="images/bild1_sm.jpg" width="100"
    height="50" />
    <span><img src="images/bild1.jpg" />
    <h5>Bildunterschrift 1</h5></span></a>
```

Die ganze Galerie wird in einen Container `div#galerie` verpackt. Ein »blindes« Link-Element (repräsentiert durch eine Raute #) umhüllt jeweils das Paar aus Vorschaubild und anzuzeigendem großen Bild und ermöglicht es, dass im CSS-Code mit einem entsprechenden `:hover` verschiedene Effekte ausgelöst werden. Das große Bild samt darunterliegender Unterschrift ist ebenfalls von einem `span`-Element eingehüllt.

Versehen Sie Thumbnails mit einer Information, wie groß das tatsächlich zu ladende Bild ist.

```
    <a class="smallpic" href="#">
    <img src="images/bild2_sm.jpg" width="100"
    height="50" />
    <span><img src="images/bild2.jpg" />
    <h5>Bildunterschrift 2</h5></span></a>

    <a class="smallpic" href="#">
    <img src="images/bild3_sm.jpg" width="100"
    height="50" />
    <span><img src="images/bild3.jpg" />
    <h5>Bildunterschrift 3</h5></span></a>
```

```
    <a class="smallpic" href="#">Link zu Bild 4<span>
    <img src="images/bild4.jpg" />
    <h5>Bildunterschrift 4</h5></span></a>
```

Hier wird kein Thumbnail eingesetzt, um ein großes Bild anzuzeigen, sondern nur ein Text-Link – auch das ist möglich.

```
    <a class="smallpic" href="#">Link zu
Bild 5<span>
    <img src="images/bild6.jpg" />
    <h5>Bildunterschrift 5</h5></span></a>
    </div><!-- #galerie -->
</div><!-- #col2 -->
```

Soweit die Änderungen an der HTML-Datei. Im Falle der Galerie ist der CSS-Code schon ein wenig kniffliger.

Der CSS-Code

Die Galerie funktioniert auch mit breitenflexiblen Seiten. Eine bessere Kontrolle bei der Gestaltung (vor allem über die Ausbreitung des vorhandenen Haupttextes) haben Sie in diesem Fall, wenn Sie mit einer fixen Seitenbreite arbeiten. Sie können die entsprechenden Einstellungen in der CSS-Datei ja schon selbstständig vornehmen. Ich führe sie daher hier nicht mehr an.

```
div#col2 {float: left; width: 120px; padding: 0px 20px;}
```

Das ist einfach: Die Spalte liegt am linken Rand, die seitlichen Innenabstände könnten Sie auch mit einem innen liegenden weiteren Container `div` und einem Abstand `margin` lösen. Ich wollte an dieser Stelle der Übersichtlichkeit halber aber den Code möglichst knapp halten.

> **Hinweis**
> Sie erinnern sich vielleicht noch an diese Regel der Positionierung: Elemente können zu ihrem Eltern-Element absolute positioniert werden, sofern das Eltern-Element relativ positioniert ist.

```
div#galerie {position: relative; height: 200px; }
```

Die Positionierung `relative` des Containers `div#galerie` erlaubt, dass Sie die darin liegenden Bilder später `absolute` positionieren können. Des Weiteren muss die Galerie so hoch sein wie das höchste Bild, denn sie erzeugt den Rahmen, auch für die Anzeige der großen Bilder.

```
a.smallpic {display: block;}
```

Diese Anweisung erzwingt, dass die Vorschaubilder untereinander angeordnet sind.

```
a.smallpic img {
    border: 1px solid #CCCCCC;
    padding: 5px;
    margin-bottom: 5px;
}
```

Diese Anweisung hat keine funktionale Bedeutung, sondern dient lediglich der Verschönerung der kleinen Vorschaubilder.

```
a.smallpic:hover img {
    background: #E3004F;
}
```

Bei einem Rollover über ein Bild wird dessen Rahmen eingefärbt, indem der Hintergrund eine passende Farbe erhält (dieser wird durch das vorherige `padding` des `img`-Elements sichtbar). Die nächsten Anweisungen gelten für die großen Bilder.

```
a.smallpic span {
    position: absolute;
    background: #CCCCCC;
    padding: 10px;
    left: -1000px;
    border: 1px solid #CCCCCC;
    visibility: hidden;
    color: #333333;
    text-decoration: none;
}
```

Nun wird es spannend: Die großen Bilder erhalten eine `absolute`-Position und werden gleich zweifach versteckt. Mit der Positionierung `left` und einem Wert von `-1000px` sowie mit der Einstellung `visibility: hidden;` wird das Bild nicht angezeigt und rückt aus dem Sichtbereich.

```
a.smallpic span img {border-width: 0px;padding: 2px;}
a.smallpic:hover span {
    visibility: visible;
    top: 0;
    left: 130px;
    z-index: 50;
}
```

Bei einem Rollover wird nun auch das große Bild sichtbar gemacht und so zum linken Rand positioniert, dass es genau mit dem

Haupttext bündig ansetzt. Ein z-index garantiert, dass das angezeigte Bild als oberste Ebene dargestellt wird.

Eine winzige Änderung sorgt schließlich noch dafür, dass hinter einem großen Bild kein Text hervorsteht. Ändern Sie dazu in div#maintext den Wert für den Abstand margin-right:

```
margin: 0px 180px 0px 150px;
```

Außerdem habe ich noch den Container div#wrap_content mit einem Hintergrundbild – rechts angelegt – versehen. Der zarte Verlauf erscheint unter der Menüspalte, sobald Sie dessen Hintergrundbild entfernen.

Kapitel 27

Vorlage #6: Frames oben und links

CSS erlaubt sogar Effekte, wie wir sie von Frames her kennen.

Sie werden lernen, wie Sie

- div-Container fixieren,
- dabei den Internet Explorer überlisten und
- CSS-Frames kreativ gestalten.

27 Vorlage #6: Frames oben und links

Nicht dass ich darauf stolz wäre, aber als Frames eingeführt wurden, baute ich aus lauter Begeisterung sofort eine Seite mit sage und schreibe 20 Frames, weil ich endlich eine Möglichkeit sah, abgerundete Ecken an breitenflexiblen Seitenboxen mit »fluiden« Tabs für die Navigation zu realisieren. Vermutlich war ich so ausgehungert nach den kargen Designoptionen der Vor-Frames-Zeiten, dass mir die Freude den Verstand raubte.

Wer immer noch ein wenig den Frames und Framesets nachtrauert, für den gibt es gute Nachrichten: Mit CSS kann man so tun als ob.

Eines der Kriterien, warum sich Frames lange Zeit so großer Beliebtheit erfreuten, war die Tatsache, dass man einen Kopfbereich oder eine Seitenleiste stehenlassen konnte, während der Inhalt eines Haupt-Frames durch den Aufruf von Links verändert wurde.

Auch Suchmaschinen hatten mitunter Probleme mit Framesets und Frames. Oft erschienen als Suchergebnis nur Innenframes ohne jeglichen Navigationsbezug, wenn die Seiten nicht entsprechend vorbereitet waren.

Der Vollständigkeit halber sollte man auch erwähnen, dass Frames in Bezug auf Barrierefreiheit ein Desaster waren, da die Unterteilung der Seiten in Rahmen mit einzelnen Dokumenten von Screen-Readern meist nicht optimal interpretiert wurde.

Viele Kunden verlangen nach wie vor, dass ihr Branding (also die Anzeige ihres Markenzeichens/Markennamens, Slogans etc.) permanent im Sichtfeld bleibt. Nun, bis zu einem gewissen Grad (nämlich bis dorthin, wo der Internet Explorer wieder einmal aus der Reihe tanzt) können Sie solche Kunden mithilfe von CSS glücklich machen. Gleichzeitig erfüllen Sie mit einer Framelösung in CSS auch die Forderung nach Barrierefreiheit.

Und so wird es aussehen:

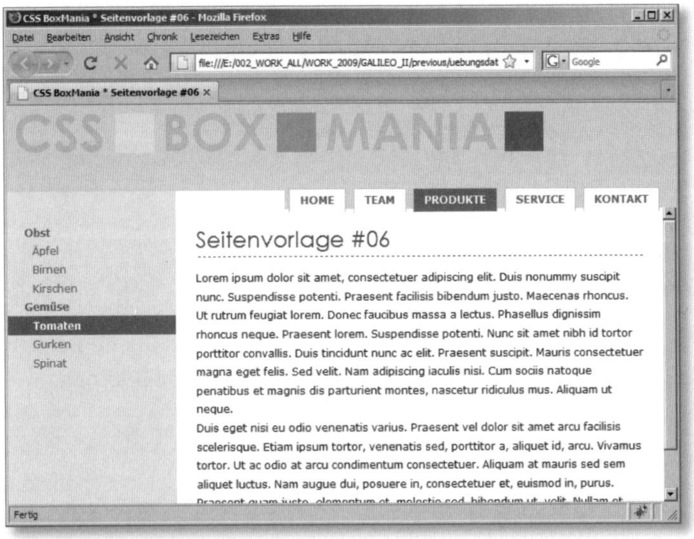

◂ **Abbildung 27.1**
Vorlage 06, Frame oben und links (FF)

Die Dateien finden Sie im Ordner *vorlage_06*. Die erste Variante mit Frames oben und links sind darin im Ordner *0601_frames_oben_links* enthalten. Der HTML-Code unterscheidet sich etwas von den bisherigen Vorlagen.

Der HTML-Code

```
<body id="produkte">
<div id="rahmenoben"></div><!-- #rahmenoben -->
```

Der `body` erhält – nur zur Abwechslung – die ID `produkte`. Ein `div#wrapper` wird hier nicht benötigt, da ja die wesentlichen Bereiche der Seite, nämlich `div#rahmenoben`, `div#rahmenlinks` und `div#hauptrahmen`, nicht zusammengehalten werden müssen, sondern einzeln positioniert werden.

Anstatt eines `div#header` wird hier ein Container `div#rahmenoben` vorgesehen. Danach folgt ein `div#nav` aus einer der bisherigen Vorlagen.

```
<div id="rahmenlinks">
```

An dieser Stelle wird `div#menu` aus einer der Vorlagen eingefügt.

```
</div><!-- #rahmenlinks -->
<div id="hauptrahmen">
    <div id="maintext">
    <h1>Webhome Modell "Frames" oben</h1>
    <p>Lorem ..... ipsum. </p>
    </div><!-- #maintext -->
</div><!-- #hauptrahmen -->
</body>
```

Der CSS-Code

Im CSS-Code zu diesem »Pseudo-Frame« werden Sie nun einige neue Anweisungen sowie auch ein paar Tricks kennenlernen.

```
html {
    /* height: 100.5%; */
    font-size: 62.5%;
    overflow: hidden;
}
```

Scrollbalken verstecken

Die Deklaration `overflow: hidden;` für ein Element unterdrückt die Anzeige von Scrollbalken.

Die Anweisung für die Höhe des `html`-Elements wird nicht mehr benötigt, da die Anzeige von Scrollbalken durch den Wert `hidden` der Eigenschaft `overflow` unterdrückt wird. Sie können die Deklaration für `height` daher löschen. Sie hatten diese bisher verwendet, um im Firefox-Browser Platz für Scrollbalken freizuhalten.

```
body {
    font: 1.2em/1.8em Verdana, sans-serif;
    height: 100%;
    max-height: 100%;
}
```

Für die Einstellungen der Schrift habe ich ausnahmsweise die verkürzte Schreibweise `font` gewählt, um Platz zu sparen. Die einzelnen Werte stehen für `font-size`, `line-height` und `font-family`. Eine Höhe für `body` wird hier benötigt, damit Element bei Bedarf bis nach unten an das Ende des Browserfensters reichen, wie zum Beispiel in dieser Vorlage der Container `div#rahmenlinks`.

Danach übernehmen Sie bitte die Anweisungen für den Universal-Selektor, für die Überschriften `h1` bis `h6` sowie für die Link-Elemente unverändert aus einer der Vorlagen.

```
div#nav {
    position: absolute;
    top: 100px;
    right: 0px;
    width: auto;
    text-align: right;
    background: #DEDEDE;
    padding-right: 20px;
    z-index: 100;
}
```

Der Container `div#nav` erhält nun eine Positionierung `absolute` in Bezug auf das Browserfenster. Die Werte von `top` und `right` lassen `div#nav` an der rechten Seite des Browserfensters beginnen und von oben entsprechend abgerückt erscheinen. Die Breite mit dem Wert `auto` sorgt dafür, dass `div#nav` so breit wird wie sein Inhalt. Ein entsprechend hoher `z-index` lässt den Container `div#nav` über den anderen Elementen »schweben«.

Anweisungen für IE Versionen > 5.5 finden Sie am Ende dieses Codes.

```
div#nav li {display: inline; margin-left: 0.4em;}
div#nav a {
    text-decoration: none;
    font-weight: bold;
    text-transform: uppercase;
}
div#nav a span {
    padding: 0.4em 1.0em 0.6em 1.0em;
    border: 1px solid #CCCCCC;
    border-bottom: 1px solid #FFFFFF;
    background: #FFFFFF;
}
div#nav a:hover span,
body#home li.navhome a span,
body#team li.navteam a span,
body#produkte li.navprodukte a span,
body#service li.navservice a span,
body#kontakt li.navkontakt a span {
    background: #E3004F; color: #FFFFFF;
}
```

Die Navigation wird farblich so angepasst, dass sie aussieht, als würde sie nahtlos aus dem Container `div#hauptrahmen` wachsen.

```
div#rahmenoben {
    position: absolute;
    top: 0px;
    left: 0px;
    right: 0px;
    width: auto;
    height: 100px;
```

Sollten es aus irgendeinem Grund erforderlich sein, dass ein Rahmen einen Scrollbalken erhält, so setzen Sie bitte `overflow` auf den Wert `scroll`.

```
    overflow: hidden;
    background: #DEDEDE url(images/cssboxmania_logo.gif)
    no-repeat 10px 10px;
    text-align: right;
    padding-right: 20px;
}
```

Der Rahmen, der oben auf der Seite stehen bleiben soll, wird `absolute` positioniert und zwar in Bezug auf das Browserfenster. Die Angaben für `top`, `left` und `right` platzieren ihn bündig an der oberen linken und rechten Kante des Browserfensters.

Das Hintergrundbild wird in diesem Beispiel mithilfe einiger Angaben für die Position von links und von oben etwas vom Rand weggerückt.

```
div#rahmenlinks {
    position: absolute;
    top: 100px;
    left: 0px;
    width: 200px;
    height: 100%;
    overflow: hidden;
    background: #EDEDED;
}
```

Im Rahmen an der linken Seite wird das Menü untergebracht.

Auch der linke Rahmen wird `absolute` positioniert und zwar von oben weg mit einem entsprechenden Abstand, sodass der Container `div#rahmenoben` genügend Platz hat. Die Breite wird explizit angegeben.

Damit die Höhe von 100 % wirkt, muss in diesem Fall auch für das Eltern-Element (hier `body`) eine Höhe von 100 % angegeben werden. Nur dann reicht der linke Rahmen nach unten bis an das Ende des Browserfensters.

```
div#menu {margin: 3.0em 20px;}
div#menu ul {list-style-type: none;}
div#menu ul li {font-weight: bold;}
div#menu ul ul li {
    font-weight: normal;
    margin-left: 10px;
}
div#menu li.tomaten {
    background: #E3004F;
    margin-left: -30px;
    margin-right: -20px;
    padding-left: 40px;
}
div#menu li.tomaten a {
    color: #FFFFFF;
    font-weight: bold;
}
```

Aus Platzgründen wird hier für den Container `div#menu` nur der aktive Menüpunkt hervorgehoben. Normalerweise würden Sie die Markierung der aktiven Menüpunkte auch hier mithilfe von `body id` und einer Klasse vorweg für alle betreffenden Seiten auflisten, ähnlich wie es für die Navigationsleiste schon vorbereitet ist.

```
div#hauptrahmen {
    position: absolute;
    left: 200px;
    top: 120px;
    right: 0px;
    bottom: 0px;
    overflow: auto;
    background: #FFFFFF;
}
```

Der Hauptrahmen wird so positioniert, dass hinreichend Platz bleibt für `div#rahmenoben` und `div#rahmenlinks`. Gleichzeitig wird er rechts und unten angelegt. Die Angabe `overflow: auto;` aktiviert bei Bedarf einen Scrollbalken.

```
div#maintext {margin: 2.0em; }
```

Auch hier wird wieder ein `padding` vermieden, indem ein innen liegendes Element einen Abstand `margin` erhält.

Browser-Check

Star-html-Hack

Details zum Star-html-Hack für den Internet Explorer lesen Sie in Abschnitt 33.6.

Wenn Sie den Code bis hierher geschrieben haben und die Seite nun mit dem Internet Explorer verschiedener Versionen testen, so werden Sie bemerken, dass sich ein paar Details unseren Anweisungen widersetzen. Das können Sie so natürlich nicht durchgehen lassen:

```
/* Star-html-Hack 4IE6 */
* html body {padding: 120px 0px 0px 200px; }
```

Diese Anweisung rückt den `body` oben und links vom Browserfenster weg.

```
* html div#hauptrahmen {height: 100%;  width: 100%; }
```

Browsershots

Mehr zum Testen Ihrer Seiten lesen Sie in Kapitel 32.

Diese Angabe ist für den Container `div#hauptrahmen` erforderlich, damit sich dieser auch seitlich und nach unten bis an den Rand des Browserfensters erstreckt.

```
* html div#rahmenoben {width: 100%;}
```

Auch der Container `div#rahmenoben` muss mit diesem Trick gezwungen werden, die ganze Breite des Fensters einzunehmen.

Vertrauen ist gut ...

Aber lieber sollten Sie in solchen Fällen kontrollieren, was die verschiedenen Browser dazu sagen. Ein Blick auf *http://browsershots.org* kann Sie beruhigen: Alle gängigen Browserversionen verstehen die Anweisungen und interpretieren sie korrekt.

Die Browser, die hier auf den ersten Blick ein Problem haben, sind:

- Opera 9.26, Windows 2000
- Kazehakase 0.4.3, Ubuntu 7.10
- Dillo 0.8.6, PLD Titanium
- MSIE 4.01, Windows XP

Ich denke, damit kann man leben.

▲ **Abbildung 27.2**
Vorlage #06, Kontrolle mit Browsershots.
Konzentrieren Sie sich auf die grauen Rahmen, die auch in dieser kleinen Übersicht gut zu erkennen sind.

27.1 Varianten für das Design

CSS-Frames ermöglichen natürlich wieder interessante Optionen im Hinblick auf das Design. Hier eine blumige Variante als Beispiel.

Und so wird es aussehen:

◂ **Abbildung 27.3**
Vorlage 06, Frames oben und links, Variante Hintergrundbilder (FF)

Der HTML-Code

Sie finden diese Variante samt Bildern im Ordner *0602_frames_oben_links_var.* Hier werden keine Änderungen vorgenommen.

Der CSS-Code

Das Blumenornament an der linken Seite erhält einen Hintergrund, der die vertikalen Streifen des Motivs nach unten endlos wiederholt.

Ursprünglich dachte ich daran, den Streifenhintergrund, der das Ornament an der linken Seite beliebig lang fortsetzen soll, im `body` festzulegen. Das führt aber im Internet Explorer 6 zu einem Problem, da dort der `body` in der Breite des Containers `div#rahmenlinks` von der linken Seite weggerückt wird.

Daher wurde für diese Variante in den Container `div#rahmenlinks` ein zusätzlicher Container `div#bg` eingefügt, der lediglich den Zweck hat, den Streifenhintergrund für `div#rahmenlinks` zu halten. Sie finden die entsprechenden Anweisungen nach jenen zum Container `div#rahmenlinks`.

Sie können daher die Einstellungen für `html`, `body`, Universal-Selektor, `h1` bis `h6` und Link-Elemente dem vorigen Layout entnehmen bzw. diese beibehalten.

Der Container `div#nav` bleibt ebenfalls unverändert, lediglich die einzelnen Navigationselemente werden dem Design angepasst. Die einzige Änderung erfolgt für die Hintergrundfarbe des Rollover-Effektes. Ändern Sie diese auf `background: #E95D0F;`.

```
div#rahmenoben {
    position: absolute;
    top: 0px;
    left: 0px;
    right: 0px;
    width: auto;
    height: 150px;
    overflow: hidden;
    background: url(images/rahmen_oben.gif) no-repeat;
    text-align: right;
    padding-right: 20px;
}
```

Bei den Anweisungen für `div#rahmenoben` ändern sich nur jene Werte, die für das Hintergrundbild angepasst werden müssen.

```
div#rahmenlinks {
    position: absolute;
```

```
    top: 150px;
    left: 0px;
    width: 200px;
    height: 100%;
    overflow: hidden;
    background: url(images/rahmen_links_oben.gif)
    no-repeat;
}
```

Das Gleiche gilt für den Container `div#rahmenoben`.

```
div#bg {
    height: 100%;
    background: #FFFFFF
    url(images/rahmen_links_hintergrund.gif) repeat-y;
}
```

Hier nun die Anweisung, die dafür sorgt, dass sich der Streifen im linken Rahmen nach unten fortsetzt – ganz gleich, wie hoch der Rahmen wird.

```
div#menu {margin: 100px 20px auto 100px;}
div#menu ul {list-style-type: none;}
div#menu ul li {font-weight: bold;}
div#menu ul ul li {
    font-weight: normal;
    margin-left: 10px;
}
div#menu li.birnen {
    background: #E95D0F;
    margin-left: -30px;
    margin-right: -20px;
    padding-left: 40px;
}
div#menu li.birnen a {color: #FFFFFF; font-weight: bold;}
```

Der Container `div#menu` wird ebenfalls nur marginal an das Design des Hintergrundes angepasst.

```
div#hauptrahmen {
    position: fixed;
    left: 200px;
    top: 150px;
    right: 0;
```

```
        bottom: 0;
        overflow: auto;
        background: url(images/rahmen_text_oben.gif)
        no-repeat;
}
```

Das Hintergrundbild im Container `div#hauptrahmen` fixiert die kleine Ergänzung des Ornaments links oben.

Hier wieder eine Anpassung für IE 6.

```
.inhaltrahmen {margin: 2.0em;}
/* Star-html-Hack 4IE6 */
* html body{padding: 150px 0px 0px 200px;}
```

Die erste Anweisung der *Star-html-Hacks* wird an die geänderten Breiten und Höhen der Rahmen angepasst. Die restlichen bleiben unverändert.

Browser-Quickcheck

Die schnelle Kontrolle mit *Browsershots* zeigt zum einen die üblichen Verdächtigen und zum anderen, dass dieses Ergebnis für den Internet Explorer 5.5. noch verbessert werden kann. Auch hierzu mehr Information in Kapitel 32.

Abbildung 27.4 ▼
Vorlage 06, Kontrolle mit Browsershots

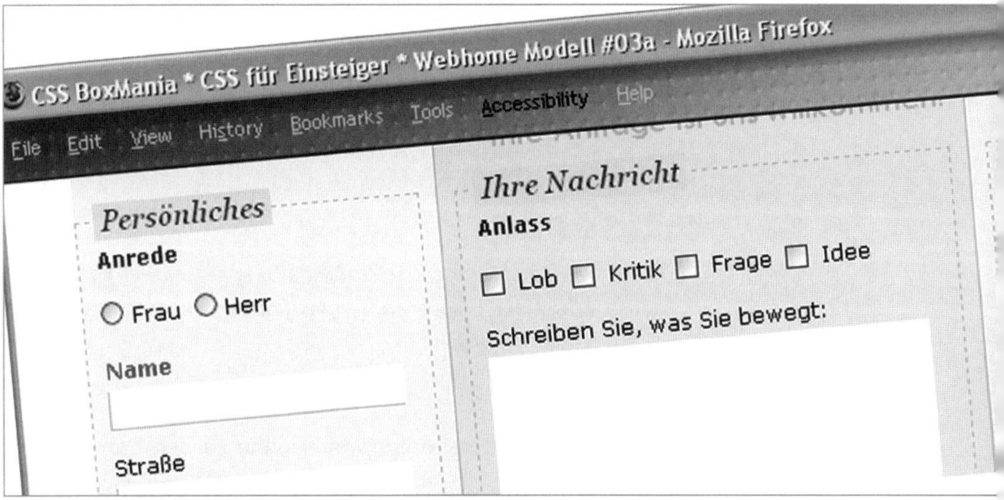

Kapitel 28

Vorlage #7: Formular in Spalten

Sogar Formulare profitieren von Listen.

Sie werden lernen, wie Sie

- ein Formular in Spalten aufteilen,
- Formulare mit Listen gestalten und
- Buttons mit Design versehen.

28 Vorlage #7: Formular in Spalten

Meine ursprüngliche Zurückhaltung gegenüber Formularen ist – dank CSS – der Freude an den vielfältigen Gestaltungsmöglichkeiten derselben gewichen.

Formulare gehören zweifelsohne zu den besonderen Herausforderungen für jeden Webentwickler. Die hier vorgestellte Seitenvorlage verwendet das Layout mit drei Spalten, das Sie bereits angelegt haben. Der Vorteil hierbei ist, dass Sie ein umfangreicheres Formular für Ihre Besucher besonders lesefreundlich und übersichtlich gestalten können.

Und so wird es aussehen:

Abbildung 28.1 ▸
Vorlage 07, Formular in drei Spalten

Die Verwendung von geordneten Listen hilft, das Formular auch dann noch halbwegs brauchbar darzustellen, wenn CSS deaktiviert ist oder nicht unterstützt wird.

Die Vorlage ist so aufgebaut, dass Sie jede einzelne Spalte auch als Modul oder eigenes Formular verwenden können. Sie müssen dann nur den `Submit`-Button an das Ende des Formulars platzieren. Die Anleitung ist daher auch in drei Module gegliedert.

28.1 Modul 1: Namen und Adresse – Radio-Buttons und Textfelder

Und so wird Modul 1 aussehen:

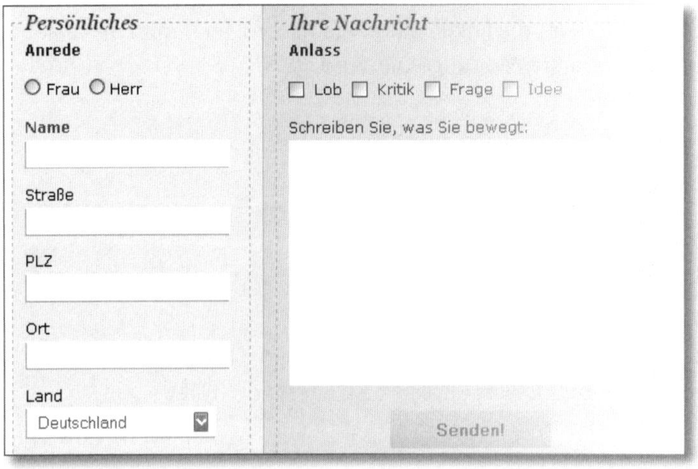

◄ **Abbildung 28.2**
Vorlage 07, Formular mit Spalte 1 für persönliche Daten

Die Dateien finden Sie im Ordner *vorlage_07*.

Der HTML-Code

Hüllen Sie den gesamten Container `div#wrap_content` in ein Form-Element, wie Sie es schon einmal verwendet haben. Sie benutzen dabei wieder die Sende-Funktion von *nettz.de*; vergessen Sie nicht, ein `hidden field` mit der Empfängeradresse einzufügen. Dieses Vorgehen erlaubt, dass alle drei Spalten als ein zusammenhängendes Formular funktionieren. Aus Platzgründen wird der nachfolgende Code nicht eingerückt.

Möchten Sie nur eines der Module verwenden, so umhüllen Sie nur dieses mit dem Form-Element und setzen Sie den `Submit`-Button an das Ende (d.h. vor dem `form`-Ende-Tag).

```
<form id="myform" action="http://www.nettz.de/Formular-
Chef/Formular-Chef.cgi" method=post enctype="multipart/
form-data">
```

```
<input type="hidden" name="empfaenger" value="eliZZZa@
eliZZZa.net"/>
```

Das ist sozusagen der Vorspann des Formulars. Er besteht aus einem form-Anfangs-Tag und einem versteckten Feld für die Mail-Adresse(n) des Empfängers.

```
<div id="wrap_content">
<div id="col1">
<div class="box">
```

Der Container div#wrap_content umhüllt seinerseits die drei Spalten, die letztlich das Formular ausmachen. Der Container div#col1 bildet die linke Spalte, die nachfolgend mit Formulardaten für das erste Modul gefüllt wird.

```
<fieldset class="person">
<legend>Pers&ouml;nliches</legend>
<fieldset class="anrede">
<legend>Anrede</legend>
<ol>
<li><input name="anrede" id="anrede" type="radio"
value="Frau" /><label for="anrede">Frau</label></li>
<li><input name="anrede" id="anrede" type="radio"
value="Herr" /><label for="anrede">Herr</label></li>
</ol>
</fieldset>
```

Indem Sie jedes fieldset-Element mit einer eigenen Klasse versehen, können Sie später in CSS den jeweiligen ol-Elementen unterschiedliche Eigenschaften zuweisen.

Denken Sie bei Formularen immer daran, die Felder auch im Sinne der Barrierefreiheit deutlich zu kennzeichnen. Das erreichen Sie mit den Elementen label und fieldset.

Die Eingabe-Elemente in der linken Spalte werden von einem fieldset.person umhüllt, darin liegt ein verschachteltes fieldset.anrede. Wie schon angekündigt, helfen Ihnen bei der Gestaltung in CSS geordnete Listen ol, die Eingabefelder wie li-Elemente behandeln.

```
<ol>
<li><label for="name" class="mand">Name</label><input
name="name" id="name" type="text" /></li>
<li><label for="strasse">Stra&szlig;e</label><input
name="strasse" id="strasse" type="text" /></li>
<li><label for="plz">PLZ</label><input name="plz"
id="plz" type="text" /></li>
```

```
<li><label for="ort">Ort</label><input name="ort"
id="ort" type="text" /></li>
<li><label for="label">Land</label>
    <select name="land" id="land">
    <option value="deutschland"
    selected="selected">Deutschland</option>
    <option value="oesterreich">&Ouml;sterreich</option>
    <option value="schweiz">Schweiz</option>
    </select>
</li>
</ol>
</fieldset>
</div><!-- #box -->
</div><!-- #col1 -->
```

Die nächste geordnete Liste `ol` gilt den Namens- und Adressdaten und beinhaltet außerdem eine Auswahlliste für Länder. Danach wird `fieldset.person` geschlossen, ebenso wie die Container `div#box` und `div#col1`.

Der CSS-Code

Die Formularseite soll breitenflexibel sein, das heißt, die mittlere Spalte darf sich ausdehnen, während die beiden seitlichen Spalten eine fixe Breite erhalten. Daher passen wir die Einstellungen von `body` und `div#wrapper` entsprechend an und korrigieren auch die Eigenschaften der schmalen Spalten. Die übrigen, allgemeinen Anweisungen bleiben unverändert.

Auch ein Formular kann mit ein wenig mehr Aufwand breitenflexibel sein.

```
body {  font: 1.2em/1.8em Verdana, sans-serif;}
div#wrapper {margin: 0px 40px; background: #FAFAFA;}
div#col1, div#col2 {
    float: right;
    width: 200px;
    padding-bottom: 10px;
}
div#col1 {float: left;}
```

Die erste Spalte wird links gefloatet, die zweite rechts, beide erhalten eine Breite von jeweils `200px` und einen Innenabstand `padding-bottom` nach unten.

```
div.box {margin-top: 50px;}
```

Damit die Überschriften der seitlichen Spalte auf gleicher Höhe mit der Überschrift der mittleren Spalte liegen, erhalten die seitlichen Spalten `div.box` ein `margin-top`.

```
div#maintext {
    margin: 0px 210px;
    border: 1px solid #CCCCCC;
    background: #F0F0F0;
    padding: 20px 10px;
}
```

Die mittlere Spalte muss für die beiden seitlichen Platz machen, was Sie mit einem entsprechenden seitlichen Abstand `margin` erreichen.

Nun richten Sie noch die Navigationsleiste mithilfe einer kleinen Anpassung zentriert aus, was mit der nunmehr symmetrischen Ausrichtung der Seite besser korrespondiert.

```
div#nav {
    background: #FAFAFA;
    text-align: center;
    margin-bottom: 1.0em;
    margin-left: 0.4em;
}
```

Es folgen die eigentlichen Formularfestlegungen:

```
ol {
    list-style-type: none;
    margin: 0px 0px 10px 10px;
    padding: 0px;
}
```

Für die `ol`-Elemente werden die Listenpunkte entfernt (`list-style-type: none;`) und die Außenabstände von `10px` nach unten und links eingestellt. Das rückt die Elemente etwas vom linken Rand weg und schafft unten einen kleinen Abstand zu den nachfolgenden Elementen.

```
fieldset.person,
fieldset.nachricht,
fieldset.interesse {
    border: 1px dashed #CCCCCC;
    padding-bottom: 10px;
```

```
    margin-bottom: 10px;
}
```

Für die drei übergeordneten fieldset-Elemente legen Sie einen feinen grauen Rahmen fest und definieren Innen- und Außenabstände nach unten.

```
fieldset.person legend,
fieldset.nachricht legend,
fieldset.interesse legend {
    margin-left: 10px;
    font-family: Georgia, serif;
    font-size: 1.4em;
    font-style: italic;
    color: #004A7F;
    background: #EDEDED;
    padding: 0px 4px;
}
```

Die Beschriftungen der äußeren fieldset-Elemente erhalten einen Außenabstand nach links, Schrifteinstellungen und eine passende Schriftfarbe.

◂ **Abbildung 28.3**
Vorlage 07 Formular – das Element fieldset legend erzeugt eine Beschriftung.

Der Internet Explorer reagiert bei der Darstellung der legend wieder einmal anders als andere Browser: Die Beschriftung erscheint durch den border des fieldset durchgestrichen.

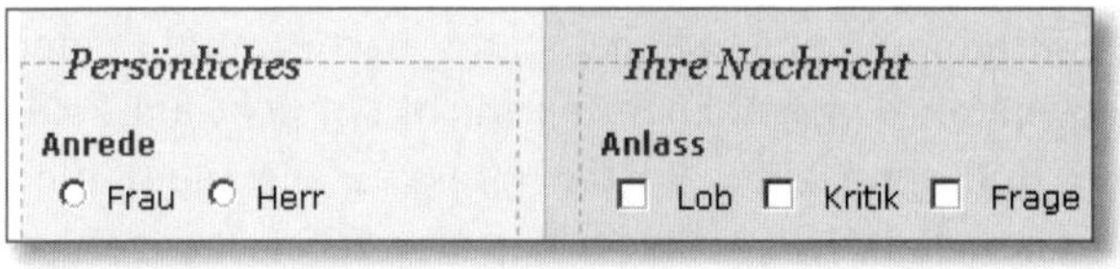

◂ **Abbildung 28.4**
IE-Darstellung von legend

Eine Farbe als background verleiht der legend einen soliden Hintergrund und löst das Problem. Auch ein Hintergrundbild wäre hier anwendbar.

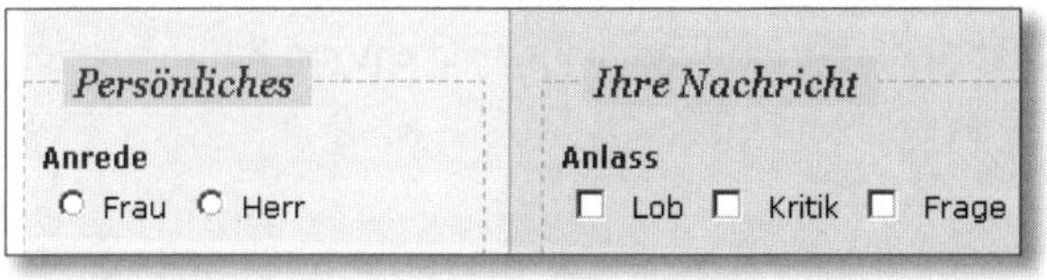

◂ **Abbildung 28.5**
IE – legend mit Hintergrundfarbe

Möchten Sie die Beschriftungen der fieldset-Elemente auch im Internet Explorer präzise ausrichten, dann sollten Sie mit Conditional Comments am besten ein eigenes Stylesheet für IE verknüpfen.

```
fieldset.anrede legend,
fieldset.anlass legend,
fieldset.sport legend,
fieldset.kultur legend {
    font-family: Verdana, sans-serif;
    font-size: 1.0em;
    font-style: normal;
    color: #333333;
    font-weight: bold;
    margin: 10px 0px 0px -10px;
    padding-left: 10px;
}
```

Auch beim Design mancher Formularelemente verhält sich der Internet Explorer nicht ganz so wie andere Browser.

Für die `legend`-Elemente (also die Beschriftung) der verschachtelten `fieldset`-Elemente gelten andere Einstellungen. Der negative Wert beim linken Außenabstand erklärt sich durch eine abweichende Darstellung im Internet Explorer 7.

```
fieldset.person input,
fieldset.person select,
ol.interesse input {
    width: 160px;
    margin-bottom: 10px;
    padding: 2px 5px 3px 5px;
    border: 1px solid;
    border-color: #FFF #FFF #CCC #CCC;
}
```

Die Breite eines Drop-Down-Menüs oder einer Drop-Down-Liste ist nicht exakt mit der Breite von Textfeldern in Übereinstimmung zu bringen.

Die Anweisung für die Textfelder, das Drop-Down-Menü in der linken und das Textfeld in der rechten Spalte definiert eine gleichmäßige Breite, einen Außenabstand nach unten, einen Innenabstand, damit eingegebener Text nicht so dicht am Feldrand erscheint und den kleinen Button-Effekt für die `input`- und `select`-Elemente, den Sie bereits in der Navigation kennengelernt haben. Dieser verleiht den Eingabefeldern einen dezenten 3-D-Effekt.

Textfelder und das Drop-Down-Menü erhalten die gleiche Breite und einen kleinen `margin-bottom`, damit die Felder nicht zu dicht aufeinanderfolgen. Ein `padding` bewirkt bei den Textfeldern, dass Texte bei der Eingabe nicht zu dicht am Rand des Feldes kleben.

Die Anweisung für den `border` von `input`- und `select`-Elementen (links und unten grau, rechts und oben weiß) erzeugt einen leichten 3-D-Effekt.

◀ **Abbildung 28.6**
Vorlage 07 Formular: Eingabefelder mit 3-D-Effekt, der nur durch Rahmenfarben erzeugt wird

```
fieldset.anrede input {
    width: auto;
    border: none;
    margin: 0px;
    padding: 0px;
}
```

Für die Auswahl der Anrede »Herr« oder »Frau« werden sogenannte Radio-Buttons eingesetzt. Die Breite der Radio-Buttons muss auf den Wert `auto` gesetzt werden, da sie in der vorigen Regel die Breite von `160px` angenommen haben. Auch `border`, `margin` und `padding` sind hier nicht erwünscht.

```
fieldset.person ol label {display: block;}
```

Damit die Beschriftungen der Eingabe-Elemente in der linken Spalte nicht `inline` neben den Feldern erscheinen, sondern darüber, werden sie als Block-Elemente angezeigt.

```
fieldset.anrede ol li,
fieldset.anlass ol li,
fieldset.anrede ol li label,
fieldset.anlass ol li label {
    display: inline;
}
```

Im Gegensatz dazu erreichen Sie, dass Radio-Button- und Checkbox-Elemente in der linken und mittleren Spalte nebeneinander stehen, indem Sie deren `display`-Werte auf `inline` setzen.

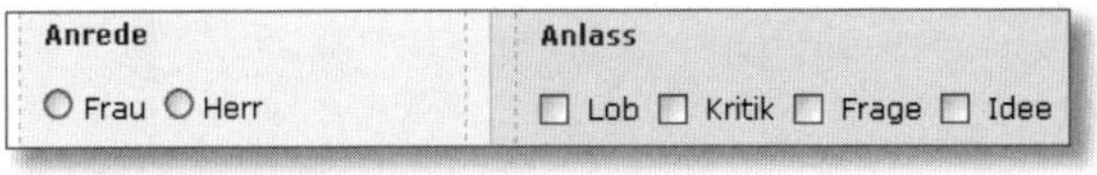

▼ **Abbildung 28.7**
Vorlage 07 Formular – Radio-Buttons und Checkbox-Elemente und deren Beschriftung stehen durch display: inline; nebeneinander anstatt untereinander.

```
fieldset.anrede label,
fieldset.anlass label,
fieldset.sport label,
fieldset.kultur label {
margin: 0px 4px;
}
```

Eine kleine Korrektur der seitlichen Abstände gibt den Beschriftungen der Radio-Buttons und Checkbox-Elementen ein wenig mehr Platz.

```
label.mand {color: #E3004F; font-weight: bold;}
```

Die Pflichtfelder (*mandatory fields*) wurden im HTML-Code mit einer entsprechenden Klasse versehen. Für die Hervorhebung notieren Sie jetzt eine ganz einfache Lösung – die Schrift erscheint in einer Schmuckfarbe und fett.

Abbildung 28.8 ▸
Vorlage 07 Formular – Hervorhebung eines Pflichtfeldes durch color und font-weight

28.2 Modul 2: Gemischte Daten – Radio-Buttons und Checkboxen

Und so wird Modul 2 aussehen:

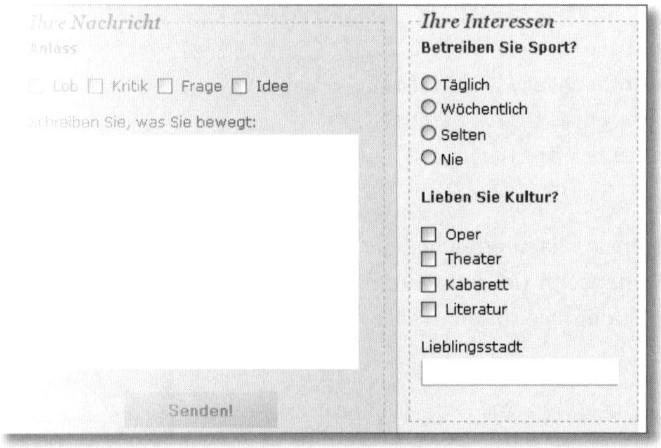

Abbildung 28.9 ▸
Vorlage 07 Formular – Modul Spalte 2 für weitere persönliche Angaben

Der HTML-Code

Der Container `div#col2` bildet die rechte Spalte und wird mit einer Reihe von Radio-Buttons und einer Reihe von Checkbox-Elementen gefüllt. Auch hier gibt es wieder ein umhüllendes `fieldset.interesse` und darin zwei weitere `fieldset` für `.sport` und `.kultur`.

Ein Radio-Button erlaubt nur eine Auswahl, während eine Checkbox das Wählen mehrerer Optionen ermöglicht.

```
<div id="col2">
<div class="box">
<fieldset class="interesse">
<legend>Ihre Interessen</legend>
<fieldset class="sport">
<legend>Treiben Sie Sport?</legend>
<ol>
<li><input name="sport" id="sport" type="checkbox"
value="Taeglich">
<label for="sport">T&auml;glich</label></li>
```

Wiederholen Sie das `list item` samt `label` noch dreimal, und setzen Sie die Werte »Wöchentlich«, »Selten« und »Nie« ein.

```
</ol>
</fieldset>
```

Hier wird das erste verschachtelte `fieldset` geschlossen und gleich danach das zweite geöffnet.

```
<fieldset class="kultur">
<legend>Lieben Sie Kultur?</legend>
<ol>
<li><input name="kultur" id="kultur" type="checkbox"
value="Oper">
<label for="kultur">Oper</label></li>
```

Wiederholen Sie auch hier das `li`-Element viermal und setzen Sie unterschiedliche Werte (Begriffe) ein.

```
</ol>
</fieldset>
<ol>
<li><label for="favstadt">Lieblingsstadt</label>
<input name="favstadt" id="favstadt" type="text" /></li>
</ol>
</fieldset>
```

```
</div><!-- #box -->
</div><!-- #col2 -->
```

Ein zusätzliches Text-Eingabefeld (ebenfalls in einer geordneten Liste) dient als Muster, falls Sie diese Spalte als Vorlage für ein separates Formular verwenden wollen. Das zweite der verschachtelten Fieldsets und das `fieldset.interessen` werden geschlossen, ebenso wie die Container `div#box` und `div#col2`.

Der CSS-Code

Die vorher notierten Anweisungen beinhalten bereits jene Formatierungen, die auch hier in Spalte 2 wirken, wie beispielsweise diejenigen für das Aussehen der `fieldset`-Elemente.

28.3 Modul 3: Nachrichtenfeld und Senden – Textarea und Submit-Button

Und so wird Modul 3 aussehen:

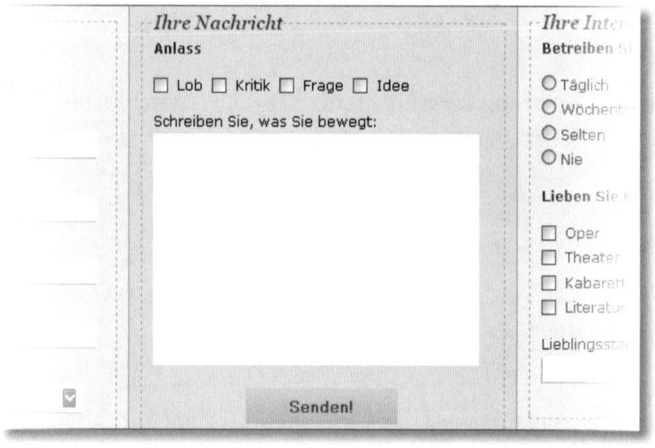

Abbildung 28.10 ▸
Vorlage 07 Formular – mittlere Spalte mit einem Nachrichtenfeld

Der HTML-Code

Nun wird noch die mittlere Spalte mit Formularfeldern gefüllt.

```
<div id="maintext">
<h5>Ihre Anfrage ist uns willkommen!</h5>
<fieldset class="nachricht">
<legend>Ihre Nachricht</legend>
```

```
<fieldset class="anlass"><legend>Anlass</legend>
<ol>
<li><input name="anlass" id="anlass" type="checkbox"
value="Lob">
<li><input name="anlass" id="anlass" type="checkbox"
value="Kritik">
<li><input name="anlass" id="anlass" type="checkbox"
value="Frage">
<li><input name="anlass" id="anlass" type="checkbox"
value="Idee">
<label for="anlass">Lob</label></li>
</ol>
</fieldset>
```

Das `fieldset.anlass` soll Checkbox-Elemente in einer Reihe nebeneinander anzeigen.

```
<label for="message">Schreiben Sie, was Sie bewegt:
</label>
<p><textarea name="message" id="message" rows="20"
cols="50"></textarea></p>
<p class="psubmit"><input type="submit" name="submit"
id="submit" value="Senden!" /></p>
</fieldset>
```

Ein Submit-Button benötigt kein `label`, da sein (einziger) Zweck aus dem Tag selbst hervorgeht. Ein Textbereich zum Eingeben einer Nachricht und ein Button zum Absenden komplettieren nun das Formular.

```
</div><!-- END #maintext -->
<div class="defloat"></div>
</div><!-- END #wrap_content -->
</form>
```

Nun werden die Container `div#maintext` und `div#wrap_content` und schließlich auch noch das Formular selbst geschlossen (sofern Sie alle drei Spalten zu einem Formular vereinen wollen).

Der CSS-Code

Da die meisten Einstellungen bereits vorher mit den anderen Elementen festgelegt wurden, sind an dieser Stelle nur noch kleine

Anpassungen und ein wenig Design für den Submit-Button erforderlich.

```
fieldset.nachricht label {display: block;}
textarea {width: 90%; height: 200px;}
```

Gestalten Sie einen Textbereich für Nachrichten nicht zu klein. »Mäusefenster« für das Senden von Anfragen u.Ä. sind mehr als lästig.

Die Beschriftung des Nachrichtenfeldes soll über diesem erscheinen. Das Feld selbst soll sich in der Breite anpassen können und erhält eine fixe Höhe.

```
.psubmit {text-align: center; margin-top: 20px;}
```

Der Submit-Button liegt in einem Absatz mit der Klasse `.psubmit`. Damit kann er unter dem Nachrichtenfeld zentriert angeordnet werden. Ein kleiner Abstand nach oben rückt den Absatz (samt Button) vom Nachrichtenfeld weg.

```
input#submit {
    width: 10em;
    padding: 0.5em;
    cursor: pointer;
    font-weight: bold;
    color: #E3004F;
    background: url(images/back_button.gif)
    repeat-x left bottom;
}
```

Der Submit-Button erhält ein Hintergrundbild mit einem zarten Verlauf. Die Eigenschaft `cursor` erhält den Wert `pointer`, wodurch der Cursor die Form einer Hand annimmt, sobald sich dieser über dem Button befindet.

```
    input#submit:hover {
    background: #E3004F;
    color: #FFFFFF;
}
```

Zu guter Letzt wird der Button beim Rollover noch farblich hervorgehoben. Und fertig ist Ihr dreispaltiges Formular!

Abbildung 28.11 ▸
Vorlage 07 Formular – Submit-Button mit Rollover-Effekt

Kapitel 29

Elemente zentrieren

Immer wieder (nach-)gefragt!

Sie werden lernen, wie Sie

- Elemente an anderen mittig ausrichten,
- Texte und Bilder zentrieren und
- den gesamten Seiteninhalt in die Mitte rücken.

29 Elemente zentrieren

In diesem Kapitel möchte ich eine – buchstäblich – zentrale Frage ausführlich behandeln, die CSS-Einsteigern immer wieder Probleme bereitet. Teilweise wurden die Techniken bereits in den Übungen und Layoutvorlagen angesprochen. Hier finden Sie ergänzende Informationen.

Das Zentrieren von Elementen ist eine grundlegende Technik für die Gestaltung von Seitenlayouts. Daher werden hier noch einmal verschiedene Szenarien zu dieser Frage vorgestellt.

29.1 Elemente horizontal zentrieren

Für diese Aufgabe existiert in CSS nur eine Eigenschaft, nämlich `text-align`. Mit dem Wert `center` erreichen Sie, dass Texte oder Elemente innerhalb eines Block-Level-Elements horizontal zentriert ausgerichtet werden.

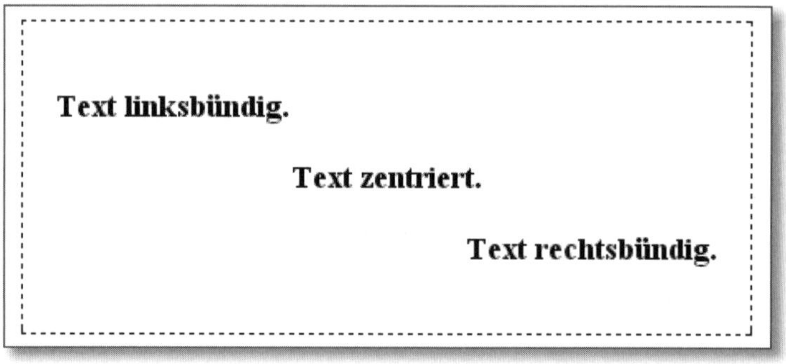

Abbildung 29.1 ▸
Text in einem div mit text-align left, center, right

Meine vorige Behauptung, dass nicht nur Text, sondern auch andere Elemente mit `text-align` zentriert werden können, stimmt nur bedingt, wie der folgende Screenshot im Firefox-Browser zeigt:

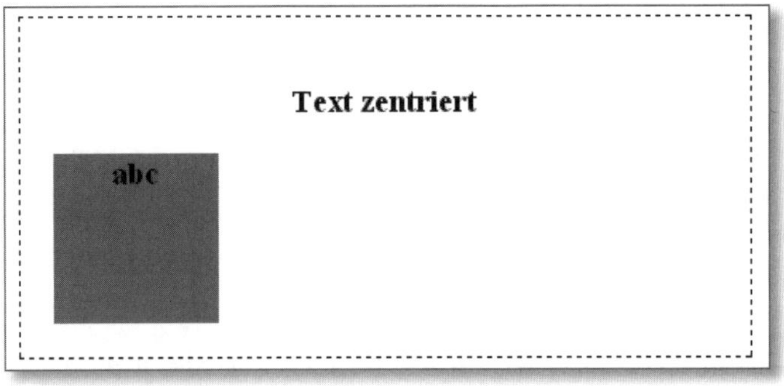

◄ **Abbildung 29.2**
Text und div in einem div mit text-align center

Firefox hält sich – wie so oft – strikt an die Vorgabe und zentriert zwar ein Text-Level-Element, nicht aber ein Block-Level-Element. Schließlich heißt es ja `text-align` und nicht etwa `block-align`.

Wie Sie dies in Firefox erreichen, haben Sie bereits beim Zentrieren des ganzen Seitenbereichs `div#wrapper` kennengelernt. Hier noch einmal das Schema mit einer kleinen Ergänzung.

Der HTML-Code

```
<div class="mittig">
    <p>Text zentriert</p>
    <div class="redbox">abc</div>
    <p>Text zentriert</p>
</div>
```

> **Selektorennamen**
> In diesem Beispiel werden für das bessere Verständnis Selektorennamen verwendet, die das Aussehen beschreiben. In der Praxis sollten Sie allerdings Namen bevorzugen, die die Bedeutung beschreiben.

Der CSS-Code

```
div.mittig {align: center;}
div.redbox {margin-left: auto; margin-right: auto;}
```

Sie werden bemerken, dass hier – im Gegensatz zu den Übungen und Vorlagen – anstelle von `margin: auto;` nun explizit `margin-left` und `margin-right` angegeben werden. Dies wird von Experten empfohlen, um weitgehende Browserkompatibilität zu erreichen.

Und da die Eigenschaft `text-align` an Nachfahren-Elemente vererbt wird, ist nun auch der Text innerhalb von `div.redbox` ebenfalls zentriert ausgerichtet – was so nicht gewünscht ist. Es fehlt also noch eine kleine Ergänzung für die Anweisung, nämlich die Ausrichtung des Textes wieder zurückzunehmen:

```
div.redbox {
    margin-left: auto;
    margin-right: auto;
    text-align: left;
}
```

29.2 Elemente vertikal zentrieren

Bei diesem Vorhaben wird es schon kniffliger. Die Eigenschaft `vertical-align` zeigt sich immer dann, wenn man eine Wirkung erwarten würde, davon völlig unbeeindruckt.

Schlägt man die Definition der Eigenschaft nach, wird klar, warum entsprechende Anweisungen wirkungslos verpuffen. Die Eigenschaft `vertical-align` setzt die vertikale Ausrichtung von Text in einem Inline-Element oder einer Tabellenzelle.

Verwenden Sie die Eigenschaft daher, um

- Text verschiedener Größen aneinander,
- Text an Grafiken oder
- Text und Grafiken in Tabellenzellen

vertikal auszurichten. Die Eigenschaft `vertical-align` ist wirkungslos in Block-Level-Elementen!

Für die vertikale Ausrichtung von Elementen empfehlen sich – je nach Anforderung – drei gängige Methoden.

Was bedeutet das nun für die Frage der vertikalen Ausrichtung? Falls Sie Text vertikal in der Mitte eines Block-Level-Elements ausrichten wollen, so müssen Sie zu anderen Tricks greifen.

Vertikal zentrieren mit line-height

Es folgt ein Beispiel für die vertikale Ausrichtung mit `line-height`.

Der HTML-Code

```
<div class="vmittig">
    <p>Text der vertikal zentriert werden soll</p>
</div>
```

Der CSS-Code

```
div.vmittig {width: 400px; height: 200px;}
p {
    line-height: 200px;
```

```
    vertical-align: middle;
    margin: 0px;
    padding: 0px;
}
```

Beachten Sie bitte, dass diese Lösung nur dann funktioniert, wenn die Rechnung stimmt! Es müssen also `margin` und `padding` entweder explizit auf Null gesetzt werden, oder aber Sie müssen andere Werte für `margin` und `padding` mit berechnen.

◄ **Abbildung 29.3**
Absatz mit Text mithilfe von line-height vertikal zentrieren

Vertikal zentrieren in Tabellenzellen

Eine andere Lösung setzt voraus, dass Sie den Text, der vertikal zentriert werden soll, in eine Tabellenzelle platzieren. Dies sollten Sie aber nur dann tun, wenn es sich tatsächlich um tabellarische Daten handelt. Keinesfalls sollten Sie Text in eine Tabelle zwingen, der nicht in eine solche gehört.

Vertikal zentrieren mit display: table

Eine der kniffligsten Herausforderungen für Webentwickler ist das vertikale Zentrieren von Elementen in der Mitte des Browserfensters. Beim W3C findet sich dafür folgendes Beispiel sowie ein Lösungsvorschlag.

Abbildung 29.4 ►
Text und Grafik im Browserfenster vertikal zentriert, auch wenn sich die Fenstergröße ändert

Der HTML-Code

```
<div id="wrapper">
    <p>Text vor dem Bild.
    <img class="vhmittig" src="bild.gif" alt="Bild">
    Noch mehr Text unter dem Bild </p>
</div>
```

Der CSS-Code

```
div.container {
    position: fixed;
    top: 0px;
    left: 0px;
    width: 100%;
    height: 100%;
    display: table;
}
```

Ein Container `div#wrapper` wird so breit und hoch definiert wie der sichtbare Bereich des Browserfensters (*Viewport*).

```
p {display: table-cell; vertical-align: middle;}
```

Der Absatz, in dem sich Texte und Grafiken befinden, wird auf die Anzeigeart `table` gesetzt und vertikal zentriert.

```
img.vhmittig {
    display: block;
    margin-left: auto,
    margin-right: auto;
}
```

Auch beim Bild wird die Anzeigeart auf `block` und die seitlichen Abstände zum Eltern-Element auf `auto` gesetzt, damit das Bild ebenfalls horizontal in der Mitte ausgerichtet ist. Zum Schluss werden die Texte noch horizontal zentriert:

```
p {text-align: center}
```

Sie haben nun einige Möglichkeiten kennengelernt, wie Sie Elemente horizontal oder vertikal zentrieren können.

Kapitel 30

CSS-Code optimieren

Schnellere Ladezeiten und effizientere Fehlersuche

Sie werden lernen,

- wie Sie Stylesheets »abspecken«,
- wie Sie Stylesheets übersichtlicher strukturieren und
- welche Tools Ihnen bei der Optimierung helfen.

30 CSS-Code optimieren

Ich gestehe: Ich habe immer noch Internetprojekte, bei denen ich die dazugehörigen Stylesheets vor Jahren erstellt und seither nicht mehr verbessert habe. Wenn ich mir den Code aktuellerer Arbeiten ansehe, wird deutlich, wie jeder Webentwickler im Lauf der Zeit lernt, CSS-Code immer sparsamer zu schreiben. Tun Sie es mit den nachfolgenden Tipps von Anfang an!

Wenn Sie CSS lernen, ist es meist unvermeidlich, dass Sie Code zu Anfang oft zu umständlich schreiben, diesen nicht optimal strukturieren und sich dadurch bei einer eventuellen späteren Fehlersuche Kopfschmerzen einhandeln.

Sie sollten darüber hinaus auch bedenken, dass Internetprojekte vielleicht viel später noch einmal auf Ihrem Schreibtisch landen, sei es, weil Kunden Änderungen wünschen, sei es, weil Sie selbst eine neue Version planen. Je besser Sie also Ihren ursprünglichen Code geschrieben haben, desto eher werden Ihnen solche Vorhaben gelingen.

Viele der Anregungen in diesem Kapitel haben Sie bereits, ausdrücklich oder nicht, bei den vorgestellten Übungen und Seitenvorlagen beachtet. Einige werden hier noch einmal erklärt. Im Idealfall sollten Sie diese Liste immer wieder studieren – bevor und nachdem Sie Ihre Stylesheets anlegen bzw. angelegt haben.

Sie werden bemerken, dass ich bei manchen der Empfehlungen einigen gängigen Tipps zur Optimierung widerspreche, wobei ich allerdings versuchen werde, Sie von meinen Argumenten zu überzeugen.

Lernen Sie von den Profis! Eine ganze Reihe von Websites stellt exzellentes CSS-Design vor. Studieren Sie die Stylesheets solcher Seiten und lernen Sie daraus!

30.1 Vor der Erstellung von Stylesheets

Basisstruktur für HTML-Code

Erstellen Sie einen HTML-Code, der nur die wichtigsten strukturellen Bereiche enthält. Hierzu zählen insbesondere:

- Header
- Hauptnavigation
- Menüs
- Inhaltsbereich (am besten mit Blindtext)
- Footer

Mehrere Stylesheets pro Medium?

Generell sollte Ihr CSS-Code so aufgeräumt und übersichtlich strukturiert sein, dass Sie mit einem Stylesheet pro Medium auskommen.

Das erste Stylesheet für ein umfangreicheres Projekt, das ich vor einigen Jahren geschrieben habe, umfasste sage und schreibe zehn dicht beschriebene DIN-A4-Seiten! Heute würde ich dafür etwa eine Seite benötigen, ohne dabei das Design zu ändern.

Ein wesentliches Kriterium für schlanken Code ist die Verwendung bereits vorhandener HTML-Elemente, anstatt ständig neue Selektoren einzuführen.

Master-Stylesheet

Die Idee eines sogenannten *Master-Stylesheets*, um Werte von Browser-Stylesheets zurückzusetzen, klingt auf den ersten Blick recht einleuchtend. Da ich bei diesem Stichwort immer aufhorche und mir unzählige solcher Master-Stylesheets angesehen habe, bin ich zu dem Schluss gekommen, dass man es auch übertreiben kann. Vor allem stört mich die regelmäßig auftretende Empfehlung, solch ein Master-Stylesheet mithilfe von `@import` einzubinden. Meine Einwände dazu folgen gleich im nächsten Punkt.

Schreiben Sie ruhig ein »Master-Stylesheet«, in dem Sie alle Werte von Browser-Stylesheets zurücksetzen, die Sie stören. Aber nehmen Sie diese wiederverwendbare CSS-Datei gleich als Basis Ihres Haupt-Stylesheets. Ich finde kein plausibles Argument dafür, es als separate und damit zusätzliche CSS-Datei hinzuzufügen.

Ich selbst komme ausgezeichnet mit der Anweisung im Universal-Selektor zurecht, bei sämtlichen Elementen für `margin`, `padding` und `border` den Wert auf Null zu setzen und dann bei Bedarf explizit andere Werte hierfür zu definieren.

Beispiel für ein Master-Stylesheet

```
html {
    height: 100.5%;
    font-size: 62.5%;
    line-height: 1.5em;}
body {
    font-family: Verdana, sans-serif;
    font-size: 1.3em;
    color: #333333;
}

/* Wrapper zentriert, fixe Breite
body {text-align: center;}
#wrapper {width: 760px; margin-left: auto; margin-right:
auto; text-align: left;} */

/* Wrapper zentriert, flexible Breite
#wrapper {margin-left: 40px; margin-right: 40px;} */

html, body, h1, h2, h3, h4, h5, h6, p, ul, ol, form,
table {margin: 0em;}
html, body, form, table { padding: 0em;}
html, body, img, table {border: 0px;}

h1, h2, h3, h4, h5, h6 {
    padding: 1.0em 0em 1.5em 0em;
    font-weight:normal;
}
h1 {font-size: 2.4em;}
h1 {font-size: 2.2em;}
h1 {font-size: 2.0em;}
h1 {font-size: 1.8em;}
h1 {font-size: 1.6em;}
h1 {font-size: 1.4em;}

p, ul, ol {padding: 0em 0em 1. 5em 0em;}
ul, ol {padding: 0em 0em 1.5em 2.5em;}
blockquote {margin: 2em; padding: 2em;}
acronym, abbr {
    cursor: help;
```

```
    letter-spacing: 1px;
    border-bottom: 1px dashed;
}

a {font-weight: bold;}
a {text-decoration: none;}
a:link, a:hover {
    padding-bottom: 0.1em;
    border-bottom: 1px solid;
}
```

Verwenden Sie also ein entsprechendes Master-Stylesheet (ich würde es lieber als »CSS-Basis« bezeichnen), um dieses gleich mit Ihren individuellen Anweisungen zu ergänzen. Löschen Sie diejenigen Anweisungen, die Sie nicht benötigen.

Link zu externen Stylesheets versus @import

Die optimale Verbindung zum Stylesheet stellt das `link`-Element im `head` der HTML-Datei dar. Sie müssen niemandem beweisen, dass Sie gelernt haben, wie die `@import`-Regel funktioniert.

Die Verwendung der `@import`-Regel, ganz gleich ob in der HTML-Datei oder am Anfang einer CSS-Datei, hat folgende Nachteile:

- Es kann zu einem sogenannten FOUC *(Flash Of Unstyled Content)* kommen, da ein mit `@import` verbundenes Stylesheet erst nach dem Laden der Seite vom Server geholt wird. Vielleicht haben Sie das schon einmal beim Aufruf einer Seite bemerkt – für einen Moment erscheint die Seite gänzlich ohne Styles.
- Jede `@import`-Anweisung verursacht eine Server-Anfrage (HTTP-Request), wodurch die Ladezeiten der Seite insgesamt verlangsamt werden.

Stylesheet für globale Klassen

Immer wieder finde ich die Empfehlung, ein separates Stylesheet für häufig verwendete Klassen einzusetzen. Wobei dann die Beispiele, die hierfür präsentiert werden, mindestens einer wichtigen Forderung von CSS widersprechen.

Nur wenige Webprojekte sind so umfangreich und komplex, dass sie den Einsatz von mehreren Stylesheets (für ein Medium) rechtfertigen.

Beispiel:

```
.float-left {float: left;}
.text-right {text-align: right;}
```

Fällt Ihnen hierzu ein, was Sie früher bereits öfter gelesen haben?

- Sie sollten Selektoren nicht nach ihrem Aussehen benennen, sondern nach ihrer Bedeutung.
- Es werden unnötigerweise neue Klassen geschaffen. Sie können beispielsweise einen Absatz, dessen Text rechtsbündig laufen soll, ganz elegant und gezielt mithilfe bereits vorhandener Elemente gestalten:
  `div#maintext p {text-align: right;}`

Wenn Sie also so viele globale Klassen haben, dass sich hierfür ein separates Stylesheet rentieren würde, sollten Sie Ihren Code dringend überarbeiten, denn dann machen Sie ohnehin etwas grundsätzlich falsch.

Kommentare und Inhaltsverzeichnis

Sie haben gelernt, wie Sie sowohl HTML- als auch CSS-Code sauber kommentieren. Damit Ihre Kommentare auch später noch hilfreich (sprich nachvollziehbar) sind, sollten Sie dabei ein paar Punkte beachten:

- Ein Kommentar ist kein Roman! Auch Anmerkungen erhöhen die Dateigröße, fassen Sie sich also kurz und kommentieren Sie in Stichworten.
- Kennzeichnen Sie Ihre Kommentare deutlich, sodass Ihre Augen schon beim Scrollen daran hängen bleiben.
  `/* ############ DAS FÄLLT AUF! ############# */`
- Ein Inhaltsverzeichnis als Kommentar am Anfang der Datei hilft bei der Orientierung in längeren Stylesheets.
- Eine kurze Farbenliste als Kommentar kann den Überblick über eingesetzte Farben erleichtern.

Code komprimieren

Sogenannte *Code-Compression-Tools* können Ihre Stylesheets abspecken, achten Sie aber darauf, dass ein solcherart komprimierter Code nicht an Übersichtlichkeit verliert. Andererseits zeigen die Resultate dieser Tools oft auch, wie man Code schlanker schreiben kann. Eine Auswahl von *Code-Compression-Tools* finden Sie in Abschnitt 30.3.

Reihenfolge der Selektoren

Wie Sie Ihr Stylesheet strukturieren und in welcher Reihenfolge Sie Selektoren anführen, fällt unter das Stichwort »persönlicher Stil«. Sie müssen nur die Regel beachten, dass Stylesheets stets von oben nach unten abgearbeitet werden. Daher ist es natürlich nicht gleichgültig, wie die Reihenfolge im Detail aussieht. Ich gehe üblicherweise wie folgt vor:

Mein CSS-Stil

muss nicht unbedingt der richtige für Sie sein. Finden Sie eine Struktur, mit der Sie gut zurechtkommen. Das merken Sie spätestens bei der Fehlersuche oder wenn Sie Änderungen vornehmen wollen. Je mehr Stylesheets Sie schreiben, desto sicherer werden Sie, was Ihren eigenen Stil betrifft.

Zum einen orientiere ich mich an der Hierarchie des *Document-Tree*, andererseits an der inhaltlichen Struktur des HTML-Dokuments. Somit liste ich ID-Selektoren und Klassen-Selektoren eher nach ihrem Auftreten im HTML-Dokument und gruppiere nach Möglichkeit ein wenig »verwandtschaftlich«. Wo immer es möglich ist, versuche ich, Codezeilen einzusparen, indem ich zuerst eine allgemeine Regel für mehrere Selektoren aufstelle, um danach Ausnahmen davon zu definieren.

Ich schreibe also zuerst Elemente wie `html`, `body` und Universal-Selektor. Danach definiere ich die Überschriften `h1` bis `h6` und Links. Dann folgen weitere Elemente wie Absätze oder Listen. ID-Selektoren, die meist die großen Bereiche einer Seite beschreiben, erscheinen mit all ihren Kombinationen im Anschluss daran. Am Ende des Stylesheets folgen dann die Klassen, wobei ich versuche, diese auf ein Minimum zu reduzieren.

Wenn Sie Ihre CSS-Datei ähnlich strukturieren und mithilfe von Leerzeilen und Einrückungen noch ein wenig übersichtlicher gestalten, dann sind auch im Code keine auffälligen Kommentarzeilen erforderlich, um sich darin gut und schnell zurechtzufinden.

Reihenfolge der Deklarationen

Auch hier gilt: Die Reihenfolge ist beliebig. Aber beachten Sie, dass nachfolgende Deklarationen vorhergehende überschreiben.

Nützen Sie die Reihenfolge von Deklarationen, um Code sparsamer zu schreiben.

Beispiel:

```
div#test {border: 4px solid red; border-bottom: green;}
```

Bei diesem Beispiel ist die Reihenfolge natürlich nicht egal. Die Anweisung lautet: Der Rahmen ist auf allen vier Seiten 4px breit, durchgehend und rot; lediglich der Rahmen am unteren Rand soll grün sein. Vertauscht man in diesem Beispiel die Deklarationen

```
div#test {border-bottom: green; border: 4px solid red;}
```

so bedeutet die Anweisung jetzt: Der Rahmen ist auf allen vier Seiten 4px breit, durchgehend und rot.

Vorbehaltlich dieser Einschränkung dürfen Sie Deklarationen also reihen, wie Sie wollen. Auch hier werden Sie sicherlich mit der Zeit persönliche Präferenzen entwickeln. Ich schreibe zum Beispiel meistens zuerst `width` und `height`, dann `margin` und `padding`, `border`, `background` und weitere Deklarationen. Warum es sich lohnt, hierbei gewisse Regeln entwickeln, erfahren Sie im nächsten Tipp.

Konsequenz bei Schreibweisen

Salopp ausgedrückt könnte man sagen: Schreiben Sie, wie Sie wollen, aber seien Sie dabei konsequent!

Je mehr Sie sich bei Schreibweisen, Reihenfolgen von Deklarationen und Werten an Ihre eigenen Regeln halten, desto schneller können Sie Ihren eigenen Code lesen, und umso besser werden Sie sich darin zurechtfinden.

Wenn Sie Fehler suchen, dann suchen Ihre Augen nach einer Art Muster, das Sie vor Ihrem geistigen Auge sehen. Damit filtern Sie den Code, in welchem Sie suchen. Sie scannen ihn sozusagen.

Wenn Sie also beispielsweise Farben in der Regel sechsstellig (wie zum Beispiel `#78AFED`) notieren, manchmal aber dreistellig (wie `#F60`), dürfen Sie sich nicht wundern, wenn Ihre Augen länger brauchen, um die Muster zu vergleichen.

Verkürzte Schreibweise bei Eigenschaften und Werten

Verkürzte Schreibweisen sind immer von Vorteil, allerdings nicht in jedem Fall übersichtlich. Ich habe schon darauf hingewiesen, dass ich die verkürzte Schreibweise `font` und jene von Farbwerten eher vermeide, da ich bemerkt habe, dass diese im Code unübersichtlich wirken.

Auch bei der Verkürzung von Farbwerten wage ich zu behaupten: Wenn Sie so viele Farbdeklarationen haben, dass sich eine Verkürzung rentiert, so überdenken Sie doch noch einmal Ihren Code!

Fraglichen Code einrücken

Nützen Sie Tabulatorsprünge und Leerzeichen, um kürzliche Änderungen zu markieren.

Während Sie an Ihrem Stylesheet tüfteln, werden oft einige Anweisungen geändert, was mitunter zu unerwünschten Ergebnissen führt. Wissen Sie dann noch, welche Anweisungen Sie geändert haben? Eine einfache Methode, solche Änderungen zu markieren, ist das auffällige Einrücken der modifizierten Anweisungen. Damit erkennen Sie den fraglichen Code schnell wieder.

Eine praktische Möglichkeit, CSS-Code auszuprobieren, bietet die Browsererweiterung Firebug. Sie können damit unter Firefox unmittelbar Änderungen am CSS-Code vornehmen, die im Browser sofort angezeigt werden (ohne Ihr Stylesheet tatsächlich zu verändern).

Namenskonventionen

Auch hier möchte ich Folgendes empfehlen: Benennen Sie, wie Sie wollen, aber seien Sie dabei konsequent! Stellen Sie Ihre eigenen Regeln auf und halten Sie sich auch daran. Dann ersparen Sie sich häufiges Nachsehen, wie Sie einen Namen geschrieben haben. Beispiele:

- Wenn Sie ein Element `div#spalte_news` nennen, dann vergeben Sie für ein weiteres nicht den Namen `div#spaltefotos`, sondern konsequenterweise `div#spalte_fotos`.
- Wenn Sie ein Element `div#info_members` nennen, dann sollte ein anderes Element `div#info_team` und nicht `div#team_info` heißen.
- Wenn ein Element `h1.boxtop` benannt ist, dann nennen Sie ein entsprechendes Element `h2.boxbottom` und nicht `h2.boxunten`.

Auch wenn diese Empfehlungen auf den ersten Blick banal erscheinen, werden Sie die Vorteile einer konsequenten Benennung schätzen lernen, sobald ein Stylesheet eine gewisse Länge überschreitet oder ein größeres Projekt umfangreichere Anweisungen benötigt.

Namen von Selektoren nach Bedeutung – nicht Aussehen

Wenn Sie einen Container `div#col_left` angelegt haben und dieser bei einer späteren Änderung des Layouts an die rechte

Seite rückt, werden Sie über kurz oder lang über diese – selbstgemachte – Falle stolpern. Im angeführten Beispiel könnten Sie das Element beispielsweise `div#col_news` oder `div#col_menu` nennen und damit offenlassen, *wo* sich das Element befinden soll.

Beispiele:

- Besser `p.wichtig` als `p.bgred`
- Besser `h1.hauptthema` als `h1.green`
- Besser `span.hilite` als `span.bgyell`

Vermeiden Sie es also, Selektoren nach ihrem Aussehen zu benennen, wählen Sie Namen von Selektoren besser nach deren Bedeutung. Ich gestehe, dass es auch mir in der Eile oft passiert, dass ich mich nicht an diese Regel halte. Glauben Sie mir aber, dass ich es immer bereue, wenn ich diese Nachlässigkeit nicht rechtzeitig korrigiere.

30.2 Nach dem Anlegen Ihres Projektes

Sobald Sie Ihr Projekt weitgehend fertiggestellt haben, sollten Sie Ihren CSS-Code unbedingt nochmals kontrollieren und optimieren. Die nachfolgende kurz gefasste Checkliste soll Ihnen dabei helfen.

Schaffen Sie Ordnung!

Sortieren Sie die Anweisungen in Ihrem Stylesheet nach einer gewissen Logik.

- An den Anfang: `html`, `body`, Universal-Selektor, Typ-Selektoren
- Danach: ID-Selektoren
- Danach: Farben definieren
- Danach: Klassen-Selektoren
- Ans Ende: *Star-html-Hack*, sofern Sie diesen verwendet haben.

Innerhalb der Abschnitte für ID-Selektoren und Klassen-Selektoren reihen Sie die Elemente so, wie die Elemente in Ihrem HTML-Dokument erscheinen.

Farben auflisten

Damit Sie auf einen Blick sehen, welche Farben Sie wo verwenden und so auch bemerken, ob Sie vielleicht zu tief in den Farbtopf gegriffen haben, können Sie die Farbwerte an einer Stelle zusammenfassend auflisten und die Farben auch mit (kurzen) Anmerkungen benennen.

Beispiel:

```
body {background-color: #FAFAFA;} /* off White */
div#wrapper {background-color: #F8F8F8;} /* sehr helles
Grau */
h1 {color: #622181;} /* dunkles Violett */
a {color: #E3004F;} /* pink */
a:visited {color: #9f0038;} /* dunkles Pink */
div#menu {background-color: #EDEDED;} /* helles Grau */
```

Schriften auflisten

Gehen Sie ähnlich wie bei den Farben vor, wenn Sie mehrere Schriftdefinitionen in Ihrem Stylesheet verwendet haben.

ID-Selektoren – Einteilung der Bereiche

Eine gute Praxis ist es, `div`-Elemente für die Grobeinteilung Ihres Layouts zu verwenden. Halten Sie sich immer vor Augen, dass IDs dafür gedacht sind, Elemente eindeutig zu benennen.

Klassen-Selektoren – so wenige wie möglich

Kontrollieren Sie Ihr Stylesheet streng im Hinblick darauf, ob Sie vielleicht noch irgendwo Typ-Selektoren anstelle von Klassen-Selektoren anwenden können.

Eigenschaften – nur dort, wo erforderlich

Finden Sie redundante Anweisungen. Haben Sie zum Beispiel Links bereits mit fetter Schriftstärke definiert und diese Eigenschaft später noch einmal im Menü notiert? Suchen und entfernen Sie solche doppelten Anweisungen.

Selektoren gruppieren

Suchen Sie Selektoren, die gleiche Eigenschaften enthalten. Damit lassen sich oft viele Codezeilen einsparen. Bewahren Sie dabei aber Augenmaß. Zu viele Gruppierungen können auch zulasten der Übersichtlichkeit gehen.

CSS-Hacks – wenn möglich vermeiden

Überprüfen Sie Ihr Stylesheet auf mögliche Probleme mit dem Boxmodell hin. Versuchen Sie diese zu vermeiden, sodass Hacks nicht notwendig werden. Generell sollten Sie besser ohne Hacks auskommen bzw. diese auf ein Minimum reduzieren. Mehr zu diesem Thema finden Sie in Kapitel 33.

Zu guter Letzt können Sie noch Tools zur Optimierung von CSS-Code einsetzen. Bitte beachten Sie außerdem, dass Sie Ihren Code unbedingt auf seine Gültigkeit hin prüfen (validieren) sollten, *bevor* Sie ein Optimierungstool einsetzen!

30.3 Tools zur Optimierung von CSS-Code

Vorsicht!

Erstellen Sie bitte Sicherungskopien Ihrer Stylesheets, bevor Sie eines der hier vorgestellten Tools verwenden.

Vorweg muss angemerkt werden, dass die meisten Tools zur Code-Optimierung Beta-Versionen sind. Oft können daher die Ergebnisse nicht eins zu eins angewendet werden. Dennoch habe ich die Erfahrung gemacht, dass Sie selbst dann manch nützliche Erkenntnisse gewinnen und einiges zum Thema Optimierung lernen können.

Ich habe eine ganze Reihe sogenannter und tatsächlicher CSS-Optimierungstools für Sie getestet. Nachfolgend meine Favoriten.

CSStidy Formatierer und Optimierer

CSS Formatierer und Optimierer basiert auf dem bekannten Programm *CSStidy*. Dieses deutschsprachige Online-Tool macht seinen Job ziemlich gut. Sie finden vielfältige Optionen vor, die Einstellungen anzupassen. Die Ergebnisse sind, soweit ich getestet habe, perfekt.

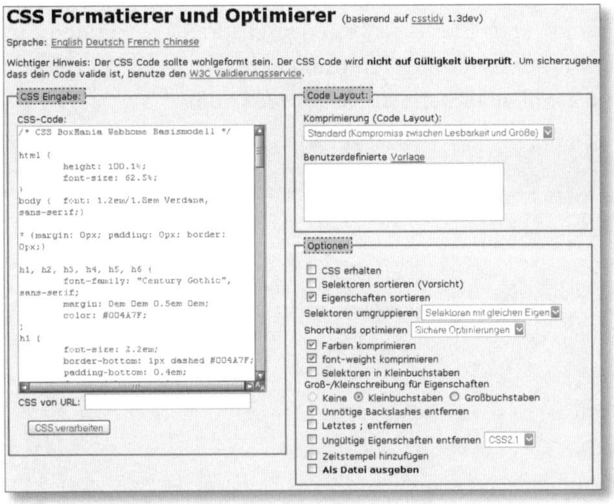

◄ Abbildung 30.1
CSS Formatierer und Optimierer – Oberfläche und Einstellungen

Am besten experimentieren Sie ein wenig mit dem Grad der Komprimierung. Sie finden das Programm unter:
http://floele.flyspray.org/csstidy//css_optimiser.php?lang=de

Free CSS Toolbox

Ein sehr raffiniertes kleines Programm, das umfangreiche Optimierungsoptionen für CSS anbietet. Praktisch dabei ist: Der Input (also die Originaldatei) bleibt immer unverändert, der Output wird in ein neues Fenster geschrieben.

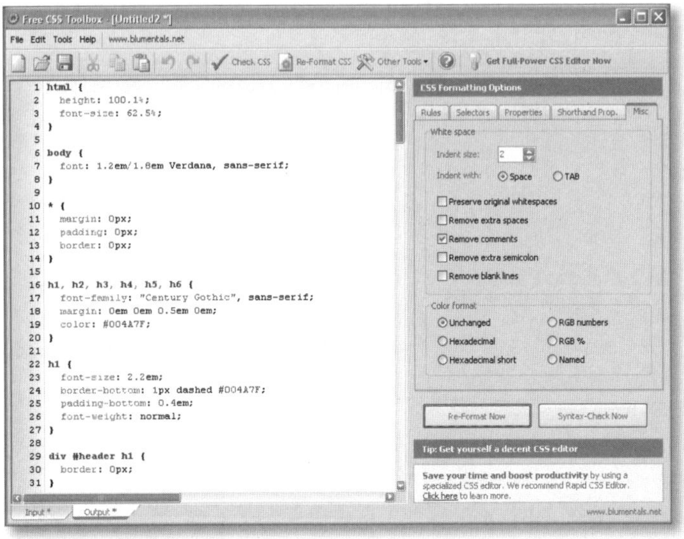

◄ Abbildung 30.2
Free CSS Toolbox: Benutzeroberfläche

Das Programm *Free CSS Toolbox* (englischsprachig) können Sie unter der folgenden Adresse herunterladen:
http://www.blumentals.net/csstool/download.php

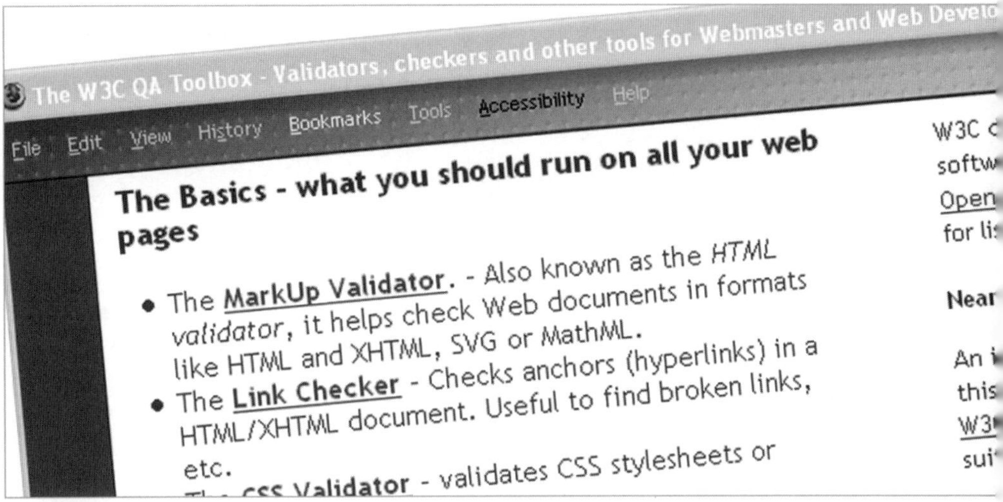

Kapitel 31

CSS-Code validieren und Fehlersuche

Lassen Sie sich bei der Fehlersuche helfen!

Sie werden lernen,

- welche Validatoren das W3C anbietet,
- welche Tools sonst noch empfohlen werden und
- wie Sie die Web Developer Extension anwenden.

31 CSS-Code validieren und Fehlersuche

Es erstaunt mich immer wieder, dass die Validierung von HTML- und CSS-Code offenbar bei Webentwicklern nicht allzu beliebt scheint. Sie sollten es von Anfang an besser machen und sich bei dieser wichtigen Aufgabe vom W3C helfen lassen.

Prüfen Sie die Gültigkeit Ihres Codes unbedingt, bevor Sie sich auf die Suche nach Fehlern machen – sie können sich voraussichtlich einiges an Mühe und Kopfzerbrechen ersparen. Die Validatoren des W3C sind natürlich die Autorität im Hinblick auf gültigen Code und liefern erstaunlich präzise Ergebnisse, was die Art der Fehler betrifft.

31.1 W3C-Validatoren

Das W3C stellt auf seinen Seiten drei Online-Validatoren zur Verfügung, die für Sie als Webentwickler unverzichtbar sind.

Wie funktionieren die W3C-Validatoren eigentlich? Die W3C-Validatoren prüfen Ihren Code im Hinblick auf Webstandards. Behaupten Sie beispielsweise im `head` Ihrer HTML-Datei, Sie würden die Variante *XHTML 1.0 Strict* verwenden, so wird Ihr Dokument genau daraufhin überprüft. Nachfolgend eine kurze Beschreibung der W3C-Validatoren und wie Sie diese einsetzen.

Der W3C-HTML-Validator

Eigentlich heißt er ja *W3C Markup Validator*, er ist aber bekannter unter dem angeführten Namen. Sie finden ihn unter *http://validator.w3.org/*. Und so sieht die Eingabemaske aus:

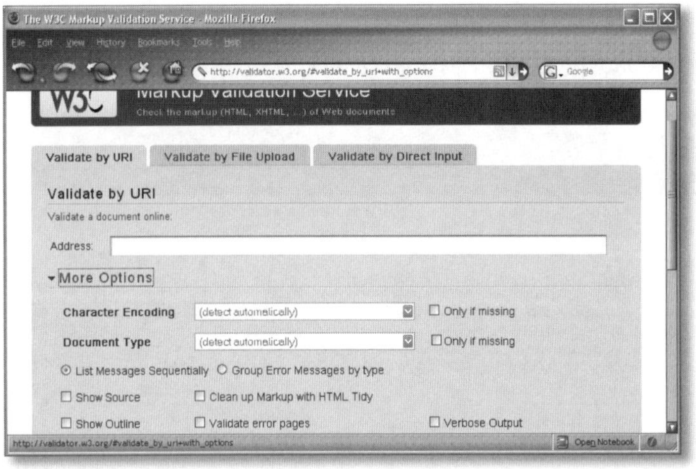

◂ **Abbildung 31.1**
Die Benutzeroberfläche des W3C-HTML-Validators

Der W3C-HTML-Validator bietet Ihnen drei Optionen an, um Ihren HTML-Code zu überprüfen:

- Eingabe der genauen URL einer Seite, die online ist
- Upload einer HTML-Datei
- Eingabe des gesamten HTML-Codes

Darüber hinaus können Sie verschiedene zusätzliche Einstellungen vornehmen, wie zum Beispiel eine Optimierung des Codes mit *HTMLtidy*.

Und so sieht es aus, wenn der Code fehlerhaft ist:

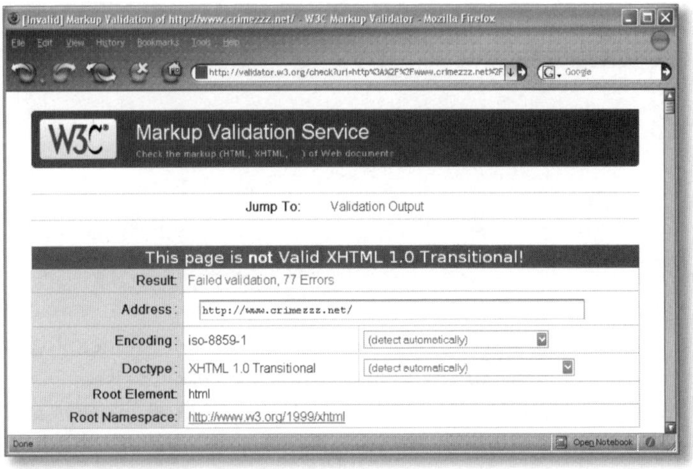

◂ **Abbildung 31.2**
W3C-HTML-Validator – Anzeige von Fehlern

Sie erhalten eine Auflistung sämtlicher Fehler (in Bezug auf die vorgefundene DTD). Das könnte beispielsweise so aussehen:

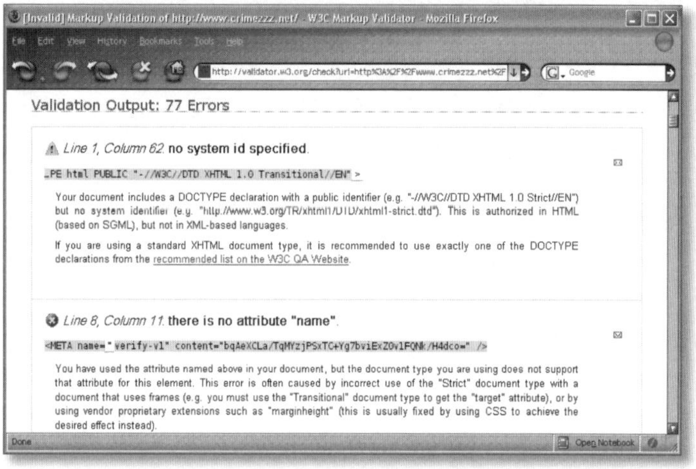

Abbildung 31.3 ▶
W3C-HTML-Validator – Anzeige der Fehler samt Fundstelle im Detail

Der W3C-HTML-Validator kann aber auch sehr viel Freude machen, wenn Sie für Ihren korrekten Code gelobt werden. Das sieht dann so aus:

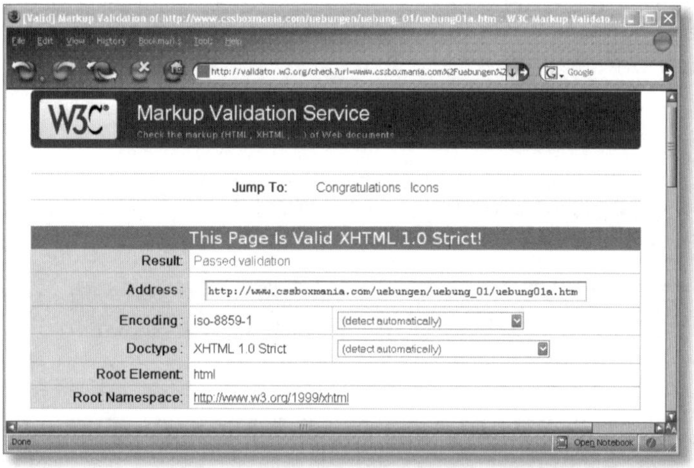

Abbildung 31.4 ▶
W3C-HTML-Validator – Gültiger Code

Sie dürfen Ihre gültige Website dann sogar mit kleinen Icons schmücken, welche auf die Validität Ihres Codes hinweisen. Diese Icons werden mit der Ergebnisseite des *W3C Markup Validators* verlinkt, sodass interessierte Besucher das Resultat der Prüfung sehen können. Und das sieht so aus:

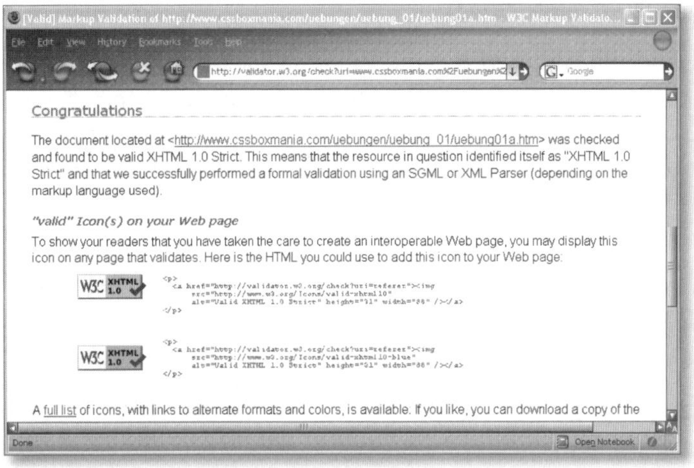

◀ **Abbildung 31.5**
W3C-Icons für gültigen XHTML-Code, die mit dem Resultat der Gültigkeitsprüfung verlinkt werden.

Der W3C-CSS-Validator

Ganz ähnlich funktioniert der W3C-CSS-Validator (*http://jigsaw.w3.org/css-validator/*), weshalb ich hier nur das erste Eingabefenster als Screenshot zeige. Sie sollten die Validatoren ohnehin selbst ausprobieren. Und so sieht die Eingabemaske aus:

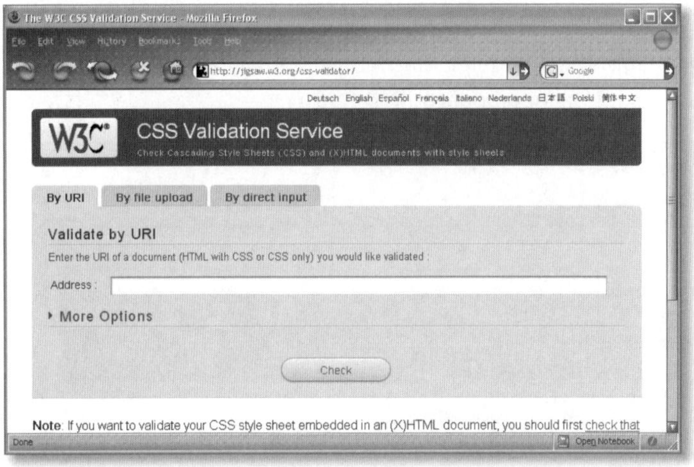

◀ **Abbildung 31.6**
W3C-CSS-Validator – Benutzeroberfläche

Es gibt ein paar kleine Unterschiede beim CSS-Validator. Bei ihm wird die CSS-Version, die geprüft werden soll, händisch eingestellt (es gibt ja keinen Vorspann, der diese festlegt). Außerdem kann eingestellt werden, für welche Medien der Code geprüft werden soll.

Der W3C-Link-Checker

Schließlich gibt es noch den überaus nützlichen Service des Link-Checkers. Dieser hat zwar nichts mit der Gültigkeit Ihrer Seiten zu tun, fehlerhafte Links sind aber für Ihre Besucher genauso ein Ärgernis wie fehlerhafter Code. Sie finden den LinkChecker unter *http://validator.w3.org/checklink*. Und so sieht die Eingabemaske aus:

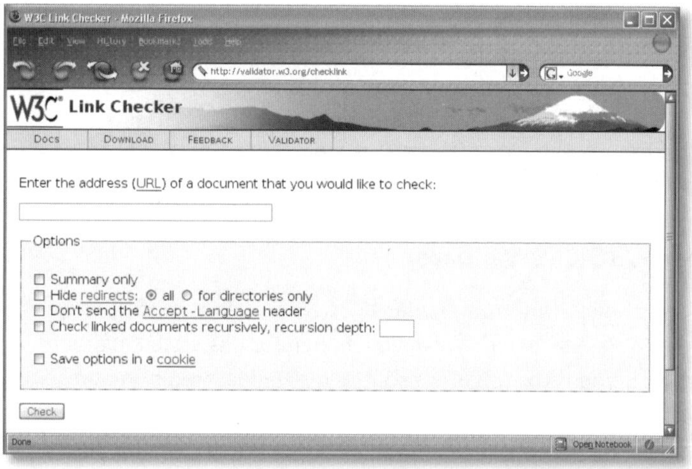

Abbildung 31.7 ▸
W3C-Link-Checker – Benutzeroberfläche

Der Link-Checker zeigt eine genaue Analyse der sogenannten `Broken Links` und erklärt die Details.

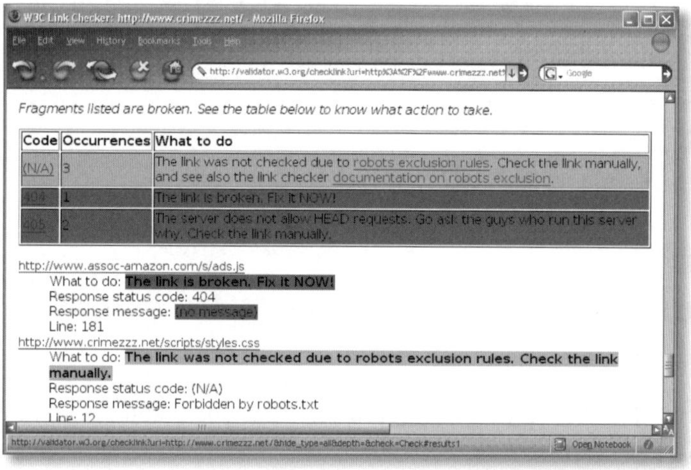

Abbildung 31.8 ▸
W3C-Link-Checker – Auflistung fehlerhafter Links mit Details

Wer verschiedene Tools zur Fehlersuche und Validierung seiner Seiten lieber zur Hand hat, der kann die Firefox Web Developer

Extension installieren, die eine wahre Fundgrube bei der Entwicklung von fehlerfreiem und optimiertem Code ist.

31.2 Firefox-Erweiterung Web Developer

Die Web Developer Extension von Chris Pederick ist auch in deutscher Sprache verfügbar und kann kostenlos heruntergeladen werden unter:
http://chrispederick.com/work/web-developer/localization/

Die Erweiterung für Firefox installiert sich praktisch durch einen Klick von allein. Nach dem Neustart des Browsers ist dieser um eine Toolbar erweitert, welche eine Fülle an Funktionen bereithält.

◀ **Abbildung 31.9**
Firefox mit Web Developer Toolbar

Nachfolgend nur ein paar Highlights, die sich auf XHTML und CSS beziehen. Die Web Developer-Toolbar hat weit mehr zu bieten.

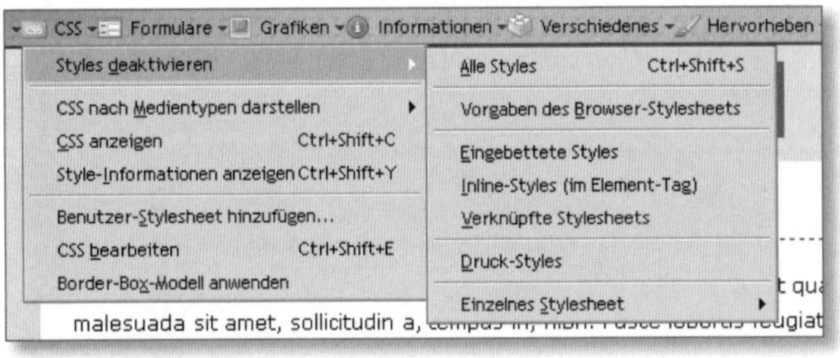

◀ **Abbildung 31.10**
Web Developer Extension für Firefox, Optionen für Stylesheets

- **CSS:** Styles deaktivieren mit vielen weiteren Optionen
- **Formulare:** vielfältige Darstellungsoptionen und Testfunktionen
- **Grafiken:** deaktivieren, `alt`-Attribute anzeigen, Abmessungen, Dateigrößen, Pfade, Suchen fehlender Grafiken, Grafiken entfernen usw.

- **Informationen:** `div`-Elemente einblenden, Selektoren anzeigen, `z-index` darstellen, Farbinformationen, Dokumentengliederung, Link-Informationen usw.
- **Verschiedenes:** private Daten löschen, Hilfslinien anzeigen, Lupe einblenden, Maßwerkzeug, Kommentare einblenden, HTML bearbeiten usw.
- **Hervorheben:** Frames, Überschriften, Links, Tabellenelemente, Block-Level-Elemente, positionierte Elemente usw.
- **Größe:** Fenster in verschiedenen Größen anzeigen, Zoom usw.
- **Extras:** Validieren von CSS, RSS, HTML, Links, Barrierefreiheit usw.
- **Quelltext:** verschiedene Optionen zur Anzeige

31.3 Web Development Bookmarklets

Wer nicht die gesamte Web Developer Toolbar benötigt, kann einzelne Funktionen als *Bookmarklets* in seiner Browserleiste verankern. Zudem funktionieren einige dieser Bookmarklets auch im Internet Explorer. Die Web Development Bookmarklets von SquareFree finden Sie unter:
https://www.squarefree.com/bookmarklets/webdevel.html

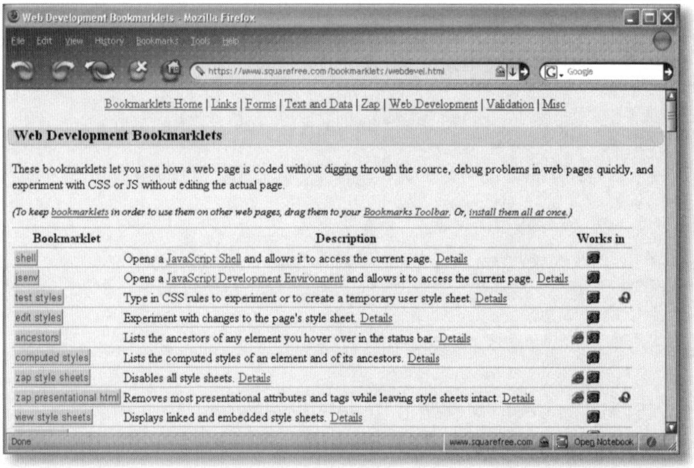

Abbildung 31.11 ▸
Web Development Bookmarklets von SquareFree

Ziehen Sie einfach einen der Links in der Liste auf Ihre Lesezeichen-/Favoriten-Leiste oben im Browser.

Hier die Highlights unter den Bookmarklets:

- **test styles:** Styles testen – CSS-Regeln können direkt eingegeben werden, um deren Wirkung zu testen.
- **edit styles:** CSS kann direkt geändert werden.
- **ancestors:** Alle Vorfahren eines Elements werden angezeigt, sobald sich der Cursor über das Element bewegt.
- **computed styles:** Eigenschaften und Anweisungen für Elemente anzeigen
- **zap stylesheets:** alle Stylesheets deaktivieren
- **list classes:** alle Klassen in einem Dokument anzeigen
- **show blocks:** Tabellen, Absätze und `div`-Elemente hervorheben

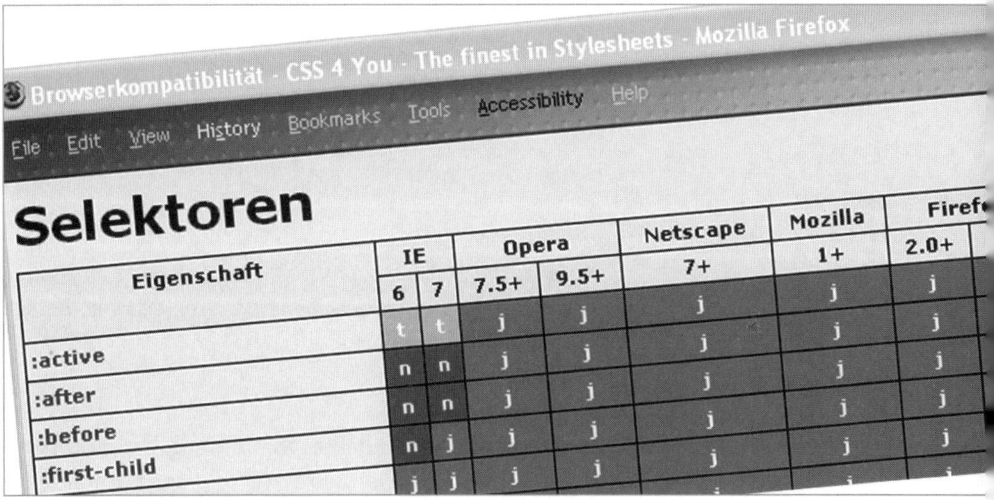

Kapitel 32

Browserkompatibilität testen

Bei Browsern würden wir manchmal gerne auf Vielfalt verzichten.

Sie werden lernen,

- wie Sie verschiedene Browserversionen testen können und
- wie Capture-Services funktionieren.

32 Browserkompatibilität testen

Auf manchen meiner Websites finde ich in der Zugriffsanalyse monatlich mehr als 70(!) verschiedene Browserversionen unter verschiedenen Betriebssystemen.

Ich teste Kundenprojekte von Anfang an in den unterschiedlichsten Browsern und Browserversionen unter verschiedenen Betriebssystemen und entscheide dann, ob ich Unterschiede in der Darstellung korrigieren, ignorieren oder umgehen möchte – alles eine Frage des Aufwands.

Bei meinen eigenen Projekten bin ich – das muss ich zugeben – mit dem Testen der Kompatibilität recht nachlässig. Zum anderen betreibe ich auch Websites, die schon seit zwölf Jahren bestehen und deren Umbau ich immer wieder aufschiebe – mea culpa.

Browsershots

Zwei der bekanntesten Services für das Testen der Browserkompatibilität sind Browsershots und Browsercam.

Dieser Service ist kostenlos und für private Zwecke bzw. eine schnelle Prüfung völlig ausreichend. Nachteil: Es werden nicht immer alle gewünschten Browser getestet.

Der Service entwickelt sich allerdings sehr rasant und vielversprechend. In den letzten Monaten hat sich auch die Wartezeit auf die Erstellung von Screenshots erheblich verkürzt.

Und so funktioniert *Browsershots*:
Nachdem Sie die Adresse der zu testenden Seite eingegeben haben, können Sie auswählen, welche Browser unter welchen Betriebssystemen geprüft werden sollen. Darüber hinaus können Sie auch noch die Bildschirmauflösung und die Farbtiefe angeben und festlegen, ob JavaScript und Java geprüft werden sollen.

Ihre Anfrage kommt in eine Warteschleife, und Sie erhalten eine Schätzung, wie lange der Test dauern wird. Nach und nach trudeln dann Ihre Browsershots ein.

Tipp

Wenn Sie sich (kostenlos) registrieren, werden Ihre Anfragen bei Browsershots schneller erledigt.

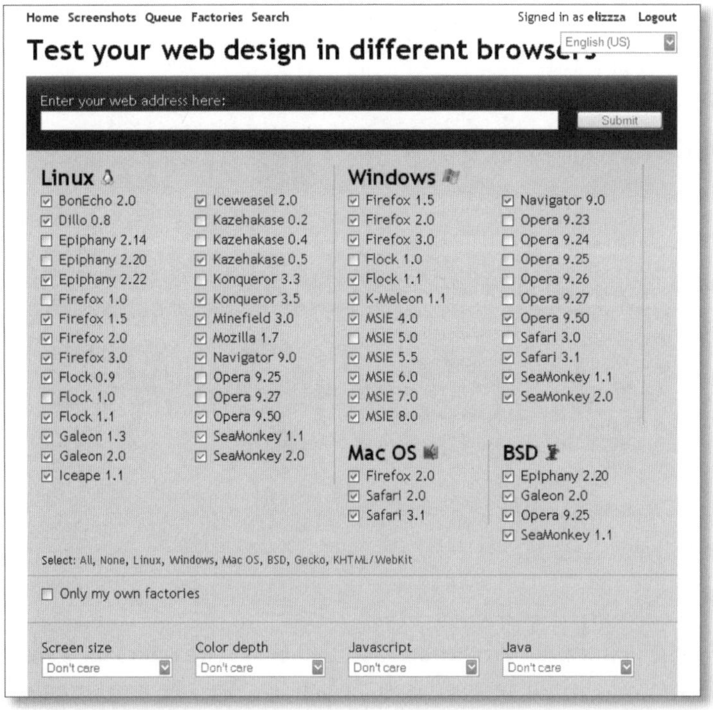

◄ **Abbildung 32.1**
Browsershots – Eingabemaske

Sie sehen diese in einer Reihe von Thumbnails beim Drüberfahren mit der Maus eine etwas größere Vorschau und bei einem Klick auf ein Thumbnail-Bild eine große Abbildung des Screenshots. Sie haben die Möglichkeit, durch die Browsershots zu blättern und sich eine gezippte Datei mit allen Bildern herunterzuladen. Die Screenshots bleiben einige Tage online.
http://www.browsershots.org/

Browsercam

Dieser Service ist kostenpflichtig, hat dafür aber auch einige professionelle Funktionen zu bieten. So werden standardisierte Screenshots ausgegeben, und zwar für alle Browser, die angewählt wurden (bis zu etwa 200).

Sie haben bei *Browsercam* die Möglichkeit eines 24-Stunden-Testkontos, mit dem Sie die exzellenten Funktionen ausgiebig testen können.

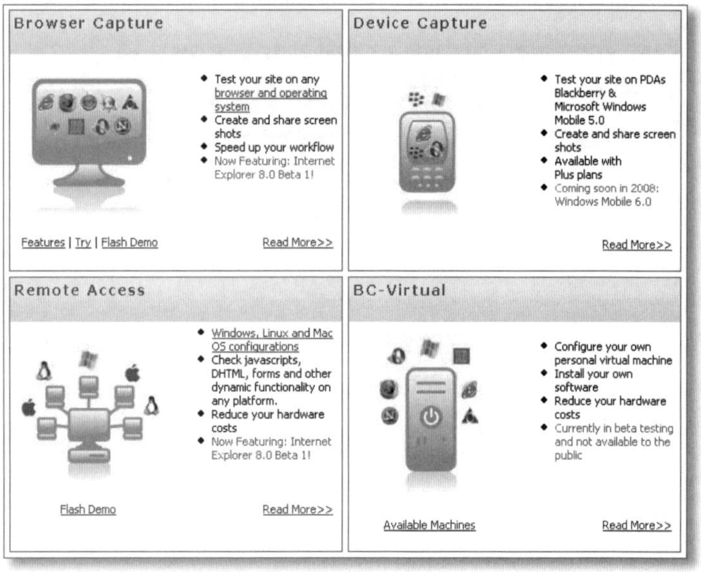

Abbildung 32.2 ▶
Browsercam testet nicht nur Browserkompatibilität, sondern prüft auch die Ausgabe in verschiedenen anderen Medien.

Und so funktioniert *Browsercam*:

Sie können ein Projekt anlegen und eine Seite oder eine ganze Serie von Seiten testen lassen. Nachdem Sie die gewünschten Browser unter den verschiedensten Betriebssystemen gewählt haben, können Sie eine Reihe von Einstellungen vornehmen.

Nach wenigen Minuten sind Ihre Screenshots fertig. Sie erhalten zunächst eine Galerie von Thumbnails. Ein Klick auf einen der Screeshots zeigt ein Bild in Originalgröße. Sie können Ihr Projekt speichern und es für Kunden zur Ansicht freigeben und sich die gezippten Screenshots herunterladen.
http://www.browsercam.com/

Wie funktioniert so ein Capture-Service?

Der entsprechende Anbieter betreibt eine Reihe von Servern, auf denen jeweils unterschiedliche Betriebssysteme und Browser bzw. Browserversionen installiert sind.

Sobald Sie dem Service eine URL mitteilen, beginnen die Server Screenshots Ihrer Seite »einzufangen« (engl.: *capture*) und zu speichern. Diese Screenshots können dann von Ihnen abgerufen werden.

GEOTEK NetRenderer

Wenn Sie nur schnell Ihre Seiten für den Internet Explorer testen wollen, dann ist dieser Service genau richtig. Der deutschsprachige *NetRenderer* zeigt nach Eingabe einer URL unmittelbar die gewünschte Ansicht für den Internet Explorer in den Versionen 5.5, 6, 7 und 8.

◀ **Abbildung 32.3**
GEOTEK NetRenderer – Benutzeroberfläche

Kapitel 33

Was tun gegen Browserbugs?

Eliminieren, kompensieren, ignorieren – das ist hier die Frage.

Sie werden lernen,

- wie Sie mit Hacks, Filtern und Workarounds gelassen umgehen,
- was Conditional Comments sind und
- wie der Star-html-Hack Ihnen nützen kann.

33 Was tun gegen Browserbugs?

Ich habe wohl eine ähnliche Entwicklung durchgemacht wie viele meiner Kollegen. Am Anfang war der Ehrgeiz, störrische Browser in die Knie zu zwingen, koste es, was es wolle – und sei es die Gültigkeit des Codes. Später wuchs der Unmut angesichts sogenannter Hacks, die immer bizarrere Formen annahmen. Bis ich schließlich gelernt hatte, die Anwendung von selbigen auf ein Minimum zu reduzieren.

Boxmodell-Bug

Der wohl bekannteste und meistdiskutierte CSS-Bug ist der IE-Boxmodell-Bug, der dazu führt, dass die Boxmodell-Eigenschaften in den Internet Explorer-Versionen vor Version 6 und im Quirks-Modus bei höheren Versionen nicht standardkonform dargestellt werden (auch im IE 8 nicht).

In einer idealen Webwelt würden sich alle Browserhersteller an die Standards, die vom W3C laufend entwickelt und empfohlen werden, halten. Dass dem leider nicht so ist, davon zeugen die unzähligen Suchergebnisse in Suchmaschinen zu diesem Thema.

Was sind Browserbugs?

Falls der Code einer Seite (HTML, aber vor allem CSS) den Webstandards entsprechend korrekt geschrieben ist und die Darstellung in einem Browser dennoch von dem abweicht, was Resultat des korrekten Codes sein müsste, so spricht man von einem *Browserbug*.

Die gute Nachricht: Die neueren Browser folgen den Standards immer besser. Gleichzeitig benutzen immer weniger Anwender ältere Browser, sodass diese Versionen allmählich verschwinden – Betonung auf »allmählich«. Leider kann die Zahl der Benutzer von Internet Explorer Version 5.5 und 6 noch keineswegs ignoriert werden.

33.1 Hacks, Workarounds, Filter – die Begriffe

In der Löwengrube der Browserbugs ist es zwar nicht überlebensnotwendig zu wissen, was die einzelnen Begriffe bedeuten, noch dazu, dass der Begriff *Hack* ohnehin meist salopp für alles verwendet wird. Aber etwas Hintergrundwissen schadet bekanntlich nie, um eine Sache besser zu verstehen. Der Einfachheit halber werde ich in den nächsten Abschnitten trotzdem vorwiegend den Begriff Hack verwenden.

Hacks

Unter einem *Hack* versteht man, allgemein gesprochen, eine kurzfristige, nicht »elegante« sowie nicht empfohlene Lösung für ein Programmierproblem. Im Zusammenhang mit CSS meint man damit, die nicht korrekte bzw. nicht standardkonforme Interpretation eines CSS-Details durch einen Browser auszunutzen, um diesen Browser explizit anzusprechen beziehungsweise auszuschließen. Hacks zählen zu den browserorientierten Lösungen.

Der Begriff Hack wird, wie bereits erwähnt, gerne ganz allgemein für die Lösung von Browserbugs verwendet.

Workarounds

Workarounds sind CSS-orientierte Strategien, die modernere CSS-Merkmale benutzen, um ältere Browser auszuschließen, welche eben jene Eigenheiten nicht verstehen.

Filter

Als *Filter* bezeichnet man Anweisungen, die spezifische Eigenheiten ausnutzen, die nur bestimmte Browser verstehen, um eben nur diese Browser zu adressieren. Filter sind grundsätzlich browserorientiert.

33.2 Das Problem mit Hacks und dergleichen

Die größte Unsicherheit beim Einsatz von Hacks liegt im Umstand, dass die meisten angepriesenen Lösungen in zukünftigen Browserversionen erst recht (und eventuell neue) Probleme machen könnten.

Neuere Browserversionen sehen oft Lösungen für Bugs früherer Versionen vor. So ein Hack könnte dann im besten Fall überflüssig sein und keinen Schaden anrichten. Im schlimmsten Fall können Sie sich schlimmere Probleme einhandeln, als durch den Hack beseitigt wurden.

Relativ zukunftssicher sind dagegen Lösungen für nicht mehr weiterentwickelte Browser wie zum Beispiel für den Internet Explorer 6, was aber nicht heißt, dass ein Hack für diese Version auch im Internet Explorer 7 funktioniert.

Darüber hinaus ist es zuweilen beliebig knifflig, Hacks zu finden, die nur für einen ganz bestimmten Browser gelten, die andere Browser hingegen aber nicht beeinflussen.

Und schlussendlich hätte ich keine Freude daran, plötzlich die Stylesheets von rund 50 eigenen Projekten und Kundenprojekten aktualisieren zu müssen, weil sich ein Hack erübrigt hat oder plötzlich in einem neuen Browser nicht mehr wie erwartet funktioniert. Denken Sie also auch an die Wartung Ihrer Seiten oder Projekte, sofern Sie sich allzu sehr auf Hacks verlassen.

33.3 Grundsätzliche Überlegungen

Die wahren Profis schreiben »cleveren« Code, der von vornherein vermeidet, dass sie zu Hacks, Filtern oder Workarounds greifen müssen. Und dies ist auch die beste Empfehlung, die man zu dem Thema geben kann.

Dennoch kann es immer wieder passieren, dass Sie sich bei der Gestaltung auf Details versteifen, die einem Browser (in den allermeisten Fällen handelt es sich um den Internet Explorer) so gar nicht behagen, und dieser daraufhin Ihre kreativen Höhenflüge unsanft auf den Boden der (Browser-)Realität zurückholt. In solch einem Fall sollten Sie zunächst das Problem klären.

33.4 Vorgehen bei einem vermeintlichen Bug

Bug oder Fehler?

Zuallererst sollten Sie sicherstellen, dass Sie tatsächlich einen Bug vor sich haben und nicht etwa einen echten Fehler im Code. Eine der besten Sammlungen von Browserbugs ist John Gallants Liste von IE-Bugs auf der Website *Positioniseverything*:
http://www.positioniseverything.net/explorer.html

Browser-Stylesheets nicht vergessen!

Denken Sie auch daran, dass Browser-Stylesheets zu unterschiedlichen Darstellungen von Elementen führen können. Das ist natürlich kein Bug!

Anpassung des Layouts als Option

Falls Sie dann immer noch überzeugt sind, dass es sich tatsächlich um einen Bug handelt, sollten Sie in jedem Fall zuerst versuchen, durch eine Anpassung des Designs oder andere kleine Änderungen das Problem zu beseitigen, ohne einen Hack anwenden zu müssen.

Zwei anerkannte »Hacks«

Nützt dies alles nichts, dann wenden Sie die zeitgemäße und von Experten als sauber anerkannte Methode der *Conditional Comments* an, um für die betroffenen Browser unterschiedliche CSS-Anweisungen zur Verfügung zu stellen.

Neben der Möglichkeit der Conditional Comments gilt auch der *Star-html-Hack* (der eigentlich ein Filter ist) als eine tolerierte Methode, Probleme mit dem Internet Explorer 6 zu lösen.

33.5 Conditional Comments

Diese Microsoft-spezifische Erweiterung des Internet Explorers wurde erstmals mit dem Internet Explorer 5 vorgestellt und erlaubt es, gezielt und differenziert Versionen des Browsers einzeln oder in Gruppen anzusprechen.

Conditional Comments im IE

Conditional Comments funktionieren im Internet Explorer erst ab Version 5 für Windows.

Wie funktionieren Conditional Comments genau?

Bei Conditional Comments wird eine Bedingung (`if-endif`) in einem HTML-Kommentar verpackt.

Beispiel:

```
<!--[if IE]>
    <link href="iestyles.css" rel="stylesheet"
    type="text/css" />
<![endif]-->
```

Falls die Bedingung wahr (*true*) ist, es sich also bei dem Browser um den Internet Explorer (`IE`) handelt, wird dann (und nur dann) ausgeführt, was innerhalb des Kommentars steht.

Und da diese Bedingung in Kommentarzeichen steht, wird sie von allen Browsern, die den Conditional Comment nicht unterstützen, dementsprechend behandelt, das heißt, sie wird nicht durchgeführt. Somit wird dieser Code von allen Browsern außer dem Internet Explorer als Kommentar betrachtet und ignoriert.

Wo dürfen Conditional Comments platziert werden?

Conditional Comments werden üblicherweise in den head-Bereich des HTML-Dokuments – und zwar nach den allgemeinen Stylesheets – platziert.

Conditional Comments dürfen überall dort eingesetzt werden, wo auch Kommentare platziert werden können, nicht aber in Stylesheets oder innerhalb des `style`-Elements.

Conditional Comments in der Praxis

In Bezug auf CSS ist auch die Anwendung interessant, mithilfe von Conditional Comments CSS-Anweisungen oder Stylesheets nur für bestimmte IE-Versionen zu definieren bzw. zu verknüpfen.

Im vorigen Beispiel wurde eine CSS-Datei generell für alle IE-Versionen verlinkt. Das wäre aber noch nicht die Lösung für Ihre allfälligen Probleme mit ganz bestimmten IE-Versionen.

Conditional Comments werden erst dann richtig interessant, wenn Sie die verschiedenen Schreibweisen und Operatoren kennengelernt haben und gezielt einsetzen.

Operatoren für Conditional Comments

Folgende Operatoren erlauben es, Conditional Comments ganz gezielt für bestimmte IE-Versionen anzuwenden:

Operator	Beschreibung
`IE`	Steht für Internet Explorer. Eine nachfolgende Ziffer gibt die Version an.
`lt`	kleiner als
`lte`	kleiner als oder gleich
`gt`	größer als
`gte`	größer als oder gleich

Operator	Beschreibung
`!`	nicht
`()`	Teilausdruck
`&`	und
`|`	oder
`true`	wahr
`false`	falsch

Daraus ergibt sich nun eine Vielzahl an Kombinationsmöglichkeiten und Einschränkungen, die bestimmen, für welche Version(en) eine Anweisung genau gilt.

Beispiele für spezifische Conditional Comments

```
<!--[if IE 7]>
<link rel="stylesheet" href="ie7.css" type="text/css" />
<![endif]-->
```

Gilt für alle IE-Versionen 7.

```
<!--[if lt IE 7]>
<link rel="stylesheet" href="ie.css" type="text/css" />
<![endif]-->
```

Gilt für alle IE-Versionen *vor* Version 7.

```
<!--[if gte IE 6]>
<link rel="stylesheet" href="ie6.css" type="text/css" />
<![endif]-->
```

Gilt für alle IE-Versionen *ab* Version 6 einschließlich.

```
<!--[if IE 5]>
<link rel="stylesheet" href="ie5.css" type="text/css" />
<![endif]-->
```

Gilt für alle IE-Versionen 5. Beachten Sie bitte, dass Sie bei dieser Schreibweise auch alle Unterversionen mit einbeziehen. Im letzten Beispiel würden Sie also auch den Internet Explorer 5.5 mit ansprechen.

Dies bedeutet umgekehrt, dass Sie auch ganz gezielt Unterversionen ansprechen können. Hieraus ergeben sich weitere raffinierte Möglichkeiten, einzelne Versionen anzusprechen oder auszuschließen.

Noch mehr Beispiele mit Operatoren

```
<!--[if !IE 5]>
<link rel="stylesheet" href="ie.css" type="text/css" />
<![endif]-->
```

Gilt für IE 6, 7, 8, nicht aber für die IE-Version 5.

```
<!--[if (IE 5) | (IE 6)]>
<link rel="stylesheet" href="ie56.css" type="text/css" />
<![endif]-->
```

Gilt für die IE-Versionen 5 oder 6.

Ein Beispiel für die Praxis

Da Sie nun wissen, wie Sie Conditional Comments anwenden, verstehen Sie auch, wie Sie Probleme mit dem Internet Explorer bei der Darstellung mancher CSS-Anweisungen ganz einfach lösen können.

Sie schreiben für jede Version des Internet Explorers, für die Sie CSS-Probleme lösen wollen, ein Stylesheet, in dem nur jener CSS-Code beinhaltet ist, der ein IE-Problem löst, und verlinken diese Stylesheets mit Conditional Comments im `head` Ihrer HTML-Datei. Klingt logisch und einfach – aber eine winzige Tücke müssen Sie noch beachten.

```
<link rel="stylesheet" href="main.css" type="text/css" />
<!--[if IE 8]>
<link rel="stylesheet" href="ie8.css" type="text/css" />
<![endif]-->
<!--[if IE 7]>
<link rel="stylesheet" href="ie7.css" type="text/css" />
<![endif]-->
<!--[if IE 6]>
<link rel="stylesheet" href="ie6.css" type="text/css" />
<![endif]-->
<!--[if IE 5]>
<link rel="stylesheet" href="ie5.css" type="text/css" />
<![endif]-->
```

Sicher ist Ihnen aufgefallen, dass ich hier zuerst IE 8, dann IE 7, IE 6 und zuletzt IE 5 angeführt habe. Erinnern Sie sich an die Kaskade und was Sie dazu gelernt haben? Genau das ist der Grund hierfür.

Die Vorteile von Conditional Comments zusammengefasst

Conditional Comments sind einfach umzusetzen, erlauben eine zielgenaue Adressierung eines Problems, validieren gültig, trennen spezifische CSS-Anweisungen vom allgemeinen Stylesheet und sind so zukunftssicher, wie ein Hack eben nur sein kann.

Sollten Conditional Comments dereinst nicht mehr notwendig sein, kann man sie einfach entfernen.

Conditional Comments gegen den Boxmodell-Bug

Hier ein praktisches Beispiel, wie Sie mithilfe von Conditional Comments dem Boxmodell-Bug zu Leibe rücken. Angenommen, Sie definieren in Ihrem Stylesheet *main.css* einen Container `div` mit folgenden Vorgaben:

```
div#testbox {
    width: 210px;
    padding: 20px;
    border: 10px solid #CCCCCC;
    margin: 15px;
}
```

Browser ab dem Internet Explorer 6 und andere Browser würden die Gesamtbreite der Box wie folgt berechnen:

```
margin-left + border-left + padding-left + width +
padding-right + border-right + margin-right
```

Mit dem Ergebnis:

```
15px + 10px + 20px + 210px + 20px + 10px + 15px = 300px
```

Für den Inhalt bliebe bei dieser Rechnung immer noch eine Breite von 210 Pixel (da die anderen Werte ja hinzugerechnet werden). Internet Explorer 5 und 5.5 hingegen würden die Gesamtbreite des Elements so rechnen:

```
margin-left + width + margin-right
```

Mit dem Ergebnis:

```
15px + 210px + 15px = 240px
```

Wenn nun noch `padding` und `border` definiert sind (wie im obigen Beispiel), reduziert sich in diesem Fall die eigentliche Content-Box auch noch um diese Werte. Es bleiben dann für den Inhalt nur noch 180 Pixel übrig.

Legen Sie nun bitte ein Stylesheet an mit dem Namen *ie55.css* und notieren Sie in diesem lediglich eine einzige Anweisung:

```
div#testbox {width: 270px;}
```

Und nun stimmt die Rechnung auch im Internet Explorer 5 und 5.5. Zur Kontrolle: `padding`, `border` und `margin` bleiben unverändert und sind im Stylesheet *main.css* festgelegt.

```
15px + 270px + 15px = 300px (Gesamtbreite)
270px - 20px - 20px - 10px - 10px  = 210px
(Contentbreite)
```

Nun fehlt nur noch der Conditional Comment im `head` Ihrer HTML-Datei:

```
<link rel="stylesheet" href="main.css" type="text/css" />
<!--[if lte IE 5.5]>
<link rel="stylesheet" href="ie55.css" type="text/css" />
<![endif]-->
```

Eine Methode, die ausschließlich den Internet Explorer 5.5 und 6 anspricht, lernen Sie als Nächstes kennen. Wenn Sie also nur eine Lösung für diese beiden IE-Versionen benötigen, können Sie anstelle von Conditional Comments auch den *Star-Selektor-Hack* anwenden.

33.6 Der Star-Selektor-Hack

Die Vorschriften für die Fehlerbehandlung in CSS verlangen, dass ein Browser Anweisungen, die er nicht versteht, ignorieren muss. Diesen Umstand zu nutzen, nennt man in diesem Zusammenhang »CSS-Filter«.

Der *Star-Selektor-Hack* ist auch als *Tan-Hack* bekannt, da er erstmals von Edwardson Tan beschrieben wurde. Eigentlich handelt es sich um einen Filter, da er zwar einen Browserbug benutzt, sich allerdings eines gültigen Selektors bedient. Da der *Star-Selektor-Hack* meist mit dem Element `html` kombiniert wird, spricht man auch vom *Star-html-Hack*.

Wie der Star-html-Hack funktioniert

Die Anweisung (die zwar nicht sehr sinnvoll, aber als Beispiel nützlich ist)

```
* html {background: red;}
```

bedeutet, dass ein `html`-Element, das Nachfahre irgendeines anderen Elements ist (was der Universal-Selektor ausdrückt), einen roten Hintergrund erhält.

Sie haben aber bereits gelernt, dass das `html`-Element das Root-Element, das heißt das hierarchisch oberste Element einer HTML-Seite ist. Somit kann das `html`-Element gar keine Vorfahren haben. Daher wird diese Anweisung auch von allen Browsern nicht verstanden und ignoriert. Von allen Browsern? Nun, Sie haben es erraten – von allen Browsern ausgenommen Internet Explorer 5.5 und 6. Diese beiden interpretieren die obige Anweisung wie folgt:

```
html {background: red;}
```

Praktisch, nicht? Das eröffnet nun eine einfache und valide Lösung, um spezielle Anweisungen nur für IE 5.5 und 6 zu schreiben, ohne andere Browser zu irritieren.

Ein praktisches Beispiel für den *Star-html-Hack* haben Sie in der Seitenvorlage 06, Frames oben und links, bereits kennengelernt. Hier nur ein Auszug zur Erinnerung:

```
div#rahmenoben {
    position: absolute;
    top: 0px;
    left: 0px;
    right: 0px;
    width: auto;
    height: 100px;
}
/* Am Ende des Stylesheets */
* html #rahmenoben {
    width: 100%;
}
```

In der ersten Anweisung wird ein Container `div` `absolute` positioniert, der sich durch die Werte `top`, `left`, `right` und `width` über die gesamte Breite des Fensters erstreckt.

Diese Anweisung wird vom Internet Explorer 5.5 und 6 allerdings nicht korrekt interpretiert. Das div-Element wird nur durch eine Breitenangabe von 100% zur korrekten Darstellung veranlasst. Und genau das definiert der *Star-html-Hack* in diesem Fall.

Empfehlung von Microsoft

Bitte achten Sie darauf, Anweisungen mit dem Star-html-Hack immer am Ende Ihres Stylesheets zu platzieren, damit alle anderen Regeln vorher ausgeführt werden.

Aufgrund der Tatsache, dass ab dem Internet Explorer 7 durch Microsoft verschiedene Bugs bereinigt wurden (z. B. der *Star-html-Hack*, was diesem zu einer sicheren Lösung für *vorhergehende* Versionen macht), empfiehlt Microsoft nun ausdrücklich, Bugs im Internet Explorer mithilfe von Conditional Comments zu adressieren.

TEIL IV

CSS nachschlagen: Kurzreferenz und praktische Tipps

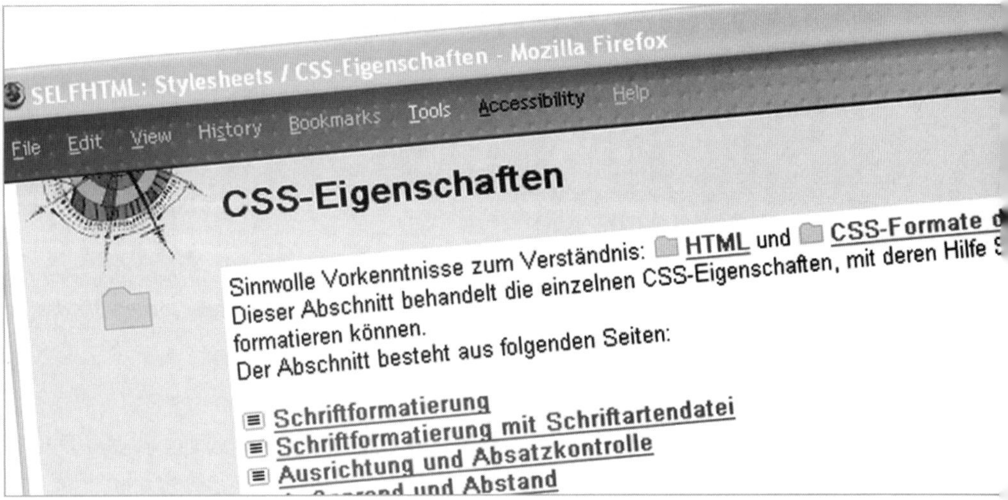

Kapitel 34

CSS-Eigenschaften A–Z

Von a wie azimuth bis z wie z-index

Sie werden lernen,

- für welche Medien welche Eigenschaften gelten,
- welche Eigenschaften welche Werte erlauben und
- welche Schlüsselbegriffe zulässig sind.

34 CSS-Eigenschaften A–Z

Sie versäumen viele der Möglichkeiten von CSS, wenn Sie nur die bekanntesten Eigenschaften verwenden. Lernen Sie die ganze Palette kennen!

Nachfolgend finden Sie eine Übersicht über sämtliche Eigenschaften der CSS-Version 2.1. Sie orientiert sich am *Full Property Table* des W3C für CSS 2.1.
http://www.w3.org/TR/CSS21/propidx.html

So lesen Sie die Tabellen

In der obersten Zeile jeder Tabelle finden Sie jeweils den Namen der Eigenschaft, darunter eine kurze Beschreibung. Danach folgen die zulässigen Werte. Angaben in spitzen Klammern bedeuten, dass Sie einen Wert in der passenden Maßeinheit einsetzen müssen. Andere Angaben beziehen sich auf erlaubte Schlüsselbegriffe (*Keywords*) oder auf andere Eigenschaften. Letztere sind wie `Code` ausgezeichnet.

In der letzten Reihe finden Sie Informationen über den Standardwert (*default*), erlaubte Prozentangaben, Elemente, auf welche die Eigenschaft angewendet werden darf, Angaben zur Vererbung sowie die Mediengruppe, für die die Eigenschaft gilt.

Mediengruppen

Da CSS die Ausgabe in verschiedenen Medien vorsieht, fasst das W3C diese nach dem Einsatzzweck zu sogenannten Mediengruppen zusammen und ordnet diese wie folgt:

- **Aural**
  `aural`, `tv`
- **Interactive**
  alle außer `print`, `projection`

- **Paged**
  embossed, print, projection, handheld, tv
- **Visual**
  screen, handheld, print, projection, tty, tv

azimuth

Definiert in einem Surround-System die horizontale Richtung, aus der Sound kommt.

```
<angle> | [[ left-side | far-left | left | center-left |
center | center-right | right | far-right | right-side ] ||
behind ] | leftwards | rightwards | inherit
```

Standard	%	Elemente	Vererbt	Medien
center	nein	alle	ja	aural

background

Hintergrund eines Elements

```
[background-color || background-image || background-repeat
|| background-attachment || background-position] | inherit
```

Standard	%	Elemente	Vererbt	Medien
*	ja **	alle	nein	visual

* siehe einzelne Eigenschaften

** nur für background-position

background-attachment

Legt fest, ob sich ein Hintergrundbild beim Scrollen mitbewegt oder »stehenbleibt«.

```
scroll | fixed | inherit
```

Standard	%	Elemente	Vererbt	Medien
scroll	nein	alle	nein	visual

background-color

Hintergrundfarbe eines Elements

```
<color> | transparent | inherit
```

Standard	%	Elemente	Vererbt	Medien
transparent	nein	alle	nein	visual

background-image

Hintergrundbild eines Elements

`<uri> | none | inherit`

Standard	%	Elemente	Vererbt	Medien
none	nein	alle	nein	visual

background-position

Position eines Hintergrundbildes

`[[ <percentage> | <length> | left | center | right ]`

`[ <percentage> | <length> | top | center | bottom ] ] | [[ left | center | right ] || [ top | center | bottom ]] | inherit`

Standard	%	Elemente	Vererbt	Medien
0% 0%	ja*	alle	nein	visual

* Bezieht sich auf Größe des Elements.

background-repeat

Wiederholung eines Hintergrundbildes

`repeat | repeat-x | repeat-y | no-repeat | inherit`

Standard	%	Elemente	Vererbt	Medien
repeat	nein	alle	nein	visual

border-collapse

Definiert, wie Rahmen zwischen Tabellenzellen dargestellt werden – nicht zu verwechseln mit der Eigenschaft border.

`collapse | separate | inherit`

Standard	%	Elemente	Vererbt	Medien
separate	nein	table und inline-table-Elemente	ja	visual

border

Rahmen eines Elements

`[ <border-width> || <border-style> || border-top-color ] | inherit`

Standard	%	Elemente	Vererbt	Medien
*	nein	alle	nein	visual

* siehe einzelne Eigenschaften

border-color

Rahmenfarbe

`[ <color> | transparent ]{1,4} | inherit`

Standard	%	Elemente	Vererbt	Medien
`transparent`	nein	alle	nein	visual

border-spacing

Abstand der Rahmen von Tabellenzellen – nicht zu verwechseln mit der Eigenschaft border.

`<length> <length> | inherit`

Standard	%	Elemente	Vererbt	Medien
`0`	nein	table und inline-table-Elemente	ja	visual

border-style

Stil eines Rahmens

`<border-style>{1,4} | inherit`

Standard	%	Elemente	Vererbt	Medien
*	nein	alle	nein	visual

* siehe einzelne Eigenschaften

border-top, border-right, border-bottom, border-left

Rahmen an allen vier Seiten eines Elements

`[ <border-width> || <border-style> || border-top-color ] | inherit`

Standard	%	Elemente	Vererbt	Medien
*	nein	alle	nein	visual

* siehe einzelne Eigenschaften

border-top-color, border-right-color, border-bottom-color, border-left-color

Farbe der Rahmen an allen vier Seiten eines Elements

`<color> | transparent | inherit`

Standard	%	Elemente	Vererbt	Medien
*	nein	alle	nein	visual

* Wert der Eigenschaft `color`

border-top-style, border-right-style, border-bottom-style, border-left-style

Aussehen der Rahmen an allen vier Seiten eines Elements

`<border-style> | inherit`

Standard	%	Elemente	Vererbt	Medien
`none`	nein	alle	nein	visual

border-top-width, border-right-width, border-bottom-width, border-left-width

Breite der Rahmen an allen vier Seiten eines Elements

`<border-width> | inherit`

Standard	%	Elemente	Vererbt	Medien
`medium`	nein	alle	nein	visual

border-width

Breite des Rahmens eines Elements

`<border-width>{1,4} | inherit`

Standard	%	Elemente	Vererbt	Medien
*	nein	alle	nein	visual

* siehe einzelne Eigenschaften

bottom

Die untere Position eines Elements

`<length> | <percentage> | auto | inherit`

Standard	%	Elemente	Vererbt	Medien
`Auto`	ja *	positionierte Elemente	nein	visual

* Bezieht sich auf die Höhe des umgebenden Blocks.

caption-side

Die Position einer Tabellenüberschrift

`top | bottom | inherit`

Standard	%	Elemente	Vererbt	Medien
`top`	nein	table-caption Elemente	ja	visual

clear

Lässt ein Element erst nach gefloateten Elementen beginnen.

`none | left | right | both | inherit`

Standard	%	Elemente	Vererbt	Medien
`none`	nein	Block-Level-Elemente	nein	visual

clip

Beschneidet den sichtbaren Ausschnitt von Elementen.

`<shape> | auto | inherit`

Standard	%	Elemente	Vererbt	Medien
`auto`	nein	absolut positionierte Elemente	nein	visual

color

Vordergrundfarbe (meist Schriftfarbe)

`<color> | inherit`

Standard	%	Elemente	Vererbt	Medien
*	nein	alle	ja	visual

* abhängig vom Browser des Benutzers

content

Fügt in Kombination mit `:before` und `:after` vor oder nach einem Element festgelegte Inhalte ein.

`normal | none | [ <string> | <uri> | <counter> | attr(<identifier>) | open-quote | close-quote | no-open-quote | no-close-quote ]+ | inherit`

Standard	%	Elemente	Vererbt	Medien
`normal`	nein	`:before` und `:after` Pseudo-Elemente	nein	all

counter-increment

Erhöht einen Zähler für ein Element.

`[ <identifier> <integer> ]+ | none | inherit`

Standard	%	Elemente	Vererbt	Medien
`none`	nein	alle	nein	all

counter-reset

Setzt einen Zähler für ein Element zurück.

`[ <identifier> <integer> ]+ | none | inherit`

Standard	%	Elemente	Vererbt	Medien
`none`	nein	alle	nein	all

cue

Definiert einen Sound vor und nach einem Element.

`[ cue-before || cue-after ] | inherit`

Standard	%	Elemente	Vererbt	Medien
*	nein	alle	nein	aural

* siehe einzelne Eigenschaften

cue-after

Definiert einen Sound nach einem Element.

`<uri> | none | inherit`

Standard	%	Elemente	Vererbt	Medien
`none`	nein	alle	nein	aural

cue-before

Definiert einen Sound vor einem Element.

`<uri> | none | inherit`

Standard	%	Elemente	Vererbt	Medien
none	nein	alle	nein	aural

cursor

Legt fest, welche Form der Cursor annimmt, sobald er sich über einem Element befindet.

```
[ [<uri> ,]* [ auto | crosshair | default | pointer | move |
e-resize | ne-resize | nw-resize | n-resize | se-resize |
sw-resize | s-resize | w-resize | text | wait | help |
progress ] ] | inherit
```

Standard	%	Elemente	Vererbt	Medien
auto	nein	alle	ja	visual, interactive

direction

Definiert die Schreibrichtung.

`ltr | rtl | inherit`

Standard	%	Elemente	Vererbt	Medien
ltr	nein	alle	ja	visual

display

Ändert die Anzeigeart eines Elements.

```
inline | block | list-item | run-in | inline-block |
table | inline-table | table-row-group |
table-header-group | table-footer-group | table-row |
table-column-group | table-column | table-cell |
table-caption | none | inherit
```

Standard	%	Elemente	Vererbt	Medien
inline	nein	alle	nein	visual

elevation

Pendant zu `azimuth`. Bestimmt bei Surround-Systemen die vertikale Richtung, aus der der Sound kommt.

`<angle> | below | level | above | higher | lower | inherit`

Standard	%	Elemente	Vererbt	Medien
`level`	nein	alle	ja	aural

empty-cells

Bestimmt das Aussehen von leeren Tabellenzellen.

`show | hide | inherit`

Standard	%	Elemente	Vererbt	Medien
`show`	nein	table-cell-Elemente	ja	visual

float

Steuert das Floaten von Elementen.

`left | right | none | inherit`

Standard	%	Elemente	Vererbt	Medien
`none`	nein	alle	nein	visual

font

verkürzte Schreibweise für Schrifteigenschaften

`[ [ font-style || font-variant || font-weight ] font-size [ / line-height ] font-family ] | caption | icon | menu | message-box | small-caption | status-bar | inherit`

Standard	%	Elemente	Vererbt	Medien
*	nein	alle	ja	visual

* siehe einzelne Eigenschaften

font-family

Legt die Schriftfamilie fest.

`[[ <family-name> | <generic-family> ] [, <family-name>| <generic-family>]* ] | inherit`

Standard	%	Elemente	Vererbt	Medien
*	nein	alle	ja	visual

* abhängig vom Browser des Benutzers

font-size

Definiert die Schriftgröße.

`<absolute-size> | <relative-size> | <length> | <percentage> | inherit`

Standard	%	Elemente	Vererbt	Medien
`medium`	ja *	alle	ja	visual

* Bezieht sich auf Schriftgröße des Eltern-Elements.

font-style

Bestimmt den Schriftstil.

`normal | italic | oblique | inherit`

Standard	%	Elemente	Vererbt	Medien
`normal`	nein	alle	ja	visual

font-variant

Weist eine Schriftvariante zu.

`normal | small-caps | inherit`

Standard	%	Elemente	Vererbt	Medien
`normal`	nein	alle	ja	visual

font-weight

Bestimmt die Schriftstärke.

`normal | bold | bolder | lighter | 100 | 200 | 300 | 400 | 500 | 600 | 700 | 800 | 900 | inherit`

Standard	%	Elemente	Vererbt	Medien
`normal`	nein	alle	ja	visual

height

Bestimmt die Höhe eines Elements.

<length> | <percentage> | auto | inherit

Standard	%	Elemente	Vererbt	Medien
auto	ja	alle *	nein	visual

* außer non-replaced inline-Elemente, table columns und column groups

left

linke Position eines Elements

<length> | <percentage> | auto | inherit

Standard	%	Elemente	Vererbt	Medien
auto	ja *	positionierte Elemente	nein	visual

* Bezieht sich auf die Breite des umgebenden Blocks.

letter-spacing

Laufweite einer Schrift (der Abstand zwischen den Buchstaben)

normal | <length> | inherit

Standard	%	Elemente	Vererbt	Medien
normal	nein	alle	ja	visual

line-height

Zeilenhöhe einer Schrift

normal | <number> | <length> | <percentage> | inherit

Standard	%	Elemente	Vererbt	Medien
normal	ja *	alle	ja	visual

* Bezieht sich auf die Schriftgröße des Elements.

list-style

verkürzte Schreibweise für Aussehen und Position von Listenpunkten

[list-style-type || list-style-position || list-style-image] | inherit

Standard	%	Elemente	Vererbt	Medien
*	nein	Elemente mit display: list-item	ja	visual

* siehe einzelne Eigenschaften

list-style-image

Bild, das einen Listenpunkt ersetzt

`<uri> | none | inherit`

Standard	%	Elemente	Vererbt	Medien
`none`	nein	Elemente mit `display: list-item`	ja	visual

list-style-position

Position von Listenpunkten innerhalb oder außerhalb einer Liste

`inside | outside | inherit`

Standard	%	Elemente	Vererbt	Medien
`outside`	nein	Elemente mit `display: list-item`	ja	visual

list-style-type

Aussehen von Listenpunkten

`disc | circle | square | decimal | decimal-leading-zero | lower-roman | upper-roman | lower-greek | lower-latin | upper-latin | armenian | georgian | lower-alpha | upper-alpha | none | inherit`

Standard	%	Elemente	Vererbt	Medien
`disc`	nein	Elemente mit `display: list-item`	ja	visual

margin

Außenabstand von Elementen

`<margin-width>{1,4} | inherit`

Standard	%	Elemente	Vererbt	Medien
*	ja **	alle ***	nein	visual

* siehe einzelne Eigenschaften

** Bezieht sich auf die Breite des umgebenden Blocks.

*** bei Elementen mit table-Display nur solche mit `table-caption`, `table` und `inline-table`

margin-right, margin-left

rechter und linker Außenabstand von Elementen

`<margin-width> | inherit`

Standard	%	Elemente	Vererbt	Medien
0	ja *	alle **	nein	visual

* Bezieht sich auf Breite des umgebenden Blocks.

** bei Elementen mit table-Display nur solche mit `table-caption`, `table` und `inline-table`

margin-top, margin-bottom

oberer und unterer Außenabstand von Elementen

`<margin-width> | inherit`

Standard	%	Elemente	Vererbt	Medien
0	ja *	alle **	nein	visual

* Achtung: Bezieht sich auf die Breite des umgebenden Blocks.

** bei Elementen mit table-Display nur solche mit `table-caption`, `table` und `inline-table`

max-height

maximale Höhe eines Elements

`<length> | <percentage> | none | inherit`

Standard	%	Elemente	Vererbt	Medien
none	ja	alle *	nein	visual

* außer non-replaced inline-Elemente, `table columns` und `column groups`

max-width

maximale Breite eines Elements

`<length> | <percentage> | none | inherit`

Standard	%	Elemente	Vererbt	Medien
none	ja *	alle **	nein	visual

* Bezieht sich auf die Breite des umgebenden Blocks.

** außer non-replaced inline-Elemente, `table columns` und `column groups`

min-height

minimale Höhe eines Elements

`<length> | <percentage> | inherit`

Standard	%	Elemente	Vererbt	Medien
0	ja	alle *	nein	visual

* außer non-replaced inline-Elemente, `table columns` und `column groups`

min-width

minimale Breite eines Elements

`<length> | <percentage> | inherit`

Standard	%	Elemente	Vererbt	Medien
0	ja *	alle **	nein	visual

* Bezieht sich auf die Breite des umgebenden Blocks.

** außer non-replaced inline-Elemente, `table columns` und `column groups`

orphans

Verhindert verwaiste erste Zeilen eines Absatzes am Ende einer Seite.

`<integer> | inherit`

Standard	%	Elemente	Vererbt	Medien
2	nein	Block-Level	ja	visual, paged

outline

verkürzte Schreibweise für Konturen von Elementen

`[ outline-color || outline-style || outline-width ] | inherit`

Standard	%	Elemente	Vererbt	Medien
*	nein	alle	nein	visual, interactive

* siehe einzelne Eigenschaften

outline-color

Farbe der Konturen von Elementen

`<color> | invert | inherit`

Standard	%	Elemente	Vererbt	Medien
invert	nein	alle	nein	visual, interactive

outline-style

Aussehen der Konturen von Elementen

`<border-style> | inherit`

Standard	%	Elemente	Vererbt	Medien
none	nein	alle	nein	visual, interactive

outline-width

Breite der Konturen von Elementen

`<border-width> | inherit`

Standard	%	Elemente	Vererbt	Medien
medium	nein	alle	nein	visual, interactive

overflow

Legt fest, was mit Inhalt passiert, der über das Format eines Elements hinausgeht.

`visible | hidden | scroll | auto | inherit`

Standard	%	Elemente	Vererbt	Medien
visible	nein	*	nein	visual

* non-replaced Block-Level-Elemente, table cells und Inline-Block-Elemente

padding

verkürzte Schreibweise für den Innenabstand von Elementen

`<padding-width>{1,4} | inherit`

Standard	%	Elemente	Vererbt	Medien
*	ja **	alle ***	nein	visual

* siehe einzelne Eigenschaften

** Bezieht sich auf die Breite des umgebenden Blocks.

*** außer `table-row-group`, `table-header-group`, `table-footer-group`, `table-row`, `table-column-group` und `table-column`

padding-top, padding-right, padding-bottom, padding-left

Innenabstand für alle vier Seiten eines Elements

`<padding-width> | inherit`

Standard	%	Elemente	Vererbt	Medien
0	ja *	alle **	nein	visual

* Bezieht sich auf die Breite des umgebenden Blocks.

** außer `table-row-group`, `table-header-group`, `table-footer-group`, `table-row`, `table-column-group` und `table-column`

page-break-after

Seitenumbruch nach einem Element

`auto | always | avoid | left | right | inherit`

Standard	%	Elemente	Vererbt	Medien
auto	nein	Block-Level-Elemente	nein	visual, paged

page-break-before

Seitenumbruch vor einem Element

`auto | always | avoid | left | right | inherit`

Standard	%	Elemente	Vererbt	Medien
auto	nein	Block-Level-Elemente	nein	visual, paged

page-break-inside

Seitenumbruch innerhalb eines Elements

`avoid | auto | inherit`

Standard	%	Elemente	Vererbt	Medien
auto	nein	Block-Level-Elemente	ja	visual, paged

pause

Definiert eine Pause vor und nach einem Element.

`[ [<time> | <percentage>]{1,2} ] | inherit`

Standard	%	Elemente	Vererbt	Medien
*	ja	alle	nein	aural

* siehe einzelne Eigenschaften

pause-after

Pause nach einem Element

`<time> | <percentage> | inherit`

Standard	%	Elemente	Vererbt	Medien
0	ja	alle	nein	aural

pause-before

Pause vor einem Element

`<time> | <percentage> | inherit`

Standard	%	Elemente	Vererbt	Medien
0	ja	alle	nein	aural

pitch-range				
Legt den Frequenzumfang einer Stimme fest.				
`<number> | inherit`				
Standard	**%**	**Elemente**	**Vererbt**	**Medien**
`50`	nein	alle	ja	aural

pitch				
Definiert die Frequenz einer Stimme.				
`<frequency> | x-low | low | medium | high | x-high | inherit`				
Standard	**%**	**Elemente**	**Vererbt**	**Medien**
`medium`	nein	alle	ja	aural

play-during				
Erlaubt das Abspielen eines Sounds im Hintergrund.				
`<uri> [ mix || repeat ] | auto | none | inherit`				
Standard	**%**	**Elemente**	**Vererbt**	**Medien**
`auto`	nein	alle	nein	aural

position				
Bestimmt die Positionierung von Elementen.				
`static | relative | absolute | fixed | inherit`				
Standard	**%**	**Elemente**	**Vererbt**	**Medien**
`static`	nein	alle	nein	visual

quotes				
Legt fest, wie Anführungszeichen dargestellt werden.				
`[<string> <string>]+ | none | inherit`				
Standard	**%**	**Elemente**	**Vererbt**	**Medien**
*	nein	alle	ja	visual

* abhängig vom Browser des Benutzers

richness

Verändert das Klanggewicht einer Stimme.

`<number> | inherit`

Standard	%	Elemente	Vererbt	Medien
50	nein	alle	ja	aural

right

rechte Positionierung eines Elements

`<length> | <percentage> | auto | inherit`

Standard	%	Elemente	Vererbt	Medien
auto	ja *	positionierte Elemente	nein	visual

* Bezieht sich auf Breite des umgebenden Blocks.

speak-header

Bestimmt, wie ein table-header gesprochen wird.

`once | always | inherit`

Standard	%	Elemente	Vererbt	Medien
once	nein	*	ja	aural

* Elemente mit th-Information

speak-numeral

Gibt vor, wie Zahlen ausgesprochen werden.

`digits | continuous | inherit`

Standard	%	Elemente	Vererbt	Medien
continuous	nein	alle	ja	aural

speak-punctuation

Legt die Aussprache von Satzzeichen fest.

`code | none | inherit`

Standard	%	Elemente	Vererbt	Medien
none	nein	alle	ja	aural

speak

Definiert, ob Text ausgesprochen oder buchstabiert wird.

`normal | none | spell-out | inherit`

Standard	%	Elemente	Vererbt	Medien
`normal`	nein	alle	ja	aural

speech-rate

Bestimmt die Sprechgeschwindigkeit.

`<number> | x-slow | slow | medium | fast | x-fast | faster | slower | inherit`

Standard	%	Elemente	Vererbt	Medien
`medium`	nein	alle	ja	aural

stress

Modifiziert die Betonung der Sprache.

`<number> | inherit`

Standard	%	Elemente	Vererbt	Medien
`50`	nein	alle	ja	aural

table-layout

Legt fest, wie das Layout einer Tabelle beim Aufbau der Darstellung berechnet wird.

`auto | fixed | inherit`

Standard	%	Elemente	Vererbt	Medien
`auto`	nein	*	nein	visual

* table- und inline-table-Elemente

text-align

Bestimmt die Ausrichtung von Text.

`left | right | center | justify | inherit`

Standard	%	Elemente	Vererbt	Medien
*	nein	**	ja	visual

* `left`, wenn `direction ltr`, `right` wenn `direction rtl`
** Block-Level-Elemente, table cells und Inline-Block-Elemente

text-decoration

Erlaubt die »Dekoration« von Text.

`none | [ underline || overline || line-through || blink ] | inherit`

Standard	%	Elemente	Vererbt	Medien
none	nein	alle	nein	visual

text-indent

Sorgt für das Einrücken von Text.

`<length> | <percentage> | inherit`

Standard	%	Elemente	Vererbt	Medien
*	nein	**	ja	visual

* Bezieht sich auf Breite des umgebenden Blocks.
** Block-Level-Elemente, table cells und Inline-Block-Elemente

text-transform

Verwandelt Text in Versalien, Kleinbuchstaben oder Initialen.

`capitalize | uppercase | lowercase | none | inherit`

Standard	%	Elemente	Vererbt	Medien
none	nein	alle	ja	visual

top

obere Positionierung eines Elements

`<length> | <percentage> | auto | inherit`

Standard	%	Elemente	Vererbt	Medien
*	nein	positionierte Elemente	nein	visual

* Bezieht sich auf die Höhe des umgebenden Blocks.

unicode-bidi

Wirkt in Kombination mit `direction` auf die Textrichtung.

`normal | embed | bidi-override | inherit`

Standard	%	Elemente	Vererbt	Medien
normal	nein	alle	nein	visual

vertical-align

Steuert die vertikale Ausrichtung von Elementen.

`baseline | sub | super | top | text-top | middle | bottom | text-bottom | <percentage> | <length> | inherit`

Standard	%	Elemente	Vererbt	Medien
`baseline`	ja *	**	nein	visual

* Bezieht sich auf den Wert `line-height` des Elements.

** Inline-Elemente und table cells

visibility

Bestimmt die Sichtbarkeit von Elementen.

`visible | hidden | collapse | inherit`

Standard	%	Elemente	Vererbt	Medien
`visible`	nein	alle	ja	visual

voice-family

Legt eine Stimmfamilie fest.

`[[<specific-voice> | <generic-voice> ],]* [<specific-voice> | <generic-voice> ] | inherit`

Standard	%	Elemente	Vererbt	Medien
*	nein	alle	ja	aural

* abhängig vom Browser des Benutzers

volume

Bestimmt die Lautstärke.

`<number> | <percentage> | silent | x-soft | soft | medium | loud | x-loud | inherit`

Standard	%	Elemente	Vererbt	Medien
`medium`	ja *	alle	ja	aural

* Bezieht sich auf den geerbten Wert.

white-space

Definiert, wie Zeilenvorschübe in Verbindung mit Tabulatorsprüngen und Leerzeichen gehandhabt werden.

`normal | pre | nowrap | pre-wrap | pre-line | inherit`

Standard	%	Elemente	Vererbt	Medien
`normal`	nein	alle	ja	visual

widows

Verhindert verwaiste letzte Zeilen von Absätzen am Anfang einer Seite (Pendant zu orphans).

`<integer> | inherit`

Standard	%	Elemente	Vererbt	Medien
2	nein	Block-Level-Elemente	ja	visual, paged

width

Definiert die Breite eines Elements.

`<length> | <percentage> | auto | inherit`

Standard	%	Elemente	Vererbt	Medien
auto	ja *	alle **	nein	visual

* Bezieht sich auf Breite des umgebenden Blocks.

** außer non-replaced Inline-Elemente, table rows und table row groups

word-spacing

Legt den Abstand zwischen Wörtern fest.

`normal | <length> | inherit`

Standard	%	Elemente	Vererbt	Medien
normal	nein	alle	ja	visual

z-index

Bestimmt die Stapelreihenfolge eines Elements.

`auto | <integer> | inherit`

Standard	%	Elemente	Vererbt	Medien
auto	nein	positionierte Elemente	nein	visual

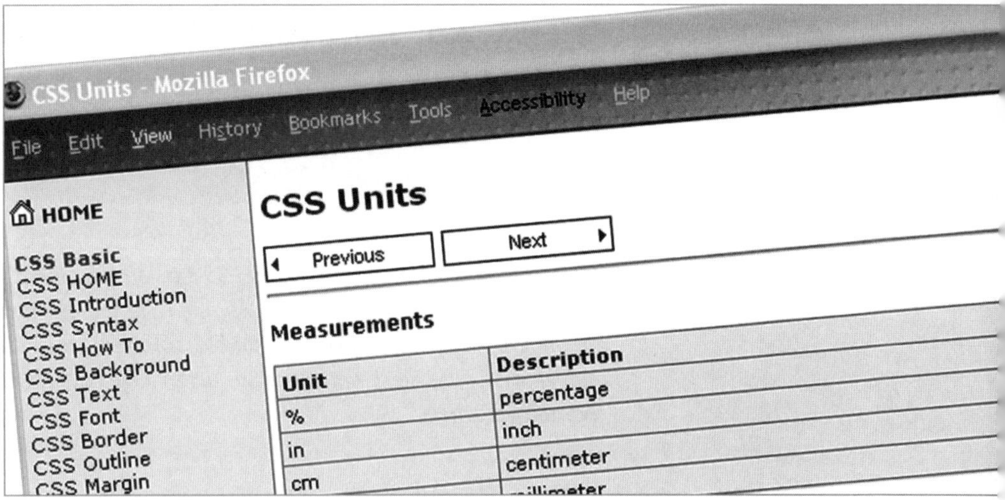

Kapitel 35

CSS: Maßeinheiten und Werte

Mit CSS können Sie Ihre Elemente präzise dimensionieren.

Sie werden lernen,

- welche Maßeinheiten erlaubt sind,
- wann Sie relative oder absolute Einheiten anwenden und
- wie Sie Farben notieren.

35 CSS: Maßeinheiten und Werte

Einige der »beliebtesten« Fehler in CSS passieren meinen Trainées oft im Zusammenhang mit Werten. Widmen Sie diesem Kapitel daher besondere Aufmerksamkeit. Sie finden auf wenigen Seiten zusammengefasst, wie Sie Elemente bzw. deren Eigenschaften sicher mit Werten versehen.

Bitte beachten Sie:

Im Gegensatz zu Wertangaben in HTML müssen diese in CSS immer mit einer Maßeinheit versehen sein. Nur wenn der Wert null ist, darf darauf verzichtet werden. Ich empfehle dennoch, immer eine Maßeinheit zu setzen, da Sie sonst bei späteren Änderungen des Wertes möglicherweise nicht mehr wissen, um welche Maßeinheit es sich handelte.

Werte können unterschiedlich dargestellt werden. Erlaubt sind:

- Schlüsselbegriffe (*Keywords*)
- Längenangaben
- Prozentwerte
- Zahlen
- Zeichenketten (*Strings*)
- URLs
- Farben

35.1 Schlüsselbegriffe

Werte dürfen nicht nur numerisch und mit Maßeinheiten, sondern auch mit Schlüsselbegriffen (*Keywords*) angegeben werden.

Beispiele:

```
h6 {font-size: small;} /* small ist hier das Keyword */
h2 {background: lavender;} /* lavender = Keyword */
```

Beachten Sie bitte, dass ein Schlüsselbegriff nicht in Anführungszeichen stehen darf.

Tipp

Zulässige Schlüsselbegriffe für Eigenschaften entnehmen Sie bitte dem rechten Klappentext des Buches.

35.2 Längenangaben

Die meisten Werte von Eigenschaften werden als Längen angegeben. Dabei wird zwischen absoluten und relativen Maßeinheiten unterschieden.

Beispiele:

```
div#footer {width: 600px;} /* Relative Angabe */
div#header {width: 200mm;} /* Absolute Maßangabe für
Print */
```

Zwischen der Längenangabe und der Maßeinheit darf kein Leerzeichen stehen. Ist der Wert null, so muss keine Maßeinheit notiert werden.

Ich schreibe diese grundsätzlich dennoch, da bei späteren Änderungen auf einen Wert ungleich null die Angabe einer Maßeinheit gerne vergessen wird.

Relative Längeneinheiten – em, ex, px

Diese drei Maßeinheiten besitzen keine feste Größe, sondern beziehen diese immer aus einer Relation.

Die hier vorgestellten relativen Schriftgrößen beziehen sich entweder auf eine vorher in einem Stylesheet definierte Schriftgröße `font-size` oder auf die im Browser voreingestellte Schriftgröße.

Beispiel:

```
body {font-size: 90%;}
h1 {font-size: 1.2em;}
```

Hier wird im `body` die Schriftgröße auf 90 % der im Browser eingestellten Schriftgröße gesetzt. Das nachher definierte `h1` erhält mit `1.2em` eine Schriftgröße, die 20 % größer ist als jene zuvor im `body` festgelegte Schriftgröße.

em – aktuelle Schriftgröße | Die Bedeutung der Maßeinheit `em` hat sich im Laufe der Zeit verändert. Kam das Maß ursprünglich aus der Drucktypographie, so bedeutet es im heutigen Webdesign einfach die Größe einer definierten Schrift.

ex – die Höhe des x der aktuellen Schrift | `ex` mag eine gewisse Berechtigung bei Innen- und Außenabständen rund um Worte oder Wortgruppen haben; es wird aber de facto kaum eingesetzt. Ich kann mich jedenfalls nicht erinnern, diese Maßeinheit schon einmal in der Praxis gesehen zu haben.

px – Pixel, die kleinste Darstellungseinheit eines Monitors | Naturgemäß hängt die Größe eines Pixels von der Größe und Auflösung des Monitors ab und zählt deshalb also ebenfalls zu den relativen Elementen. Das Pixel ist die gebräuchlichste Maßeinheit für Block-Level-Elemente.

Mehr relative Maßeinheiten

Bitte beachten Sie, dass die Maßeinheit Pixel im Sinne der Barrierefreiheit eine absolute Einheit darstellt, da ihre Größe aus dem Browser heraus nicht verändert werden kann, die Schriftgrößen `em` und `ex` hingegen schon. Für Schriftgrößen sollte man daher keine Angaben in `px` verwenden!

Darüber hinaus gibt es (teilweise erst mit CSS 3) weitere relative Maßeinheiten, nämlich:

- `gd`
  bezieht sich auf das Raster (*Grid*), das durch den Begriff *layout-grid* im CSS 3-Textmodul definiert wird.
- `rem`
  die Schriftgröße des Root-Elements
- `vw`
  die Breite des Viewports
- `vh`
  die Höhe des Viewports
- `vm`
  die Höhe oder Breite des Viewports, was auch immer kleiner ist
- `ch`
  die Breite des Zeichens 0 der verwendeten Schriftfamilie

Absolute Längeneinheiten – mm, cm, in, pt, pc

Die nachfolgenden fünf Einheiten besitzen absolute Maße.

mm, cm, in – Millimeter, Zentimeter, Inch | Diese Einheiten werden gerne für Druck-Stylesheets eingesetzt, wobei Inch eher in den USA gebräuchlich ist. Ein Inch entspricht 25,4 mm.

pt – Punkt | Für diese alte typographische Maßeinheit galten unterschiedliche Standards. Der europäische Didot-Punkt war etwas größer als der Punkt in England und in den USA. CSS definiert `pt` wie in Postscript, nämlich als 1/72 in bzw. 0,353 mm.

pc – Pica | Ein Pica entspricht 12 Punkt im Druck. CSS interpretiert ein Pica als 1/6 in bzw. 4,23 mm.

Bitte beachten Sie, dass die hier angeführten absoluten Maßeinheiten nicht für die Schriftdarstellung am Monitor verwendet werden sollten. Schriften sollten, im Sinne von Benutzerfreundlichkeit und Barrierefreiheit, immer mit relativen Einheiten definiert werden, sodass Benutzer die Schriftdarstellung aus dem Browser heraus an ihre Bedürfnisse anpassen können.

Ich werde mich in Bezug auf Schriftgrößen, Benutzerfreundlichkeit und Barrierefreiheit noch öfter wiederholen. Aber an diese Thematik kann nicht oft genug erinnert werden.

Faustregel

Grundsätzlich gilt, dass relative Maßeinheiten für die Darstellung am Monitor empfehlenswert sind. Absolute Maßeinheiten sind dagegen für Druck-Stylesheets besser geeignet.

Prozentangaben

Naturgemäß sind auch Prozentangaben relativ. Allerdings können Prozentangaben in CSS zu überraschenden sowie unerwünschten Ergebnissen führen. So bezieht sich eine Prozentangabe bei einem vertikalen Innenabstand (`padding`) auf die Breite des Eltern-Elements und nicht auf dessen Höhe.

Prozentangaben werden als Ganzzahlen oder als Dezimalzahlen angegeben. Ein Leerzeichen zwischen Zahl und Prozentzeichen ist nicht erlaubt.

Zahlen

Werte können als Ganzzahlen oder Dezimalzahlen notiert werden. Bei Dezimalzahlen ist zu beachten, dass als Dezimalzeichen nur der Punkt erlaubt ist. Bei manchen Eigenschaften sind negative Zahlen möglich (z. B. bei `margin`), allerdings behagt dies nicht allen Browsern.

Zeichenketten (Strings)

Eine sogenannte Zeichenkette (*String*) muss immer in einfachen oder doppelten Anführungszeichen eingeschlossen werden.

Sollen in einer Zeichenkette Anführungszeichen dargestellt werden, dann muss hier entweder ein sogenanntes Escape-Zeichen (in CSS ist dies, wie auch in den meisten Skriptsprachen, ein *Backslash*) oder aber entgegengesetzte Anführungszeichen notiert werden.

Beispiele:

```
a:before {content: 'Hier der Link: ';}
a:before {content: 'Hier ein \"neuer\" Link: ';}
a:before {content: 'Hier ein \"neuer\" Link: ';}
```

URL – Webadressen

Webadressen, ob relativ oder absolut, werden in Stylesheets benötigt, um beispielsweise den Ursprung einer Bilddatei festzulegen.

Die Webadresse steht dabei in runden Klammern, vor diesen wird `url` notiert. URLs benötigen keine Anführungszeichen.

Beispiele:

```
div#header {
background-image: url(images/bgstripes.gif);}
div#footer {
background-image: url(http://www.cssboxmania.com/images/
bgstripes.gif);}
```

Bitte beachten Sie, dass Pfadangaben in einem Stylesheet immer relativ zu diesem und nicht zum (X)HTML-Dokument sind! Eine Ausnahme ist die IE-spezifische Eigenschaft `filter`, die für alphatransparente Bilder eingesetzt wird. Dabei muss sich der Pfad auf die HTML-Datei beziehen.

Standardwerte

Nicht zu vergessen ist die Tatsache, dass viele Eigenschaften durch die CSS-Spezifikation Standardwerte zugewiesen bekommen, selbst wenn Sie als Autor kein Stylesheet definiert haben. Zusätzlich können auch Browser-Stylesheets solche Standardwerte setzen wie zum Beispiel Außenabstände bei Absätzen. Letztere können unter Umständen sogar von den CSS-Standardwerten abweichen.

35.3 Farben

Die Angabe von Farben ist grundsätzlich nach

- Hexadezimal-Codes,
- Dezimalwerten verschiedener Farbsysteme und nach
- Farbnamen (*Keywords*)

erlaubt. Dennoch ist die Verwendung von Farbnamen in den Standards für Barrierefreiheit ausdrücklich verboten. Ich sehe in der Verwendung von Farbnamen auch keinen Vorteil. Ob ich `white` tippe oder `#FFFFFF` macht wenig Unterschied. Die wichtigsten Farben merken Sie sich auch als Hexadezimal-Code (genauso wie Farbnamen), andere Farbtöne müssen Sie ohnehin nachsehen.

Apropos Hexadezimal-Code nachsehen: Ein nützliches kleines Programm dafür ist *ColorPic* von *Iconico*. Sie können es kostenlos herunterladen:
http://www.iconico.com/download.aspx?app=ColorPic

Hexadezimal-Code

Die gebräuchlichste Methode, Farben in CSS zu definieren, ist die Verwendung eines sechsstelligen Hexadezimal-Codes für RGB-Werte, wobei das erste Paar für **R**ed, das zweite für **G**reen und das dritte für **B**lue steht.

Beispiel:

```
h1 {color: #FF9900;}
/* weist h1 die Schriftfarbe Orange zu */
```

Wichtig ist die Raute **#** vor dem Hexadezimal-Code, da der Code sonst nicht als Farbangabe interpretiert werden kann.

Dezimalwerte

Gebräuchlich ist außerdem die Angabe nach dem RGB-System, sowohl in den üblichen Werten 0 bis 255 als auch in Prozentangaben von 0 bis 100%.

Beispiele:

```
h1 {color: rgb(0%, 50%, 100%);}
h2 {color: rgb(0, 120, 255);}
```

Beachten Sie bitte, dass der Farbwert dabei in runde Klammern eingeschlossen wird.

In CSS 3 ist die Möglichkeit vorgesehen, Farben nach weiteren Farbsystemen (HSL) zu definieren und auch Werte für die Alpha-Transparenz als vierten Wert anzugeben. Derzeit werden diese Optionen allerdings noch nicht von allen Browsern unterstützt.

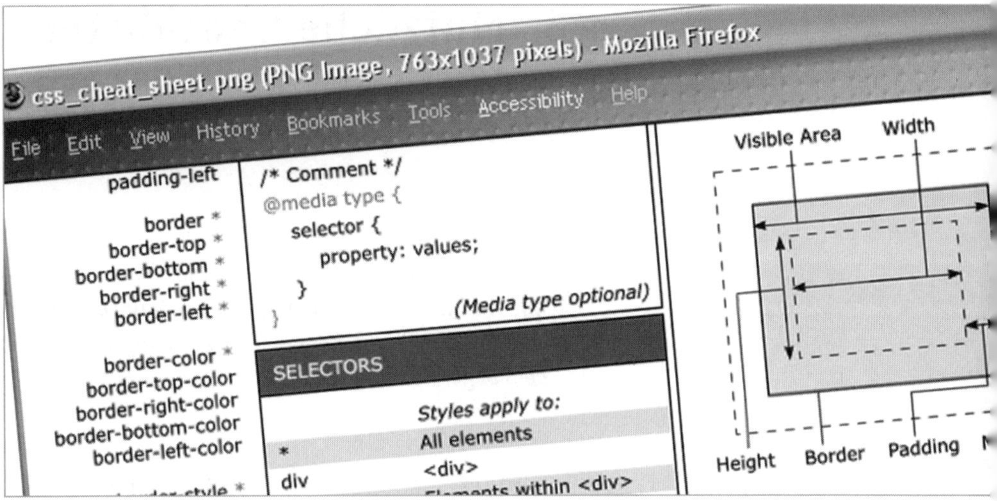

Kapitel 36

Nützliche Checklisten

Vertrauen in den eigenen Code ist gut – Kontrolle ist besser.

Sie werden lernen,

- welche Schritte für die Webproduktion wichtig sind,
- wie Sie noch besseren CSS-Code schreiben,
- wie Sie Konflikte von vornherein vermeiden und
- wie Sie Fehler schnell finden.

36 Nützliche Checklisten

Ich geb's zu: Ich liebe How-to-Listen und »Wie-lerne-ich-Mandarin-in-zehn-Minuten«-Anleitungen. Meinen Trainées ergeht es ähnlich. Diverse Checklisten, die bei der Fertigstellung von Aufgaben helfen, sind heiß begehrt.

Hier also die drei beliebtesten Listen für meine Kursteilnehmer – nicht ausschließlich für, aber natürlich mit Schwerpunkt auf XHTML und CSS.

36.1 Checkliste für die Webproduktion

Diese Checkliste soll dazu beitragen, bei der Entwicklung Ihrer Webprojekte systematisch und mit Konzept vorzugehen.

Grundlegendes

- Arbeitstitel bestimmen
- Sinn und Zweck in einem Satz formulieren
- Namen des Projekts festlegen
- Entwickeln einer »Webidentity«
- Zielsetzung im Detail bestimmen
- Zielgruppen im Detail bestimmen
- Aufgaben und Kompetenzen verteilen
- Finanzierung und Geschäftsmodell formulieren

Inhalt und Navigation

- Vorhandene Inhalte sichten
- Benötigte Inhalte auflisten
- Inhalte nach Prioritäten gruppieren
- Themengruppen zusammenfassen
- Navigationslogik entwickeln

- Navigation testen (z. B. Karteikärtchen oder ein einfacher Dummy in HTML)
- Menüstruktur überdenken
- Platzbedarf abschätzen (Welche Elemente und Bereiche werden mindestens benötigt?)
- Stil der Ansprache entwickeln
- Mustertexte (»Wording«) verfassen und testen
- Endgültige Inhalte erstellen und strukturieren

Grafik und Styleguide

- Entscheidung über Grafikstil
- Branding entwickeln (Logo, Farben, Wording etc.)
- Fotos auswählen, produzieren und bearbeiten
- Basislayout in einem Grafik-Programm entwickeln
- Design für Startseite, Themen-Leitseiten, Folgeseiten festlegen
- Vorbereiten aller Grafiken und Fotos für die Darstellung im Web
- Definition eines Styleguides (verbindliche Vorgaben für die Verwendung von Schriften, Überschriften, Farben, Hervorhebungen, Bildern usw.)

Technik und Hosting

- Auswahl eines Hosting-Providers
- Entscheidung für statische Seiten oder ein Redaktionssystem (CMS)
- Bedarfserhebung für spezielle Programmierarbeiten
- Erstellung einer Dateistruktur und von Namenskonventionen (besonders wichtig bei Teamwork)
- Im Falle von CMS: Installation und Setup, Anlegen der Basisstruktur, Installation von Erweiterungen
- Anlegen von Error-Seiten und der Dateien *robots.txt* und *.htaccess*

Programmierung und Validierung

- Entscheidung über zu verwendende DTD
- Erstellung der XHTML- und CSS-Dateien bzw. der Vorlagen im Falle eines Content-Management-Systems
- Validierung mit W3C-Tools

- Browserkompatibilität testen
- Barrierefreiheit testen und optimieren

Suchmaschinen und Marketing

- Kontrolle der Seitentitel (vorhanden?)
- Suchbegriffe in Seitentiteln, Überschriften, Link-Texten, `alt`-Attributen (von Bildern), Texten
- Eintrag in Suchmaschinen und Verzeichnissen
- Eintrag auf kostenlosen PR-Plattformen
- Aussendung an Freunde und Bekannte
- Einladung zum Gegen-Link an ähnliche Websites
- Eintrag in CSS-Galerien
- Anmeldung zu Design-Wettbewerben

Zugriffsanalyse und Weiterentwicklung

- Zugriffe regelmäßig analysieren
- Besser besuchte Bereiche optimieren oder ausbauen bzw. besser auffindbar machen
- Auffindbarkeit der Website in Suchmaschinen kontrollieren
- Suchbegriffe optimieren
- Anhand von Zugriffsanalysen Prioritäten setzen bei geplanten Entwicklungsschritten

Obwohl Validatoren Ihnen die Aufgabe der Fehlersuche weitgehend abnehmen, kann die nachfolgende Checkliste dennoch bei der Fehlersuche in (X)HTML helfen.

36.2 Checkliste der »beliebtesten« Fehler in (X)HTML

- Fehlende DTD
- DTD nicht in der ersten Zeile (führt zum *Quirks-Mode*)
- Fehlendes `html`-Tag
- Falsch verschachtelte Elemente oder Tags
- Leere Elemente werden falsch geschlossen,
  `<br />` wäre richtig.
- Fehlende Ende-Tags,
  `<p>` ohne Ende-Tag wäre falsch.

- Fehlendes Ende-`div`.
  Ein Kommentar bei einem Ende-`div` hilft bei der Kontrolle.
- Listen mit Unterlisten falsch verschachtelt
- Tippfehler bei Element-Namen oder Tags
- Groß- und Kleinschreibung von IDs; Klassen nicht übereinstimmend benannt mit der Schreibweise im Stylesheet
- Fehlende Anführungszeichen bei Werten, ID- und Klassen-Namen
- Falsch verschachtelte Tabellen-Elemente
- Falsch verschachtelte Formular-Elemente
- ID-Namen im HTML-Quellcode mit # notiert, Klassen-Namen mit Punkt . notiert

Die folgende Checkliste soll Ihnen helfen, Fehler in Ihren Stylesheets schneller zu finden.

36.3 Checkliste der »beliebtesten« Fehler in CSS

- Platzierung der `@import`-Regel nicht an erster Stelle
- HTML-Kommentar statt CSS-Kommentar
- Tippfehler bei den Namen von Selektoren
- Fehlendes Semikolon nach einer Deklaration
- Fälschlicherweise Doppelpunkt anstelle des Semikolons nach einer Deklaration
- Fälschlicherweise Semikolon anstatt eines Doppelpunkts nach einer Eigenschaft in einer Deklaration
- Groß- und Kleinschreibung bei Selektoren-Namen nicht übereinstimmend mit der Schreibweise in der HTML-Datei
- Maßeinheit vergessen
- Geschwungene Klammern nicht geschlossen
- Platzhalter für Selektor ohne leeres Paar geschwungener Klammern
- Fälschlicherweise Werte in Anführungszeichen
- Fehlende Raute # vor `id`-Namen
- Fehlender Punkt . vor Klassennamen
- Raute und Punkt miteinander verwechselt
- Fälschlicherweise Raute oder Punkt vor Typ-Selektor

- Fehlende Selektoren bei einer Gruppierung
  Falsch: `div#test a:link, a:visited {}`
  Richtig: `div#test a:link, div#test a:visited {}`
- Fälschlicherweise Komma nach dem letztem Selektor in einer Gruppierung von Selektoren
- Fälschlicherweise Leerzeichen zwischen Wert und Maßeinheit
- Fälschlicherweise Leerzeichen zwischen `url` und `(bildpfad)`
- `:link, :visited, :hover, :active` – Reihenfolge!
- Fehlende Anführungszeichen bei Schriftnamen, die aus mehr als einem Wort bestehen
- `z-index` gilt nur für Elemente mit `position` außer `static`.
- `top, right, bottom, left` gelten nur für Elemente mit `position relative` oder `absolute`
- `margin-top` und `margin-bottom` wirken nicht bei Inline-Elementen.

Kapitel 37

Meine liebsten Tools

Hinter jedem erfolgreichen Webentwickler stehen hilfreiche Tools.

Sie werden lernen,

- welche Werkzeuge Ihre Arbeit erleichtern,
- wo Sie kostenlose Tools finden und
- wer Ihnen bei Fragen und Problemen hilft.

37 Meine liebsten Tools

Am längsten habe ich gebraucht, zu lernen und zu akzeptieren, dass man im Web an allen Ecken kostenlose Werkzeuge und Hilfe von freundlichen Menschen findet. Neulinge im Web sind von dieser Tatsache immer wieder überrascht und reagieren ungläubig.

Danke!

An dieser Stelle auch einmal ein großes Dankeschön an all die genialen Entwickler, die ihre Tools kostenlos zur Verfügung stellen.

Ohne Anspruch auf Vollständigkeit und ohne Wertung der Reihenfolge sind hier einige der besten Tools angeführt, die auch ich bei Bedarf gerne gebrauche. Detaillierte Erklärungen würden hier zu weit führen. Am besten probieren Sie diese selbst aus!

Notepad++

Ein vollwertiger HTML-Editor ist das kostenlose Notepad++. Es unterstützt neben XHTML und CSS eine Reihe von Sprachen und hilft bei der Erstellung von Code mit Syntax-Hervorhebung, WYSIWYG-Vorschau, einem eingebauten FTP-Client und vielen weiteren Funktionen. Deutschsprachig.
http://notepad-plus.sourceforge.net/de/site.htm

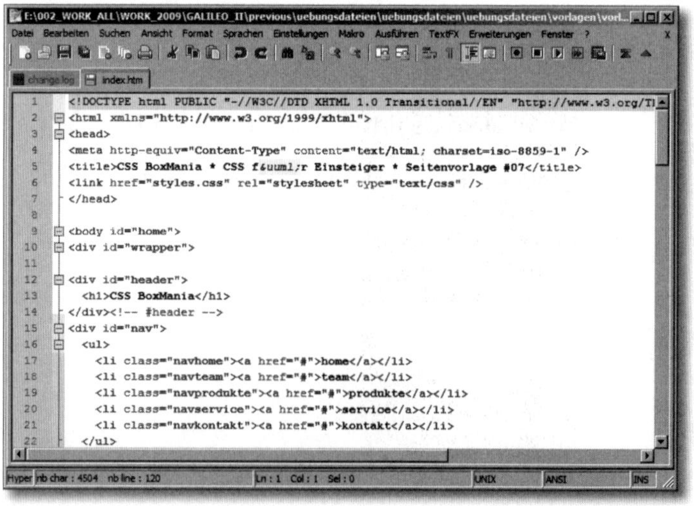

Abbildung 37.1 ►
Notepad+-Benutzeroberfläche

Typetester

Die unübertroffene Testseite für die Darstellung von Schriften am Bildschirm.
http://typetester.maratz.com/

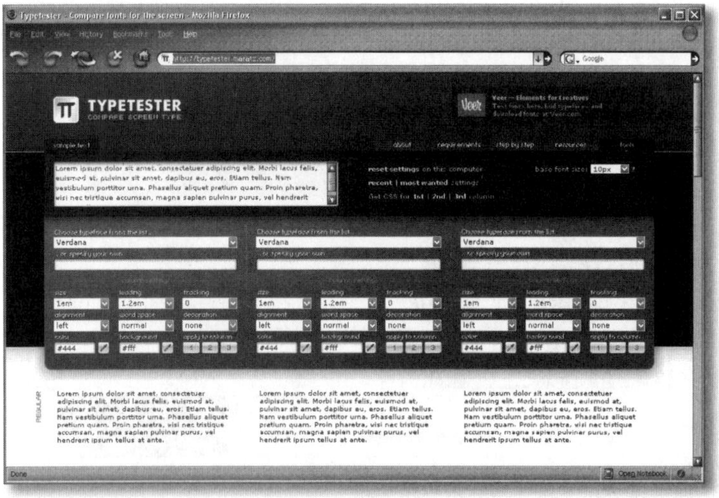

◂ **Abbildung 37.2**
TypeTester – Benutzeroberfläche

James Whittackers em-Calculator

Wer schon einmal daran verzweifelt ist, wie sich seine Schriftgrößen »fortgepflanzt« haben, der wird dieses Tool lieben.
http://www.jameswhittaker.com/blog/article/em-based-layouts-vertical-rhythm-calculator/

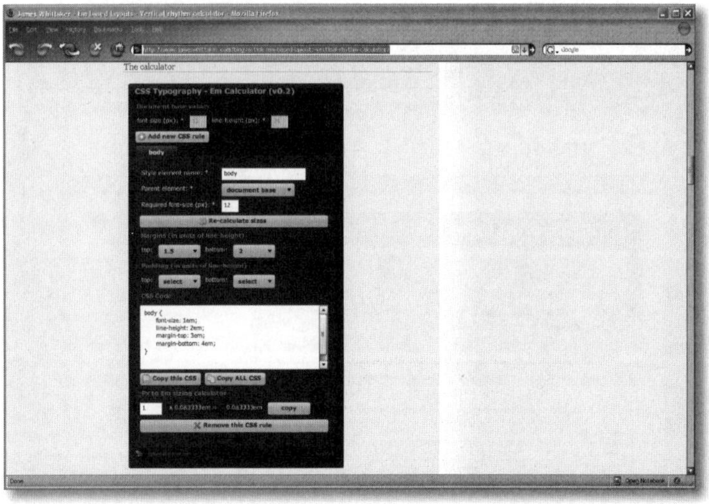

◂ **Abbildung 37.3**
James Whittackers em-Calculator, der die Vererbung von Schriftgrößen berechnet und gleich den CSS-Code dafür schreibt.

Design JavaScript Bookmarklet

Allan Jardins verblüffendes Tool erweist sich als äußerst nützlich, möchte man auf einen Klick das Layout fremder Websites genauer untersuchen.
http://www.sprymedia.co.uk/article/Design

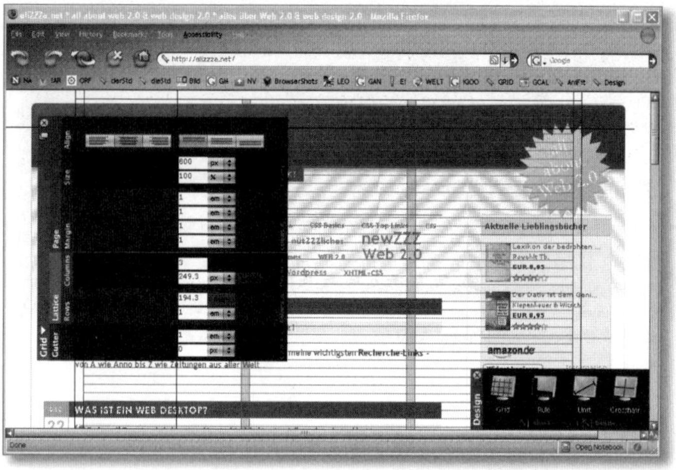

Abbildung 37.4 ▶
Allan Jardins Design Bookmarklet analysiert das Layout von Webseiten mit einem Klick.

FormLogix

Diese lupenreine Web-2.0-Anwendung wird demnächst auch in einer deutschsprachigen Version zur Verfügung stehen. Eine elegante und umfangreiche Applikation zur Erstellung von Formularen inklusive Verwaltung der Daten in Datenbanken.
http://formlogix.com/

Abbildung 37.5 ▶
FormLogix – Startseite

{CSS}Portal Menu Generator

Bietet eine vielfältige Auswahl an Gestaltungsmöglichkeiten für Ihre Tab-Navigation.
http://www.cssportal.com/generators/menu.htm

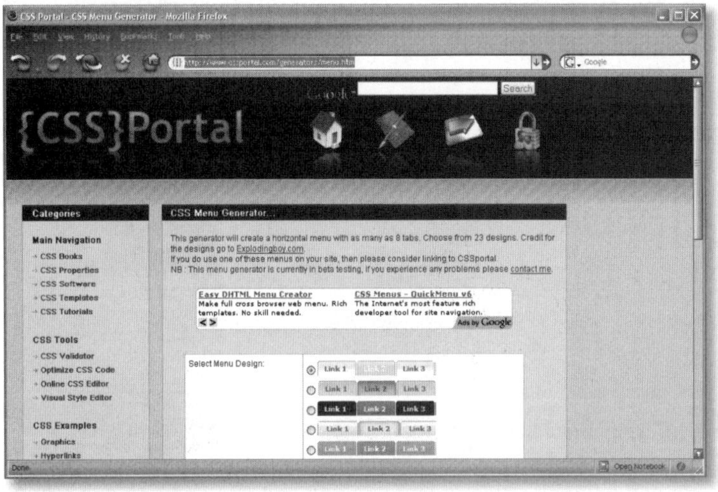

◂ Abbildung 37.6
{CSS}Portal Menu Generator – Designauswahl

ColourLovers Colors & Patterns

Die coolsten Farbtrends, die prächtigsten Farbpaletten, Farben und Patterns sowie Wettbewerbe rund um Farben und Muster.
http://www.colourlovers.com/

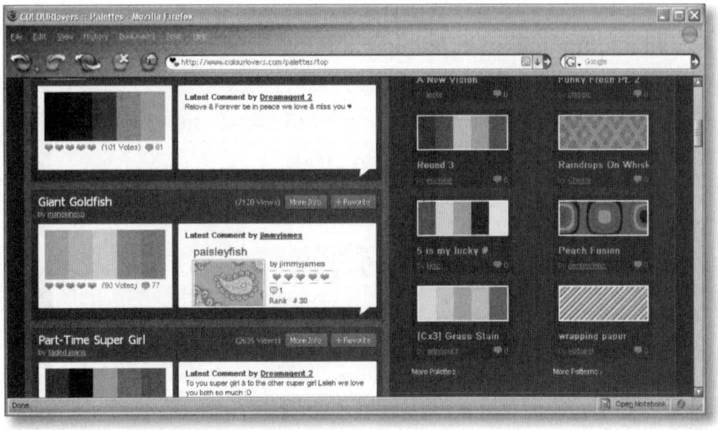

◂ Abbildung 37.7
ColourLovers Farbtrends

Favicon.ico Generator

Zweifelsohne der eleganteste Favicon-Generator weit und breit.
http://www.favicon.cc/

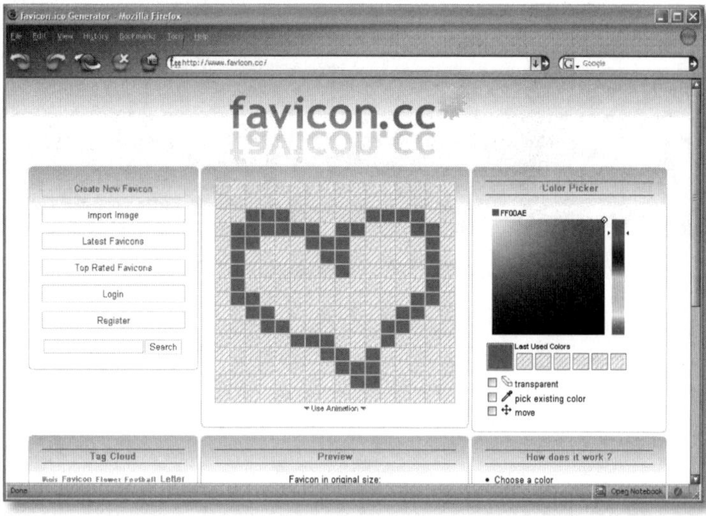

Abbildung 37.8 ▸
Favicon.ico-Generator – Benutzeroberfläche

Rat und Hilfe im XHTML-Forum

Wenn Sie gar nicht mehr weiter wissen, dann versuchen Sie es doch mit einer Anfrage im (deutschsprachigen) XHTML-Forum. Und für Fragen zu CSS unter dem entsprechenden Thema.
http://xhtmlforum.de/
http://xhtmlforum.de/css/

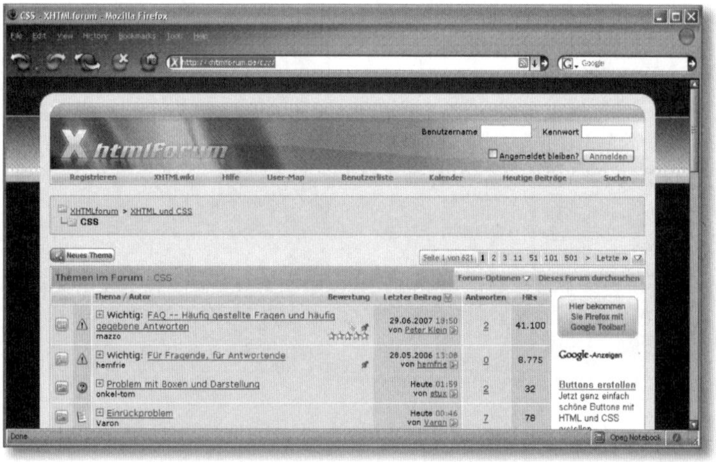

Abbildung 37.9 ▸
XHTML-Forum.de, Bereich CSS

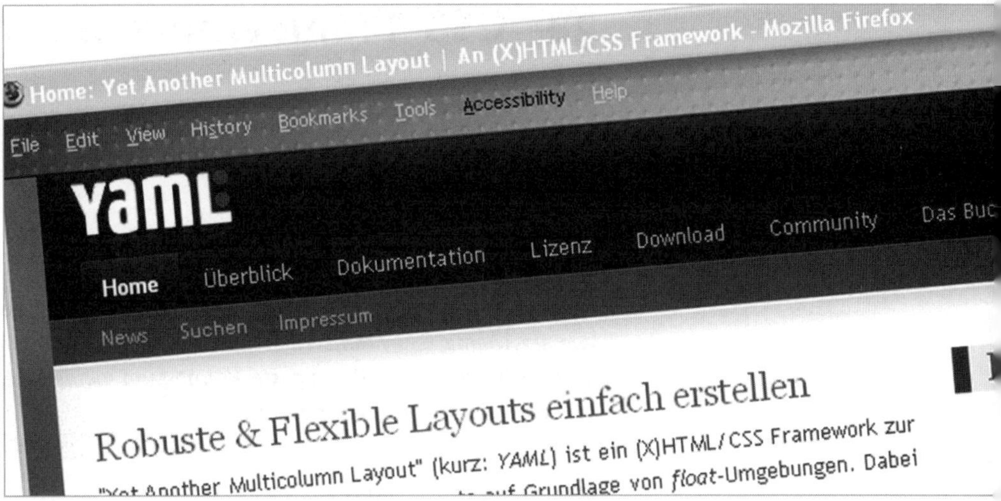

Kapitel 38

CSS-Frameworks und YAML

Selbst schreiben macht schlau.

Sie werden lernen,

- wie CSS-Frameworks funktionieren,
- welche die bekanntesten CSS-Frameworks sind und
- welche Vor- und Nachteile CSS-Frameworks haben.

38 CSS-Frameworks und YAML

An kaum einem Thema (außer vielleicht der Frage »to hack or not to hack«) erhitzen sich die Gemüter von Webentwicklern derart heftig wie am Thema CSS-Frameworks. Ich habe ein wenig meine Nase in entsprechende Diskussionen gesteckt und fand meine eigene – ambivalente – Haltung dazu nur bestätigt.

CSS-Frame … – Was?

Wenn Sie nach dem zehnten Webprojekt bemerken, dass Sie im Grunde genommen stets die gleichen CSS-Bausteine verwenden und diese nur anders kombinieren und Details ändern, dann wird sich der Gedanke aufdrängen, solche Module in eine Art Vorlage zu packen, die Sie immer wieder beim Anlegen eines Internetauftritts als Grundlage nehmen können.

Viele Webentwickler verwenden bereits genau solche selbst geschriebenen Vorlagen. Das kann von einem kleinen Paket mit CSS-Dateien für verschiedene Aufgaben (Typographie, Raumaufteilung, Farben usw.) bis hin zu recht komplexen Vorgaben reichen. So ähnlich hat die Entwicklung von CSS-Frameworks begonnen.

38.1 Was sind CSS-Frameworks?

CSS-Frameworks sind üblicherweise »Universal-Seitenraster« für Webseiten bzw. Webprojekte, die zumeist aus einer Reihe von modularen CSS-Dateien und entsprechenden HTML-Vorlagen bestehen. Ähnlich einem Seitenraster bei der Erstellung von Print-Produkten dienen auch CSS-Frameworks als Grundlage, um aus einem Raster die unterschiedlichsten Seitenlayouts abzuleiten.

38.2 Was ist YAML?

Yet Another Multicolumn Layout (YAML) ist das beeindruckende und komplexe CSS-Framework von Dirk Jesse.
http://www.yaml.de/

> **Tipp**
> Dirk Jesse hat zum Thema YAML bei Galileo Press ein Praxisbuch veröffentlicht: »CSS-Layouts: Praxislösungen mit YAML 3.0«
> ISBN 978-3-8362-1135-2

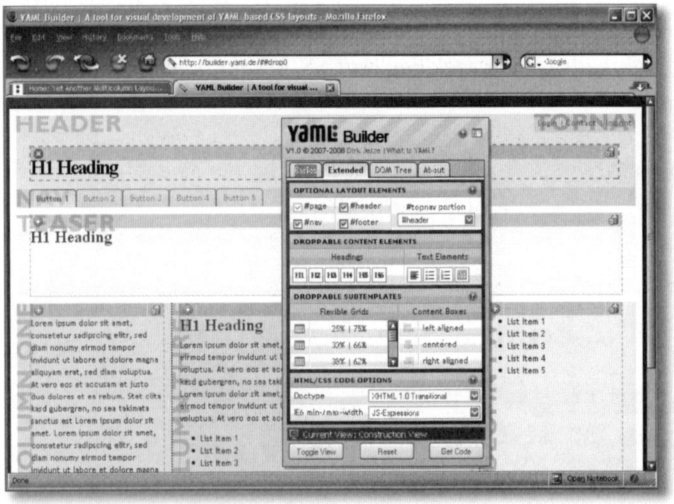

◄ **Abbildung 38.1**
YAML-Builder mit Drag-and-Drop-Oberfläche

YAML verspricht standardkonforme Layouts, die mit allen modernen Browsern kompatibel sind. Alle IE-Versionen von Version 5 bis 8 für Windows werden unterstützt, Browserbugs werden korrigiert.

Eine ausführliche Dokumentation in Deutsch und Englisch ist Grundlage der Arbeit mit *YAML* und informiert auch über zusätzliche Funktionen wie ein »Debugging Stylesheet«, ein Druck-Stylesheet und andere nützliche Ergänzungen.

Die Webapplikation *YAML-Builder* erlaubt es, Layouts »vom Fleck weg« im Browser zu konstruieren. Eine Drag-and-Drop-Funktion vereinfacht das Einfügen von Musterinhalten. Die Oberfläche ist vorzüglich und intuitiv gestaltet – das muss ich betonen! Testen Sie einfach, wie *YAML-Builder* Ihren Plan für eine Webseite realisieren würde. Sie werden daraus sicher lernen.

38.3 Andere CSS-Frameworks

Ich möchte hier nur die bekanntesten CSS-Frameworks hervorheben, um danach auf die Vor- und Nachteile bei der Verwendung eines Frameworks einzugehen. Abschließend möchte ich noch meine ganz persönliche Empfehlung zu diesem Thema abgeben.

Blueprint CSS

Das CSS-Framework *Blueprint CSS* des Norwegers Olav Frihagen Bjørkøy basiert auf einem typografischen Gestaltungsraster (*Grid*) und beinhaltet ein ausgeklügeltes CSS-Reset und ein Druck-Stylesheet.

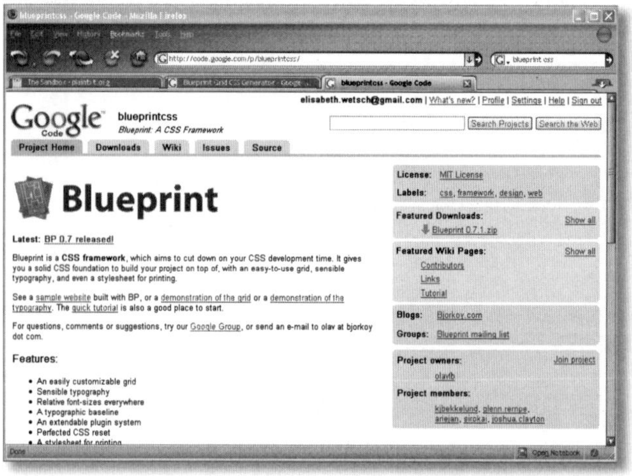

Abbildung 38.2 ▶
Blueprint CSS auf Google Code

Der *Blueprint Grid CSS Generator* erweitert die Designmöglichkeiten von *Blueprint* um die Auswahl verschiedener Spaltenkombinationen; er ist allerdings recht spartanisch aufgebaut.
http://code.google.com/p/blueprintcss/
http://kematzy.com/blueprint-generator/

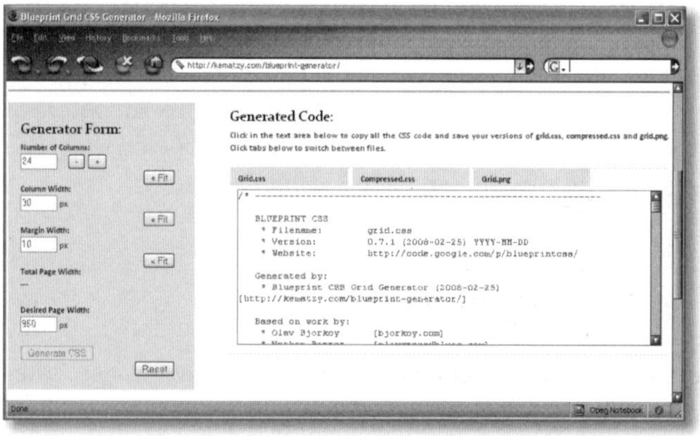

Abbildung 38.3 ▶
Blueprint Grid CSS Generator – Benutzeroberfläche

Yahoo! UI Library: Grids CSS

Gleich ein ganzes Bündel an CSS-Frameworks bietet die *Yahoo! User Interface Library*, darunter

- *Reset CSS*
- *Base CSS*
- *Fonts CSS*
- *Grids CSS*

um nur die wichtigsten anzuführen. Für meinen Geschmack ist das sogenannte *YUI Framework* für Einsteiger eher verwirrend, hat eine hohe Lernkurve und zeigt zudem sehr große Schwächen in Bezug auf semantisches Markup.
http://developer.yahoo.com/yui/grids/

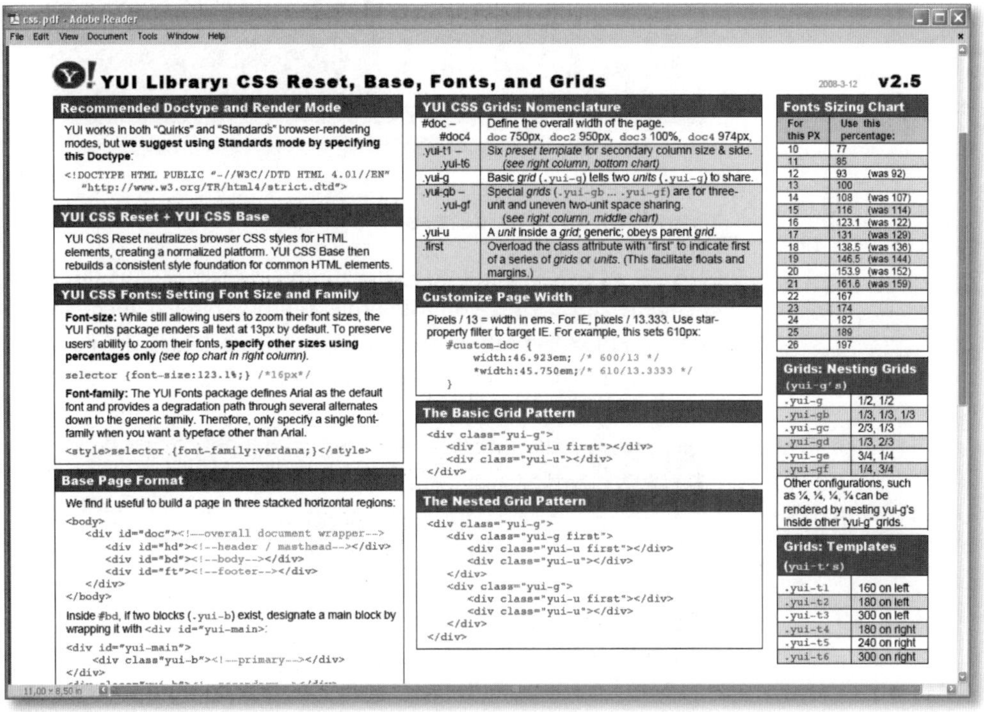

css.pdf - Adobe Reader

File Edit View Document Tools Window Help

YUI Library: CSS Reset, Base, Fonts, and Grids 2008-3-12 **v2.5**

Recommended Doctype and Render Mode

YUI works in both "Quirks" and "Standards" browser-rendering modes, but **we suggest using Standards mode by specifying this Doctype**:

```
<!DOCTYPE HTML PUBLIC "-//W3C//DTD HTML 4.01//EN"
  "http://www.w3.org/TR/html4/strict.dtd">
```

YUI CSS Reset + YUI CSS Base

YUI CSS Reset neutralizes browser CSS styles for HTML elements, creating a normalized platform. YUI CSS Base then rebuilds a consistent style foundation for common HTML elements.

YUI CSS Fonts: Setting Font Size and Family

Font-size: While still allowing users to zoom their font sizes, the YUI Fonts package renders all text at 13px by default. To preserve users' ability to zoom their fonts, **specify other sizes using percentages only** *(see top chart in right column)*.

```
selector {font-size:123.1%;} /*16px*/
```

Font-family: The YUI Fonts package defines Arial as the default font and provides a degradation path through several alternates down to the generic family. Therefore, only specify a single font-family when you want a typeface other than Arial.

```
<style>selector {font-family:verdana;}</style>
```

Base Page Format

We find it useful to build a page in three stacked horizontal regions:

```
<body>
  <div id="doc"><!--overall document wrapper-->
    <div id="hd"><!--header / masthead--></div>
    <div id="bd"><!--body--></div>
    <div id="ft"><!--footer--></div>
  </div>
</body>
```

Inside #bd, if two blocks (.yui-b) exist, designate a main block by wrapping it with <div id="yui-main">:

```
<div id="yui-main">
   <div class"yui-b"><!--primary--></div>
</div>
```

YUI CSS Grids: Nomenclature

#doc – #doc4	Define the overall width of the page. doc 750px, doc2 950px, doc3 100%, doc4 974px,
.yui-t1 – .yui-t6	Six *preset template* for secondary column size & side. *(see right column, bottom chart)*
.yui-g	Basic *grid* (.yui-g) tells two *units* (.yui-g) to share.
.yui-gb – .yui-gf	Special *grids* (.yui-gb ... .yui-gf) are for three-unit and uneven two-unit space sharing. *(see right column, middle chart)*
.yui-u	A *unit* inside a *grid*; generic; obeys parent *grid*.
.first	Overload the class attribute with "first" to indicate first of a series of *grids* or *units*. (This facilitate floats and margins.)

Customize Page Width

Pixels / 13 = width in ems. For IE, pixels / 13.333. Use star-property filter to target IE. For example, this sets 610px:

```
#custom-doc {
    width:46.923em; /* 600/13 */
    *width:45.750em;/* 610/13.3333 */
}
```

The Basic Grid Pattern

```
<div class="yui-g">
  <div class="yui-u first"></div>
  <div class="yui-u"></div>
</div>
```

The Nested Grid Pattern

```
<div class="yui-g">
  <div class="yui-g first">
    <div class="yui-u first"></div>
    <div class="yui-u"></div>
  </div>
  <div class="yui-g">
    <div class="yui-u first"></div>
    <div class="yui-u"></div>
  </div>
</div>
```

Fonts Sizing Chart

For this PX	Use this percentage:
10	77
11	85
12	93 (was 92)
13	100
14	108 (was 107)
15	116 (was 114)
16	123.1 (was 122)
17	131 (was 129)
18	138.5 (was 136)
19	146.5 (was 144)
20	153.9 (was 152)
21	161.6 (was 159)
22	167
23	174
24	182
25	189
26	197

Grids: Nesting Grids (yui-g's)

.yui-g	1/2, 1/2
.yui-gb	1/3, 1/3, 1/3
.yui-gc	2/3, 1/3
.yui-gd	1/3, 2/3
.yui-ge	3/4, 1/4
.yui-gf	1/4, 3/4

Other configurations, such as ¼, ¼, ¼, ¼ can be rendered by nesting yui-g's inside other "yui-g" grids.

Grids: Templates (yui-t's)

.yui-t1	160 on left
.yui-t2	180 on left
.yui-t3	300 on left
.yui-t4	180 on right
.yui-t5	240 on right
.yui-t6	300 on right

11,00 × 8,50 in

▼ **Abbildung 38.4**
YUI Library – die wichtigsten Bausteine für CSS

960 Grid System

Auf einem Gestaltungsraster von 12 oder 16 Spalten mit einer Gesamtbreite von 960 Pixel basiert das CSS-Framework *960 Grid System* von Nathan Smith.

Das Paket beinhaltet neben den eigentlichen CSS- und HTML-Dateien so Nützliches wie Rasterblätter im Format PDF zum Aus-

drucken sowie Vorlagen für Fireworks, OmniGraffle, Photoshop und Visio.
http://960.gs/

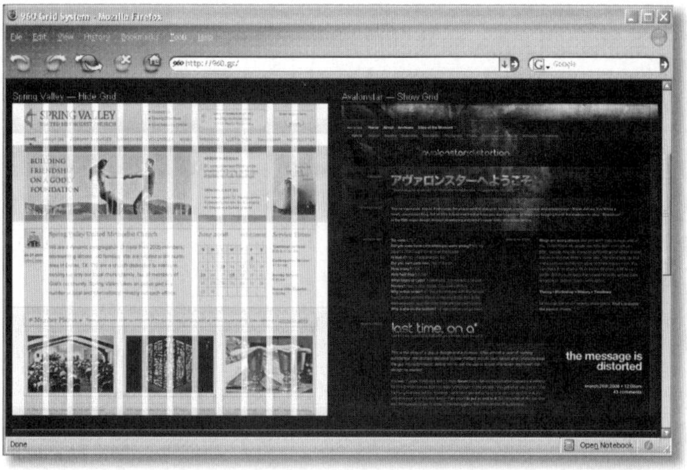

Abbildung 38.5 ▶
960 Grid System mit Überlagerung eines 12-Spalten-Gestaltungsrasters

Sandbox für WordPress

Da ich bekanntlich ein großer Fan von WordPress für die blitzschnelle Umsetzung von Miniprojekten bin, bin ich auch ein Fan der Sandbox: Ein sehr cleveres CSS-Framework, das als »nacktes« Wordpress Theme heruntergeladen werden kann.

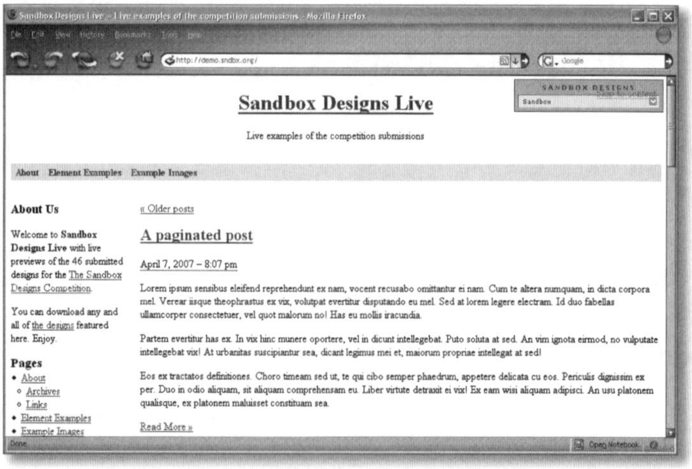

Abbildung 38.6 ▶
Sandbox Theme ohne Design in der Version mit zwei linksbündigen Spalten

Was mir persönlich an der Sandbox gefällt, ist aber nicht das CSS-Framework selbst (denn das ist ohnehin nicht wiederzuerkennen, wenn ich Hand anlege), sondern die Tatsache, dass die Sandbox im Betrieb mit WordPress zahlreiche Elemente dynamisch (und semantisch reichhaltig) mit kontextbezogenen vielfältigen Klassen versieht (zum Beispiel für Jahr, Monat, Tag, Autor, Kategorie usw.), was wunderbare Voraussetzungen für eine differenzierte Gestaltung einzelner Seiten schafft.

So könnte man nur mittels CSS praktisch für jeden Tag des Jahres ein anderes Seitendesign definieren (was natürlich nicht sinnvoll ist), oder ohne je ein anderes Seitenlayout anzulegen, jedem Autor oder jedem Thema ein eigenes Design zuordnen.

Darüber hinaus schätze ich die Tatsache, dass die Sandbox in hohem Maß semantisches Markup berücksichtigt. Die Sandbox wurde von Andy Skelton und Scott Allan Wallick entwickelt.

38.4 Vor- und Nachteile von CSS-Frameworks

Wie schon angemerkt, kann man über die Verwendung von CSS-Frameworks trefflich diskutieren. So gibt es für jeden der Vorteile, die Befürworter gerne anführen, genauso plausible Argumente von Kritikern dagegen. Nachfolgend eine kurze Gegenüberstellung.

38.5 Die wichtigsten »Pros und Contras«

Zeitersparnis

Ohne Zweifel spart man Zeit, wenn man immer wieder die gleichen Bausteine für die Konstruktion verschiedener Websites verwendet. Das ist allerdings in der Praxis nicht realistisch, da eigentlich jedes Projekt einzigartig ist bzw. sein sollte.

Die Anpassung eines CSS-Frameworks an die tatsächlichen Erfordernisse benötigt oft mehr Zeit, als eine Struktur direkt neu zu schreiben.

Bei anderen Frameworks ist der Lernaufwand wiederum so hoch, dass es besser wäre, diese Zeit in das gründliche Erlernen von CSS zu investieren.

Vermeiden von Fehlern

Zutreffend ist, dass hinter guten Frameworks viel Mühe und Know-how steckt, um gültigen Code und eine optimale Browserkompatibilität zu liefern. Allerdings besteht dabei die Gefahr, auch fremde Fehler zu übernehmen. Deren Beseitigung ist erfahrungsgemäß sehr viel aufwendiger, als eigenen Fehlern auf die Schliche zu kommen.

Konsequentes Benennen von Elementen

Es ist zwar richtig, dass die Verwendung des gleichen Frameworks bei verschiedenen Projekten zum konsequenten Einsatz gleicher Namen führt (was bei der Handhabung einer größeren Anzahl von Websites von Vorteil ist). Die Forderung nach einer semantischen Bezeichnung von Elementen wird meines Erachtens allerdings nur unzureichend erfüllt. Damit geht aber ein wichtiges Kriterium für guten Code verloren.

Kenntnisse in CSS

Ich bemerke in Kursen immer wieder, dass CSS-Frameworks am liebsten von Webdesignern eingesetzt werden, die erhebliche Schwächen beim Verständnis von CSS aufweisen. Es herrscht vielfach die irrige Annahme, dass CSS-Frameworks mangelnde CSS-Kenntnisse wettmachen. Genau das Gegenteil ist aber der Fall: Es werden fundierte Kenntnisse benötigt, um CSS-Frameworks so einzusetzen, dass deren Vorteile zur Geltung kommen.

38.6 CSS-Frameworks – ganz persönlich betrachtet

Ich habe zu CSS-Frameworks ein, zugegeben, sehr ambivalentes Verhältnis. Obgleich ich die Entwicklung hinter Dirk Jesses Framework *YAML* ehrlich bewundere, weil ich nachvollziehen kann, wie viel CSS-Können und wie viel Arbeit dahintersteckt, bin ich äußerst zurückhaltend mit der Empfehlung von CSS-Frameworks. Warum ist das so?

Falls Sie CSS-Frameworks wirklich verstehen wollen (und nur dann haben Sie einen echten Nutzen davon), so bedarf dies eines nicht unerheblichen Zeitaufwands, um sich mit der Materie gründlich auseinanderzusetzen. Niemand wird daher ernsthaft empfehlen, CSS-Frameworks anzuwenden, ohne CSS tiefgreifend zu verstehen.

Wenn Sie als CSS-Einsteiger jene Zeit für das Erlernen von CSS aufwenden, die sie benötigen würden, um mit Frameworks wirklich vertraut zu werden und den resultierenden Code zu verstehen, dann benötigen Sie Frameworks schon gar nicht mehr und werden wohl ihre eigenen Vorlagen schreiben können.

Profis schreiben ihren Code ohnehin schnell und individuell eigenhändig. Sie sind meist so kapriziös, dass sie der Meinung sind, dass nichts und niemand ihren Code besser schreiben könnte.

Meine ganz persönliche Empfehlung hierzu lautet daher: Lernen Sie gründlich und umfassend, CSS-Code zu schreiben und zu verstehen, und entscheiden Sie dann, ob Sie die Hilfe von CSS-Frameworks benötigen. Vermutlich aber haben Sie so viel Spaß daran, den Code selbst zu gestalten, dass Sie gar nicht daran denken, diese analytische und kreative Arbeit abzugeben.

Probieren Sie CSS-Frameworks aus, studieren Sei den Code, lernen Sie daraus und halten Sie sich an die Devise: »Selbst schreiben macht schlau«.

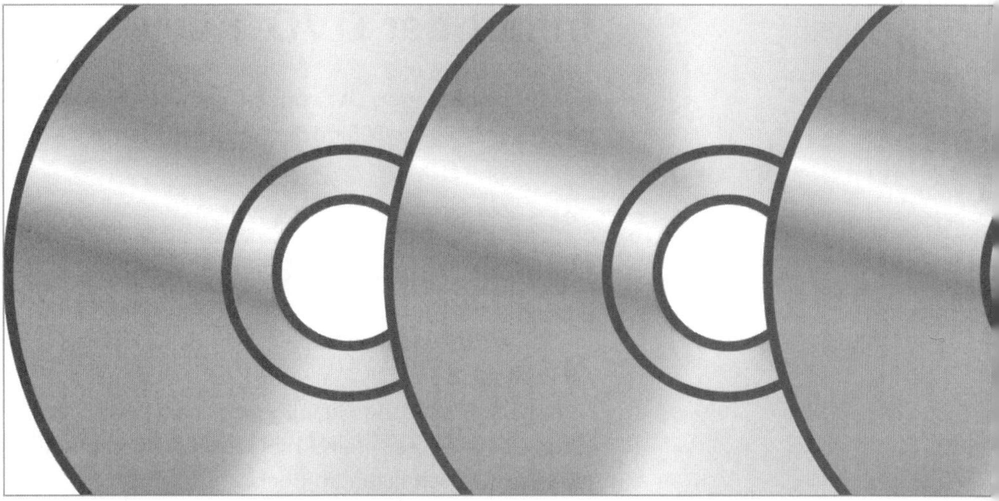

Inhalt der DVD-ROM

Inhalt der DVD-ROM

Auf der beiliegenden DVD finden Sie nützliche Dateien und Tools, die den Einstieg in CSS noch einfacher machen werden.

Übungsdateien zum Buch

Im Verzeichnis *uebungsdateien* befinden sich die Ordner *position*, *uebungen* und *vorlagen*.

Auf der Website *http://cssboxmania.com/* finden Sie die Übungsdateien ebenfalls, hier zusätzlich mit Referenz zu den jeweiligen Abschnitten im Buch.

position

Der Ordner beinhaltet die Übungsbeispiele aus Kapitel 9, dabei handelt es sich um HTML-Dateien und dazugehörige Stylesheets.

uebungen

Hier finden Sie die Übungen aus den Kapiteln 6 bis 17 (mit Ausnahme von Kapitel 9). Die Übungen sind nummeriert, die gleichnamigen HTML- und CSS-Dateien gehören jeweils zusammen. Bilder zu den Übungen befinden sich im Verzeichnis *images*.

vorlagen

Dieses Verzeichnis beinhaltet die Seitenvorlagen aus den Kapiteln 20 bis 27. Jede der Vorlagen bzw. der Varianten dazu befindet sich in einem eigenen Ordner, die dazugehörigen Bilder jeweils in einem darin liegenden Verzeichnis *images*.

Programme und Tools

Auf der DVD befinden sich außerdem einige der im Buch vorgestellten Werkzeuge sowie weitere nützliche Programme.

Im Verzeichnis *programme* warten folgende »Goodies« auf Sie:

- Firefox 3, deutsche Version
- Neoplanet, der mobile Minibrowser
- Flock, der kommunikative Social Network Browser
- CoffeeCup XHTML-Editor mit WYSIWYG-Funktion
- Amaya, der XHTML- und CSS-Editor mit integriertem Browser, vom W3C entwickelt
- TopStyle Lite, XHTML- und CSS-Editor
- FileZilla, der beliebte FTP-Client
- Firefox Web Developer Toolbar
- ColorPic, das »Klein-aber-oho!«-Farbwerkzeug von Iconico
- Magnifier, jeden Punkt auf dem Bildschirm mit der Lupe betrachten, ebenfalls von Iconico entwickelt

Video-Training

Auf der DVD finden Sie zudem ausgewählte Lektionen aus dem Video-Training *Einstieg in CSS* von Suzana und Thomas Kötter. Er zeigt Ihnen darin unter anderem, wie Sie Texte und Schriften mit CSS gestalten, Seitenelemente positionieren oder Browserkompatibilität umsetzen. Um das Video-Training zu starten, rufen Sie bitte die Datei *start.exe* auf. Es wird vorausgesetzt, dass Sie den Flashplayer (ab Version 9) installiert haben.

Index

@import-Regel → CSS verknüpfen

A

Accessibility 30
a-Element 156
alt-Attribut → Bilder
Amaya 38
anchor 156
anchor → a-Element
Attribut-Selektoren → Selektoren
Ausgabemedien → Medien-Stylesheets
Autoren-Stylesheets 205
azimuth 379

B

background 134, 379
background-attachment 379
background-color 379
background-image 380
background-position 380
background-repeat 380
Barrierefreiheit 30
Benutzerfreundlichkeit → Usability
Bilder
  alt-Attribut 150
  Thumbnail 148
  verwenden 147, 148
Blindtext 75
Block-Elemente 95
Block-Level-Elemente 95
blockquote 169
body-Element 45, 66
Bookmarklets 45
border 380
border-collapse 380
border-color 381
border-spacing 381
border-style 381
border-width 382
bottom 382
Boxmodell 93, 94
  berechnen 96
  im Internet Explorer 5 97
  verkürzte Schreibweise von Werten 99
Boxmodell-Bug 371
  Conditional-Comments 371
Breadcrumbs 86
Browserbugs 363, 364
Browsercam 359
Browserkompatibilität 357, 358
  Browsercam 359
  Browsershots 358
  Capture-Service 360
  Definition 29
  NetRenderer 361
Browser-Reset 73
Browsershots 358
Browser-Stylesheets 73, 205
  anpassen 114
Button-Effekt 274

C

caption-side 383
Capture-Service 360
Cascading Stylesheets → CSS
charset 44
Checklisten 409, 410
  Fehler in CSS 413
  Fehler in HTML 412
  Webproduktion 410
clear 110, 383
clear 110
clip 383
CMS 27
color 383
Conditional Comments 367
  Operatoren 368
Container 94
content 383
Content 153, 154
counter-increment 384
counter-reset 384
CSS 28
  Definition 28
  Eigenschaften und Werte 50
  Grundeinstellungen 113, 114
  Kommentare 52
  Maßeinheiten 401, 402
  optimieren 344
  Schreibstil 131
  Selektoren 50
  Syntax 51
  validieren 347, 348
  Versionen 29
  Vorteile 28
  wichtigste Regeln 49
CSS-Datei, Aufbau 49
CSS-Farbangaben 407
CSS-Frameworks 421, 422
  Definition 422
  Vor- und Nachteile 427
CSS-Maßeinheiten
  absolute Längeneinheiten 404
  Längenangaben 402
  Prozentangaben 405
  relative Längeneinheiten 403
  Schlüsselbegriffe 402
  Standardwerte 406
  Webadressen 406
  Zahlen 405
  Zeichenketten 405
CSS-Reset 73
CSS-Selektoren 50
CSS-Validator → Validatoren
CSS verknüpfen 56, 57
  @import-Regel 57
  Inline-Style 57
  link-Element 57
cue 384
cue-after 384
cue-before 385
cursor 385

D

definition 172
definition list 172

Deklarationen 49
  gruppieren 88
  Reihenfolge 339
Deklarationsblock 49
Dezimalpunkt 115
direction 385
display 94, 385
  Anzeige-Art ändern 101
div-Element 102, 165
dl-Element 172
Document Tree 211
Document Type Definition 43
DTD 43
Durchschuss 133, 390

E

Element-Typ-Selektoren 79
elevation 386
em 164
empty-cells 386
Entities 65
Ergonomie 262
Externes Stylesheet 57

F

Farbgestaltung 240
Fehlersuche 333, 347, 348
fieldset-Element 186
Filter, Definition 365
FireBug 39
Firefox-Erweiterungen
  FireBug 39
  Web Developer 39
float 110, 386
font 154, 386
font-family 133, 386
font-size 132, 387
font-style 387
font-variant 387
font-weight 387
Formulare 185, 186, 313, 314
  Checkboxen 322
  fieldset-Element 186
  label-Element 186
  legend-Element 186
  Radio-Buttons 315, 322

Formulare (Forts.)
  Submit-Button 324
  Textarea 324
  Textfelder 315
Frames 301, 302
FTP 35

G

Geschwister-Selektoren → Kombinatoren

H

h1 bis h6 159
  Headings gestalten 159
Hacks 365
head-Element 43
height 388
Hintergrund 134, 381
horizontal rule 174
HTML
  Definition 26
  Kommentar 48
  Versionen 26
HTML-Elemente 43, 47, 132
  Eigenschaften/Parameter 48
  leere 48
  strukturelle 79
HTML-Tags 26
HTML-Validator → Validatoren

I

id 67
ID-Selektoren 80
Important-Deklaration 205, 206
Inhalte 153, 154
  strukturieren 153, 154
Inhaltsebene 25
inherit 396
Inline-Elemente 95
Inline-Style 57
Internes Stylesheet 57, 58
ISO-8859-1 → Meta-Tags

K

Kaskade 203, 204
Kind-Selektoren 87
Klassen-Selektoren 81
Kombinatoren 87
  Geschwister-Selektoren 88
  Kind-Selektoren 87
  Nachbar-Geschwister-Selektoren 88
  Nachfahren-Selektoren 87
Kommentare in HTML 48
Konzept 215

L

label-Element 186
Ladezeiten 333
left 388
legend-Element 186
Leitfarben 220
letter-spacing 161, 388
line-height 133, 388
Link 156
Link-Checker → Validatoren
Link-Farben 142
Links
  extern 158
  gestalten 157
  intern 158
list-style 388
list-style-image 389
list-style-position 389
list-style-type 126, 389
Lorem Ipsum 75

M

margin 389
Master-Stylesheet 335
max-height 390
max-width 390
Medien-Stylesheets 193, 194
  Medien-Typen 197
  verknüpfen 195
Meta-Tags
  charset 44
  description 66
  keywords 66
min-height 390
min-width 391

N

Nachbar-Geschwister-Selektoren 88
Nachfahren-Selektoren 87
Navigation 121, 122, 247, 248
  horizontal 122
  vertikal 126
Navigationsleiste 68
Navigationslogik 248
NetRenderer 361

O

ol-Element 166
ordered list 166
orphans 391
outline 391
outline-color 391
outline-style 391
outline-width 392
overflow 392

P

padding 392
page-break-after 392
page-break-before 393
page-break-inside 393
paragraph 154
pause 393
pause-after 393
pause-before 393
pitch 394
pitch-range 394
play-during 394
PNG 181
position 394
Positionierung 103, 104
  absolute 108
  clear 110
  fixed 109
  float 110
  Normal Flow 105
  relative 106
  static 104
  z-index 109
Präsentationsebene 25
Priorität 204
Pseudoelemente 86
Pseudoklassen 84

Q

Quirks-Mode 97
quotes 394

R

Radio-Buttons 189
richness 395
right 395
Rollbalken 67
Rollover-Effekt 142, 144

S

sample 172
Schlüsselfarbe 220
Schrifteigenschaften
  Vererbung 131
Schriften voreinstellen 130
Schriftfamilie 133
Schriftgröße 131, 132
Scroll-Balken erzwingen 114
Scrollbar 67
Seitenlayouts, Aufbau 20
Seitenraster 290
Selektoren 49, 77, 78
  Attribut-Selektoren 87
  gruppieren 89
  ID-Selektoren 80
  Klassen-Selektoren 81
  Pseudoelemente 86
  Pseudoklassen 84
  Reihenfolge 339
  Typ-Selektoren 79
  Universal-Selektor 78
Semantik 79
Sonderzeichen 65
span-Element 102, 165
speak 396
speak-header 395
speak-numeral 395
speak-punctuation 395
speech-rate 396
Spezifität 203, 204, 206, 207
  von Selektoren 206
Star-html-Hack 182
Star-Selektor-Hack 372
stress 396
strict 43
strong 164
Stylesheets
  deaktivieren 91
  für den Druck 193, 194
Style-Switcher 266
Suchmaschinen und title-Element 45

T

Tabellen 177, 178
Tabellenfreies Design 31
table-layout 396
Tabs 142, 247, 248
text-align 396
Textbox, Gestaltung 278
text-decoration 143, 397
text-indent 189, 397
Text-Level-Elemente 95
text-transform 144, 397
Thumbnail 148
Tim Berners-Lee 25
title-Element 45
Tools 415, 416
top 397
transitional 43
Typ-Selektoren 79

U

Überschriften 159
ul-Element 122
Umlaute 65
unicode-bidi 397
Universal-Selektor 78
unordered list 122
Usability 30, 216
  Definition 30
User-Agent-Stylesheets → Browser-Stylesheets
User-Stylesheets 205
UTF-8 → Meta-Tags

V

Validatoren 25, 348, 351, 352
Vererbung 203, 204, 210
Verhaltensebene 25
Verkürzte Schreibweise
  background 53
  border 54
  font 54
  padding, margin, border 55
  von Eigenschaften 52
vertical-align 398
Viewport 109
visibility 398
voice-family 398
volume 398

W

W3C 25
Web Developer 39, 353
Web Development Bookmarklets 354
Webgalerie 295, 296
Webseite 25
Webstandards 24
white-space 398
widows 399
width 399
Wohlgeformtheit 46
word-spacing 399
Workarounds 365
wrapper 68

X

XHTML
  Attributverkürzung 47
  Definition 27
  Syntax 48
  Versionen 27
  wichtigste Regeln 46
XHTML-Datei
  Aufbau 42

Y

YAML → CSS-Frameworks

Z

Zebratabellen 181
Zeilenhöhe 133, 390
Zentrieren
  des Seiteninhalts 117
  horizontal 328
  vertikal 330
z-index 109, 399

www.galileocomputing.de

CSS-Prinzipien verstehen und sicher anwenden

Analyse und Fehlerbehebung von CSS-Layouts

Verschachtelte Navigationslisten, Mehrspaltenlayouts,

Typografie u.v.m. Inkl. IE 8

Corina Rudel, Ingo Chao

Fortgeschrittene CSS-Techniken

Inkl. Debugging und Performance-Optimierung

In drei umfangreichen und reich illustrierten Teilen zeigen Ihnen die beiden Autoren Corina Rudel und Ingo Chao die Vielfalt der CSS-Prinzipien anhand von vielen Kurzbeispielen, stellen kompetent den Umgang mit Inkonsistenzen in modernen Browsern dar und vermitteln professionelle Debugging-Techniken.

436 S., 2. Auflage 2010, komplett in Farbe, mit DVD, 39,90 Euro
ISBN 978-3-8362-1426-1

>> www.galileocomputing.de/2148

Galileo Computing

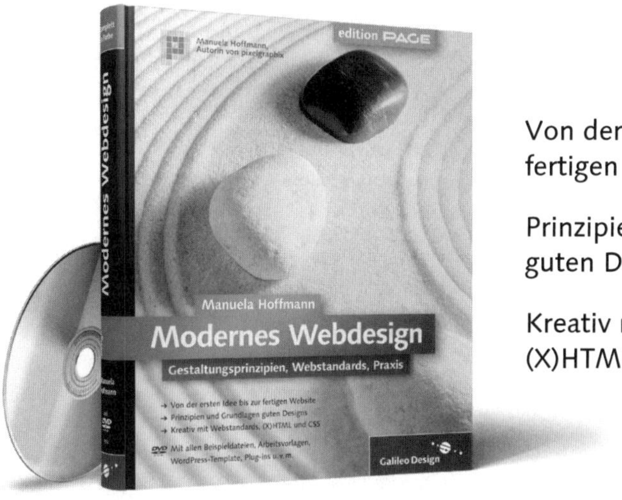

Von der ersten Idee bis zur fertigen Website

Prinzipien und Grundlagen guten Designs

Kreativ mit Webstandards, (X)HTML und CSS

Manuela Hoffmann

Modernes Webdesign

Gestaltungsprinzipien, Webstandards, Praxis

Ein Wegweiser für modernes Webdesign, der gleichzeitig Praxis, Anleitung und Inspiration liefert. Die Grafikerin und Webdesignerin Manuela Hoffmann (pixelgraphix.de) führt Sie von der Idee über erste Entwürfe bis hin zur technischen Umsetzung mit HTML und CSS. Inkl. Vorlagen und Templates für Photoshop und WordPress.

397 S., 2. Auflage 2010, komplett in Farbe, mit DVD, 39,90 Euro
ISBN 978-3-8362-1502-2

>> www.galileodesign.de/2244

Galileo Design

Einstieg, Praxis, Referenz

Web 2.0: DOM, CSS, XML, Webservices

Für Einsteiger, Fortgeschrittene und Profis

Christian Wenz

JavaScript

Das umfassende Handbuch

Neben einer gründlichen Einführung finden Sie in diesem Buch unzählige praktische Beispiele, die Sie direkt für eigene Projekte nutzen können. In dieser Auflage wurde das Kapitel zu jQuery deutlich erweitert, neu hinzugekommen sind die Themen Ajax Performance und Ajax Best Practices. Außerdem finden Sie alle Neuerungen von Silverlight 4 und ASP.NET 4.

837 S., 10. Auflage 2010, mit DVD, 39,90 Euro
ISBN 978-3-8362-1678-4

>> www.galileocomputing.de/2481